§ 266a StGB im Spannungsfeld zwischen Straf-, Arbeits- und Sozialversicherungsrecht

Europäische Hochschulschriften

European University Studies

Publications Universitaires Européennes

Reihe II **Rechtswissenschaft**

Series II Law

Série II Droit

Band/ Volume **6046**

Moritz Lange

§ 266a StGB im Spannungsfeld zwischen Straf-, Arbeits- und Sozialversicherungsrecht

Eine Untersuchung zur (Neu-)Bestimmung des Arbeitgeberbegriffs

PETER LANG

Bibliografische Information der Deutschen Nationalbibliothek
Die Deutsche Nationalbibliothek verzeichnet diese Publikation in der Deutschen Nationalbibliografie; detaillierte bibliografische Daten sind im Internet über http://dnb.d-nb.de abrufbar.

Zugl.: Frankfurt (Main), Univ., Diss., 2018

D 30
ISSN 0531-7312
ISBN 978-3-631-76011-6 (Print)
E-ISBN 978-3-631-78184-5 (E-PDF)
E-ISBN 978-3-631-78185-2 (EPUB)
E-ISBN 978-3-631-78186-9 (MOBI)
DOI 10.3726/b15285

Peter Lang – Berlin · Bern · Bruxelles · New York · Oxford · Warszawa · Wien

Diese Publikation wurde begutachtet.

www.peterlang.com

Inhaltsübersicht

Vorwort

Die vorliegende Arbeit hat der Fachbereich Rechtswissenschaft der Johann Wolfgang Goethe-Universität in Frankfurt am Main im Wintersemester 2017/2018 als Dissertation angenommen. Das Manuskript wurde im Februar 2017 abgeschlossen; größtenteils konnten Literatur und Rechtsprechung bis Ende März 2018 berücksichtigt werden.

Ich danke meinem Doktorvater, Herrn RiOLG Prof. Dr. Matthias Jahn, für die fürsorgliche und engagierte Betreuung und Förderung meiner Arbeit. Für die zügige Erstellung des Zweitgutachtens danke ich Herrn Prof. Dr. Klaus Günther und Herrn PD Dr. Sascha Ziemann für die Anregungen und Vorschläge während der gesamten Bearbeitungszeit.

Herzlichen Dank sage ich meinen Kollegen, Hanns W. Feigen und Dr. Walther Graf, die mir eine berufsbegleitende Promotion ermöglichten. Meinem Kollegen Dr. Bernd Groß LL.M. kann ich nicht genug für seine freundschaftliche Unterstützung seit dem ersten Wirtschaftsstrafrecht-Seminar an der Eberhard Karls-Universität, Tübingen, im Jahr 2009 danken.

Ebenfalls danke ich meinen Kollegen, Dr. Tilman Reichling und Dr. Björn Kruse LL.M., für die aufmunternden Worte und die fachliche Unterstützung während der gesamten Bearbeitungszeit.

Frau Rechtsanwältin Eva Guckes danke ich von ganzem Herzen dafür, dass sie seit unserer Studienzeit immer an meiner Seite steht und mich während der gesamten Bearbeitungszeit stets motiviert und unterstützt hat.

Meinem Bruder, Herrn Rechtsanwalt Dominic Lange, danke ich für die tatkräftige Unterstützung bei der Korrektur dieser Arbeit sowie die Unterstützung in jeglichen Lebenslagen.

Meinen Eltern, Margret Pagel-Lange und Gerald Lange, widme ich diese Arbeit in tiefer Dankbarkeit dafür, dass sie mir meine juristische Ausbildung ermöglicht haben und mich – schon immer – in jeder Weise unterstützen.

Frankfurt, im April 2018 *Moritz Lange*

Abschnitt 1: Einführung in den Untersuchungsgegenstand

A. Anlass der Untersuchung: § 266a StGB im Spannungsfeld zwischen Arbeits- und Sozialversicherungsrecht

Vor etwas mehr als 30 Jahren – am 1. August 1986 – hat der Gesetzgeber durch Art. 1 Nr. 11 des Zweiten Gesetzes zur Bekämpfung der Wirtschaftskriminalität die Straftatbestände des Vorenthaltens und Veruntreuens von Arbeitsentgelt durch die Schaffung des § 266a StGB in das StGB aufgenommen.[1] Der Tatbestand des § 266a StGB ersetzt seitdem die zuvor in mehreren Sozialversicherungsgesetzen enthaltenen – fast wortgleichen – Strafvorschriften über das Vorenthalten von Beiträgen zur Sozialversicherung,[2] bei deren Anwendung es bereits Schwierigkeiten gab. Diese Schwierigkeiten setzen sich auch bei der Anwendung von § 266a StGB – trotz vieler gerade in jüngster Zeit veröffentlichter Publikationen zu dieser Norm – fort.[3]

Durch die Einführung bzw. Überführung der Strafvorschriften des § 266a StGB aus dem Sozialversicherungsrecht – dem Nebenstrafrecht[4] – in das StGB wollte der Gesetzgeber vor allem die präventive Wirkung des Strafrechts verbessern. Denn durch die Kodifikation des Vorenthaltens von Beiträgen in fünf verschiedenen Sozialversicherungsgesetzen bestand der Irrglaube, dass dieses strafbare Verhalten lediglich ein ordnungswidriges und somit ein weniger relevantes sei.[5] Im Kern sollte bei dieser Rechtsänderung das strafbare Unrecht in Übereinstimmung mit dem bis dahin geltenden Recht bestehen bleiben.[6] Der Tatbestand des § 266a StGB und die durch § 266a StGB bestehende Rechtslage stellen dabei den „Abschluss einer über hundertjährigen geschichtlichen Entwicklung“[7] dar. Denn seit Einführung des Straftatbestands § 82b KVG im Jahr 1892, der das Vorenthalten von Sozialversicherungsbeiträgen erstmals unter

1 BGBl. I 1986, 721 ff.; ausführlich zum 2. WiKG *Schlüchter*, 2. WiKG, S. 1 ff.
2 BT-Drucks. 155/86, S. 9.
3 *Bente*, HWSt.[3], 12. Teil 2. Kap. Rn. 2; *Wank*, DB 1982, 645, 645.
4 Kritisch *Tiedemann*, Tatbestandsfunktionen im Nebenstrafrecht, S. 63 f.: die Einordnung in das Nebenstrafrecht ist „ohne besonderen Aussagewert“, da diese durch Zufälligkeiten geschehe.
5 *Hans*, ZfSH 1970, 165, 165.
6 BT-Drucks. 10/318, S. 12.
7 *Tag*, S. 32.

Strafe stellte, ist der Wortlaut dieser „Normenfamilie“ im Wesentlichen unverändert geblieben. Trotz dieser langen Historie ist die Anwendung von § 266a StGB aber im Detail weiterhin umstritten. Es handelt sich um eine Strafnorm, die innerhalb ihrer verschiedenen Absätze eine unterschiedliche Entstehungsgeschichte, Systematik und Schutzrichtung aufweist.[8] Diese Verschiedenheiten führen – wenig verwunderlich – nicht zu einer Vereinfachung der Auslegung und Anwendung der Tatbestandsmerkmale.

Vielmehr wurde § 266a StGB seit der Einführung vor nunmehr über 30 Jahren mit seinen „vielschichtigen Problemen“[9] in zahlreichen Publikationen kritisiert[10] und diskutiert.[11] Die Kritik hält bis heute unvermittelt an.[12] Die vom Gesetzgeber bereits vorgenommenen Änderungen[13] führten bisher nicht dazu, dass die Kritiker verstummten, weil nicht alle als zweifelhaft erachteten Probleme gelöst werden konnten. Daher wird nicht selten eine vertiefte wissenschaftliche Auseinandersetzung mit § 266a StGB gefordert.[14] Teil dieser geforderten Auseinandersetzung ist diese Untersuchung.

Bei dieser Untersuchung steht die Auslegung des seit Einführung von § 266a StGB unverändert gebliebenen Begriffs „Arbeitgeber“ im Mittelpunkt. Diese führt zu Kontroversen im wissenschaftlichen Diskurs, bereitet in der Praxis noch immer Schwierigkeiten und ist aktuell Teil vieler jüngerer Entscheidungen des

---

8 Vgl. SK-StGB/*Hoyer*, § 266a Rn. 1; *Wickel*, ZJS 2016, 189, 189.

9 *Mayer*, NZWiSt 2015, 169, 173.

10 *Ziehm*, NZWiSt 2016, 387 ff.; *Fisseler*, ZfS 1987, 321, 321; *Schmitt*, NZI 2002, 146, 149; *Rönnau/Kirch-Heim*, wistra 2005, 321, 326 f.; *Renzikowski*, FS Weber, 333, 345 f.; *Lanzinner*, S. 209 ff.

11 Vgl. nur *Bürger*, NZWiSt 2015, 437 ff.; *Richter*, wistra 2014, 470 ff.; *Sättele*, wistra 2012, 378 ff.; *Wegner*, wistra 1998, 283 ff. jeweils m. w. N.; *Borchardt*, StRR 2007, 84, 84; *Bollacher*, S. 25; auch MüKo-StGB/*Radtke*, § 266a Rn. 34 f.; dahingehend auch bereits im Jahr 2001 *Schmitt*, S. 13.

12 Vgl. nur *Ziehm*, NZWiSt 2016, 387 ff.; *Bürger*, NZWiSt 2015, 437, 437.

13 Gesetz zur Intensivierung der Bekämpfung der Schwarzarbeit v. 01.08.2004, BGBl. I 2004, 1842, 1849; ausführlich zu den Änderungen Ignor/Mosbacher/*Pananis*, Arbeitsstrafrecht^3, § 6 Rn. 3; *Steinberg*, wistra 2009, 55, 56; *Rönnau/Kirch-Heim*, wistra 2005, 321 ff.; *Laitenberger*, NJW 2004, 2703 ff.; *Joecks*, wistra 2004, 441 ff.; *Ignor/Rixen*, NStZ 2002, 510, 512 f.; vgl. auch zum – gelösten – Problem der sogenannten „Vorrangrechtsprechung“ *Raum*, FS Tolksdorf, 355 ff.; ebenso *Bittmann*, HRRS 2016, 38, 52; auch *Späth*, S. 232 ff., S. 332 ff. und *Hoyer*, FS Reuter, 541 ff.

14 *Bachmann*, FS Samson, 233, 233; *Feigen/Livonius*, FS Schiller, 147, 160.

BGH.[15] Denn die Auslegung des Tatbestands ist aufgrund der sich stellenden außerstrafrechtlichen Fragen nicht unproblematisch.[16] Dies hat mehrere Ursachen, welche in der vorliegenden Untersuchung zur Sprache kommen sollen. Ursprung des Problems ist die fehlende Definition des Arbeitgeberbegriffs im Strafrecht. Diese führt dazu, dass sich die Juristen, die generell in allen Rechtsgebieten ausgiebig über die Richtigkeit diverser Begriffsbildungen streiten,[17] auch in diesem Fall uneinig über die Begriffsauslegung sind.

Erschwerend kommt im Fall des Arbeitgeberbegriffs im Sinne von § 266a StGB hinzu, dass historisch gesehen das strafbare Verhalten des heutigen § 266a StGB in den sozialversicherungsrechtlichen Normen §§ 529, 1426 RVO, 225 AFG, 150 AVG, 234 RKG verankert war. Diese Normen sprachen fast wortgleich davon, dass als Täter nur derjenige in Betracht kommt, welcher Arbeitgeber ist. Wie der Begriff des Arbeitgebers auszulegen ist und wer somit Täter einer Beitragshinterziehung bzw. -vorenthaltung sein kann, war aber auch vor Einführung von § 266a StGB nicht im Sozialversicherungsrecht definiert. Die Rechtsprechung[18] und die juristische Literatur[19] griffen daher vor der Einführung von § 266a StGB auf den bekannten Begriff des Arbeitgebers aus dem Zivil- bzw. dem Arbeitsrecht zurück, der sich an §§ 611 ff. BGB orientiert.

Auch nach Einführung von § 266a StGB ist der Begriff des Arbeitgebers im Strafrecht nicht definiert worden,[20] weshalb das Problem hinsichtlich der genauen Bestimmung des Begriffs „nicht verwundert."[21] Es wird daher heutzutage versucht, die fehlende Definition des Arbeitgeberbegriffs im Strafrecht durch Anknüpfung an andere Rechtsgebiete – namentlich das Sozialversicherungs- bzw. das Arbeitsrecht – zu kompensieren. Allerdings wundert diese beschriebene Nicht-Kodifizierung des Arbeitgeberbegriffs im Strafrecht zwar den Strafrechtler, nicht aber den Arbeitsrechtler. Denn im Arbeitsrecht gibt es

---

15 BGH, NZWiSt 2017, 230 ff.; BGH, wistra 2015, 393 ff.; BGH, NStZ-RR 2014, 246 f.; BGH, NStZ 2013, 587 f.; vgl. auch die Zusammenstellung von *Pananis/Venn*, ZWH 2012, 398, 399 ff.

16 Vgl. *Mayer*, NZWiSt 2015, 169, 173 in Bezug auf den subjektiven Tatbestand.

17 Ausführlich *Puppe*, GS Kaufmann, 15 ff.

18 RGSt 26, 120, 121; RGSt 36, 273, 273; RGSt 41, 406, 407; BayObLGSt 1953, 228, 229.

19 *Martens*, Strafrecht und Ordnungsrecht³, S. 14; Erbs/Kohlhaas/*Kohlhaas* EL Dez. 1954, § 533 RVO Rn. 2. A.

20 Bittmann/*Bittmann*, Insolvenzstrafrecht, § 21 Rn. 19; *Ziehm*, NZWiSt 2016, 387, 387; *Kudlich*, ZIS 2011, 482, 490; *Floeth*, NZS 2015, 60, 61; *Gosch*, S. 123; *Wüchner*, S. 23; *Bollacher*, S. 78.

21 *Gosch*, S. 123.

seit jeher keine Definition der für dieses Rechtsgebiet elementaren Begriffe des Arbeitgebers und Arbeitnehmers.[22] Ebenso fehlt es im Sozialversicherungsrecht auch heute noch an einer Legaldefinition des Arbeitgeber- und des Arbeitnehmerbegriffs.[23]

Dieser Prämisse folgend entwickelte sich im Strafrecht eine Auffassung, welche zwecks Auslegung des Begriffs „Arbeitgeber" auf § 7 Abs. 1 SGB IV, welcher im Jahr 1977 – also neun Jahre vor der Einführung von § 266a StGB – geschaffen worden ist, zurückgreift.[24] Seit einigen Jahren geht auch der BGH[25] von einer Akzessorietät des § 266a StGB zum Sozialversicherungsrecht aus, welches wiederum auf das Arbeitsrecht und somit auf §§ 611 ff. BGB verweisen soll.[26] Dies begründet der BGH sehr knapp damit, dass § 266a StGB „sozialrechtsakzessorisch ausgestaltet" sei.[27] Auch in der juristischen Literatur werden von unterschiedlichen Autoren verschiedene Meinungen vertreten, wie die Auslegung des Begriffs „Arbeitgeber" im Strafrecht erfolgen soll. Neben der rein arbeitsrechtsakzessorischen wird sowohl die sozialversicherungsrechtsakzessorische Auslegung als auch ein Mittelweg aus beiden Ansichten vertreten.[28]

An diesen Ansichten zeigt sich bereits in der Einführung dieser Untersuchung die besondere Herausforderung bei der Auslegung und Anwendung des § 266a StGB: Das enge Zusammenspiel von verschiedenen Rechtsgebieten. Über den eigentlichen strafrechtlichen Bereich hinaus werden das Sozialversicherungs- bzw. das Arbeitsrecht einbezogen, um die Voraussetzungen des strafbaren Verhaltens zu definieren.[29] Unter anderem wegen dieses sogenannten „Strafrechts im Gewande zivilrechtlicher Judikatur"[30] und der daraus folgenden „komplexen Akzessorietät"[31], welche zur Überschneidung von zivilrechtlichen

---

22 Gercke/Kraft/Richter/*Richter*, Arbeitsstrafrecht, Kap. 1 Rn. 32; *Petri*, AE 2016, 185, 187; *Gercke/Leimenstoll*, WiJ 2012, 246, 251; Momsen/Grützner/*Meyer*, Kap. 10 Rn. 4; *Reinecke*, NZA 1999, 729, 730; zum aktuellen Definitionsentwurf des Arbeitnehmerbegriffs durch den Gesetzgeber vgl. S. 150 f.

23 KassKomm/*Wehrhahn*, § 28e SGB IV Rn. 3; *Segebrecht*, jurisPK-SGB IV, § 7 Abs. 1 Rn. 43; *Eichenhofer*, DRV 2009, 293, 295.

24 Zuerst dahingehend: *Martens/Wilde*, Strafrecht und Ordnungsrecht in der Sozialversicherung[4], S. 77.

25 BGH, NZWiSt 2017, 230, 232; BGH, wistra 2015, 393, 394 ff.

26 So ausdrücklich BGH, NStZ 2013, 587, 587 f.; BGH, NStZ-RR 2014, 246, 247.

27 BGHSt 53, 71, 77 = NJW 2009, 528, 530 m. w. N.

28 Vgl. *Lanzinner*, S. 45.

29 *Waszczynski*, ZJS 2009, 596, 596; *Renzikowski*, FS Weber, 333, 333.

30 *Heger*, JuS 1998, 1090, 1090.

31 *Schulz*, ZIS 2014, 572, 573.

und strafrechtlichen Fragestellungen führt,[32] stellt sich auch 30 Jahre nach Einführung weiterhin die Bestimmung des Arbeitgebers im Sinne von § 266a StGB als „schwierig“[33] oder – positiv formuliert – als „besonders reizvoll“[34] dar. Nicht zuletzt wächst ebenfalls die Komplexität des Arbeits- und Sozialversicherungsrechts weiterhin.[35]

Schließlich tangiert die – von allen Ansichten befürwortete – Akzessorietät der Auslegung des Arbeitgeberbegriffs eine seit über 130 Jahren in der Rechtswissenschaft auftretende Frage: Die „Emanzipationsbewegung“ des Strafrechts und das Verhältnis des Strafrechts zum Zivilrecht beschäftigen die Juristen seit dem Jahr 1871, als dem Reichs-StGB noch ein uneinheitliches Landeszivilrecht gegenüberstand.[36] Die Akzessorietät von § 266a StGB zum Sozialversicherungs- bzw. Arbeitsrecht zeigt als ein aktuelles Beispiel, dass sich das Strafrecht – noch – nicht vom sogenannten „zivilistischen Denken“ – bzw. den jeweiligen Primärrechtsvorgaben – befreien konnte, wie es von einigen in der Literatur seit Jahrzehnten gefordert wird.[37] Diese führen überwiegend an, dass insgesamt keine Befreiung des Strafrechts vom zivilistischen Denken zu erkennen sei.[38] Teilweise wird sogar behauptet, dass eine Diskussion über eine solche Befreiung nicht mehr Teil der aktuellen Literatur sei.[39] Bei genauer Betrachtung finden sich jedoch auch aktuelle Beiträge,[40] die sich genau mit dem Problem des Verhältnisses des Strafrechts zum Zivilrecht auseinandersetzen und daher auch in dieser Untersuchung zu berücksichtigen sind. All diese Faktoren haben zur Folge, dass

---

32 *Esser/Keuten*, wistra 2010, 161, 161.

33 *Krumm*, NZWiSt 2015, 102, 102; vgl. auch *Bürger*, wistra 2016, 169, 173: „komplexes, unbestimmtes … Merkmal“.

34 *Renzikowski*, FS Weber, 333, 333.

35 *Feigen/Livonius*, FS Schiller, 147, 160; *Kittner*, NZS 2011, 929, 929; vgl. zur der Komplexität des Sozialrechts bspw. mit Blick auf das MiLoG *Zieglmeier*, NZS 2015, 890 ff.; in Bezug auf das Arbeitsrecht vgl. bspw. *Waltermann*, NZA 2010, 860 ff.; in Bezug auf das Strafrecht vgl. *Jung/Deba*, NStZ 2015, 258 ff.

36 *Bruns*, DRWiss 1940, 300, 306 f.

37 *Bruns*, S. 5 ff.

38 So ausdrücklich LK[11]/*Schünemann*, § 266 Rn. 125; siehe auch LK[11]/*Schünemann*, § 266 Rn. 52; *Hohmann*, ZIS 2007, 38, 38.

39 *Hohmann*, ZIS 2007, 38, 38; ebenso spricht bereits im Jahr 1985 *Wank*, Die juristische Begriffsbildung, S. 113 davon, dass das Thema „nicht mehr akut“ sei.

40 Vgl. *Borrmann*, S. 114 ff., deren Ausarbeitung aus dem Jahr 2016 sich ebenfalls mit dem Gedanken der Akzessorietät des Strafrechts zum Zivilrecht – im Schwerpunkt mit §§ 1901a ff. BGB – auseinandersetzt.

teilweise § 266a StGB insgesamt als verunglückt beschrieben und für eine Neufassung[41] sowie sogar für eine Abschaffung der Norm[42] plädiert wird.

B. Ziele und Struktur der Untersuchung

Ziel der Untersuchung ist es zuerst, die seit Einführung von § 266a StGB vor nunmehr über 30 Jahren hinsichtlich des Begriffs „Arbeitgeber" im Strafrecht währende Rechtsunklarheit darzustellen. Der rechtswissenschaftliche Diskurs beschäftigt sich – nicht zuletzt seit Erscheinen einiger aktueller Dissertationen – mit der Auslegung des Arbeitgeberbegriffs im Sinne von § 266a StGB und es werden kontroverse Auffassungen vertreten.[43] Auch in der Rechtsprechung hat sich seit dem Bestehen von § 266a StGB – nachdem lange eine klare Positionierung[44] fehlte – mittlerweile eine Auslegung des Begriffs für die Praxis herausgebildet.[45] Die zu diesem Thema vertretenen wissenschaftlichen Ansätze sowie die Ansicht der Rechtsprechung werden dazu erörtert und kritisch begutachtet.

Die Entwicklung dieser aufgrund der vertretenen Akzessorietät zu anderen Rechtsgebieten abhängigen Bestimmung der Arbeitgebereigenschaft nach § 266a StGB wird zu Beginn dieser Untersuchung kritisch analysiert. Dazu wird nicht nur allgemein auf die Akzessorietät im Strafrecht eingegangen, sondern auch in Bezug auf § 266a StGB im Detail erwogen, ob § 266a StGB tatsächlich insgesamt sozialversicherungsrechtsakzessorisch ist oder möglicherweise diese angewandte Akzessorietät nicht für alle Tatbestandsmerkmale gilt. Dazu werden die historischen Wurzeln von § 266a StGB sowie die in Literatur und Rechtsprechung vertretenen Ansichten zur Auslegung des Arbeitgeberbegriffs im Sinne von § 266a StGB dargestellt und kritisch begutachtet. Zudem wird die Frage gestellt, ob nicht im Hinblick auf Art. 103 Abs. 2 GG die Grenzen des möglichen Wortsinns bei der Auslegung des Begriffs „Arbeitgeber" überschritten und die Eigenständigkeit des Tatbestandsmerkmals „Arbeitgeber" nach den vom BVerfG in Bezug auf § 266 StGB gemachten Vorgaben verschliffen wird. Schließlich wird im Rahmen eines eigenen Lösungsansatzes versucht, unter Berücksichtigung

41 *Rönnau/Kirch-Heim*, wistra 2005, 321, 326 f. im Hinblick auf § 266a Abs. 1 und 2 StGB.

42 *Schmitt*, NZI 2002, 146, 149.

43 Vgl. nur Satzger/Schluckebier/Widmaier/*Saliger*, StGB, § 266a Rn. 7 f. m. w. N.; *Feigen/Livonius*, FS Schiller, 147, 148 f. m. w. N.; *Kudlich*, ZIS 2011, 482, 483; *Gercke/Leimenstoll*, HRRS 2009, 442, 443.

44 *Bollacher*, S. 79 f. mit Verweis auf BGH, NStZ 2001, 599, 600.

45 Vgl. nur BGH, NStZ-RR 2014, 246 ff.; BGH, wistra 2015, 393, 394.

der Auslegungstechniken den Arbeitgeberbegriff im Sinne des § 266a StGB zu bestimmen.

C. Abgrenzung des Untersuchungsgegenstands

Die Anwendung von § 266a StGB beinhaltet eine Vielzahl von Fragestellungen, die immer wieder Teil der aktuellen Diskussionen sind.[46] Vor allem die Abgrenzung von selbstständiger und abhängiger Tätigkeit ist aufgrund der bestehenden oder entfallenden Sozialversicherungspflicht in der Praxis wesentlich und ständig im Wandel. Allerdings beschäftigt sich die vorliegende Untersuchung explizit mit der Auslegung des Begriffs des Arbeitgebers im Sinne von § 266a StGB. Es wird somit eine Stufe vor der Einordnung der Tätigkeit bei der Frage nach der richtigen Auslegung des Arbeitgeberbegriffs im Strafrecht angesetzt.

Des Weiteren vermag diese Untersuchung sich nicht mit allen in den letzten 30 Jahren aufgetretenen, teilweise bereits gelösten[47] und auch immer wieder aktuell[48] auftretenden Problemen von § 266a StGB zu befassen. Im Mittelpunkt dieser Untersuchung stehen der Arbeitgeberbegriff und die Akzessorietät von § 266a StGB. Berühren andere Probleme diese Hauptpunkte, werden diese auch Erwähnung finden. Durch den ständigen Wandel der Politik und der Rechtsprechung ändern sich oftmals auch das Arbeitsrecht und das Sozialversicherungsrecht. Diese Änderungen haben aufgrund der in dieser Untersuchung darzustellenden Akzessorietät auch Einfluss auf das Strafrecht. Wenn diese speziellen Problemfelder in dieser Arbeit angesprochen werden, wird auf die bestehende Literatur zur Abgrenzung des Untersuchungsgegenstandes verwiesen.

D. Hohe praktische Bedeutung von Straftaten nach § 266a StGB

Im Rahmen dieser Untersuchung wird das Argument der herrschenden Ansicht zur Sprache kommen, dass die genaue Bestimmung der Anknüpfung zur Auslegung des Arbeitgeberbegriffes nicht notwendig sei, weil diesem Problem die

46 *Reichling*, wistra 2/2014, VIII; vgl. auch *Bittmann*, WiJ 2014, 101, 102 f.; so bereits *Tag*, S. 3.

47 Vgl. *Bente*, HWSt.[3], 12. Teil 2. Kap. Rn. 4.

48 Vgl. *Bürger*, wistra 2016, 169 ff.; *Krug/Skoupil*, wistra 2016, 137 ff.; *Lange*, NZWiSt 2015, 248 ff.; *Krumm*, NZWiSt 2015, 102 ff.; *Richter*, wistra 2014, 470, 470 f. m. w. N.; *Ast/Klocke*, wistra 2014, 206 ff.; *Wegner*, wistra 2014, 14 ff. m. w. N.; *Metz*, NStZ-RR 2013, 297 ff.; *Metz*, NStZ-RR 2013, 333 ff.

praktische Bedeutung fehle.[49] Daher soll vorab ein Blick auf die praktische Bedeutung der Anwendung des § 266a StGB geworfen werden, damit die Wichtigkeit des § 266a StGB und der hier aufgeworfenen Fragen deutlich wird. Denn wie aus den Polizeilichen Kriminalstatistiken des Bundeskriminalamts und den Aufzeichnungen des Statistischen Bundesamts hervorgeht, ist diese Untersuchung auch von praktischer Bedeutung. § 266a StGB ist trotz im Vergleich zu den Vorjahren abnehmender Begehungszahlen weiterhin ein Delikt, das im Wirtschaftsleben und in der Strafverfolgung ein hohes Aufkommen aufweist.[50] Dies stellte sich – wie sogleich aufgezeigt wird – vor Einführung der Norm bei Betrachtung der „Vorgängertatbestände" sowie in den ersten Jahren nach der Einführung von § 266a StGB anders dar.

I. Aktuell erfasste Fälle von § 266a StGB in der Polizeilichen Kriminalstatistik

Seit der Einführung im Jahr 1986 hat § 266a StGB nach einer anfänglichen geringen Bedeutung[51] von teilweise weit unter 10.000 erfassten Fällen pro Jahr – 1987-1995 – stark an Bedeutung gewonnen. So wurden im Jahr 2003 über 30.000 Fälle erfasst. Seit diesem Höchststand nehmen die erfassten Fälle kontinuierlich ab. Dieser Trend besteht auch in den letzten Jahren fort. Im Jahr 2013 wurden noch 13.855 Fälle erfasst, die einen Gesamtschaden[52] von 74,4 Mio. € verursacht haben.[53] Im Jahr 2014 wurden 5,5 % weniger Fälle – 13.088 – erfasst, welche einen Schaden von 71,5 Mio. € zur Folge hatten.[54] Im Jahr 2015 sank diese Zahl weiter um 6,5 % auf 12.243 Fälle.[55] Auch der Schaden[56] reduzierte sich auf 67,0 Mio. €.[57] Im Jahr 2016 sank die Zahl der Fälle ebenfalls weiter um 7,1% auf 11.370 Fälle;[58]

---

49 Vgl. S. 89.

50 Vgl. *Zieglmeier*, NJW 2016, 2163 ff. zu der aktuell verstärkten Anwendung der Unternehmensgeldbuße nach §§ 30, 130 OWiG bei Verfahren wegen Straftaten nach § 266a StGB.

51 So auch *Schmitt*, S. 72.

52 Zur Schadensermittlung bei § 266a StGB vgl. *Stuckert*, wistra 2014, 289 ff.; *Bader*, wistra 2010, 121 ff.; *Klemme/Schubert*, NStZ 2010, 606 ff.; kritisch zur Schadensberechnung *Ziehm*, NZWiSt 2016, 387, 390 f.

53 PKS Bundeskriminalamt, Jahrbuch 2013, S. 211.

54 PKS Bundeskriminalamt, Jahrbuch 2014, S. 252.

55 PKS Bundeskriminalamt, Statistik 2015, S. 94.

56 Vgl. allgemein zu den Schäden der „Schattenwirtschaft" BT-Drucks. 17/14800, S. 3.

57 PKS Bundeskriminalamt, Jahrbuch 2015, S. 293; wobei diese genannten Schadenssummen – aus praktischer Sicht – als bemerkenswert niedrig anzusehen sind.

58 PKS Bundeskriminalamt, Statistik 2016, S. 110.

der Schaden betrug 64,8 Mio. €.[59] Der Anteil der Taten nach § 266a StGB an der Gesamtkriminalität im Jahr 2016 lag dabei bei weniger als 0,2 %.[60]

Damit zeigt sich, dass die Intensität der Verfolgung des „Beitragsstrafrechts" in den Jahren zwischen 1998 und 2008 stark zugenommen hat und mittlerweile als „Massendelikt"[61] bezeichnet wird.[62] In der medialen Öffentlichkeit wird dies aber weniger stark wahrgenommen, weil das Beitragsstrafrecht „im Windschatten des Steuerstrafrechts" segelt.[63] Aber auch in den letzten Jahren ist zwar von einer rückgängigen, nicht aber geringen Verfolgung zu sprechen. Nachdem dieses Delikt nach seiner Einführung oft unterschätzt wurde,[64] ist – im Gegensatz zum übrigen Arbeitsstrafrecht, das erst seit kurzem sein „Mauerblümchendasein" beendet hat[65] – die kriminalpolitische Bedeutung seit langem als hoch einzuschätzen,[66] wobei diese Aussage nur für § 266a Abs. 1 und Abs. 2 StGB gilt. § 266a Abs. 3 StGB ist hingegen von untergeordneter Bedeutung.[67] Dieses hohe „kriminalpolitische Gewicht" von § 266a StGB insgesamt zeigt sich auch an dem bei besonders schweren Fällen bis zu zehn Jahren Freiheitsstrafe reichenden Strafrahmen von § 266a StGB.[68]

Die Aufklärungsquote von Taten nach § 266a StGB liegt seit Erfassung dieser Quote im Jahr 1992 unverändert bei über 99 %.[69] In den Jahren 1996-1999 betrug diese sogar über 100 %, weil noch Fälle aus den Vorjahren aufgeklärt werden konnten.

---

59 PKS Bundeskriminalamt, Jahrbuch 2016 Band 4, S. 107.

60 PKS Bundeskriminalamt, Statistik 2016, S. 8 und S. 110.

61 *Raum*, FS Tolksdorf, 355, 355.

62 *Ignor/Rixen*, Arbeitsstrafrecht², § 1 Rn. 52; *Lübbersmann*, StRR 2010, 14, 14.

63 *Lübbersmann*, StRR 2010, 14, 14.

64 *Bente*, S. 1.

65 Brüssow/Petri/*Brüssow/Petri*², Vorwort S. V; NK-WSS/*Fuchs*, § 266a Rn. 1 f. m. w. N.; *Fischer*, NZA 2016, 677, 677: „scheinbar unaufhaltsame[r] Aufstieg des Arbeitsstrafrechts"; vgl. ausführlich zum Arbeitsstrafrecht *Petri*, AE 2016, 185 ff,

66 Vgl. auch Müller-Gugenberger/*Thul*, § 38 Rn. 1; Satzger/Schluckebier/Widmaier/*Saliger*, StGB, § 266a Rn. 5; Bross/*Graf/Sartorius*, Arbeitsstrafrecht, Kap. 4 Rn. 18; *Bente*, HWSt.³, 12. Teil 2. Kap. Rn. 2; Maurach/Schröder/Maiwald/*Maiwald*, Strafrecht BT 1, § 45 III Rn. 65; *Gercke/Leimenstoll*, WiJ 2012, 246, 251; *Pananis/Venn*, ZWH 2012, 398, 398; so bereits BT-Drucks. 10/318, S. 25; *Stapelfeld*, BB 1991, 1501, 1504.

67 Momsen/Grützner/*Rinjes*, Kap. 8 Rn. 305 f.

68 Müller-Gugenberger/*Thul*, § 38 Rn. 281.

69 Vgl. auch *Reichling*, StRR 2012, 49, 49.

Tabelle 1: Erfasste Fälle von Taten nach § 266a StGB inklusive der statistischen Entwicklung und der Aufklärungsquote („AQ")

Jahr	Fälle	Fälle Vorjahr	Steigerungsrate	in %	AQ in %	AQ-Vorjahr
2016	11.370	12.243	-873	-7,1	99,4	99,4
2015	12.243	13.088	-845	-6,5	99,4	99,4
2014	13.088	13.855	-767	-5,5	99,4	99,4
2013	13.855	14.712	-857	-5,8	99,4	99,4
2012	14.712	15.917	-1.205	-7,6	99,4	99,3
2011	15.917	16.659	-742	-4,5	99,3	99,4
2010	16.659	17.233	-574	-3,3	99,4	99,2
2009	17.233	17.587	-354	-2,0	99,2	99,2
2008	17.587	20.051	-2.464	-12,3	99,2	99,4
2007	20.051	23.458	-3.407	-14,5	99,4	99,9
2006	23.458	26.567	-3.109	-11,7	99,9	99,4
2005	26.567	29.347	-2.780	-9,5	99,4	99,2
2004	29.347	30.194	-847	-2,8	99,2	99,5
2003	30.194	25.532	4.662	18,3	99,5	99,8
2002	25.532	25.346	186	0,7	99,8	99,8
2001	25.346	22.321	3.025	13,6	99,8	99,8
2000	22.321	19.421	2.900	14,9	99,8	99,8
1999	19.421	18.395	1.026	5,6	99,8	100,4
1998	18.395	17.504	891	5,1	100,4	100,4
1997	17.504	15.511	1.993	12,8	100,4	100,5
1996	15.511	11.510	4.001	34,8	100,5	101,3
1995	11.510	9.400	2.110	22,4	101,3	99,4
1994	9.400	8.205	1.150	14,6	99,4	99,9
1993	8.205	6.270	1.935	23,6	99,9	100,0
1992	6.270	4.755	1.515	24,1	100,0	k. A.
1991	4.755	4.399	356	8,1	k. A.	k. A.
1990	4.611	5.124	-513	-10,0	k. A.	k. A.
1989	5.124	5.277	-153	- 2,9	k. A.	k. A.
1988	5.277	4.345	932	21,4	k. A.	k. A.
1987	4.345	k. A.	k. A.	k. A.	k. A.	k. A.

(PKS Bundeskriminalamt 1987-2016)

II. Früher erfasste Fälle der „Vorgängervorschriften" von § 266a StGB

In den Jahren vor Einführung von § 266a StGB wurden die Verstöße gegen strafrechtliche Nebengesetze auf dem Wirtschaftssektor, Straftatbestände nach UWG,

HGB, GmbH- und Genossenschaftsgesetz, Aktiengesetz, Börsengesetz, RVO sowie Wirtschaftsstrafgesetz zusammen in einer Statistik erhoben.[70] Daher sind die „Vorgängervorschriften" von § 266a StGB in dieser Statistik nur miterfasst, was eine genaue Angabe der erfassten Fälle unmöglich macht.[71] Dennoch ist erkennbar, dass in den fünf Jahren vor Einführung von § 266a StGB die Anzahl der erfassten Verstöße gegen die „Vorgängervorschriften" des § 266a StGB und der Straftatbestände nach UWG, HGB, GmbH- und Genossenschaftsgesetz, Aktiengesetz, Börsengesetz, RVO und Wirtschaftsstrafgesetz mit zwischen 6.108 und 9.269 Fällen jedenfalls geringer als die Anzahl der verzeichneten Fälle des § 266a StGB nach dessen Einführung gewesen ist.

Tabelle 2: Erfasste Fälle der Vorgängervorschriften von § 266a StGB inklusive der statistischen Entwicklung

Jahr	Fälle	Fälle Vorjahr	Steigerungsrate	in %
1986	9.909	9.269	640	6,5
1985	9.269	8.331	938	10,1
1984	8.331	9.106	-775	-9,3
1983	9.106	7.908	1.198	13,2
1982	7.908	6.108	1.800	22,7

(PKS Bundeskriminalamt 1986-1982)

III. Verurteilungsrate aufgrund von Straftaten nach § 266a StGB

Basierend auf den Statistiken des Statistischen Bundesamtes[72] zeigt sich, dass die Verurteilungsrate zwar rückläufig ist, diese aber auch im Jahr 2015 noch bei über 6.600 Verurteilungen pro Jahr lag.[73] Dies zeigt ebenfalls, dass die Bedeutung von § 266a StGB weiterhin als hoch einzuschätzen ist.[74]

70 Vgl. PKS Bundeskriminalamt, Statistik 1986, S. 140; Statistik 1985, S. 130; Statistik 1984, S. 127.

71 Vgl. auch die Statistik der Verurteilungen nach RVO, AVG und AFG bei *Tag*, S. 29; *Bente*, S. 160 Fn. 7; siehe auch LK/*Möhrenschlager*, Vor § 266a IV. 2. zu ausgewählten Verurteilungszahlen der Jahre 1924-1986.

72 Die Statistiken des Statistischen Bundesamtes sind abrufbar unter www.destatis.de.

73 *Statistisches Bundesamt*, Rechtspflege – Strafverfolgung 2015, Fachserie 10 Reihe 3, S. 70.

74 So auch Bross/*Graf*/*Sartorius*, Arbeitsstrafrecht, Kap. 12 Rn. 5; *Schulz*, ZIS 2014, 572, 572.

Tabelle 3: Verurteilungsrate aufgrund einer Straftat nach § 266a StGB inklusive der statistischen Entwicklung

Jahr	Fälle	Fälle Vorjahr	Steigerungsrate	in %
2015	6.610	7.003	-393	-5,6
2014	7.003	7.580	-577	-7,6
2013	7.580	8.029	-449	-5,9
2012	8.029	8.795	-766	-9,5
2011	8.795	8.241	554	6,3
2010	8.241	8.241	0	0
2009	8.241	8.826	-585	-7,1
2008	8.826	9.595	-769	-8,7
2007	9.595	8.931	664	6,9
2006	8.931	9.702	-771	-8,6
2005	9.702	10.362	-660	-6,8

(Statistiken des Statistischen Bundesamtes 2005-2014)

Dabei kommt dem Straftatbestand eine noch höhere Bedeutung zu, als es die reinen Zahlen widerspiegeln. Denn im Rahmen des Ermittlungsverfahrens wird oftmals aufgrund des Zusammentreffens mit anderen Straftaten von der Verfolgung von Taten nach § 266a StGB abgesehen.[75] Dies ist vor allem im Rahmen der Lohnsteuerhinterziehung von Bedeutung, die in den überwiegenden Fällen auch eine Verwirklichung der Strafbarkeit nach § 266a StGB nach sich zieht.

IV. Verurteilungsrate aufgrund der „Vorgängervorschriften" von § 266a StGB

Die Vorgängervorschriften von § 266a StGB haben in den letzten Jahren vor der Einführung von § 266a StGB zu ca. 2.000 Verurteilungen pro Jahr geführt.[76] In den Vorjahren zeigte sich seit Mitte der Siebzigerjahre ein leichter Anstieg der Verurteilungsrate.

Diese Statistik gibt den tatsächlichen Kriminalitätsumfang hinsichtlich der Vorenthaltung von Beiträgen nach den Vorgängervorschriften von § 266a StGB ebenfalls nur eingeschränkt wieder. Oftmals waren auch diese Fälle der Beitragsvorenthaltung nachrangig gegenüber Insolvenzdelikten und von einer Verfolgung wurde daher häufig abgesehen.[77]

75 Vgl. bereits *Tag*, S. 29.

76 *Weber*, NStZ 1986, 481, 487 Fn. 62.

77 BT-Drucks, S. 25; LK/*Möhrenschlager*, Vor § 266a IV. 2. m. w. N.; *Fisseler*, S. 1 ff.; *Weber*, NStZ 1986, 481, 487 Fn. 62.

V. § 266a StGB als typisches Begleit- bzw. Krisendelikt

Auch nach Einführung von § 266a StGB zeigt sich, dass die große praktische Bedeutung[78] unter anderem daraus folgt, dass es sich insbesondere bei § 266a Abs. 1 StGB um ein typisches Begleitdelikt[79] bzw. typisches Krisendelikt[80] handelt.[81] In der Insolvenzphase[82] bzw. vor dieser wird § 266a StGB wegen seiner eindeutigen Tatbestandsmerkmale oft als eine Art „Auffangtatbestand" herangezogen, wenn andere Tatbestände, wie zum Beispiel die Bankrottstraftatbestände nach §§ 283 ff. StGB oder eine Insolvenzverschleppung gemäß § 15a InsO, nicht oder nur schwer nachgewiesen werden können.[83]

Tabelle 4: Verurteilungsrate aufgrund einer Straftat nach den Vorgängervorschriften von § 266a StGB inklusive der statistischen Entwicklung

Jahr	Fälle	Fälle Vorjahr	Steigerungsrate	in %
1986	1.977	2.027	-50	-2,5
1985	2.027	2.089	-62	-3,0
1984	2.089	2.027	62	2,9
1983	2.027	1.760	267	13,1
1982	1.760	1.436	323	18,3
1981	1.536	1.195	314	20,5
1980	1.195	1.315	-120	10,0
1979	1.315	1.309	6	0,4
1978	1.309	1.410	-101	-7,7
1977	1.410	1.202	208	14,7
1976	1.202	1.044	158	13,1
1975	1.044	909	135	12,9
1974	909	k. A.	k. A.	k. A.

(Strafverfolgungsstatistiken 1974-1896)[84]

78 Vgl. Müller-Gugenberger/*Thul*, § 38 Rn. 1; *Wickel*, ZJS 2016, 189, 189.

79 Bittmann/*Bittmann*, Insolvenzstrafrecht, § 21 Rn. 1; Momsen/Grützner/*Rinjes*, Kap. 8 Rn. 306.

80 *Reichling*, StRR 2012, 49, 49; *Lübbersmann*, StRR 2010, 14, 14.

81 Müller-Gugenberger/*Thul*, § 38 Rn. 26; *Tiedemann*, BT, Rn. 591; *Stapelfeld*, BB 1991, 1501, 1504; *Branz*, S. 1; *Schmitt*, S. 104.

82 Vgl. *Beukelmann*, NJW-Spezial 2007, 584, 584 f.; *Bittmann*, NJW 2011, 3048, 3049.

83 Böttger/*Verjans*, Wirtschaftsstrafrecht², Kap. 4 Rn. 183; *Gercke/Leimenstoll*, WiJ 2012, 246, 251; Gercke/Kraft/Richter/*Gercke*, Arbeitsstrafrecht, Kap. 2 Rn. 11.

84 Zahlen nach BT-Drucks. 10/318, S. 25 und *Bente*, S. 160 mit Verweis auf die Strafverfolgungsstatistik 1974-1986.

Abschnitt 2: Der Begriff „Arbeitgeber" im Sinne von § 266a StGB im Spannungsfeld von Arbeits- und Sozialversicherungsrecht

A. Täter des § 266a StGB: Der Arbeitgeber

Nach § 266a Abs. 1 StGB macht sich strafbar, wer als *Arbeitgeber* der Einzugsstelle Beiträge des Arbeitnehmers zur Sozialversicherung einschließlich der Arbeitsförderung – unabhängig davon, ob Arbeitsentgelt gezahlt wird – vorenthält. Ebenso macht sich nach § 266a Abs. 2 StGB strafbar, wer als *Arbeitgeber* entweder der für den Einzug der Beiträge zuständigen Stelle über sozialversicherungsrechtlich erhebliche Tatsachen unrichtige oder unvollständige Angaben macht oder die für den Einzug der Beiträge zuständige Stelle pflichtwidrig über sozialversicherungsrechtlich erhebliche Tatsachen in Unkenntnis lässt und dadurch dieser Stelle vom Arbeitgeber zu tragende Beiträge zur Sozialversicherung einschließlich der Arbeitsförderung, unabhängig davon, ob Arbeitsentgelt gezahlt wird, vorenthält.

Darüber hinaus macht sich nach § 266a Abs. 3 StGB strafbar, wer als *Arbeitgeber* sonst Teile des Arbeitsentgelts, die er für den Arbeitnehmer an einen anderen zu zahlen hat, dem Arbeitnehmer einbehält, sie jedoch an den anderen nicht zahlt und es unterlässt, den Arbeitnehmer spätestens im Zeitpunkt der Fälligkeit oder unverzüglich danach über das Unterlassen der Zahlung an den anderen zu unterrichten. Folglich ist der Adressat der Tatbestände des § 266a StGB ausdrücklich der Arbeitgeber.[85] Allerdings ist nicht eindeutig geklärt, wie dieser Begriff zu definieren ist.

I. Zusammenspiel von Arbeits-, Sozialversicherungs- und Strafrecht

Die Norm des § 266a StGB bereitet besondere Schwierigkeiten, da sie ein komplexes Zusammenspiel von mehreren Rechtsgebieten, die jeweils unterschiedliche Ziele verfolgen, beinhaltet.[86] Die Auslegung des Begriffs „Arbeitgeber" im Rahmen von § 266a StGB wird von allen heute bestehenden Ansichten mittels

---

85 Vgl. Gercke/Kraft/Richter/*Richter*, Arbeitsstrafrecht, Kap. 1 Rn. 32.

86 *Schulz*, ZIS 2014, 572, 573; *Heger*, JuS 1998, 1090, 1090; siehe auch LG Marburg, NStZ-RR 2007, 172 ff.

akzessorischer Anknüpfung vorgenommen. Diese Akzessorietät stellt nicht lediglich die äußerliche Anknüpfung, sondern vielmehr eine in sachlicher Hinsicht präjudizierende Anknüpfung an Wertungen der in Bezug genommenen Rechtsgebiete und deren Normen sowie Begriffe dar. Dadurch wird eine „Wertkongruenz von Verhaltens- und Sanktionsnorm" geformt.[87] Zu einer Loslösung von der dadurch übernommenen Logik des Zivil-, Arbeits- oder Sozialversicherungsrechts kommt es nur dann, wenn eine strafrechtsspezifische Legaldefinition bei auslegungsbedürftigen Begriffen existiert.[88] Daher soll eine kurze Einführung in das systematische Zusammenspiel von Sozialversicherungs-, Arbeits- und Strafrecht der weiteren Untersuchung vorangestellt werden.

1. Das System der Sozialversicherung

Eine wesentliche Staatszielbestimmung der Bundesrepublik Deutschland ist das Sozialstaatsprinzip, Art. 20 Abs. 1, 28 Abs. 1 S. 1 GG.[89] Ein besonders prägnanter Ausdruck des Sozialstaatssystems[90] ist das System der Sozialversicherung.[91] Es handelt sich um eine staatlich eng geregelte Vorsorge für wichtige Risiken des Daseins und setzt sich aus der Kranken-, Unfall-, Renten-, Pflege- und Arbeitslosenversicherung zusammen.

Zur Sicherung des Beitragsaufkommens besteht überwiegend eine Pflicht zur Versicherung.[92] Die Höhe der Beiträge[93] bemisst sich nach dem Bruttolohn. Die Beiträge des sozialversicherungspflichtigen Arbeitnehmers werden gemäß § 249 Abs. 1 SGB V von Arbeitnehmer und Arbeitgeber getragen. Dabei bezieht sich § 249 Abs. 1 SGB V auf die Beiträge für die Krankenversicherung[94]. Für die sonstigen Versicherungsarten finden sich in den § 346 Abs. 1 SGB III, § 168 Abs. 1 Nr. 1 SGB VI, § 58 SGB XI entsprechende Vorschriften.[95]

---

87 Ignor/Mosbacher/*Brettschneider*, Arbeitsstrafrecht^3, § 2 Rn. 6.

88 Ignor/Mosbacher/*Brettschneider*, Arbeitsstrafrecht^3, § 2 Rn. 6.

89 Ausführlich dazu *Waltermann*, Sozialrecht, Rn. 15 f.; *Wilke*, S. 8; zur Geschichte des Sozialrechts vgl. *Eichenhofer*, Sozialrecht, Rn. 15 ff. und *Eichenhofer*, DRV 2009, 293 ff.

90 Vgl. ausführlich zur Einführung in das Sozialrecht *Waltermann*, Sozialrecht, Rn. 3 ff.

91 Ausführlich dazu Gercke/Kraft/Richter/*Gercke*, Arbeitsstrafrecht, Kap. 2 Rn. 28 ff.; Müller-Gugenberger/*Thul*, § 38 Rn. 20 f.; *Thum*/*Selzer*, wistra 2011, 290, 291 f.

92 § 5 SGB V, §§ 20 f. SGB XI etc.

93 Vgl. ausführlich *Waltermann*, Sozialrecht, Rn. 146 ff.

94 Siehe ausführlich zum System der Krankenversicherung *Waltermann*, Sozialrecht, Rn. 152 ff.

95 Siehe auch MüKo-StGB/*Radtke*, § 266a Rn. 44; Ignor/Mosbacher/*Pananis*, Arbeitsstrafrecht^3, § 6 Rn. 4; *Lübbersmann*, StRR 2010, 14, 14.

2. *Das Motiv des unredlichen Arbeitgebers*

Der Lohnaufwand des gesetzestreuen, redlichen Arbeitgebers für den Personaleinsatz wird durch die Zahlung von Sozialversicherungsbeiträgen verteuert.[96] Durch non-konformes Handeln hingegen steigen die Gewinnchancen und die Markstellung wird zulasten der Mitbewerber verbessert, solange die Taten nicht entdeckt werden.[97] Daraus ergibt sich neben den in der Unternehmenskrise auftretenden Problemen[98] das Motiv des Arbeitgebers für diese Form der Wirtschaftskriminalität.[99]

Die typische Gefahr des Vorenthaltens und Veruntreuens der Beiträge ergibt sich durch das Zahlungsverfahren. Den Anteil des Arbeitnehmers behält der Arbeitgeber nämlich bereits vom Lohn des Arbeitnehmers ein, weil er gemäß §§ 28a-g SGB IV als Einzugsstelle der Beiträge für die zuständige Krankenkasse gilt. Der Arbeitgeber allein hat den vollständigen Betrag anzumelden und abzuführen. Dadurch ist er nach § 28e SGB IV alleiniger Schuldner der Krankenkasse.[100] Auch wenn der Arbeitgeber säumig ist, kann der Arbeitnehmer nicht zur Zahlung der auf ihn entfallenden Beiträge herangezogen werden.[101] Bis zum Zeitpunkt der Fälligkeit hat der Arbeitgeber also freie Verfügung über das Geld.[102] Aus diesem Umstand ergibt sich eine Art „treuhänderischer" Charakter des Sachverhalts. Ein besonderes Prüfungs- oder Feststellungsverfahren ist – abgesehen von der mindestens alle vier Jahre erfolgenden Betriebsprüfung[103] nach § 28p Abs. 1 S. 1 SGB IV – nicht vorgesehen.[104] Dies eröffnet Missbrauchsmöglichkeiten, denen § 266a StGB entgegenwirken soll.[105]

Somit ist festzuhalten, dass der Gesetzgeber dem Arbeitgeber vertrauensvoll die Pflicht auferlegt, die Sozialversicherungsbeiträge einzubehalten und

---

96 Siehe zu Rechenbeispielen der Beitragsbelastung des Arbeitgebers *Zieglmeier*, NJW 2015, 1914, 1915 f.

97 Ignor/Mosbacher/*Ignor*/*Mosbacher*, Arbeitsstrafrecht[3], § 1 Rn. 27 m. w. N.

98 Bittmann/*Bittmann*, Insolvenzstrafrecht, § 21 Rn. 1 f.; Bittmann/*Weiß*, Insolvenzstrafrecht[2], § 21 Rn. 4.

99 Müller-Gugenberger/*Thul*, § 38 Rn. 5 f.; LPK-SGB IV/*Lüdtke*/*Winkler*, § 7 Rn. 7.

100 *Kittner*, NZS 2011, 929, 929 f.

101 Ignor/Mosbacher/*Pananis*, Arbeitsstrafrecht[3], § 6 Rn. 4.

102 Vgl. Gercke/Kraft/Richter/*Gercke*, Arbeitsstrafrecht, Kap. 2 Rn. 9.

103 Vgl. zu der Betriebsprüfung nach § 28p SGB IV *Breitkreuz*, SRa 2009, 41, 45; *Kokemoor*, Sozialrecht, Rn. 161; *Diepenbrock*, NZS 2016, 127, 127 f.

104 Müller-Gugenberger/*Thul*, § 38 Rn. 147; *Gercke*, HWSt.[4], 12. Teil 2. Kap. Rn. 5 m. w. N.; dazu auch *Zieglmeier*, NJW 2015, 1914 ff.; *Lanzinner*, S. 71.

105 Ignor/Mosbacher/*Pananis*, Arbeitsstrafrecht[3], § 6 Rn. 4.

abzuführen. Wird dieses Vertrauen gebrochen, trifft den Arbeitgeber die Strafbarkeit unter den Voraussetzungen von § 266a StGB.

3. *Enge Verknüpfung des Arbeits- und Sozialversicherungsrechts*

Das Sozialversicherungsrecht ist eng mit dem Arbeitsrecht verknüpft.[106] Die Begriffe „Arbeitgeber“ und „Arbeitnehmer“ finden sich in vielen Vorschriften des Sozialversicherungsrechts.[107] Aber das Sozialversicherungsrecht macht seit jeher nicht den zivilrechtlichen Arbeitsvertrag, sondern das Beschäftigungsverhältnis zur Grundlage der Versicherungspflicht.[108] Das Arbeitsrecht hingegen geht immer vom zivilrechtlichen Arbeitsvertrag als Grundlage einer Anspruchsprüfung aus. Zwar nähern sich die Rechtsgebiete seit längerem an,[109] führen aber nicht zu einer Deckungsgleichheit.[110] So werden das Arbeits- und das Sozialversicherungsrecht teilweise als „siamesische Zwillinge“[111] beschrieben oder als „historische Geschwister“,[112] die eine „gemeinsame Wurzel“[113] verbindet. Teilweise wird aber auch die unterschiedliche Entwicklung innerhalb der beiden „Schwestergebiete“ kritisiert,[114] weshalb es sich nicht um siamesische Zwillinge, sondern nur um „zweieiige Zwillinge mit unterschiedlichem Geschlecht“[115] handeln soll. Dies wird mit den verschiedenen Systemen der Rechtsgebiete begründet. Das Sozialversicherungsrecht ist öffentlichrechtlich und das Arbeitsrecht nach dem Prinzip der Privatautonomie gestaltet.[116] Die unterschiedlichen Systeme führen zu einigen Diskrepanzen.[117] Diese enge und nicht einfache Verzahnung wird im Rahmen der Strafvorschrift von § 266a StGB noch weiter verkompliziert.

---

106 Vgl. ausführlich *Preis*, NZA 2000, 914 ff.

107 Vgl. bspw. §§ 2 Abs. 3 S. 3; 7 Abs. 1b, Abs. 4; 7a Abs. 1 S. 2; 8 Abs. 2 S. 4; 9 Abs. 3 SGB IV.

108 Vgl. ausführlich S. 43 f.

109 *Dersch*, RdA 1950, 321, 321 f.

110 BT-Drucks. 7/4122, S. 31; ErfK/*Rolfs*, SGB IV, § 7 Rn. 2; *Segebrecht*, jurisPK-SGB IV, § 7 Abs. 1 Rn. 58; vgl. auch *Dersch*, RdA 1950, 321 ff. zur Entwicklung des Verhältnisses der beiden Begriffe; auch *Reiserer/Bölz*, Werkvertrag und Scheinselbstständigkeit, Rn. 19 ff.

111 *Hanau/Peters-Lange*, NZA 1998, 785, 785.

112 *Heinze*, SGb 2000, 241, 241.

113 *Seiter*, Festschrift 25 Jahre BSG, Bd. 2, 515, 516.

114 *Dersch*, RdA 1950, 321 ff.

115 *Preis*, NZA 2000, 914, 914.

116 *Wilke*, S. 17.

117 *Greiner*, NZS 2009, 657, 658; *Preis*, NZA 2000, 914, 914; *Wilke*, S. 120.

4. *Folgeprobleme des Strafrechts*

Die Verknüpfung der verschiedenen Rechtsgebiete führt im Bereich des Arbeitsstrafrechts,[118] das hauptsächlich „Arbeitgeber-Strafrecht" ist,[119] dazu, dass die Bestimmung des Arbeitgebers als „Schlüsselfigur"[120] elementar ist.[121] Diese als „eine Verzahnung und Wechselwirkung zivil- und strafrechtlicher Fragen"[122] bezeichnete Akzessorietät des Strafrechts wird im Nebenstrafrecht[123] und in den meisten Teilen des Wirtschaftsstrafrechts,[124] zu dem das Arbeitsstrafrecht gezählt wird,[125] besonders deutlich.[126]

§ 266a StGB existierte – fast wortgleich – vor seiner Einführung[127] „verstreut"[128] in mehreren Vorschriften des Sozialversicherungsrechts. Bei dem Versuch, die Norm, die aus dem „oft nicht recht ernst genommenen Nebenstrafrecht"[129] in das Kernstrafrecht des StGB überführt wurde,[130] richtig auszulegen und anzuwenden, ergeben sich erhebliche Schwierigkeiten.

---

118 Zum Begriff des Arbeitsstrafrechts siehe Ignor/Mosbacher/*Ignor/Mosbacher*, Arbeitsstrafrecht³, § 1 Rn. 1 ff.; Gercke/Kraft/Richter/*Gercke*, Arbeitsstrafrecht, Kap. 1 Rn. 4 ff.; *Achenbach*, HWSt.⁴, 12. Teil 1. Kap. Rn. 1 ff.; Böttger/*Gercke/Leimenstoll*, Wirtschaftsstrafrecht², Kap. 11, Rn. 3 f.; *Gercke/Leimenstoll*, WiJ 2012, 246, 246 f.; zur Entwicklung des Arbeitsstrafrechts Momsen/Grützner/*Meyer*, Kap. 10 Rn. 4 ff.

119 *Achenbach*, HWSt.⁴, 12. Teil 1. Kap. Rn. 2 m. w. N.; *Feigen/Livonius*, FS Schiller, 147, 147; *Richter*, wistra 2014, 470, 470.

120 Müller-Gugenberger/*Thul*, § 38 Rn. 1; *Igl/Welti*, Sozialrecht, § 10 Rn. 2.

121 Ignor/Mosbacher/*Ignor/Mosbacher*, Arbeitsstrafrecht³, § 1 Rn. 17; Ignor/Mosbacher/*Brettschneider*, Arbeitsstrafrecht³, § 2 Rn. 1; *Petri*, AE 2016, 185, 187.

122 *Ransiek/Hüls*, ZGR 2009, 157, 159.

123 Vgl. dazu Buddendiek/*Rutkowski*, Lexikon des Nebenstrafrechts, Einführung Rn. 1 ff.; *Tiedemann*, Tatbestandsfunktionen im Nebenstrafrecht, S. 63 f.

124 *Tiedemann*, Wirtschaftsstrafrecht, Rn. 2; zum Begriff des Wirtschaftsstrafrechts vgl. *Rönnau*, ZStW 119 (2007), 887, 894 ff.; auch *Schmitt*, S. 65 f.; kritisch zur Entwicklung des Wirtschaftsstrafrechts *Prittwitz*, ZIS 2012, 217, 218 f.

125 Brüssow/Petri/*Brüssow/Petri*², Kap. A Rn. 5; Ignor/Mosbacher/*Ignor/Mosbacher*, Arbeitsstrafrecht³, § 1 Rn. 12; *Petri*, AE 2016, 185, 185.

126 *Tiedemann*, NJW 1977, 777, 779.

127 Siehe dazu S. 162 f.

128 *Achenbach*, NJW 1986, 1835, 1839; *Martens*, wistra 1985, 52, 53.

129 *Martens*, wistra 1986, 154, 154; vgl. *Tiedemann*, FS Stree/Wessels, 527, 530, der so weit geht, dass die „Nichteinstellung in das StGB … zur Abschwächung der Generalprävention bis hin zur praktischen Nichtanwendung der Straftatbestände" führt.

130 *Radtke*, GmbHR 2009, 673, 673.

II. Das Problem der Anwendung des § 266a StGB: Die fehlende Definition des Arbeitgeberbegriffs

Aus diesem Zusammenspiel von Zivil- bzw. Arbeits-, Sozialversicherungs- und Strafrecht ergibt sich für die Anwendung von § 266a StGB mangels vom Gesetzgeber vorgegebener strafrechtsspezifischer Legaldefinition des Begriffs „Arbeitgeber“ die Problemstellung dieser Untersuchung. Dabei sollen im Folgenden neben der Sonderdeliktseigenschaft der Norm die wichtigsten Eckpunkte des Arbeits- und Sozialversicherungsrechts vorab erläutert werden, damit grundlegende Charakteristika der beiden Rechtsgebiete benannt sind und bei der späteren Darstellung auf diese zurückgegriffen werden kann.

1. Die Sonderdeliktseigenschaft des § 266a StGB

Die Tatbestände von § 266a StGB beschreiben Sonderdelikte.[131] Durch die offene Formulierung des Gesetzes – „wer *als Arbeitgeber*“[132] – erfolgt die Beschränkung auf eine bestimmte Tätergruppe, einen Statusbegriff. Als Täter kommen jeweils nur entweder der Arbeitgeber sowie eine Person, die nach § 266a Abs. 5 StGB gleichgestellt wird oder als Vertreter einer der vorgenannten Personen unter den Voraussetzungen von § 14 StGB auftritt, in Betracht. Grund für diese Sonderdeliktseigenschaft ist, dass nur der Arbeitgeber für die Zahlung sowie die ordnungsgemäße Anmeldung und Abführung der Sozialversicherungsbeiträge nach §§ 28h SGB IV, 249 Abs. 1 SGB V, 58 SGB XI, 346 Abs. 1 SGB III sowie für die Berechnung und die notwendigen Erklärungen gemäß § 28f Abs. 3 SGB IV verantwortlich ist.[133] Für die Beurteilung der Täterschaft gemäß § 266a StGB ist folglich die Definition, wer Arbeitgeber im Sinne von § 266a StGB ist, elementar.[134]

---

131 *Gercke*, HWSt.[4], 12. Teil 2. Kap. Rn. 12; LK/*Möhrenschlager*, § 266a Rn. 13; MüKo-StGB/*Radtke*, § 266a Rn. 8; SK-StGB/*Hoyer*, § 266a Rn. 18; Satzger/Schluckebier/Widmaier/*Saliger*, StGB, § 266a Rn. 7; NK-StGB/*Tag*, § 266a Rn. 18; Schönke/Schröder/*Perron*, § 266a Rn. 11; *Fischer*, § 266a Rn. 3; Lackner/Kühl/*Heger*, § 266a Rn. 2; Matt/Renzikowski/*Matt*, § 266a Rn. 8; Leipold/Tsambikakis/Zöller/*Esser*, § 266a Rn. 5; Momsen/Grützner/*Rinjes*, Kap. 8 Rn. 304; *Reiserer*/*Bölz*, Werkvertrag und Selbstständigkeit, Rn. 176; *Trüg*, NStZ 2015, 650, 650; *Hombrecher*, JA 2012, 535, 538; *Borchardt*, StRR 2007, 84, 84; *Tiedemann*, JZ 1986, 865, 874; *Krause*, S. 104; *Tag*, S. 41; *Fries*, S. 12; *Schmitt*, S. 23; a. A. *Langer*, S. 491, der ohne Begründung zwischen § 266a Abs. 1, Abs. 2 und Abs. 3 StGB unterscheidet.

132 Hervorhebung nur hier.

133 Vgl. auch Volk/*Greeve*, MAH Wirtschafts- und Steuerstrafsachen, § 28 Rn. 151.

134 *Feigen*/*Livonius*, FS Schiller, 147, 148; *Borchardt*, StRR 2007, 84, 84.

2. *Keine Definition des Arbeitgeberbegriffs im Strafrecht*

Aus dieser Adressierung von § 266a StGB ergibt sich sogleich das in der vorliegenden Untersuchung behandelte Problem. § 266a StGB definiert prekärer Weise nicht, wer Arbeitgeber im Sinne dieser Norm ist.[135] Auch § 11 StGB enthält keine diesen Begriff näher bestimmende Definition.[136]

Der Gesetzgeber hat in keiner (arbeits-)strafrechtlichen Norm eine Definition des im § 266a StGB überaus bedeutenden Begriffs[137] des Arbeitgebers – und damit des potenziellen Täters – zur Verfügung gestellt.[138] Auch erschließt sich die Sanktionsvorschrift von § 266a StGB nicht durch die reine Lektüre.[139] Der Gesetzgeber setzt den Begriff vielmehr voraus.[140] Dies ist für das Strafrecht ungewöhnlich, weil gerade bei dem Fehlen der Arbeitgebereigenschaft die Strafbarkeit entfällt.[141] Diese Unklarheit führt zu erheblichen Risiken.[142]

3. *Die Bestimmung des Arbeitgeberbegriffs im Arbeitsrecht*

Wenn das Arbeitsrecht als Vergleich herangezogen wird, zeigt sich, dass diese fehlende Legaldefinition für das Arbeitsrecht nicht ungewöhnlich ist. Denn im Arbeitsrecht existiert für den Bereich des Individual- und Kollektivarbeitsrechts weder eine Legaldefinition des Arbeitgebers noch des Arbeitnehmers.[143] Vielmehr wird der Arbeitgeberbegriff – wie vor dem 1. April 2017 auch der Arbeitnehmerbegriff[144] – vom Gesetzgeber vorausgesetzt,[145] sodass durch die

---

135 Böttger/*Gercke/Leimenstoll*, Wirtschaftsstrafrecht², Kap. 11, Rn. 6; Ignor/Mosbacher/*Brettschneider*, Arbeitsstrafrecht³, § 2 Rn. 6; Brüssow/Petri/*Brüssow/Petri*², Kap. A Rn. 9; Bittmann/*Weiß*, Insolvenzstrafrecht², § 21 Rn. 17; *Obenhaus*, Stbg 2012, 548, 554; *Kudlich*, ZIS 2011, 482, 490; *Weidemann*, wistra 2010, 463, 463; *Floeth*, NZS 2015, 60, 61; *Wegner*, wistra 1998, 283, 284; *Gosch*, S. 123; *Wüchner*, S. 23; *Bollacher*, S. 78.

136 So auch *Wegner*, wistra 1998, 283, 284; ebenso *Lanzinner*, S. 46 Fn. 28.

137 *Krumm*, NZWiSt 2015, 102 ff.

138 Ignor/Mosbacher/*Ignor/Mosbacher*, Arbeitsstrafrecht³, § 1 Rn. 17; *Schulz*, NJW 2006, 183, 184; *Wüchner*, S. 23.

139 Ignor/Mosbacher/*Ignor/Mosbacher*, Arbeitsstrafrecht³, § 1 Rn. 19.

140 *Tag*, S. 41.

141 Gercke/Kraft/Richter/*Richter*, Arbeitsstrafrecht, Kap. 1 Rn. 32.

142 Vgl. *Brüssow/Petri*, FS Mehle, 103, 106.

143 ErfK/*Koch*, ArbGG, § 2 Rn. 11.

144 Vgl. S. 157 zu der aktuellen Definition des Arbeitnehmerbegriffs nach § 611a BGB.

145 ErfK/*Preis*, BGB, § 611a Rn. 183.

Rechtsprechung und in der Literatur ein eigenständiger Begriff des Arbeitgebers geformt wurde.[146]

Lediglich im Bereich des AGG hat der Gesetzgeber eine Definition des Arbeitgebers bereitgestellt. Danach sind Arbeitgeber im Sinne des AGG solche natürlichen und juristischen Personen sowie solche rechtsfähigen Personengesellschaften, die Arbeitnehmer, Auszubildende, arbeitnehmerähnliche Personen oder Heimarbeiter beschäftigen, § 6 Abs. 2 S. 1 AGG.

a) Arbeitgeber im arbeitsrechtlichen Sinne

Die Bestimmung des Arbeitgebers im arbeitsrechtlichen Sinne knüpft in ständiger Rechtsprechung des BAG an den Arbeitsvertrag an. Diesem Ansatz folgend sieht das BAG denjenigen als Arbeitgeber an, welcher mit einem Arbeitnehmer einen Arbeitsvertrag geschlossen hat, aus dem er die Arbeitsleistung verlangen kann und zur Zahlung einer Vergütung für diese verpflichtet ist.[147] Die Literatur hat sich dieser Definition weitgehend angeschlossen. Zur Vereinfachung wurde zudem eine Abwandlung dahingehend entwickelt, wonach Arbeitgeber ist, wer mindestens einen Arbeitnehmer beschäftigt.[148] Nach diesen Vorgaben kann sowohl eine natürliche oder eine juristische Person des privaten oder öffentlichen Rechts als auch eine Personengesellschaft Arbeitgeber sein.[149]

Unter dem Arbeitsverhältnis wird dabei ein besonderes Dienstverhältnis im Sinne von §§ 611 ff. BGB verstanden, bei dem der Dienstberechtigte – der Arbeitgeber – die vereinbarte Gegenleistung dafür zu erbringen hat, dass ihm von einem anderen – dem Arbeitnehmer – fremdbestimmte Dienstleistungen vertraglich zugesagt oder tatsächlich geleistet worden sind.[150]

b) Arbeitgeber kraft gesetzlicher Fiktion

Lässt sich eine Arbeitgeberstellung anhand der dargestellten Definition des Arbeitgebers an sich nicht feststellen, kann sich diese dennoch aufgrund

146 ErfK[17]/*Preis*, BGB, § 611 Rn. 34 ff., Rn. 183 f.; *Segebrecht*, jurisPK-SGB IV, § 7 Abs. 1 Rn. 43; Gercke/Kraft/Richter/*Richter*, Arbeitsstrafrecht, Kap. 1 Rn. 32.

147 BAG, ZIP 1983, 486; BAG, NJW 1975, 710, 710; ErfK[17]/*Preis*, BGB, § 611 Rn. 35, Rn. 183; MünchArb-*Richardi*, § 21 Rn. 1; Palandt/*Weidenkaff*, vor § 611 Rn. 6; ausführlich *Reinecke*, NZA-RR 2016, 393 ff.

148 BAG, NZA 1999, 539, 541; ErfK[17]/*Preis*, BGB, § 611 Rn. 183.

149 ErfK[17]/*Preis*, BGB, § 611 Rn. 184.

150 Palandt/*Weidenkaff*, vor § 611 Rn. 5 ff., Rn. 29; *Schaub*/*Koch*, Arbeitsrecht von A-Z „Arbeitsverhältnis“; BeckOK-Arbeitsrecht/*Joussen*, § 611 Rn. 32 ff.; *Griebeling*, NZA 1998, 1137 ff.

gesetzlicher Fiktion ergeben. Diese Möglichkeit spielt im Arbeits(straf)recht vor allem bei der Überlassung von Arbeitnehmern im Rahmen des Arbeitnehmerüberlassungsgesetzes eine Rolle. Im Rahmen des AÜG wird gemäß § 10 Abs. 1 in Verbindung mit § 9 Nr. 1 AÜG fingiert, dass ein Arbeitsverhältnis zwischen dem Leiharbeitnehmer und dem Entleiher zustande kommt, wenn der Verleiher nicht über eine Genehmigung zur gewerblichen Arbeitnehmerüberlassung verfügt.[151]

4. Die Bestimmung des Arbeitgeberbegriffs im Sozialversicherungsrecht

Hingegen beurteilt sich der Begriff des Arbeitgebers im Sozialversicherungsrecht auf andere Weise. Im Sozialversicherungsrecht findet sich trotz der „wesentlichen Bedeutung für den Bereich der Sozialversicherung"[152] ebenfalls keine Legaldefinition des Arbeitgeberbegriffs.[153] Es wird mangels Legaldefinition auf den indirekten Hinweis in § 7 Abs. 1 S. 1 SGB IV für die Auslegung des Begriffs zurückgegriffen[154] und so eine „mittelbare Definition"[155] erstellt.[156] § 7 Abs. 1 SGB IV,

> „Beschäftigung ist die nichtselbständige Arbeit, *insbesondere*[157] in einem Arbeitsverhältnis. Anhaltspunkte für eine Beschäftigung sind eine Tätigkeit nach Weisungen und eine Eingliederung in die Arbeitsorganisation des Weisungsgebers",

definiert jedoch allein den Begriff des Beschäftigungsverhältnisses, welcher Schlüsselbegriff des gesamten Sozialversicherungsrechts ist.[158] Maßgeblich ist im

---

151 Vgl. dazu ausführlich ErfK/*Wank*, AÜG, § 9 Rn. 1 ff.; *Fischer*, § 266a Rn. 4b; MüKo-StGB/*Radtke*, § 266a Rn. 17; SK-StGB/*Hoyer*, § 266a Rn. 24; Müller-Gugenberger/*Thul*, § 38 Rn. 78 ff.; *Lange*, NZWiSt 2015, 248, 250; *Jofer/Weiß*, StraFo 2007, 277 ff.; *Zimmermann*, S. 4 ff.; *Bollacher*, S. 84 f.; *Wilke*, S. 96; *Lanzinner*, S. 50 f.

152 *Marburger*, BB 1977, 449, 449.

153 BSG, Teilurt. v. 16.03.1972 – 3 RK 73/68 –, Rn. 18, juris; KassKomm/*Wehrhahn*, § 28e SGB IV Rn. 3; Müller-Gugenberger/*Thul*, § 38 Rn. 27; Ignor/Mosbacher/*Pananis*, Arbeitsstrafrecht[3], § 6 Rn. 10; Brüssow/Petri/*Brüssow/Petri*[2], Kap. A Rn. 13; *Petri*, WiJ 2016, 93, 96; *Bürger*, wistra 2016, 169, 170; *Bürger*, NZWiSt 2015, 437, 438; *Bollacher*, S. 80.

154 BSG, Die Beiträge Beilage 2012, 20, 22; so bereits *Tag*, S. 42; vgl. auch KassKomm/*Wehrhahn*, § 28a SGB IV Rn. 2.

155 *Bollacher*, S. 80.

156 *Zieglmeier*, NZA 2015, 651, 654.

157 Hervorhebung nur hier.

158 BSG, Urteil v. 27.04.1982 – 1 RJ 72/81 –, Rn. 26, juris; *Igl/Welti*, Sozialrecht, § 10 Rn. 2 m. w. N.; *Greiner*, SDSRV Nr. 62 (2012), 9, 9; *Wilke*, S. 21 f.

Sozialversicherungsrecht folglich, ob ein Beschäftigungsverhältnis zwischen den Parteien besteht. Wann wiederum ein Beschäftigungsverhältnis vorliegt, wird selbst von den Sozialgerichten oftmals unterschiedlich beurteilt.[159]

a) Beschäftigungsverhältnis als Schlüsselbegriff

Für die Zugehörigkeit zum Kreis der versicherungspflichtigen Personen ist die „Beschäftigung“ in allen Bereichen der Sozialversicherung die wichtigste Voraussetzung.[160] Dabei gilt § 7 Abs. 1 SGB IV und die darin enthaltene Definition des Beschäftigungsverhältnisses einheitlich für alle Bereiche der Sozialversicherung.[161] Allerdings ist zu beachten, dass „§ 7 Abs. 1 S. 1 SGB IV … sich seit jeher ‚vor die Klammer gezogen‘ auf eine nähere Erläuterung des in allen Zweigen der Sozialversicherung relevanten Tatbestandsmerkmals der Beschäftigung“[162] beschränkt.

b) Begriffsabgrenzung durch § 7 Abs. 1 SGB IV

Der Gesetzgeber geht von einer Begriffsbestimmung durch § 7 Abs. 1 SGB IV aus. Diese soll nach den Ausführungen in den Gesetzgebungsmaterialien zwar „die notwendige und bisher fehlende Begriffsabgrenzung [beinhalten], ohne damit zugleich die Versicherungspflicht regeln zu wollen.“[163] Dabei ist aber die vom Gesetzgeber angesprochene Begriffsabgrenzung zur selbstständigen Tätigkeit gemeint.[164] Allerdings ist (ebenfalls) an keiner Stelle der Sozialgesetzbücher geregelt, was unter der „selbstständigen Tätigkeit“ als Gegenteil zur nichtselbstständigen Tätigkeit zu verstehen ist. Daher ist diese Umschreibung nicht zielführend.[165]

Die Definition des Beschäftigungsverhältnisses in § 7 Abs. 1 SGB IV geht davon aus, dass Beschäftigung die nichtselbstständige Arbeit, insbesondere in einem Arbeitsverhältnis ist.[166] Daher ist jedenfalls eindeutig, dass

159 Vgl. *Zieglmeier*, NZA 2015, 651, 654.

160 BT-Drucks. 7/4122, S. 31; *Wilke*, S. 22 f.

161 ErfK/*Rolfs*, SGB IV, § 7 Rn. 1; *Deinert*, AiB 2011, 254, 255; *Felix*, NZS 2002, 225, 226.

162 BSG, Urt. v. 11.03.2009, – B 12 R 11/07 R –, Rn. 15, juris; vgl. auch Müller-Gugenberger/*Thul*, § 38 Rn. 37a.

163 BT-Drucks. 7/4122, S. 31.

164 *Bengelsdorf*, NJW 1999, 1817, 1818.

165 *Segebrecht*, jurisPK-SGB IV, § 7 Abs. 1 Rn. 43.

166 § 7 Abs. 1 S. 1 SGB IV; Kreikebohm/*Marschner*, SGB IV, § 7 Rn. 1; *Wilke*, S. 37 f.; Kritik am Wortlaut des § 7 Abs. 1 SGB IV übt *Wank*, Arbeitnehmer und Selbständige, S. 340.

Beschäftigungsverhältnis und Arbeitsverhältnis nicht deckungsgleich[167] sondern eigenständig sind.[168]

c) *Wortlaut von § 7 Abs. 1 SGB IV*

Die Formulierung von § 7 Abs. 1 SGB IV deutet darauf hin, dass es sich bei einem Arbeitsverhältnis um einen Unterfall des sozialversicherungsrechtlichen Beschäftigungsverhältnisses handelt,[169] und der Beschäftigtenbegriff daher weitergehend ist als im Arbeitsverhältnis.[170] Insoweit wird die Eigenständigkeit des Sozialversicherungsrechts gegenüber dem Arbeitsrecht vom Gesetzgeber dargestellt.[171] Demzufolge ist jedes Arbeitsverhältnis auch ein Beschäftigungsverhältnis im Sinne des Sozialversicherungsrechts.[172] Aus dem Wort „insbesondere" wird zudem geschlossen, dass ein Beschäftigungsverhältnis auch dann vorliegen kann, wenn ein faktisches Arbeitsverhältnis gegeben ist.[173]

d) *Definition durch das Bundessozialgericht*

Nach der Rechtsprechung des BSG ist „als Arbeitgeber im sozialversicherungsrechtlichen Sinne … regelmäßig derjenige anzusehen, zu dem ein anderer – der Beschäftigte – in einem persönlichen Abhängigkeitsverhältnis steht. Nach § 7 Abs. 1 S. 1 SGB IV ist Beschäftigung die ‚nichtselbständige Arbeit, insbesondere in einem Arbeitsverhältnis'."[174] Folglich ist weiterhin offensichtlich, dass im Sozialversicherungsrecht das Beschäftigungsverhältnis das wesentliche Merkmal ist.

---

167 BT-Drucks. 7/4122, S. 31; BSG, BeckRS 2000, 41327; ErfK/*Rolfs*, SGB IV, § 7 Rn. 2; *Segebrecht*, jurisPK-SGB IV, § 7 Abs. 1 Rn. 58; *Deinert*, AiB 2011, 254, 258; *Greiner*, NZS 2009, 657, 659; *Breitkreuz*, SRa 2009, 41, 42; *Felix*, NZS 2002, 225, 227 m. w. N.; *Gitter*, FS Wannagat, 141, 142; *Wilke*, S. 355.

168 LPK-SGB IV/*Lüdtke*/*Winkler*, § 7 Rn. 12.

169 So auch Leipold/Tsambikakis/Zöller/*Esser*, § 266a Rn. 14a.

170 *Segebrecht*, jurisPK-SGB IV, § 7 Abs. 1 Rn. 58; *Preis*, NZA 2000, 914, 917; Gemeinsames Rundschreiben der Spitzenorganisationen der Sozialversicherung, NZS 2000, 184, 184.

171 KassKomm/*Seewald*, § 7 SGB IV Rn. 3; *Felix*, NZS 2002, 225, 226.

172 So auch BSG, NZS 2001, 414, 415; Müller-Gugenberger/*Thul*, § 38 Rn. 37.

173 BT-Drucks. 7/4122, S. 31; Kreikebohm/*Marschner*, SGB IV, § 7 Rn. 4; *Segebrecht*, jurisPK-SGB IV, § 7 Abs. 1 Rn. 48 f.

174 BSG, Die Beiträge Beilage 2012, 20, 22; vgl. *Richter*, DStR 2012, 467, 467.

e) *Fast vollkommene Deckungsgleichheit von Beschäftigungs- und Arbeitsverhältnis*

Der sozialversicherungsrechtliche Beschäftigungsbegriff entspricht in der Regel dem Begriff des Arbeitsverhältnisses.[175] Allerdings ist dies differenziert zu betrachten: Einerseits existieren durchaus sozialversicherungsrechtliche Beschäftigungsverhältnisse, die keine Arbeitsverhältnisse darstellen.[176] Zum anderen ist die Definition von § 7 Abs. 1 SGB IV nicht hilfreich, wenn der Arbeits- oder Dienstleistung kein Arbeitsverhältnis zugrunde liegt. Denn abseits des Arbeitsverhältnisses definiert sich das Beschäftigtenverhältnis durch den ebenso unbestimmten Rechtsbegriff der „nichtselbstständigen Arbeit."[177] Das BSG zieht in ständiger Rechtsprechung als Kriterien zu der Frage, ob ein Beschäftigungsverhältnis vorliegt – und daher eine Arbeitgeberstellung im sozialversicherungsrechtlichen Sinne gegeben ist –, die Eingliederung des Beschäftigten in den Betrieb eines Dritten und das Weisungsrechts des Arbeitgebers in Bezug auf Zeit, Dauer, Ort und Art der Tätigkeit sowie die Tragung des Unternehmerrisikos und der Lohn- bzw. Gehaltszahlungspflicht heran.[178] Die Annahme eines Beschäftigungsverhältnisses setzt nicht voraus, dass eine Entgeltlichkeit der geleisteten Tätigkeit vorliegt.[179] Die Legaldefinition der „Beschäftigung" von § 7 Abs. 1 SGB IV trifft nämlich keine Aussage darüber, ob eine Entgeltlichkeit vorliegen muss. Auch spricht § 7 Abs. 3 SGB IV von einer „Beschäftigung gegen Arbeitsentgelt", woraus folgt, dass die Entgeltlichkeit kein Merkmal des sozialversicherungsrechtlichen Beschäftigungsverhältnisses ist.[180]

---

175 *Waltermann*, Sozialrecht, Rn. 127 f.; Brüssow/Petri/*Brüssow/Petri*[2], Kap. C Rn. 6; *Igl/Welti*, Sozialrecht, § 10 Rn. 5; Ignor/Mosbacher/*Brettschneider*, Arbeitsstrafrecht[3], § 2 Rn. 7; ebenso bereits *Ignor/Rixen*, Arbeitsstrafrecht[2], § 2 Rn. 7; *Trüg*, NStZ 2015, 650, 650; *Deinert*, AiB 2011, 254, 258; *Felix*, NZS 2002, 225, 227; *Wüchner*, S. 27; *Tag*, S. 42.

176 Siehe S. 90 f.

177 Gercke/Kraft/Richter/*Richter*, Arbeitsstrafrecht, Kap. 1 Rn. 38; Müller-Gugenberger/*Thul*, § 38 Rn. 40; zur Unbestimmtheit des § 7 SGB IV vgl. auch *Schnapp*, NZS 2014, 41 ff.

178 BSG, AP BGB § 611 Abhängigkeit Nr. 30 m. w. N.; BSG, NJOZ 2012, 827, 828; BSG, BeckRS 2000, 41327; BSG, NJW 1978, 2527, 2527 f.; vgl. auch KassKomm/*Wehrhahn*, § 28e Rn. 3; BeckOK-Sozialrecht/*Wagner*, SGB IV, § 28e Rn. 5.

179 KassKomm/*Seewald*, § 7 SGB IV Rn. 26.

180 Gercke/Kraft/Richter/*Richter*, Arbeitsstrafrecht, Kap. 1 Rn. 41.

Insoweit sind die Begrifflichkeiten des Beschäftigungsverhältnisses und des Arbeitgebers im Sozialversicherungsrecht weiter als im Arbeitsrecht.[181] Infolgedessen kann der Weisungsgeber bei unentgeltlicher Leistung des Weisungsempfängers zwar als Beschäftigungsgeber im Sinne des Sozialversicherungsrechts angesehen werden, gilt mangels entgeltlicher Leistungsverpflichtung aber nach arbeitsrechtlichen Maßstäben keinesfalls als Arbeitgeber.[182]

f) Zweck der Sozialversicherung

Die Unterschiede zwischen Arbeits- und Beschäftigungsverhältnis begründen sich auch mit dem Zweck der Sozialversicherung. Der Versicherungsschutz soll nicht nur während des Bestehens eines wirksamen Arbeitsverhältnisses gewährleistet werden, sondern auch, wenn ein Arbeitnehmer Tätigkeiten leistet, obwohl Mängel in der arbeitsrechtlichen Beziehung vorliegen. Erbringt der Arbeitnehmer Leistungen, soll er auch sozialversichert sein.[183]

5. Beschäftigungs- und Arbeitsverhältnis: Zwei selbstständige Rechtsinstitute – Unterschiedliche Rechtsfolgen

Das Arbeits- und das Sozialversicherungsrecht werden teilweise als Rechtsgebiete beschrieben, die eine Art „Arbeitsteilung" charakterisiert.[184] Im Rahmen dieser Arbeitsteilung kommen dem Sozialversicherungs- und dem Arbeitsrecht verschiedene Aufgaben zu. Das Arbeitsrecht ist auf den Schutz der im Arbeitsleben stehenden Personen mittels der Sicherung des Arbeitsverhältnisses als wesentliche Existenzgrundlage bedacht. Hingegen entfaltet das Sozialversicherungsrecht seinen „Existenzschutz" im Grunde erst bzw. nur, wenn die Erbringung der Arbeitsleistung durch Krankheit, Pflegebedürftigkeit, Invalidität, Alter, Tod, Unfall oder Arbeitslosigkeit nicht möglich ist, wie es sich auch aus § 1 Abs. 1 SGB I[185]

---

181 Brüssow/Petri/*Brüssow/Petri*², Kap. A Rn. 24; *Segebrecht*, jurisPK-SGB IV, § 7 Abs. 1 Rn. 58; *Kokemoor*, Sozialrecht, Rn. 122 f.

182 Gercke/Kraft/Richter/*Richter*, Arbeitsstrafrecht, Kap. 1 Rn. 41.

183 *Igl/Welti*, Sozialrecht, § 10 Rn. 3 f.

184 *Seiter*, Festschrift 25 Jahre BSG, Bd. 2, 515, 516.

185 § 1 Abs. 1 SGB I: „Das Recht des Sozialgesetzbuchs soll zur Verwirklichung sozialer Gerechtigkeit und sozialer Sicherheit Sozialleistungen einschließlich sozialer und erzieherischer Hilfen gestalten. Es soll dazu beitragen, ein menschenwürdiges Dasein zu sichern, gleiche Voraussetzungen für die freie Entfaltung der Persönlichkeit, insbesondere auch für junge Menschen, zu schaffen, die Familie zu schützen und

ergibt.[186] Somit knüpft das Sozialversicherungsrecht an das Arbeitsrecht an, definiert seinen Schutz aber autonom.[187]

Diese Arbeitsteilung erfolgt allerdings nicht im Rahmen einer klaren Trennung. Es gibt eine Vielzahl von Berührungspunkten, die bei der Bedeutung des Arbeitsverhältnisses als Begründung eines Beschäftigungsverhältnisses – § 7 Abs. 1 Hs. 2 SGB IV – beginnen und erst bei den sozialversicherungsrechtlichen Auswirkungen der Beendigung des Arbeitsverhältnisses enden. Dies macht eine Abstimmung der Rechtsgebiete notwendig.[188] Daher wird nicht selten für eine Neubestimmung der Verhältnisse von Sozialversicherungs- und Arbeitsrecht plädiert.[189] Dennoch ist diese als notwendig angesehene „Harmonisierung“ bisher nicht erfolgt.[190]

Vielmehr sind, wie bereits angedeutet, das Beschäftigungsverhältnis und das Arbeitsverhältnis nicht deckungsgleich.[191] Es handelt es sich um zwei selbstständige Rechtsinstitute,[192] die lediglich wegen der von der sozialversicherungs- und arbeitsrechtlichen Rechtsprechung mehrheitlich übereinstimmend zugrunde gelegten Voraussetzungen oftmals gemeinsam vorliegen[193] und dennoch unterschiedliche Begrifflichkeiten verwenden.[194] Die genaue Begriffsbestimmung der Rechtsinstitute ist seit langem umstritten.[195] Dabei wird insbesondere vom BSG

---

zu fördern, den Erwerb des Lebensunterhalts durch eine frei gewählte Tätigkeit zu ermöglichen und besondere Belastungen des Lebens, auch durch Hilfe zur Selbsthilfe, abzuwenden oder auszugleichen.“

186 *Gitter*, FS Wannagat, 141, 151; vgl. auch BFH, DStR 2009, 1355, 1357.

187 *Boecken*, RdA 2000, 7, 7; *Deinert*, AiB 2011, 254, 254 f.; *Seiter*, Festschrift 25 Jahre BSG, Bd. 2, 515, 515 f.; *Wilke*, S. 7 m. w. N.

188 *Boecken*, RdA 2000, 7, 7.

189 *Maydell*, FS Kissel, 761 ff.; *Hanau/Peters-Lange*, NZA 1998, 785 ff.; *Schmidt*, RdA 1999, 124, 130.

190 *Boecken*, RdA 2000, 7, 7.

191 BT-Drucks. 7/4122, S. 31; BSG, BeckRS 2000, 41327; Müller-Gugenberger/*Thul*, § 38 Rn. 37; *Wilke*, S. 49 und S. 350; ausführlich zu den Voraussetzungen von Arbeits- und Beschäftigungsverhältnis *Wilke*, S. 51 ff.

192 Vgl. ausführlich zu den Unterschieden und Gemeinsamkeiten von Arbeits- und Sozialversicherungsrecht *Wilke*, S. 7 ff. und zu den verschiedenen Begriffsbestimmungen *Wilke*, S. 21 ff.

193 BSG, NJW 2001, 1965, 1965; BAG, NZA 1999, 897, 989; ErfK/*Rolfs*, SGB IV, § 7 Rn. 2; *Felix*, NZS 2002, 225, 229; a. A. *Wank*, AuR 2001, 291, 297; *Greiner*, NZS 2009, 657, 663 ff.

194 *Bauschke*, öAT 2016, 69, 70: „Bei der unterschiedlichen Zuweisung des Begriffs ‚Arbeitnehmer‘ (zum Arbeitsrecht) und des Begriffs ‚Beschäftigte‘ (zum Sozialrecht) wird deutlich, dass relativ gleiche Sachverhalte unterschiedlichen Rechtsbegriffen und -folgen zugeordnet werden.“

195 *Wilke*, S. 1.

in ständiger Rechtsprechung vertreten, dass das Beschäftigungsverhältnis nicht mit dem Arbeitsverhältnis identisch ist und die Begriffe im Sozialversicherungsrecht daher eigenständig zu bestimmen sind.[196]

Zwar hat der Gesetzgeber durch Andeutungen in den Gesetzgebungsmaterialien versucht, das Verhältnis zwischen den beiden Begriffen zu bestimmen,[197] was allerdings nach herrschender Meinung nicht gelungen ist.[198] Es bestehen eindeutig Fallgruppen, in denen Arbeits- und Beschäftigungsverhältnis nicht übereinstimmen. Diese sind vor allem dadurch gekennzeichnet, dass ein Beschäftigungsverhältnis im Gegensatz zum Arbeitsverhältnis keine Entgeltlichkeit voraussetzt.[199]

Zu diesen Fallgruppen gehören die unentgeltlich Beschäftigten, welche gegen Unfälle nach § 2 Abs. 1 Nrn. 1, 9, 12, Abs. 1a SGB VII pflichtversichert sind,[200] obwohl sie mangels bestehenden Entgeltanspruchs – arbeitsrechtlich – keine Arbeitnehmer sind.[201] Ebenso kommen Arbeits- und Sozialversicherungsrecht im Rahmen eines Kündigungsschutzprozesses zu verschiedenen Rechtsfolgen. Das BAG[202] verneint ungeachtet des Weiterbeschäftigungsanspruchs des Arbeitnehmers bei wirksamer Kündigung durch den Arbeitgeber bis zum rechtskräftigen Abschluss des Kündigungsschutzverfahrens das Fortbestehen des alten Arbeitsverhältnisses in diesem Zeitraum,[203] sodass kein Arbeitsverhältnis, aber nach dem Sozialversicherungsrecht ein Beschäftigungsverhältnis vorliegt.

Dasselbe gilt nach §§ 28, 138 SGB IX für Behinderte, die im Rahmen einer stufenweisen Wiederaufnahme ihrer Tätigkeit rehabilitiert werden, wenn diese Tätigkeit unentgeltlich und daher nicht im Rahmen eines Arbeitsverhältnisses erfolgt.[204] Auch bei der Wiedereingliederung von arbeitsunfähigen Versicherten

---

196 Vgl. statt vieler BSG, NZA-RR 2007, 382, 384 m. w. N.: „Nach der ständigen Rechtsprechung des BSG ist das Beschäftigungsverhältnis im leistungsrechtlichen Sinne nicht mit dem Arbeitsverhältnis gleichzusetzen"; ebenso *Schmidt*, RdA 1999, 124, 125; a. A. *Heinze*, NZA 2000, 5, 6; *Gitter*, FS Wannagat, 141, 154; differenzierend *Wank*, Arbeitnehmer und Selbstständige, S. 338 ff.

197 Vgl. BT-Drucks. 7/4122, S. 31.

198 *Greiner*, NZS 2009, 657, 658 Fn. 19; *Wilke*, S. 5 m. w. N.

199 *Wilke*, S. 125.

200 ErfK/*Rolfs*, SGB VII, § 2 Rn. 3 f.

201 BAG, NZA 2012, 1433, 1434; Palandt/*Weidenkaff*, vor § 611 Rn. 7 ff.; *Reinecke*, NZA-RR 2016, 393, 394.

202 BAG, NJW 1987, 373, 373 f.

203 ErfK/*Preis*, BGB, § 611 Rn. 148.

204 Vgl. SK-StGB/*Hoyer*, § 266a Rn. 20; *Igl*/*Welti*, Sozialrecht, § 10 Rn. 7; zur Wiedereingliederung ausführlich Kossens/von der Heide/Maaß/*von der Heide*, SGB IX, § 28 Rn. 2 ff.; *Hoyningen-Huene*, NZA 1992, 49 ff.; *Wilke*, S. 105 ff.

liegt nach § 74 SGB V kein Arbeitsverhältnis vor. Jedoch wird eine Versicherungspflicht in allen Zweigen der Sozialversicherung bejaht.[205] Schließlich wird in Ausnahmefällen auch ein Beschäftigungsverhältnis zwischen einem Kreditgeber des Arbeitgebers und dessen Arbeitnehmer bejaht, wenn die einzelnen Arbeitsverhältnisse durch die Einflussnahme des Kreditgebers geprägt sind.[206] Ein Arbeitsverhältnis liegt hingegen nicht zwischen Kreditgeber und Arbeitnehmer vor. Daraus folgt, dass die Anknüpfung an das eine oder das andere Rechtsgebiet erhebliche Auswirkungen auf die Beurteilung der Arbeitgebereigenschaft hat.

6. Die Bestimmung des Arbeitgeberbegriffs im Steuerrecht

Ein ähnliches Definitionsproblem wie im Straf-, Arbeits- und Sozialversicherungsrecht in Bezug auf den Begriff „Arbeitgeber“ besteht auch im Steuerrecht. Denn auch im Steuerrecht wird der Arbeitgeberbegriff weder im EStG noch in der LStDV – trotz der Verwendung des Begriffs „Arbeitgeber“ in § 38 EStG und § 1 Abs. 2 LStDV – näher bestimmt.[207] Vielmehr wird innerhalb von § 38 Abs. 1 S. 1 EStG die Umschreibung des Arbeitgebers als bekannt vorausgesetzt. Ebenso beschränkt sich der Wortlaut von § 1 Abs. 2 LStDV darauf, den Begriff „Arbeitgeber“ zu nennen und beispielhaft einzelne als Arbeitgeber in Betracht kommende natürliche oder juristische Personen anzuführen.[208]

Aus den in § 1 Abs. 2 LStDV aufgeführten Begriffen „Dienstverhältnis“ und „Arbeitnehmer“ ergibt sich jedoch, dass derjenige Arbeitgeber im Rahmen eines steuerrechtlichen Dienstverhältnisses ist, dem der abhängige und weisungsgebundene Arbeitnehmer seine Arbeitskraft schuldet.[209] Dabei kann das zwischen dem Arbeitgeber und dem Arbeitnehmer bestehende steuerrechtliche Dienstverhältnis gegenwärtig, vergangen oder erst zukünftig sein.[210] Deshalb

---

205 KassKomm/*Seewald*, § 7 SGB IV Rn. 126.

206 BSG, NJW 1967, 2031, 2031 f.

207 BFH, DStR 2000, 103, 104; vgl. Kirchhof/*Eisgruber*, EStG, § 19 Rn. 47 f. und § 38 Rn. 5 m. w. N.

208 § 1 Abs. 2 LStDV: „Ein Dienstverhältnis (Absatz 1) liegt vor, wenn der Angestellte (Beschäftigte) dem Arbeitgeber (öffentliche Körperschaft, Unternehmer, Haushaltsvorstand) seine Arbeitskraft schuldet.“

209 BFH, DStRE 2004, 632, 633; BFH, DStR 2000, 103, 104; vgl. Herrmann/Heuer/Raupach/*Pflüger*, EStG, § 19 Rn. 62 ff. und Rn. 71 ff.; Schmidt/*Krüger*, EStG, § 19 Rn. 32 und § 38 Rn. 2; *Müller*, SteuK 2013, 140, 141.

210 Blümich/*Geserich*, EStG, § 19 Rn. 130 f.; Gercke/Kraft/Richter/*Richter*, Arbeitsstrafrecht, Kap. 1 Rn. 45.

ist im Steuerrecht bspw. auch derjenige Arbeitgeber, der an einen ehemaligen Arbeitnehmer – oder an dessen Rechtsnachfolger[211] – Arbeitslohn zahlt.[212] Entscheidend für die Beurteilung der Arbeitgeberstellung ist das Gesamtbild der tatsächlichen Verhältnisse. Arbeitgeber im steuerrechtlichen Sinn ist demnach derjenige, der aufgrund seiner wirtschaftlichen Stellung Arbeitnehmer einstellen, entlassen und über deren Arbeitskraft bestimmen kann. Unerheblich ist, ob dieser nach bürgerlichem Recht überhaupt geschäftsfähig bzw. Partner des Arbeitsvertrages ist.[213]

a) Eigenständige Bestimmung des Arbeitgeberbegriffs im Steuerrecht

Die im Steuerrecht verwendeten Begriffe „Dienstverhältnis", „Arbeitnehmer" und „Arbeitgeber" sind somit eigenständig. Der Inhalt dieser Begriffe stimmt daher nicht zwingend mit dem Begriffsverständnis des Zivilrechts, des Arbeitsrechts oder des Sozialversicherungsrechts überein. Vielmehr werden diese Begriffe nach den im Steuerrecht maßgebenden Grundsätzen ausgelegt.[214] Daher kann im Steuerrecht ein Dienstverhältnis gegeben sein, auch wenn dies nach dem Arbeits- und Sozialversicherungsrecht nicht der Fall ist.

Demzufolge kann der Arbeitgeberbegriff auch nicht durch Rückgriff auf den arbeits- oder sozialversicherungsrechtlichen Arbeitgeberbegriff als „definiert" betrachtet werden, weil das Steuerrecht einerseits und das Arbeits- bzw. das Sozialversicherungsrecht andererseits unterschiedlichen Zwecken folgen.[215] So liegt „dem Arbeits- und Sozialversicherungsrecht … der Gedanke der sozialen Schutzbedürftigkeit zugrunde, ein Regelungszweck, der dem Steuerrecht hingegen fremd ist."[216] Daher kommt der sozialversicherungs- und arbeitsrechtlichen Beurteilung zwar indizielle Bedeutung für die steuerrechtliche Begriffsbildung zu, aber eine rechtliche Bindung an diese Beurteilung existiert nicht.[217]

---

211 Blümich/*Geserich*, EStG, § 19 Rn. 111.

212 Blümich/*Geserich*, EStG, § 19 Rn. 130.

213 BFH, DStR 1995, 764, 764 f.; Blümich/*Geserich*, EStG, § 19 Rn. 56; *Müller*, SteuK 2013, 140, 141 f.

214 BFH, DStR 2009, 1355 ff.; BFH DStR 2000, 103, 104; Kirchhof/*Eisgruber*, EStG, § 19 Rn. 7; *Müller*, SteuK 2013, 140, 140 f.

215 BFH, DStR 2000, 103, 104.

216 BFH, DStR 2009, 1355, 1357.

217 BFH, DStR 2011, 911, 912; BFH, DStR 1999, 711, 714; Kirchhof/*Eisgruber*, EStG, § 19 Rn. 7; Gercke/Kraft/Richter/*Richter*, Arbeitsstrafrecht, Kap. 1 Rn. 44.

b) Keine Anknüpfung des Strafrechts an das Steuerrecht

Aus den Umständen, dass die steuerrechtliche Auslegung des Arbeitgeber- bzw. des Arbeitnehmerbegriffs nicht deckungsgleich mit den in anderen Rechtsgebieten verwendeten – wortgleichen – Begriffen sind, ist ersichtlich, dass der steuerrechtliche Arbeitgeberbegriff einen eigenständigen Inhalt ausweist.[218] Daher wird eine Anknüpfung an die steuerrechtliche Auslegung – soweit ersichtlich – in der strafrechtlichen Literatur und Rechtsprechung nicht vertreten.[219] Jedoch wird diese eigenständige Begriffsbildung im Steuerrecht an späterer Stelle[220] der Untersuchung nochmals in den Blick zu nehmen sein.

B. Darstellung und Beurteilung der verschiedenen Auffassungen in der Literatur zur Auslegung des Arbeitgeberbegriffs

Die wissenschaftlichen Auffassungen in der Literatur zur Auslegung des Arbeitgeberbegriffs im Sinne von § 266a StGB unterscheiden sich stark. Im Folgenden wird zu Beginn dargestellt, dass eine eindeutige Ausarbeitung zur Bestimmung des Arbeitgeberbegriffs in den vergangenen 30 Jahren in der Literatur nicht vorgenommen wurde. Allerdings haben sich zu dieser Frage im Laufe der Zeit drei unterschiedliche Meinungen herausgebildet: Von einer Ansicht wird das Arbeitsrecht zur Bestimmung des Arbeitgeberbegriffs herangezogen; die Gegenansicht wiederum knüpft an das Sozialversicherungsrecht an, um den Arbeitgeberbegriff auszulegen.[221] Oft wird auch auf das Arbeits- und das Sozialversicherungsrecht gemeinsam abgestellt.

Durch diese Darstellung der verschiedenen Ansichten wird im Folgenden eine Arbeitsgrundlage des aktuellen Standes der vertretenen Modelle der Auslegung des Arbeitgeberbegriffs im Rahmen von § 266a StGB skizziert. Auf dieser Grundlage werden die jeweils vorgebrachten einzelnen Argumente jeder Ansicht

---

218 BFH, BB 1995, 1172, 1173; ausf. dazu Gercke/Kraft/Richter/*Richter*, Arbeitsstrafrecht, Kap. 1 Rn. 42 f.; Adick/Bülte/*Adick*, Kap. 17 Rn. 95 f.

219 So auch *Lanzinner*, S. 44 Fn. 14.

220 Siehe S. 221 f.

221 Auch wird im Steuerrecht der Arbeitgeber- bzw. der Arbeitnehmerbegriff nach § 1 Abs. 2 LStDV definiert, siehe S. 50 f.; vgl. auch Blümich/*Geserich*, EStG, § 19 Rn. 130 f.; Gercke/Kraft/Richter/*Richter*, Arbeitsstrafrecht, Kap. 1 Rn. 42 f.; *Müller*, SteuK 2013, 140 ff. Eine Anknüpfung an das Steuerrecht wird aber, soweit ersichtlich, in Bezug auf § 266a StGB nicht vertreten, so auch *Lanzinner*, S. 44 Fn. 14.

kritisch untersucht. Bei dieser Beurteilung wird sich zeigen, dass nicht jedes von ihren Vertretern vorgebrachte Argument vollends überzeugend ist.

I. Bestandsaufnahme: Bisherige Untersuchungen zu § 266a StGB – Keine Bestimmung des Arbeitgeberbegriffs als Kerninhalt

In den letzten 30 Jahren haben sich viele Autoren von Dissertationen, die Probleme in Zusammenhang mit § 266a StGB thematisieren, zumindest teilweise auch mit dem Problem der Auslegung des Arbeitgeberbegriffs von § 266a StGB befasst. Jedoch war in allen Fällen die Auslegung des Arbeitgeberbegriffs nicht Hauptthema des Beitrags sondern meist lediglich am Rande von Bedeutung. Dennoch hat sich bereits auf diese Weise im Rahmen der rechtswissenschaftlichen Untersuchungen eine herrschende Richtung zur Auslegung des Begriffs „Arbeitgeber" im Sinne von § 266a StGB entwickelt, welche kurz nachgezeichnet werden soll.

1. Fisseler 1985

Die Anknüpfung der „Strafbarkeit der Nichtzahlung von Beiträgen zur sozialen Versicherung"[222] an das Sozialversicherungsrecht wurde noch vor Einführung von § 266a StGB im Jahr 1985 zuerst von *Fisseler* vertreten, der davon ausgeht, dass „entscheidendes Kriterium für die Versicherungs- und Beitragspflicht die Aufnahme einer versicherungspflichtigen Beschäftigung" sei.[223]

2. Bente 1992

Die erste umfassende Begutachtung der Tatbestandsmerkmale von § 266a StGB erfolgte sechs Jahre nach dessen Einführung durch *Bente.*[224] Dieser stellte unter der Überschrift „Sozialversicherungsrechtlicher Arbeitgeber aufgrund privatrechtlichen Dienstvertrages"[225] darauf ab, dass Arbeitgeber derjenige sei, welchem „der Arbeitnehmer gemäß §§ 611 BGB ff. Dienste leistet",[226] und verweist auf *Dreher/Tröndle,*[227] *Lenckner*[228] und *Lackner/Dreher.*[229] Somit wurde nach

---

222 *Fisseler*, Die Strafbarkeit der Nichtzahlung von Beiträgen zur sozialen Sicherung, 1985.

223 *Fisseler*, S. 65 f.

224 *Bente*, Die Strafbarkeit des Arbeitgebers wegen Beitragsvorenthaltung und Veruntreuung von Arbeitsentgelt (§ 266a StGB), 1992.

225 *Bente*, S. 30.

226 *Bente*, S. 30.

227 Dreher/Tröndle[45]/*Dreher/Tröndle*, § 266a Rn. 5

228 Schönke/Schröder/*Lenckner*, StGB[24], § 266a Rn. 11.

229 *Lackner/Dreher*[19], § 266a Rn. 3 (*Bente* verweist – wohl irrtümlich – auf Anm. 2a).

Einführung der Norm zur Bestimmung des Arbeitgebers im Sinne von § 266a StGB durch *Bente* an das Arbeitsrecht angeknüpft.

3. *Tag 1994*

Im Jahr 1994 veröffentliche *Tag* die wohl meist zitierte Ausarbeitung zu § 266a StGB.[230] Darin hielt sie fest, dass „sowohl das Sozialversicherungsrecht als auch das Arbeitsrecht den Maßstab für die Bestimmung des strafrechtlichen Arbeitgeberbegriffs im Rahmen der Beitragsvorenthaltung"[231] bilden. Denn neben dem Finanzaufkommen der Solidargemeinschaft solle – so *Tag* – auch das Arbeitnehmervermögen gegen arbeitsvertragliche Fürsorgeverletzungen durch den Arbeitgeber geschützt werden.[232] Deshalb sei aufgrund der fehlenden eigenständigen strafrechtlichen Definition des Arbeitgeberbegriffs dieser nach den Grundsätzen des Sozialversicherungsrechts sowie ergänzend nach den Grundsätzen des Arbeitsrechts zu bestimmen.[233]

4. *Branz 2002*

Darauf aufbauend spricht *Branz*[234] im Jahr 2002 davon, dass „maßgeblich für § 266a Abs. 1 StGB … der Begriff des Arbeitgebers [ist], wie er im Sozialversicherungsrecht definiert wird, da Täter nur sein kann, wer die Beiträge im sozialversicherungsrechtlichen Sinne schuldet. Das Sozialversicherungsrecht knüpft dabei an das Dienstvertragsrecht nach §§ 611 ff. BGB an."[235]

5. *Bollacher 2006*

Auch *Bollacher*[236] geht in seiner Untersuchung, welche vor allem auf die Problematik unterlassener Beitragszahlungen in der Unternehmenskrise zielt, auf die Auslegung des Arbeitgeberbegriffs ein.[237] Er kommt dabei zu dem Ergebnis,

230 *Tag*, Das Vorenthalten von Arbeitnehmerbeiträgen zur Sozial- und Arbeitslosenversicherung sowie das Veruntreuen von Arbeitsentgelt – Untersuchungen zu § 266a StGB, 1994.

231 *Tag*, S. 42.

232 *Tag*, S. 42.

233 *Tag*, S. 45.

234 *Branz*, Das Vorenthalten von Arbeitnehmerbeiträgen zur Sozialversicherung (§ 266a Abs. 1 StGB) in der Unternehmenskrise, 2002.

235 *Branz*, S. 9.

236 *Bollacher*, Das Vorenthalten von Sozialversicherungsbeiträgen, 2006.

237 Vgl. *Bollacher*, S. 78 ff.

dass „sich die Bestimmung des Täterbegriffs von § 266a Abs. 1 StGB aus teleologischen Gründen an den sozialversicherungsrechtlichen, nicht an den arbeitsrechtlichen Arbeitgeberbegriff anlehnt."[238]

6. *Brenner 2008*

Brenner[239] stellt im Rahmen seiner Ausführungen zur Täterqualifikation von § 266a Abs. 1, 2 StGB fest, dass „die Auslegung des Begriffs Arbeitgeber … sich vorrangig nach dem Sozialversicherungsrecht [richtet], da der Tatbestand an die sozialversicherungsrechtlichen Pflichten des Arbeitgebers anknüpft."[240] Als Beleg verweist er unter anderem auf *Tag*.[241] Weiter heißt es dann: „Das Sozialversicherungsrecht knüpft wiederum gemäß § 7 Abs. 1 SGB IV an § 611 BGB an."[242] *Brenner* stellt folglich als erster in einer Dissertation ausdrücklich fest, dass § 7 Abs. 1 SGB IV zur Auslegung des Arbeitgeberbegriffs heranzuziehen sei, der wiederum auf § 611 BGB verweise.

7. *Ischebeck 2008*

Auch *Ischebeck*[243] geht in seiner Untersuchung, die sich vorrangig um das Vorenthalten von Sozialversicherungsbeiträgen im Sinne von § 266a Abs. 1 StGB während der materiellen Insolvenz der GmbH dreht, darauf ein, welchen Bezugspunkt die Akzessorietät von § 266a StGB hat. Nach seiner Ansicht „gewährt § 266a Abs. 1 StGB dem sozialversicherungsrechtlichen Zahlungsanspruch der Einzugsstelle aus § 28 Abs. 1 S. 1 SGB IV flankierenden Schutz."[244] Daher sei Anknüpfungspunkt zur Auslegung des Arbeitgeberbegriffs zuallererst das Sozialversicherungsrecht.[245]

---

238 *Bollacher*, S. 83.

239 *Brenner*, Die strafrechtliche Bekämpfung der Schwarzarbeit unter besonderer Berücksichtigung wirtschaftlicher Aspekte, 2008.

240 *Brenner*, S. 105.

241 *Brenner*, S. 105 Fn. 387.

242 *Brenner*, S. 105.

243 *Ischebeck*, Vorenthalten von Sozialversicherungsbeiträgen im Sinne von § 266a Abs. 1 StGB während der materiellen Insolvenz der GmbH, 2008.

244 *Ischebeck*, S. 143.

245 *Wohlers/Kudlich*, ZStW 122 (2010), 627, 653 merken zu *Ischebeck* an, dass „die Überzeugungskraft von *Ischebecks* Lösung als Ergebnis … mit dem von ihm zugrunde gelegten Modell der Sozialversicherungsakzessorietät des § 266a StGB [steht und fällt]."

8. *Zimmermann 2009*

Dieser Anknüpfung an die Ansprüche aus dem SGB IV folgt auch *Zimmermann*[246] mit Verweis[247] auf die Ausführungen von *Tag* im Nomos-Kommentar: „Da die Strafnorm an sozialversicherungsrechtliche Pflichten anschließt, ist der sozialversicherungsrechtliche Arbeitgeberbegriff zugrunde zu legen.“[248] Darüber hinausgehend spricht *Zimmermann* in Bezug auf den Arbeitgeberbegriff davon, dass „mangels Legaldefinition im SGB[249] … sich dieser aus § 7 SGB IV [ergibt].“[250]

9. *Wüchner 2010*

Auch *Wüchner*[251] nimmt an, dass „die Verwendung des sozialversicherungsrechtlichen Arbeitgeberbegriffs richtig ist.“[252] Dies ergebe sich „aus dem Gesamtsozialversicherungsbeitrag als Tatgegenstand sowie der Schutzrichtung von § 266a Abs. 1 StGB.“[253] Dabei geht er – wie zuvor auch schon *Zimmermann* und *Brenner* – davon aus, dass der Arbeitgeberbegriff sich an § 7 Abs. 1 SGB IV orientiere, dessen Anwendung wiederum zu einem Rückgriff auf die arbeitsrechtliche Begriffsherleitung mit sozialversicherungsrechtlichen Besonderheiten führe.[254]

10. *Lanzinner 2014*

In einer aktuellen Untersuchung zu § 266a StGB kommt *Lanzinner*[255] mit der herrschenden Meinung zu dem Ergebnis, dass „die Bestimmung der Arbeitgebereigenschaft … richtigerweise nach dem Sozialrecht, genauer dem Sozialversicherungsrecht, zu erfolgen [hat].“[256] Dazu sei auf § 7 Abs. 1 SGB IV

---

246 *Zimmermann*, Folgen illegaler grenzüberschreitender Arbeitnehmerüberlassung aus Sicht des Entleihers, 2009.

247 *Zimmermann*, S. 165 Fn. 855, 856.

248 *Zimmermann*, S. 165.

249 Gemeint ist wohl das StGB.

250 *Zimmermann*, S. 165.

251 *Wüchner*, Die Vorenthaltung von Sozialversicherungsbeiträgen des Arbeitnehmers, 2010.

252 *Wüchner*, S. 23.

253 *Wüchner*, S. 23.

254 *Wüchner*, S. 23.

255 *Lanzinner*, Scheinselbstständigkeit als Straftat, 2014.

256 *Lanzinner*, S. 47.

zurückzugreifen, denn es werde eine Pflicht aus dem Sozialversicherungsrecht sanktioniert.[257]

11. *Loose 2016*

In dem aktuellsten Beitrag zu § 266a StGB geht *Loose*[258] nur am Rande seiner Untersuchung zu § 266a Abs. 2 StGB auf den Arbeitgeberbegriff ein. Es wird lediglich die Rechtsprechung zu diesem Thema dargelegt.[259] Im Schwerpunkt beschäftigt sich *Loose* mit den Anwendungsproblemen des § 266a Abs. 2 StGB aufgrund der strukturellen Anlehnung an § 370 Abs. 1 AO und der Übernahme des Begriffs „Vorenthalten" aus § 266a Abs. 1 StGB.

12. *Zwischenergebnis*

Es wird deutlich, dass seit nunmehr fast 30 Jahren versucht wird, den Begriff des Arbeitgebers nach dem Sozialversicherungs- oder Arbeitsrecht auszulegen. Nachdem zu Beginn noch auf das Arbeitsrecht abgestellt wurde, wird nun seit der Veröffentlichung der Ausarbeitung von *Tag* vorrangig auf das Sozialversicherungsrecht abgestellt, wobei bei dieser sozialversicherungsrechtlichen Anknüpfung wieder ein Bezug zum Arbeitsrecht hergestellt wird, der sich aus § 7 Abs. 1 SGB IV ergeben soll. Diese Entwicklung erweckt den Anschein, dass bislang in der Literatur weder eine tiefgehende Beleuchtung aller Argumente noch deren kritische Beurteilung stattgefunden hat. Daher wird im Folgenden der Versuch unternommen, dies nachzuholen.

II. Ansicht 1: Sozialversicherungsrechtsakzessorische Auslegung des Arbeitgeberbegriffs

Nach mittlerweile wohl überwiegender Ansicht in der Literatur richtet sich die Auslegung des Arbeitgeberbegriffs nach den sozialversicherungsrechtlichen Grundsätzen.[260] Nach dieser Ansicht handelt es sich bei § 266a StGB um eine

---

257 *Lanzinner*, S. 47.

258 *Loose*, Das Vorenthalten von Arbeitgeberbeiträgen zur Sozialversicherung gemäß § 266a Abs. 2 StGB – Eine Untersuchung zu den Anwendungsproblemen aufgrund der strukturellen Anlehnung an § 370 Abs. 1 AO und der Übernahme des „Vorenthaltens" von Beiträgen aus § 266a Abs. 1 StGB, 2017.

259 *Loose*, S. 87.

260 Schönke/Schröder/*Perron*, § 266a Rn. 11; NK-StGB/*Tag*, § 266a Rn. 19; BeckOK-StGB [Ed. 31]/*Wittig*, § 266a Rn. 5; Bittmann/*Weiß*, Insolvenzstrafrecht[2], § 21 Rn. 17; Brüssow/Petri/*Brüssow*/*Petri*[2], Kap. C Rn. 6; Ignor/Mosbacher/*Pananis*, Arbeitsstrafrecht[3],

strafrechtliche Norm in „sozialversicherungsrechtlichem Kleid.“[261] Für eine solche sozialversicherungsrechtliche Auslegung des Arbeitgeberbegriffs werden die im Folgenden dargelegten Argumente vorgebracht.

1. Anknüpfung an die sozialversicherungsrechtlichen Pflichten

Als Hauptargument führt die herrschende Auffassung die Anknüpfung von § 266a StGB an die sozialversicherungsrechtlichen Pflichten des Arbeitgebers – z. B. die Beitragsabführungspflicht – und die sich daraus ergebende Sozialversicherungsrechtsakzessorietät der Norm an.[262] Denn § 266a StGB sanktioniere die durch die Nichtabführung der Arbeitnehmerbeiträge zur Sozialversicherung eintretende Verletzung dieser Pflichten aus dem Sozialversicherungsrecht.[263] Zudem soll nach überwiegender Ansicht das geschützte Rechtsgut von § 266a StGB das Interesse der Solidargemeinschaft an der Sicherstellung des Sozialversicherungsaufkommens sein.[264] Dies zeige, dass die Bestimmung des Arbeitgeberbegriffs nach dem Sozialversicherungsrecht erfolgen müsse.[265]

2. Gesamtsozialversicherungsbeitrag als Tatgegenstand

Auch der Gesamtsozialversicherungsbeitrag[266] – § 28d SGB IV – als Tatgegenstand, der sich aus den Beiträgen zur Kranken-, Pflege-, Renten- und Unfallversicherung sowie zur Arbeitsförderung zusammensetzt, wird herangezogen, um diese Auslegung zu stärken. Denn „die Pflicht zur Abführung des Gesamtsozialversicherungsbeitrags setzt die Versicherungspflicht des Arbeitnehmers

---

§ 6 Rn. 10; Müller-Gugenberger/*Thul*, § 38 Rn. 27 f.; Volk/*Greeve*, MAH Wirtschafts- und Steuerstrafsachen, § 28 Rn. 152; Wabnitz/*Richtarsky*, Handbuch des Wirtschafts- und Steuerstrafrechts, 19. Kap. Rn. 47; Momsen/Grützner/*Meyer*, Kap. 10 Rn. 92, Adick/Bülte/*Möller*/*Zimmermann*, Kap. 22 Rn. 40; Krauskopf/*Baier*, SGB IV, § 111 Rn. 27; *Lanzinner*, S. 47; *Steenfatt*, S. 6 Fn. 9; *Ischebeck*, S. 74; *Wüchner*, S. 24; *Bollacher*, S. 81 f.; *Branz*, S. 9; *Tag*, S. 41 f.; *Bürger*, wistra 2016, 169, 170; *Trüg*, NStZ 2015, 650, 650; *Zimmermann*/*Smok*, ArbRAktuell 2015, 394, 394; *Greeve*, NStZ 2013, 588, 588; *Gercke*/*Leimenstoll*, WiJ 2012, 246, 252; *Metz*, NZA 2011, 782, 782 f.; *Lübbersmann*, StRR 2011, 114, 114; *Lübbersmann*, StRR 2010, 14, 15; *Wegner*, PStR 2007, 28, 28; *Vogelberg*, PStR 2004, 90, 90; *Ignor*/*Rixen*, wistra 2001, 201, 202.

261 *Wüchner*, S. 24.

262 Brüssow/Petri/*Brüssow*/*Petri*², Kap. C Rn. 6; so bereits *Fisseler*, S. 137 im Jahr 1985.

263 Krauskopf/*Baier*, SGB IV, § 111 Rn. 27; *Branz*, S. 9.

264 *Tag*, S. 42; *Brenner*, S. 105.

265 *Lanzinner*, S. 47.

266 Siehe dazu auch Müller-Gugenberger/*Thul*, § 38 Rn. 140 f.

voraus."[267] Diese Versicherungspflicht orientiere sich nach § 24 Abs. 2 SGB III, § 5 Abs. 1 Nr. 1 SGB V, § 1 SGB VI, § 20 SGB XI an einer Beschäftigung im Sinne von § 7 Abs. 1 S. 1 SGB IV.[268]

Diese Akzessorietät des Tatgegenstands soll auf die Täterfeststellung durchschlagen. Denn nicht die Begründung eines Arbeitsverhältnisses, sondern die Begründung eines sozialversicherungsrechtlichen Beschäftigungsverhältnisses führe zu der sozialversicherungsrechtlichen Beitragsabführungspflicht. Daraus folgend soll sich der für § 266a StGB relevante Arbeitgeberbegriff nur aus dem Sozialversicherungsrecht ergeben.[269] Daher könne Täter einer Beitragsvorenthaltung nur sein, wer einen anderen beitragspflichtig und versicherungspflichtig beschäftige.[270]

3. *Anknüpfung an § 7 SGB IV zur Begriffsbestimmung*

Für diese sozialversicherungsrechtliche Bestimmung des Inhalts des Arbeitgeberbegriffs bzw. des korrelierenden Begriffs des Arbeitnehmers[271] sei auf § 7 Abs. 1 SGB IV zurückzugreifen.[272] Aufgrund des Fehlens einer Legaldefinition des Arbeitgebers im Sozialversicherungsrecht und im Strafrecht soll anhand von § 7 Abs. 1 SGB IV ermittelt werden, wer Arbeitgeber ist.[273] So erschließe sich aus dem Regelungskontext von § 7 Abs. 1 SGB IV bzw. aus dem „Begriff des Beschäftigungsverhältnisses"[274] der strafrechtliche Arbeitgeberbegriff.[275]

Konsequenterweise definieren Vertreter dieser Ansicht den Begriff folgendermaßen: „Arbeitgeber im Sinne des § 266a Abs. 1 StGB ist danach derjenige, zu dem ein abhängiges Beschäftigungsverhältnis im Sinne von § 7 Abs. 1 SGB IV besteht"[276] und deshalb „die aus der Beschäftigung entstandenen Beiträge und Umlagen nach dem Sozialversicherungsrecht auch schuldet."[277]

---

267 *Wüchner*, S. 23.
268 KassKomm/*Seewald*, § 7 SGB IV Rn. 2.
269 *Wüchner*, S. 23 f.
270 *Bollacher*, S. 83.
271 Momsen/Grützner/*Meyer*, Kap. 10 Rn. 4.
272 Müller-Gugenberger/*Thul*, § 38 Rn. 27; Momsen/Grützner/*Meyer*, Kap. 10 Rn. 92; *Schmuck*/*Wiehe*, NJW 2010, 481, 481; *Wüchner*, S. 24; *Brenner*, S. 105.
273 Müller-Gugenberger/*Thul*, § 38 Rn. 27.
274 *Bürger*, wistra 2016, 169, 171.
275 NK-StGB/*Tag*, § 266a Rn. 19 mit Verweis auf OLG Naumburg, GmbHR 2000, 558, 559.
276 *Lanzinner*, S. 48.
277 Müller-Gugenberger/*Thul*, § 38 Rn. 27.

4. *Flankierung der sozialversicherungsrechtlichen Ansprüche*

Zur weiteren Begründung dieser Ansicht wird auch oftmals[278] auf den Beschluss des Bundesverfassungsgerichts[279] vom 30. September 2002 verwiesen. Dort stellte das BVerfG fest, dass „§ 266a StGB … die sozialversicherungsrechtlichen Bestimmungen der Beitragszahlungspflicht zur gesetzlichen Zahlungspflicht [flankiert].“ Daraus wird geschlossen, dass § 266a Abs. 1 StGB einen „flankierenden Schutz“ des sozialversicherungsrechtlichen Zahlungsanspruches darstelle und daher erster Anknüpfungspunkt bei der Auslegung des Arbeitgeberbegriffs das Sozialversicherungsrecht sei.[280]

5. *Sozialversicherungsrechtlicher Ursprung des § 266a StGB*

Unter Verweis auf den sozialversicherungsrechtlichen Ursprung der Norm führt die herrschende Meinung an, dass § 266a StGB aus den entsprechenden Einzelgesetzen des Sozialversicherungsrechts hervorgegangen sei.[281] Daher müsse bei der Auslegung der Begriffe des § 266a StGB an das Sozialversicherungsrecht angeknüpft werden.[282]

6. *Schutzrichtung des § 266a StGB*

Des Weiteren wird die Schutzrichtung von § 266a StGB, der das Beitragsaufkommen der Solidargemeinschaft und das Vermögen des Arbeitnehmers schütze,[283] als Argument für eine Verwendung des sozialversicherungsrechtlichen Arbeitgeberbegriffs genannt.[284] Nur durch die Anknüpfung an das Sozialversicherungsrecht könne das Beitragsaufkommen umfänglich geschützt werden.

---

278 Vgl. bspw. *Kudlich*, ZWH 2012, 80, 80; *Vogelberg*, PStR 2004, 90, 90 f.; Knickrehm/Kreikebohm/Waltermann/*Berchtold*, § 7 SGB IV Rn. 5a; *Ischebeck*, S. 143.

279 BVerfG, NJW 2003, 961, 961.

280 *Ischebeck*, S. 143.

281 MüKo-StGB/*Radtke*, § 266a Rn. 1 m. w. N.; *Branz*, S. 4.

282 *Kudlich*, ZWH 2012, 80, 80; *Bollacher*, S. 83.

283 *Tag*, S. 42; a. A. *Wüchner*, S. 8 f.; vgl. insgesamt zur „kontroversen Diskussion“ zur Bestimmung des Schutzguts des § 266a StGB *Tag*, S. 33 f.; ausführlich MüKo-StGB/*Radtke*, § 266a Rn. 3 f.; Müller-Gugenberger/*Thul*, § 38 Rn. 11 ff.; *Bente*, S. 25 ff.; *Wüchner*, S. 4 f.

284 *Tag*, S. 42.

7. *Einwand der Entstehung von nicht gerechtfertigten Strafbarkeitslücken bei Anwendung der arbeitsrechtlichen Anknüpfung*

Demzufolge soll § 266a StGB gerade der Gewährleistung des Beitragsaufkommens dienen und daher kongruent zu den zu sichernden Beitragspflichten ausgelegt werden.[285] Eine andere Auslegung des Arbeitgeberbegriffs lasse bestimmte Sachverhalte, die eine Beitragspflicht begründen, aus dem Anwendungsbereich von § 266a StGB herausfallen. Dies sei nicht sachgerecht.[286]

8. *Zweckwidrige Ungleichbehandlung durch die Auslegung des Arbeitgeberbegriffs nach dem Arbeitsrecht*

Auch soll der Arbeitgeberbegriff des Arbeitsrechts enger sein als der des Sozialversicherungsrechts.[287] Dies führe dazu, dass „jedes vollzogene Arbeitsverhältnis auch ein Beschäftigungsverhältnis sei, nicht aber umgekehrt."[288] Denn es gebe beitragspflichtige Beschäftigungsverhältnisse, die jedoch arbeitsrechtlich kein Arbeitsverhältnis seien. Also könnten Fälle vorliegen, in denen Sozialversicherungsbeiträge anfielen, obwohl kein Arbeitsverhältnis bestehe. Es entstünde dann eine „zweckwidrige Ungleichbehandlung", wenn § 266a StGB diese Tätigkeiten nicht erfassen würde.[289] Zur Vermeidung dieser Möglichkeit würden durch eine dem Normzweck entsprechende Auslegung, d. h. einer sozialversicherungsrechtlichen Anknüpfung, die sozialversicherungsrechtliche Handlungspflicht und der strafrechtliche Normappell in Einklang gebracht.[290]

9. *Kein Verstoß gegen die Wortlautgrenze durch die Auslegung nach dem Sozialversicherungsrecht*

Der sozialversicherungsrechtlichen Anknüpfung könnte möglicherweise entgegengehalten werden, dass der Wortlaut von § 266a StGB nur von „Arbeitgeber" spricht und somit auf spezifische Arbeitsrechtsbegriffe zurückgreift. Diesem Einwand begegnet die herrschende Ansicht bereits damit, dass der Begriff des Arbeitgebers im SGB IV vielfach verwendet werde und daher kein arbeitsrechtsspezifischer sei.[291] Zudem entstamme der Begriff des Arbeitgebers bzw. der

---

285 *Bollacher*, S. 83.
286 *Lanzinner*, S. 47.
287 KassKomm/*Seewald*, § 7 SGB IV Rn. 126 ff.
288 *Lanzinner*, S. 48.
289 *Lanzinner*, S. 48.
290 *Bollacher*, S. 83.
291 *Lanzinner*, S. 49; a. A. ausdrücklich *Reichling*, wistra 2016, 306, 306.

Begriff des Arbeitnehmers rechtshistorisch „jedenfalls nicht ausschließlich“[292] dem Arbeitsrecht. Unter anderem habe der Begriff des Arbeitnehmers Ende des 19. Jahrhunderts, als die Sozialversicherungsgesetze kodifiziert wurden, dazu gedient, die Versicherungspflichtigen zu bestimmen. Daher sei auch kein Verstoß gegen den möglichen Wortsinn als äußerste Grenze zulässiger Norminterpretation im Strafrecht gegeben.[293]

10. Stellungnahme zu der sozialversicherungsrechtsakzessorischen Auslegung

Nunmehr sollen diese Argumente und Ansatzpunkte der derzeit herrschenden Ansicht überprüft werden. Zweifelhaft ist dabei vor allem, ob der Arbeitgeberbegriff tatsächlich, „sedes materiae“[294] nach § 7 Abs. 1 SGB IV auszulegen ist. Denn es besteht bereits in den Worten *„Beschäftigender“* im Sinne des Sozialversicherungsrechts und *„Arbeitgeber“* im Sinne des Arbeitsrechts ein großer Unterschied.

Der Rückgriff auf das Sozialversicherungsrecht aufgrund der sich aus diesem Rechtsgebiet ergebenden Beitragsverpflichtungen ist auf den ersten Blick nicht gänzlich von der Hand zu weisen. Jedoch ist zu prüfen, ob die Anknüpfung nicht zu weitgehend ist und die Akzessorietät von § 266a StGB nicht überspannt wird.

a) Zu weitgehende Akzessorietät zum Sozialversicherungsrecht

Nachvollziehbar ist, dass § 266a StGB hinsichtlich der Beitragsforderung des Arbeitnehmers in Bezug auf Umfang, Fälligkeit und Verjährung[295] sozialversicherungsrechtsakzessorisch sein soll.[296] Auch die Definition der Beschäftigung ist nach dem Sozialversicherungsrecht zu bestimmen. Dazu bietet sich § 7 SGB IV ebenfalls an. Allerdings spricht § 266a StGB nicht von einer Beschäftigung, sondern von dem „Arbeitgeber.“ Daher ist zu fragen, inwieweit der Tatbestand von § 266a StGB in diesem Punkt akzessorisch sein kann.

---

292 *Lanzinner*, S. 49 mit Verweis auf MünchArb-*Richardi*, § 16 Rn. 41.

293 *Lanzinner*, S. 50.

294 So *Lanzinner*, S. 47.

295 Zur Verjährung der Taten nach § 266a StGB vgl. Bittmann/*Weiß*, Insolvenzstrafrecht², § 21 Rn. 137 f.; *Krug/Skoupil*, wistra 2016, 137 ff.; *Grötsch*, wistra 2015, 249 ff.; *Reichling/Winsel*, JR 2014, 331, 341 f.; *Hüls/Reichling*, StraFo 2011, 305 ff.; *Bachmann*, FS Samson, 233 ff.

296 *Kudlich/Oğlakcıoğlu*, Rn. 548; Satzger/Schluckebier/Widmaier/*Saliger*, StGB, § 266a Rn. 15; Dannecker/Knierim/Hagemeier/*Knierim/Smok*, Insolvenzstrafrecht², Rn. 917.

Dabei ist zu beachten, dass der Tatbestand von § 266a StGB aus drei Elementen besteht: der Täterstellung des Arbeitgebers, den Beiträgen zur Sozialversicherung als Tatgegenstand und deren Abführungspflicht sowie dem Vorenthalten dieser Beiträge als Tathandlung.[297] Daher sind diese auch getrennt voneinander zu prüfen.[298]

(a) Keine „Spiegelung" der sozialversicherungsrechtlichen Zahlungspflicht

Eine Trennung dieser drei Tatbestandselemente wird jedoch meist nicht eingehalten. Vielmehr wird die Auslegung des Arbeitgeberbegriffs nur anhand des Sozialversicherungsrechts vorgenommen, weil sich nur derjenige strafbar mache könne, welcher Arbeitgeber im Sinne des Sozialversicherungsrechts sei und deshalb auch die Sozialversicherungsbeiträge schulde. Durch diese Schlussfolgerung wird jedoch der zweite vor dem ersten Schritt der Prüfung einer etwaigen Strafbarkeit nach § 266a StGB gemacht. Denn diese Verknüpfung von Beitragsabführungspflicht und Tätereigenschaft führt dazu, dass die herrschende Meinung aus der Pflicht zur Beitragszahlung den Täter – also den Arbeitgeber – nach § 266a StGB bestimmt. Dies könnte eine Art „Vermischung" oder sogar verfassungsrechtlich fragliche „Verschleifung"[299] der Tatbestandsmerkmale von § 266a StGB darstellen. Denn die im Rahmen von § 266a StGB aufgestellte Handlungspflicht stellt gerade „keine bloße Spiegelung der sozialversicherungsrechtlichen Zahlungspflicht des Arbeitgebers dar"[300] und ist auch nicht mit dieser identisch.[301] Vielmehr wird nach § 266a StGB nicht bestraft, wer als Schuldner der Sozialversicherungsbeiträge diese nicht fristgemäß zahlt, sondern derjenige, der strafrechtlich die Zuständigkeit innehat, die Zahlung rechtzeitig zu veranlassen, diese Handlung aber dennoch nicht vornimmt.[302] Die Arbeitgebereigenschaft des Täters und die aus der sozialversicherungspflichtigen Tätigkeit des

297 So auch *Lanzinner*, S. 42.

298 Siehe zur Prüfungsreihenfolge: Brüssow/Petri/*Brüssow/Petri*^{2}, Kap. C Rn. 2, die klar zwischen dem Arbeitgeber als tauglichem Täter, Sozialversicherungsverhältnis, Beitragspflicht und Fälligkeit unterscheiden; ebenso Ignor/Mosbacher/*Pananis*, Arbeitsstrafrecht^3, § 6 Rn. 17 und Rn. 25, der die Tatbestandsmerkmale Arbeitgeber, Beiträge und Vorenthalten im Aufbau trennt – aber dann bzgl. der Arbeitgeberstellung nicht den richtigen Schluss zieht, vgl. Ignor/Mosbacher/*Pananis*, Arbeitsstrafrecht^3, § 6 Rn. 10; auch *Kudlich/Oğlakcıoğlu*, Rn. 574.

299 Dazu ausführlich S. 183 ff.

300 Steinberg/Valerius/*Popp*, Wirtschaftsstrafrecht, S. 113, 117.

301 Steinberg/Valerius/*Popp*, Wirtschaftsstrafrecht, S. 113, 117.

302 Steinberg/Valerius/*Popp*, Wirtschaftsstrafrecht, S. 113, 117.

Beschäftigten oder des Arbeitnehmers folgende Beitragsabführungspflicht sind „zwei getrennte Merkmale“[303] und daher auch unabhängig voneinander zu prüfen.

(b) Keine Trennung der Tatbestandsmerkmale von § 266a StGB

Wird diese Trennung innerhalb von § 266a StGB – wie von der herrschenden Ansicht – nicht beachtet, führt dies dazu, dass die Tatbestandsmerkmale von § 266a StGB verschwimmen. Daraus folgt – im Wege eines Folgefehlers – das Argument, dass „Täter der Beitragsvorenthaltung sinnvollerweise nur sein kann, wer einen anderen versicherungs- und beitragspflichtig beschäftigt“[304] oder dass „für den Begriff AG … allein die Tatsache von Bedeutung [ist], dass sozialversicherungsrechtlich AN i.S.d. Sozialgesetzbuch IV beschäftigt werden.“[305]

Allerdings ist diese Vorgehensweise, die in die Tätereigenschaft – somit in den Begriff „Arbeitgeber“ – die Beitragsabführungspflicht hineinliest, ungenau. Denn es wird inkorrekt dargestellt, dass die sozialversicherungsrechtliche Pflicht mit einer strafrechtlichen Sanktion für den Fall der vorsätzlichen Verletzung dieser Pflicht verknüpft sei.[306] Zur Begründung wird dann oftmals auf die bereits erwähnte Entscheidung des BVerfG[307] aus dem Jahr 2002 verwiesen. Diese stellt aber gerade keine Verknüpfung von Sozialversicherungs- und Strafrecht her, sondern spricht lediglich von einer „Flankierung.“ Eine solche direkte Verknüpfung von sozialversicherungsrechtlicher Pflicht und strafrechtlicher Sanktion würde zu einer „unvermittelten Akzessorietät“ führen,[308] deren Existenz teilweise sogar gänzlich bezweifelt wird.[309]

(c) Sanktionierte Pflicht im Rahmen von § 266a StGB

§ 266a StGB beinhaltet das Verbot, die von dem Arbeitgeber geschuldeten Beiträge vorzuenthalten.[310] Die Tathandlung des Vorenthaltens bezieht sich auf die

303 So auch ausdrücklich *Kudlich*, ZIS 2011, 482, 483; vgl. auch NK-WSS/*Fuchs*, § 266a Rn. 12: Das sozialversicherungsrechtliche Beschäftigungsverhältnis „ist neben der Arbeitgebereigenschaft notwendig.“

304 *Bollacher*, S. 83.

305 *Vogelberg*, PStR 2004, 90, 90 f.

306 Steinberg/Valerius/*Popp*, Wirtschaftsstrafrecht, S. 113, 117.

307 BVerfG, NJW 2003, 961, 961.

308 Siehe zur Akzessorietät ausführlich S. 106 ff.

309 Steinberg/Valerius/*Popp*, Wirtschaftsstrafrecht, S. 113, 117.

310 Müller-Gugenberger/*Thul*, § 38 Rn. 152 f.; Steinberg/Valerius/*Popp*, Wirtschaftsstrafrecht, S. 113, 117.

fälligen Beitragsforderungen als Tatgegenstände, die nach dem Sozialversicherungsrecht abzuführen sind.[311] Vorenthalten werden kann jedoch nur etwas, das auch geschuldet ist. Daher setzt § 266a StGB eine entsprechende fällige und nicht erfüllte Beitragsabführungspflicht voraus.[312] Dabei bestimmt nicht das Strafrecht, was unter einer fälligen sozialversicherungsrechtlichen Forderung zu verstehen ist, sondern die Höhe der Beiträge und deren Fälligkeit bestimmen sich nach dem Sozialversicherungsrecht.[313]

Allerdings hat diese Anknüpfung an das Sozialversicherungsrecht nicht zwingend eine Auswirkung auf die Bestimmung des Arbeitgeberbegriffs im Sinne von § 266a StGB. Vielmehr spricht vieles dafür, die Arbeitgebereigenschaft im Rahmen von § 266a StGB von der Zahlungspflicht nach dem Sozialversicherungsrecht zu trennen.

(d) Trennung der Tätereigenschaft nach dem Strafrecht und der Zahlungspflicht nach dem Sozialversicherungsrecht

Ein weiteres Indiz für eine strikte Trennung der Auslegung des Begriffs „Arbeitgeber" bei der Täterschaft im Rahmen von § 266a StGB und der sozialversicherungsrechtlichen Zahlungspflicht ist die Zahlungspflicht selbst. Denn diese ist als vermögensrechtliche Zuweisung und nicht als Verhaltensnorm zu verstehen.[314] Die Einzugsstelle hält sich für den Einzug des Gesamtsozialversicherungsbeitrags an den Arbeitgeber. Dieser ist nach § 28e Abs. 1 S. 1 SGB IV Schuldner der entsprechenden Forderung.

Arbeitgeber und Schuldner können dabei, wenn es sich um eine natürliche Person handelt, eine Person sein. Bei einer juristischen Person hingegen – bspw. einer GmbH[315] – ist diese Zahlungsschuldnerin. Die GmbH kann aber selbst keine Erfüllungshandlungen vornehmen und auch keine Täterin sein.[316] Nur durch die Anknüpfung von § 266a StGB an § 14 StGB ergibt sich in diesem Fall

311 Satzger/Schluckebier/Widmaier/*Saliger*, StGB, § 266a Rn. 13 f.; Leipold/Tsambikakis/Zöller/*Esser*, § 266a Rn. 45.
312 Steinberg/Valerius/*Popp*, Wirtschaftsstrafrecht, S. 113, 117.
313 *Metz*, NZA 2011, 782, 782 f.
314 Steinberg/Valerius/*Popp*, Wirtschaftsstrafrecht, S. 113, 118.
315 Siehe auch die Beispiele von *Hombrecher*, JA 2012, 535, 539; MüKo-StGB/*Radtke*, § 14 Rn. 6; *Langer*, S. 362.
316 Steinberg/Valerius/*Popp*, Wirtschaftsstrafrecht, S. 113, 119.

die Täterschaft einer natürlichen Person.[317] Ohne die Anwendung von § 14 StGB bestünde eine „sonderdeliktsbedingte Strafbarkeitslücke."[318]

An diesem Beispiel der GmbH wird deutlich, dass „schuldnerisches Zahlen-Müssen und strafrechtliches Handeln-Müssen sich nicht etwa decken, sondern zueinander in Beziehung zu setzen sind."[319] Daher kommt als Täter von § 266a StGB jeder in Betracht, der nach § 266a StGB verpflichtet ist, die nach dem Sozialversicherungsrecht geschuldete Beitragszahlung zu tätigen, damit der zuständigen Einzugsstelle[320] keine Beiträge vorenthalten werden.[321]

Folglich verletzt in dem genannten Beispiel der GmbH der Geschäftsführer der Arbeitgeber-GmbH nicht seine eigene Zahlungsverpflichtung. Denn der Geschäftsführer ist weder mit seinem Vermögen als Schuldner betroffen, noch für die Erfüllung sozialversicherungsrechtlicher Verbindlichkeiten der GmbH sozialversicherungsrechtlich in der Weise zuständig,[322] wie er es bspw. für die Steuerschuld der GmbH wäre. Denn nach §§ 33, 34 Abs. 1 S. 1 AO gehören die gesetzlichen Vertreter des Steuerschuldners zum Kreis der Steuerpflichtigen und haften gemäß § 69 AO auch mit dem eigenen Vermögen.[323] Vergleichbare Normen existieren hingegen im Sozialversicherungsrecht nicht. Daher bestimmt das Strafrecht gegenüber dem Sozialversicherungsrecht eigenständig durch § 14 StGB den Normadressaten von § 266a StGB.[324]

Durch diese eigenständige Begriffsbestimmung des Strafrechts mittels § 14 Abs. 1 Nr. 1 StGB zeigt sich, dass die strafrechtlich relevante Handlung – „Veranlasse die rechtzeitige Zahlung der Arbeitnehmerbeiträge durch den Arbeitgeber!"[325] – gerade nicht mit der nach § 28e Abs. 1 S. 1 SGB IV normierten

---

317 MüKo StGB/*Radtke*, § 14 Rn. 6; *Ischebeck*, S. 145; siehe auch OLG Braunschweig, Beschl. v. 27.05.2015, 1 Ss 14 /15, Rn. 13 f., juris; vgl. ausführlich zur der aktuellen Diskussion um ein mögliches Unternehmensstrafrecht die Beiträge div. Autoren in *Jahn/Schmitt-Leonardy/Schoop*, Das Unternehmensstrafrecht und seine Alternativen.

318 *Valerius*, Jura 2013, 15, 16; siehe auch MüKo-StGB/*Radtke*, § 14 Rn. 8; *Bürger*, wistra 2016, 169, 172.

319 Steinberg/Valerius/*Popp*, Wirtschaftsstrafrecht, S. 113, 119.

320 Vgl. § 28i SGB IV.

321 Steinberg/Valerius/*Popp*, Wirtschaftsstrafrecht, S. 113, 119.

322 *Ischebeck*, S. 145.

323 Steinberg/Valerius/*Popp*, Wirtschaftsstrafrecht, S. 113, 119 Fn. 21; HK-SteuerStR-*Schott*, § 370 AO Rn. 32 ff.

324 Steinberg/Valerius/*Popp*, Wirtschaftsstrafrecht, S. 113, 119 Fn. 21.

325 Steinberg/Valerius/*Popp*, Wirtschaftsstrafrecht, S. 113, 119; ebenso *Hoyer*, FS Reuter, 541, 542.

sozialversicherungsrechtlichen Zahlungspflicht übereinstimmt.[326] Durch § 14 StGB wird das Sonderdelikt § 266a StGB „ausgedehnt."[327] Das strafrechtlich relevante Verhalten ist aber nur aus § 266a StGB herauszulesen. Die Ausdehnung erfolgt erst durch die Verbindung des Wortlauts von § 266a StGB mit § 14 StGB und der Pflicht, die sozialversicherungsrechtlichen Beiträge nicht vorzuenthalten.[328]

Auf diese Weise werden diejenigen Adressaten – z. B. Geschäftsführer oder Vorstand – erfasst, welche nach den strafrechtlichen Maßstäben für die Zahlung der Forderung der Einzugsstelle gegen den Arbeitgeber als Garanten verantwortlich sind.[329] An diesem Beispiel wird ersichtlich, dass die Handlungspflicht des Garanten von der sozialversicherungsrechtlichen Zahlungsverpflichtung des Arbeitgebers zu trennen ist.[330] Die Zahlungspflicht des Arbeitgebers kann somit auch vorliegen, wenn die Handlungspflicht des Garanten fehlt.[331]

(e) Keine Trennung der Tätereigenschaft und der Zahlungspflicht bei natürlichen Personen

Bei der natürlichen Person als Arbeitgeber fallen der Schuldner der Sozialversicherungsbeiträge und die Arbeitgebereigenschaft im Sinne von § 266a StGB in einer Person zusammen. Es besteht aber kein Grund, die aufgezeigte Trennung zwischen der Qualifikation des Täters auf der einen und die Eigenschaft des Zahlungsschuldners auf der anderen Seite bei der natürlichen Person nicht wie bei der juristischen Person vorzunehmen. Denn nicht die Schuldnerpflicht allein qualifiziert zum Täter im Sinne von § 266a StGB. Erst die tatsächliche Herrschaft über die Möglichkeit der Zahlungsverpflichtungserfüllung führt dazu. Deshalb wird auch bei dem sogenannten „Strohmann" bei tatsächlich nicht bestehender Handlungsmacht eine Arbeitgebereigenschaft verneint.[332] Vielmehr ist nur der sich des Strohmanns Bedienende Arbeitgeber im Sinne von § 266a StGB.[333]

---

326 Steinberg/Valerius/*Popp*, Wirtschaftsstrafrecht, S. 113, 119.

327 LK/*Möhrenschlager*, § 266a Rn. 21.

328 Steinberg/Valerius/*Popp*, Wirtschaftsstrafrecht, S. 113, 120.

329 Vgl. NK-StGB/*Böse*, § 14 Rn. 4 f. zum Zusammenspiel von § 14 StGB und der anzuwendenden Strafvorschrift.

330 Steinberg/Valerius/*Popp*, Wirtschaftsstrafrecht, S. 113, 120.

331 Steinberg/Valerius/*Popp*, Wirtschaftsstrafrecht, S. 113, 120.

332 OLG Hamm, NStZ-RR 2001, 173, 174; Bross/*Graf*/*Sartorius*, Arbeitsstrafrecht, Kap. 4 Rn. 27 m. w. N.; a. A. BGH, Beschl. v. 13.10.2016 – 3 StR 352/16, juris; vgl. zu dieser BGH-Entscheidung auch *Heuking*, BB 2016, 3089.

333 Vgl. dazu OLG Hamm, NStZ-RR 2001, 173, 174; Schönke/Schröder/*Perron*, § 266a Rn. 11; Graf/Jäger/Wittig/*Wiedner*, § 266a StGB Rn. 14a; stark einschränkend

Folglich ist der „Arbeitgeber“ im Rahmen von § 266a StGB vom „Arbeitgeber“ als sozialversicherungsrechtlichem Zahlungsschuldner nach § 28e SBG IV zu unterscheiden.[334]

(f) Die „Flankierung“ der Beitragszahlungspflicht durch § 266a StGB

An dieser Stelle ist nochmals auf eine vielfach[335] als Argument herangezogene Entscheidung des Bundesverfassungsgerichts einzugehen, wonach § 266a StGB die Beitragszahlungspflicht „flankiert.“[336] Schon die Bedeutung des Verbs „flankieren“, die nahelegt, dass „etwas“ – die Strafvorschrift – zu beiden Seiten von „etwas anderem“ – der Beitragszahlungspflicht – steht, wird deutlich, dass dieser immer wieder genutzte Wortlaut nicht für eine sozialversicherungsrechtsakzessorische Auslegung spricht. Denn diese Flankierung der Beitragsabführungspflicht wird unabhängig davon erreicht, ob der Arbeitgeberbegriff nach dem Arbeitsrecht oder dem Sozialversicherungsrecht ausgelegt wird.

Die Frage ist letztendlich, wie weitegehend diese Flankierung in Bezug auf den Umfang der Tätereigenschaft als „Arbeitgeber“ zu sehen ist. Diese Frage wird von der Entscheidung des Bundesverfassungsgerichts, welche sich hauptsächlich mit der Frage der Gewinnerzielungsabsicht bei der Bestimmung des Begriffs des Arbeitgebers in § 266a StGB beschäftigt, allerdings nicht geklärt. Folglich ist dieser Entscheidung im Rahmen der Auslegung des Arbeitgeberbegriffs bei weitem nicht der große Erkenntnisgewinn zu entnehmen, der ihr teilweise zugeschrieben wird.

(g) Die Sicherstellung des Beitragsaufkommens als Schutzziel

Auch kann nicht zielführend das Interesse der Solidargemeinschaft an der Sicherstellung des Beitragsaufkommens als Schutzrichtung von § 266a StGB angeführt werden, um die sozialversicherungsrechtliche Begriffsbestimmung zu begründen. Denn eine solche Anknüpfung ist fraglich, weil der vermeintliche doppelte Schutzweck großenteils verneint wird.[337] Ohne an dieser Stelle näher auf diese seit langem diskutierte Frage eingehen zu können, zeigt sich jedenfalls,

---

MüKo-StGB/*Radtke*, § 266a Rn. 36; a. A. BGH, Beschl. v. 13.10.2016 – 3 StR 352/16, juris.

334 Steinberg/Valerius/*Popp*, Wirtschaftsstrafrecht, S. 113, 120.

335 Vgl. statt vieler: *Bollacher*, S. 83 Fn. 275.

336 BVerfG, NJW 2003, 961, 961.

337 BGH, wistra 2005, 458, 459; LK/*Möhrenschlager*, § 266a Rn. 8 f. m. w. N.; Gercke/Kraft/Richter/*Gercke*, Arbeitsstrafrecht, Kap. 2 Rn. 6 m. w. N.; Ignor/Mosbacher/*Panagis*, Arbeitsstrafrecht[3], § 6 Rn. 9; *Wüchner*, S. 9.

dass die Schutzrichtung von § 266a StGB mangels eindeutigen Ansatzes nicht ausschlaggebend für die Bestimmung des Tatbestandsmerkmals des Arbeitgebers sein kann.

(h) Zwischenergebnis

Der von der herrschenden Meinung vorgenommenen, generellen sozialversicherungsrechtsakzessorischen Auslegung von § 266a StGB ist in Bezug auf den Begriff „Arbeitgeber" nicht zu folgen. Vielmehr ist eine klare Trennung zwischen der strafrechtlichen Verhaltensvorgabe und der sozialversicherungsrechtlichen Zahlungspflicht vorzunehmen.

Es erscheint überzeugender, eine sozialversicherungsrechtsakzessorische Ausgestaltung nur hinsichtlich der Tatbestandsmerkmale „Beiträge" und „vorenthalten" anzunehmen, als diese Auslegung von den übrigen Tatbestandsmerkmalen auf den Arbeitgeberbegriff zu übertragen.[338] Denn tatgegenständlich können nur die nach dem Sozialversicherungsrecht geschuldeten Beiträge sein.[339] Selbiges gilt hinsichtlich des Umfangs[340] und der Fälligkeit[341] der Beiträge.[342] Im übrigen Tatbestand ist es vorzugswürdig – vor allem bei dem Arbeitgeberbegriff – auslegungsmethodisch die tatbestandseinschränkenden zivil- und arbeitsrechtlichen Maßstäbe anzusetzen.[343]

b) Missglückter Rückgriff auf § 7 Abs. 1 SGB IV – unbestimmte Primärrechtsordnung

Eine analytische Trennung der Tatbestandsmerkmale erweist sich auch als sinnvoll, wenn des Weiteren betrachtet wird, welchen Anknüpfungspunkt die herrschende Meinung im Rahmen der sozialversicherungsrechtsakzessorischen Auslegung wählt. Die Vertreter dieser Ansicht orientieren sich aufgrund der im Sozialversicherungsrecht – wie im Strafrecht – fehlenden Legaldefinition des Arbeitgeberbegriffs an § 7 Abs. 1 S. 1 SGB IV. Es wird unter Bezugnahme auf eine Entscheidung des OLG Naumburg[344] dahingehend argumentiert, dass der

338 So wie es bspw. *Radtke* vorschlägt, vgl. MüKo-StGB/*Radtke*, § 266a Rn. 10.

339 Leipold/Tsambikakis/Zöller/*Esser*, § 266a Rn. 45; Graf/Jäger/Wittig/*Wiedner*, § 266a StGB Rn. 3.

340 Vgl. zur Berechnung Satzger/Schluckebier/Widmaier/*Saliger*, StGB, § 266a Rn. 18.

341 Vgl. dazu SK-StGB/*Hoyer*, § 266a Rn. 37 f.; Satzger/Schluckebier/Widmaier/*Saliger*, StGB, § 266a Rn. 17.

342 So auch Satzger/Schluckebier/Widmaier/*Saliger*, StGB, § 266a Rn. 15.

343 Matt/Renzikowski/*Matt*, § 266a Rn. 10.

344 OLG Naumburg, GmbHR 2000, 558 f.

Arbeitgeberbegriff sich „mangels sozialversicherungsrechtlicher Legaldefinition … aus dem Regelungskontext von § 7 Abs. 1 SGB IV [erschließt]."[345]

Dieser Rückgriff ist allerdings zu hinterfragen. Denn aus dem Regelungskontext von § 7 Abs. 1 S. 1 SGB IV ist gerade nicht abzuleiten, dass eine Auslegung der Arbeitgebereigenschaft im Rahmen von § 266a StGB nach der sozialversicherungsrechtlichen Betrachtungsweise zu erfolgen hat.[346] Deshalb spricht bspw. *Tag* vorsichtiger nur von dem „indirekten Hinweis" durch § 7 Abs. 1 SGB IV.[347] Diese vorsichtige Formulierung ist auch angebracht, weil die „legaldefinitorische Regelungen"[348] von § 7 Abs. 1 S. 1 SGB IV nur vorgeben, wer Beschäftigender bzw. Beschäftigter im Rahmen eines sozialversicherungsrechtlichen Beschäftigungsverhältnisses ist.[349] Der Normzweck von § 7 Abs. 1 SGB IV ist die Umschreibung der Beschäftigung bzw.[350] des Beschäftigungsverhältnisses.[351] Seine erhebliche praktische Bedeutung folgt daraus, dass die einzelnen Sozialversicherungsgesetze regelmäßig an das Bestehen eines Beschäftigungsverhältnisses anknüpfen.[352]

Nach § 7 Abs. 1 S. 1 SGB IV wird der Beschäftigungsbegriff als Beschäftigung „insbesondere in einem Arbeitsverhältnis" definiert. Daraus ist lediglich ersichtlich, dass es auch eine Beschäftigung außerhalb eines Arbeitsverhältnisses gibt und immer dann ein Beschäftigungsverhältnis gegeben ist, wenn auch ein Arbeitsverhältnis im Sinne des Arbeitsrechts vorliegt.[353] Daher wird der Begriff des Beschäftigungsverhältnisses im Vergleich zum Begriff des

345 NK-StGB/*Tag*, § 266a Rn. 19.

346 SK-StGB/*Hoyer*, § 266a Rn. 19.

347 *Tag*, S. 42.

348 KassKomm/*Seewald*, § 7 SGB IV Rn. 5a.

349 Kreikebohm/*Marschner*, SGB IV, § 7 Rn. 1 f.; KassKomm/*Seewald*, § 7 SGB IV Rn. 5 f.; Erbs/Kohlhaas/*Wache/Lutz*, SGB IV, § 7 Rn. 1; *Segebrecht*, jurisPK-SGB IV, § 7 Abs. 1 Rn. 3; *Reiserer/Bölz*, Werkvertrag und Scheinselbstständigkeit, Rn. 119; *Berchtold*, ASR 2013, 255, 255.

350 Oft werden die eigentlich unterschiedlichen Begriffe „Beschäftigung" und „Beschäftigungsverhältnis" synonym gebraucht, vgl. *Berchtold*, ASR 2013, 255, 255 f.

351 Knickrehm/Kreikebohm/Waltermann/*Berchtold*, § 7 SGB IV Rn. 1; Kreikebohm/*Marschner*, SGB IV, § 7 Rn. 1; Müller-Gugenberger/*Thul*, § 38 Rn. 38; Erbs/Kohlhaas/*Wache/Lutz*, SGB IV, § 7 Rn. 1; *Berchtold*, ASR 2013, 255, 255.

352 KassKomm/*Seewald*, § 7 SGB IV Rn. 1a, Rn. 2; Kreikebohm/*Marschner*, SGB IV, § 7 Rn. 1.

353 Kreikebohm/*Marschner*, SGB IV, § 7 Rn. 4.

Arbeitsverhältnisses als der umfassendere verstanden.[354] § 7 Abs. 1 S. 1 SGB IV nimmt somit ohne Modifizierung auf den Begriff „Arbeitgeber" und auf den bereits bekannten Begriff des Arbeitsverhältnisses aus dem Arbeitsrecht Bezug.[355] Auf diese Weise wird der Begriff des Beschäftigungsverhältnisses vom Begriff des Arbeitsverhältnisses abgehoben und in Relation zu diesem gesetzt.[356]

Somit reicht zwar ein Beschäftigungsverhältnis aus, um die Sozialversicherungspflicht zu begründen. Aber ein Arbeitsverhältnis ist notwendig, um Arbeitgeber innerhalb dessen sein zu können.[357] Demgemäß ist der teilweise verwendete Begriff eines „sozialversicherungsrechtlichen Arbeitsverhältnisses iSv § 7 Abs. 1 SGB IV"[358] ungenau. Durch diese Begriffswahl werden Sozialversicherungs- und Arbeitsrecht vermischt. Folglich ist dem Ansatz, aus dem Regelungszweck von § 7 Abs. 1 SGB IV ergebe sich die Arbeitgeberstellung, nicht zu folgen.

Der von den Vertretern der herrschenden Meinung in der Literatur angebrachte Verweis auf die Rechtsprechung des OLG Naumburg vermag ebenfalls keine andere Betrachtungsweise zu rechtfertigen. Dieses hat in seinem Urteil[359] aus dem Jahr 2000 in Bezug auf die Schadenersatzpflicht eines GmbH-Geschäftsführers wegen nicht abgeführter Arbeitnehmeranteile zur Sozialversicherung trotz Amtsniederlegung nicht festgestellt, dass sich aus dem Regelungskontext von § 7 Abs. 1 SGB IV die strafrechtliche Arbeitgebereigenschaft ergebe. Vielmehr wurde bei der Täterqualifikation auf eine faktische Geschäftsführertätigkeit abgestellt.[360] § 7 Abs. 1 SGB IV wurde in dieser Entscheidung nur hinsichtlich der Höhe der berechneten Arbeitnehmeranteile zur Sozialversicherung herangezogen.[361]

---

354 SK-StGB/*Hoyer*, § 266a Rn. 19; Brüssow/Petri/*Brüssow/Petri*[2], Kap. A Rn. 24; *Segebrecht*, jurisPK-SGB IV, § 7 Abs. 1 Rn. 58; *Kokemoor*, Sozialrecht, Rn. 122; *Wilke*, S. 38 f.

355 SK-StGB/*Hoyer*, § 266a Rn. 19.

356 SK-StGB/*Hoyer*, § 266a Rn. 19.

357 SK-StGB/*Hoyer*, § 266a Rn. 20; Palandt/*Weidenkaff*, vor § 611 Rn. 6 f.

358 Bspw. NK-WSS/*Fuchs*, § 266a Rn. 18.

359 OLG Naumburg, GmbHR 2000, 558 f.; dazu bereits kritisch *Peetz*, GmbHR 2000, 559, 559 f.

360 OLG Naumburg, GmbHR 2000, 558, 558 f.

361 OLG Naumburg, GmbHR 2000, 558, 559.

(a) Keine feststehende Definition der Beschäftigung in § 7 Abs. 1 SGB IV

Hinzu kommt, dass selbst bei der Anwendung des Begriffs „Beschäftigungsverhältnis" zu beachten ist, dass dieser Begriff nicht im Sinne einer feststehenden Definition verstanden wird. Es handelt sich um eine weitgehend offene „Typus"-Umschreibung.[362] Die gesetzliche Umschreibung in § 7 Abs. 1 SGB IV ist dabei für die Subsumtion eines Sachverhalts unter die Norm folglich nicht hilfreich. Daher muss der Rechtsanwender regelmäßig auf die umfangreiche Rechtsprechung zum „Beschäftigungsverhältnis" zurückgreifen.[363]

Darüber hinaus wird der Begriff des Beschäftigten im Sozialversicherungsrecht uneinheitlich gebraucht,[364] was in der sozialversicherungsrechtlichen Literatur kritisiert und ein einheitlicher Begriff gefordert wird.[365] Dass diese offene Umschreibung dann zur Begründung der Strafbarkeit nach § 266a StGB herangezogen werden kann, ist durchaus zweifelhaft und wird an späterer Stelle[366] noch aufgegriffen.

(b) Beschäftigungs- und Arbeitsverhältnis als eigenständige Rechtsinstitute

Weiter spricht gegen die sozialversicherungsrechtliche Anknüpfung an das Beschäftigungsverhältnis, dass in der Literatur weitgehend vertreten wird, dass es sich bei dem Beschäftigungsverhältnis und dem Arbeitsverhältnis um zwei selbstständige, getrennt zu betrachtende[367] Rechtsinstitute – auch „ungleiches Geschwisterpaar"[368] genannt – handelt.[369] Diese fallen nur aufgrund der überwiegend gleichartigen von der arbeits- und sozialversicherungsrechtlichen Rechtsprechung entwickelten Voraussetzungen oftmals zusammen.[370]

Dabei steht jedoch fest, dass § 7 Abs. 1 SGB IV keine Auswirkungen auf das Arbeitsrecht hat.[371] Diese Eigenständigkeit wird gegenüber dem Arbeitsrecht

---

362 ErfK/*Rolfs*, SGB IV, § 7 Rn. 4; *Mette*, NZS 2015, 721, 723 f.; *Schnapp*, NZS 2014, 41, 42 f.

363 Kreikebohm/*Marschner*, SGB IV, § 7 Rn. 3.

364 *Breitkreuz*, SRa 2009, 41, 42.

365 *Greiner*, NZS 2009, 657, 663; *Heinze*, NZA 2000, 5, 7; *Maydell*, FS Kissel, 761, 771 f.

366 Siehe S. 143 f.

367 *Greiner*, NZS 2009, 657, 658 m. w. N.

368 *Greiner*, NZS 2009, 657, 657 mit Verweis auf *Preis*, NZA 2000, 914, 914.

369 BSG, Die Beiträge Beilage 2012, 20, 22.

370 ErfK/*Rolfs*, SGB IV, § 7 Rn. 2.

371 ErfK/*Rolfs*, SGB IV, § 7 Rn. 2.

dadurch deutlich, dass auch ohne ein Arbeitsverhältnis ein Beschäftigungsverhältnis vorliegen kann.[372]

(c) Die Methodenprobleme von § 7 Abs. 1 SGB IV

Außerdem wird im Sozialversicherungsrecht selbst die richtige Anwendung von § 7 Abs. 1 SGB IV diskutiert[373] und die These der „Unmöglichkeit der Rechtssicherheit“[374] durch § 7 Abs. 1 SGB IV seit langem[375] bzw. sogar zum Teil[376] seit Einführung des SGB IV vertreten. Im Sozialversicherungsrecht wird nämlich nicht nur der geringe Erkenntniswert von § 7 Abs. 1 SGB IV bemängelt, sondern auch der dort angewandte „Typusbegriff“ kritisiert.[377] Dies hat u. a. zur Folge, dass Merkmale des Beschäftigungsverhältnisses je nach Zusammenhang, in den die einzelne Norm gestellt ist, unterschiedliche Bedeutung erlangen können.[378] Dies führt zu Rechtsunsicherheit und „erheblichen Praxisproblemen.“[379] Solche werden auch – unvermeidbar – in der sozialgerichtlichen Rechtsprechung deutlich.[380] Bspw. unterscheiden das LSG Baden-Württemberg[381] und das LSG Bayern[382] zu der vergleichbaren Frage der Beschäftigung oder Selbstständigkeit eines Busfahrers ohne eigenen Bus oder eines Fahrzeugüberführers unterschiedlich, obwohl diese Tätigkeit weitgehend ähnlich ist.[383] Dasselbe Phänomen tritt auch in drei aktuelleren Entscheidungen des LSG Bremen-Niedersachsen zu der Tätigkeit von Notärzten auf. Der 10. Senat des LSG Bremen-Niedersachsen

---

372 KassKomm/*Seewald*, § 7 SGB IV Rn. 3.

373 Ausführlich dazu *Schnapp*, NZS 2014, 41 ff.

374 *Schnapp*, NZS 2014, 41, 41.

375 Vgl. *Papier/Möller*, VSSR 1996, 243, 253 f.

376 *Bley*, NJW 1977, 363, 363.

377 LPK-SGB IV/*Lüdtke/Winkler*, § 7 Rn. 7 m. w. N.; *Segebrecht*, jurisPK-SGB IV, § 7 Abs. 1 Rn. 43; *Schnapp*, NZS 2014, 41, 42 ff.; *Eichenhofer*, DRV 2009, 293, 295; *Breitkreuz*, SRa 2009, 41, 45; ausführlich auch *Schlegel*, NZS 2000, 421, 423 ff.; vgl. auch *Zieglmeier*, NZS 2015, 890 ff. zu den Problemen der Statusfeststellung nach § 7 SGB IV in Bezug auf das MiLoG.

378 Vgl. ausführlich *Schlegel*, NZA 2005, 972 ff.

379 *Segebrecht*, jurisPK-SGB IV², § 7 Rn. 35; *Segebrecht*, jurisPK-SGB IV, § 7 Abs. 1 Rn. 33 f.; *Eichenhofer*, DRV 2009, 293, 296 f.; vgl. bspw. *Hofmann*, NZS 2015, 41 ff. zu der problematischen Anwendung des § 7 SGB IV im Bereich der „Pflege.“

380 *Zieglmeier*, NZA 2015, 651, 654; *Hörtz/Tacou*, NZS 2015, 175, 175.

381 LSG Baden-Württemberg, BeckRS 2004, 13123.

382 LSG Bayern, BeckRS 2009, 55899.

383 *Kudlich*, ZIS 2011, 482, 484 f. ausführlich zu diesem und weiteren Beispielen.

nimmt bei dieser Tätigkeit eine selbstständige Tätigkeit an.[384] Hingegen stuft der 2. Senat des LSG Bremen-Niedersachsen die gleichgelagerte Tätigkeit als sozialversicherungspflichtige Beschäftigung ein.[385]

Anknüpfend an diese Probleme wird – trotz der Entscheidung des BVerfG[386] aus dem Jahr 1996, nach der § 7 Abs. 1 SGB IV verfassungskonform ist – diese allseits bestehende Unbestimmtheit vor allem in Bezug auf den Beschäftigtenbegriff und den Arbeitnehmerbegriff von gewichtigen Stimmen für verfassungsrechtlich kritisch gehalten.[387]

(d) Ausweitung des Anwendungsbereichs von § 266a StGB durch die Anknüpfung an das Sozialversicherungsrecht

Das Sozialversicherungsrecht ist mit dem Interesse verknüpft, das Sozialversicherungssystem leistungsfähig und finanzierbar zu erhalten. Dieses Interesse bewirkt folgendes Phänomen: Das Sozialversicherungsrecht ist dadurch gekennzeichnet, dass der Anwendungsbereich teilweise „nicht willkürfrei"[388] ausgeweitet wird, wenn das Beitragsvolumen gesteigert werden kann. Eine Eingrenzung erfolgt hingegen, wenn Leistungsansprüche entstehen könnten, denen kein hinreichender Beitrag gegenübersteht.[389] Dieses Interesse an der Ausweitung des Anwendungsbereiches der Beschäftigten-Tätigkeit kann aber aufgrund des Ultima-Ratio-Grundsatzes[390] im Strafrecht nicht gleichzeitig mit einer Ausweitung der Strafbarkeit nach § 266a StGB einhergehen.

---

384 LSG Bremen-Niedersachsen, Urt. v. 04.06.2014 – L 2/12 R 81/12, n. v., vgl. *Hörtz/Tacou*, NZS 2015, 175, 175 f.; LSG Bremen-Niedersachsen, BeckRS 2014, 66661.

385 LSG Bremen-Niedersachsen, Urt. v. 29.08.2013 – L 10 R 519/09, n. v., vgl. dazu *Hörtz/Tacou*, NZS 2015, 175, 175 f.

386 BVerfG, NZS 1996, 522, 522 f.: „Gewisse Unsicherheiten und auch eine dem jeweiligen Rechtsgebiet spezifische unterschiedliche Auslegung bestimmter Vorschriften durch die Gerichte verschiedener Instanzen und verschiedener Gerichtszweige ist jeder Auslegung von Rechtsvorschriften immanent. Auch bei der Auslegung und Anwendung einer Bestimmung wie derjenigen des § 7 SGB IV ist angesichts der Vielzahl denkbarer Fallkonstellationen eine eindeutige Vorhersehbarkeit des Ergebnisses ausgeschlossen"; a. A. *Papier/Möller*, VSSR 1996, 243, 269.

387 *Papier*, RdA 2000, 1, 5 f.; *Papier/Möller*, VSSR 1996, 243, 253 f.

388 *Greiner*, SDSRV Nr. 62 (2012), 9, 9.

389 *Greiner*, SDSRV Nr. 62 (2012), 9, 9 f. m. w. N.; *Mette*, NZS 2015, 721, 723 f.; vgl. auch *Segebrecht*, jurisPK-SGB IV, § 7 Abs. 1 Rn. 43 mit Vergleich zum Steuerrecht.

390 Ausführlich zu den Voraussetzungen und Grenzen des Strafens *Frisch*, NStZ 2016, 16 ff.

(e) Keine Übertragung von Rechtsunsicherheiten der Primärrechtsordnung

Trotz dieser im Sozialversicherungsrecht bestehenden Rechtsunsicherheit, die vor allem auf die veralteten Regelungen zurückgeführt wird,[391] des eindeutigen – fragwürdigen – Ausweitungsinteresses des Anwendungsbereichs des Sozialversicherungsrechts und der Unbestimmtheit dieser Primärrechtsordnung soll im Strafrecht auf diese Norm(en) zurückgegriffen werden. Diese Verknüpfung erscheint verfehlt. Der Ultima-Ratio-Gedanke des Strafrechts muss auch an dieser Stelle betont und dessen durchgängige Beachtung gefordert werden.[392]

c) Zwischenergebnis

Zusammenfassend wird deutlich, dass der Begriff des Arbeitgebers im Rahmen von § 266a StGB nicht zwangsläufig nach dem Sozialversicherungsrecht auszulegen ist. Stattdessen sprechen gute Gründe dafür, die Täterbestimmung dieses Sonderdelikts nicht nach dem Sozialversicherungsrecht vorzunehmen, auch wenn andere Tatbestandsmerkmale nach dem Sozialversicherungsrecht auszurichten sind. Eine klare Trennung der Zahlungspflicht nach dem Sozialversicherungsrecht von der Auslegung des Begriffs „Arbeitgeber" im Rahmen der strafrechtlichen Verhaltensnorm erscheint nicht nur im Hinblick auf die Unbestimmtheit des Begriffs in der Primärrechtsordnung sinnvoll.

III. Ansicht 2: Arbeitsrechtsakzessorische Auslegung des Arbeitgeberbegriffs

Im Gegensatz zu den vorgenannten Ansichten ist mangels eigenständiger strafrechtlicher Bestimmung des Arbeitgeberbegriffs aufgrund der akzessorischen Auslegung von § 266a StGB nach einer vor einiger Zeit[393] noch vorherrschenden[394]

---

391 *Rittweger*, NZA 2016, 338, 338 f.: „mehrere Regelungen des Sozialgesetzbuchs [entsprechen] nicht mehr den Anforderungen unserer Zeit."

392 Vgl. auch zu dieser Forderung an den Gesetzgeber *Jahn*, FAZ v. 07.01.2016, S. 6; ausführlich auch *Jahn/Brodowski*, JZ 2016, 969 ff.

393 Bspw. bei *Fischer*[60], § 266a Rn. 4 fand das Sozialversicherungsrecht – noch – keine Erwähnung, vielmehr wurde nur auf ein Arbeitsverhältnis nach §§ 611 ff. BGB zur Bestimmung des Arbeitgebers abgestellt; in der Folgeauflage geht *Fischer*[61], § 266a Rn. 4 hingegen mit Verweis auf den BGH davon aus, dass der Arbeitgeber sich nach dem Sozialversicherungsrecht richte, das wieder an das Arbeitsrecht anknüpfe; zu dieser Rechtsprechung des BGH siehe S. 96 f.

394 Vgl. Ignor/Rixen/*Pananis*, Arbeitsstrafrecht[2], § 6 Rn. 10 und Ignor/Mosbacher/*Pananis*, Arbeitsstrafrecht[3], § 6 Rn. 10: Im Jahr 2008 wurde der Begriff des Arbeitgebers

Ansicht der Begriff „Arbeitgeber“ im Rahmen von § 266a StGB unter Anknüpfung an arbeitsrechtliche Grundsätze auszulegen.[395] Danach sei als Arbeitgeber im Sinne von § 266a StGB derjenige anzusehen, dem der Arbeitnehmer gemäß §§ 611 ff. BGB Dienste leiste.

1. Arbeitsstrafrecht als „akzessorischer Annex“ zum Arbeitsrecht

Als Begründung wird von den Vertretern dieser Ansicht angeführt, dass das Arbeitsstrafrecht, unter welches § 266a StGB als eine der wesentlichen Normen zu fassen sei,[396] in erster Linie als „akzessorische[r] Annex“ [397] zum Arbeitsrecht zu sehen ist.[398] Das Arbeitsrecht solle nicht nur bei der Auslegung der Begriffe „Arbeitnehmer“ und „Arbeitgeber“, sondern auch für das Sozialversicherungsrecht präjudizierend wirken.[399] Daher sei das Arbeitsstrafrecht arbeitsrechtsakzessorisch und stelle daher gerade kein Strafrecht dar, das arbeitsrechtliche Wertentscheidungen überdecke,[400] wobei zum Teil auch eine „Einstrahlung“ des Strafrechts in das Arbeitsrecht nicht ausgeschlossen werde.[401]

Demnach wird dafür eingetreten, dass im Strafrecht grundsätzlich der zivilrechtliche Arbeitgeber- und Arbeitnehmerbegriff Anwendung finde.[402] Denn

---

nach *Pananis* noch „überwiegend“ nun – 2016 – nur noch „vielfach“ nach arbeitsrechtlichen Grundlagen bestimmt.

395 Leipold/Tsambikakis/Zöller/*Esser*, § 266a Rn. 14a; Satzger/Schluckebier/Widmaier/*Saliger*, StGB, § 266a Rn. 8; SK-StGB/*Hoyer*, § 266a Rn. 9; Matt/Renzikowski/*Matt*, § 266a Rn. 16; Arzt/Weber/*Heinrich*, Strafrecht-BT, § 23 Rn. 28; Dölling/Duttge/König/Rössner/*Beukelmann*, § 266a Rn. 7; Lackner/Kühl/*Heger*, § 266a Rn. 3; *Gercke*/Kraft/Richter/*Richter*, Arbeitsstrafrecht, Kap. 2 Rn. 13; Dannecker/Knierim/Smok/*Smok*, Insolvenzstrafrecht, Rn. 881; *Bente*, HWSt.[3], 12. Teil 2. Kap. Rn. 8; *Bisson/Schwab*, AuA 2005, 276, 278; *Jacobi/Reufels*, BB 2000, 771, 771; im Ergebnis ebenso Graf/Jäger/Wittig/*Wiedner*, § 266a StGB Rn. 9 f.; auch Ignor/Mosbacher/*Brettschneider*, Arbeitsstrafrecht[3], § 2 Rn. 15 im Gegensatz zu Ignor/Mosbacher/*Pananis*, Arbeitsstrafrecht[3], § 6 Rn. 10; *Reichling*, wistra 2016, 306, 306.

396 Ignor/Mosbacher/*Ignor/Mosbacher*, Arbeitsstrafrecht[3], § 1 Rn. 1; NK-WSS/*Fuchs*, § 266a Rn. 1; *Steinheimer*, Arbeitsstrafrecht, S. 35; *Zimmermann/Smok*, ArbRAktuell 2015, 394, 394.

397 Ignor/Mosbacher/*Brettschneider*, Arbeitsstrafrecht[3], § 2 Rn. 7; so schon *Ignor/Rixen*, Arbeitsstrafrecht[2], § 2 Rn. 7.

398 *Vogel*, Arbeitsstrafrecht im Umbruch, § 3 Rn. 4.

399 Ignor/Mosbacher/*Brettschneider*, Arbeitsstrafrecht[3], § 2 Rn. 7; so schon *Ignor/Rixen*, Arbeitsstrafrecht[2], § 2 Rn. 7.

400 *Vogel*, Arbeitsstrafrecht im Umbruch, § 2 Rn. 85.

401 *Rieble*, Arbeitsstrafrecht im Umbruch, § 2 Rn. 86.

402 Brüssow/Petri/*Brüssow/Petri*[2], Kap. A Rn. 7.

entweder erfolge diese Anwendung direkt durch die Anknüpfung an das Zivil- bzw. Arbeitsrecht oder durch einen durch das Sozialversicherungsrecht vermittelten „Begriffsimport."[403]

2. Anknüpfung an das Arbeitsrecht durch § 266a StGB

Zudem knüpfe § 266a StGB als Sonderdelikt ausdrücklich an die Arbeitgeberstellung an. Die Erfüllung der Beitragsabführungspflicht werde „also nicht in allen, sondern nur in denjenigen Beschäftigungsverhältnissen strafrechtlich abgesichert, denen ein Arbeitsverhältnis zwischen Arbeitgeber und Arbeitnehmer zugrunde liegt."[404] Die Anknüpfung an die arbeitsrechtlichen Vorgaben wird von den Vertretern dieser Ansicht bevorzugt, weil im Unterschied zum Begriff des Beschäftigungsverhältnisses nach § 7 Abs. 1 SGB IV der Arbeitgeberbegriff des Arbeitsrechtes weder neu definiert noch gegenüber dem Arbeitsrecht modifiziert werden müsse.[405] Der Begriff des Arbeitgebers wird nach diesen Vorgaben dann aus dem Arbeitsrecht übernommen und aus diesem Rechtsgebiet als „bekannt" vorausgesetzt.[406]

3. Keine Anknüpfung an § 7 SGB IV

Nach § 7 SGB IV ist Beschäftigender im sozialversicherungsrechtlichen Sinn jeder, der einen anderen nichtselbstständig und damit sozialversicherungspflichtig beschäftigt. Danach ist das *Arbeits*verhältnis nur ein Unterfall des *Beschäftigungs*verhältnisses. Daher wird eine Anlehnung an das Sozialversicherungsrecht abgelehnt, weil sich aus § 7 SGB IV gerade nicht ergebe, wer Arbeitgeber und wer Arbeitnehmer innerhalb eines Arbeitsverhältnisses sei.[407] § 7 Abs. 1 S. 1 SGB IV beschreibe lediglich, wer Beschäftigender und Beschäftigter innerhalb eines sozialversicherungsrechtlichen Beschäftigungsverhältnisses sei.[408] So gehe auch die Gesetzesbegründung des SGB IV davon aus, „dass eine Beschäftigung stets dann anzunehmen ist, wenn nach arbeitsrechtlichen Grundsätzen ein Arbeitsverhältnis besteht."[409]

---

403 Ignor/Mosbacher/*Brettschneider*, Arbeitsstrafrecht[3], § 2 Rn. 7; so schon *Ignor*/*Rixen*, Arbeitsstrafrecht[2], § 2 Rn. 7.

404 SK-StGB/*Hoyer*, § 266a Rn. 21.

405 MüKo-StGB/*Radtke*, § 266a Rn. 11.

406 SK-StGB/*Hoyer*, § 266a Rn. 21.

407 Leipold/Tsambikakis/Zöller/*Esser*, § 266a Rn. 14a.

408 Erbs/Kohlhaas/*Wache*/*Lutz*, SGB IV, § 7 Rn. 1; Leipold/Tsambikakis/Zöller/*Esser*, § 266a Rn. 14a.

409 BT-Drucks. 7/4122, S. 31.

Der Begriff des Beschäftigungsverhältnisses ist somit gegenüber dem des Arbeitsverhältnisses umfassender, weil eine „Beschäftigung“ nach § 7 Abs. 1 SGB IV „insbesondere in einem Arbeitsverhältnis“, aber auch außerhalb eines solchen vorliegen könne.[410] § 7 SGB IV ziele nicht darauf ab, den Begriff des Arbeitsverhältnisses zwischen Arbeitgeber und Arbeitnehmer zu modifizieren. Vielmehr knüpfe § 7 Abs. 1 SGB IV an den vorgefundenen Begriff des Arbeitsverhältnisses an, um davon den Begriff des Beschäftigungsverhältnisses abzuheben, wodurch beide Begriffe zueinander ins Verhältnis gesetzt werden können.[411]

4. *Eindeutiger Wortlaut von § 266a StGB*

Hinzu komme, dass § 266a StGB gerade nicht den Beschäftigenden im Sinne von § 7 SGB IV, sondern den *Arbeitgeber* als tauglichen Täter nenne. Daraus folge, dass andere Beschäftigende im sozialversicherungsrechtlichen Sinn unter Umständen – mangels gleichzeitiger Arbeitgebereigenschaft bei Nichtabführung der Sozialversicherungsbeiträge – den objektiven Tatbestand wegen der fehlenden Sonderdeliktseigenschaft nicht erfüllen.[412] Eine andere als diese dem Wortlaut entsprechende Auslegung von § 266a StGB lasse sich nur „schwer“[413] vertreten,[414] da der sozialversicherungsrechtliche Begriff des Beschäftigenden über den Anwendungsbereich von § 266a StGB hinausgehe und somit dem Wortlaut mit Blick auf Art. 103 Abs. 2 GG widerspreche.[415]

5. *Keine Begründung der Arbeitgebereigenschaft durch die Sozialversicherungspflicht*

Des Weiteren wird von den Autoren dieser Ansicht angeführt, dass ein Beschäftigungsverhältnis zudem nur ausreiche, um eine Sozialversicherungspflicht zu begründen. Hingegen sei ein Arbeitsverhältnis erforderlich, um Arbeitgeber oder Arbeitnehmer innerhalb dessen sein zu können.[416] Wenn der Beschäftigende

---

410 SK-StGB/*Hoyer*, § 266a Rn. 19; *Segebrecht*, jurisPK-SGB IV, § 7 Abs. 1 Rn. 58.

411 SK-StGB/*Hoyer*, § 266a Rn. 19.

412 Leipold/Tsambikakis/Zöller/*Esser*, § 266a Rn. 14a; *Bittmann*, HRRS 2016, 38, 51.

413 Leipold/Tsambikakis/Zöller/*Esser*, § 266a Rn. 14a.

414 SK-StGB/*Hoyer*, § 266a Rn. 19; Steinberg/Valerius/*Popp*, Wirtschaftsstrafrecht, S. 113, 118.

415 Leipold/Tsambikakis/Zöller/*Esser*, § 266a Rn. 14a; dahingehend auch Brüssow/Petri/*Brüssow/Petri*², Kap. A Rn. 24 und *Reichling*, wistra 2016, 306, 306.

416 Palandt/*Weidenkaff*, vor § 611 Rn. 6 f.

nicht Arbeitgeber sei, könne er sich somit auch nicht nach § 266a StGB wegen Verletzung der Beitragsabführungspflicht strafbar machen.[417]

6. *Stellungnahme zu der arbeitsrechtsakzessorischen Auslegung*

Auch die Anknüpfung an arbeitsrechtliche Grundsätze ist genau zu betrachten. Ob es überzeugend ist, an das Arbeitsrecht anzuknüpfen ist, soll nunmehr untersucht werden.

a) „Akzessorischer Annex": Wenig überzeugende Begründung für den Rückgriff auf das Arbeitsrecht durch das Strafrecht

Zu Beginn ist sowohl die Begriffsbildung[418] im Bereich des Arbeitsstrafrechts als „akzessorischer Annex" zum Arbeitsrecht als auch die daraus gezogene Konsequenz zu hinterfragen, weil das Arbeitsstrafrecht sich erst in den letzten Jahren herausgebildet hat – auch wenn dies schon seit 1933[419] versucht wird. Zuvor und teilweise auch noch heute fällt es schwer, einzuordnen, welche Rechtsbereiche überhaupt vom Arbeitsstrafrecht umfasst werden. Denn bei dem Wort „Arbeitsstrafrecht" handelt es sich, wie bereits *Geisseler* 1933 feststellte, um „nichts als ein leeres Wort" [420], das der Gesetzgeber selbst nicht verwendet.[421]

Daher werden viele verschiedene Ansätze zur Begriffsbestimmung vertreten.[422] Ob das Arbeitsstrafrecht dabei nach den Ansätzen von *Geisseler*,[423] der dies bereits 1933 zu bestimmen versuchte, *Hahn*,[424] *Brüssow/Petri*,[425] *Achenbach*,[426] *Ignor/Rixen*[427] bzw. mittlerweile *Ignor/Mosbacher*[428] oder *Rieble*[429] bestimmt wird, kann an dieser Stelle jedenfalls dahinstehen.[430] Denn allein diese umfangreiche

417 SK-StGB/*Hoyer*, § 266a Rn. 20.

418 Vgl. zur Begriffsbildung *Gercke/Leimenstoll*, WiJ 2012, 246, 247.

419 Vgl. die Ausführungen von *Geisseler*, Arbeitsstrafrecht, S. 3 ff.

420 *Geisseler*, Arbeitsstrafrecht, S. 3.

421 *de Vries*, Arbeitsstrafrecht im Umbruch, § 2 Rn. 83.

422 Ausführlich dazu Gercke/Kraft/Richter/*Gercke*, Arbeitsstrafrecht, Kap. 1 Rn. 5 ff.

423 *Geisseler*, Arbeitsstrafrecht, S. 4.

424 *Hahn*, S. 17 ff.

425 Brüssow/Petri/*Brüssow/Petri*², Kap. A. Rn. 5; siehe auch *Petri*, AE 2016, 185, 185 f.

426 *Achenbach*, HWSt.⁴, 12. Teil 1. Kap. Rn. 1 f.; *Achenbach*, HWSt.³, 12. Teil 1. Kap. Rn. 1.

427 *Ignor/Rixen*, Arbeitsstrafrecht², § 1 Rn. 1 ff.; *Ignor/Rixen*, NStZ 2002, 510, 510.

428 Ignor/Mosbacher/*Ignor/Mosbacher*, Arbeitsstrafrecht³, § 1 Rn. 1 ff.

429 *Rieble*, Arbeitsstrafrecht im Umbruch, § 2 Rn. 1 ff.

430 Es wird dazu auf die ausführliche Diskussion dazu bei *Gercke* verwiesen, vgl. Gercke/Kraft/Richter/*Gercke*, Arbeitsstrafrecht, Kap. 1 Rn. 5 ff. m. w. N.

Diskussion zeigt bereits, dass aus der Zuordnung von § 266a StGB zum Arbeitsstrafrecht für sich genommen keine überzeugende Schlussfolgerung für die Auslegung des Arbeitgeberbegriffs gezogen werden kann, zumal der Gesetzgeber die Begrifflichkeit bis heute nicht verwendet.

(a) „Sozialversicherungsstrafrecht“ ungleich Arbeitsstrafrecht

Zudem ist der „Annex“-Anknüpfung des Arbeitsstrafrechts an das Arbeitsrecht historisch betrachtet Folgendes entgegenzuhalten: Bereits 1933 führte *Geisseler* aus, dass „das Arbeitsstrafrecht ... ein staatliches, aus dem Arbeitsrecht zu entwickelndes Unrechtsstrafrecht sein“ müsse.[431] Dazu stellte er weiter klar, dass dabei „das Strafrecht des Sozialversicherungsrechts unberücksichtigt bleiben muss“[432], weil dieses dem Arbeitsrecht nicht zugerechnet werde, sondern ein selbstständiges Sondergebiet sei.[433]

Somit wurde vor der „Überführung“ der Strafbarkeit des Vorenthaltens von Arbeitnehmeranteilen aus den verschiedenen Sozialversicherungsgesetzen in das StGB dieses strafbare Verhalten, das seit 1986 konzentriert in § 266a StGB verankert ist, nicht zum Arbeitsstrafrecht gezählt. Folglich ist auch aus historischer Sicht, dem Argument, das Arbeitsstrafrecht sei ein Annex des Arbeitsrechts – jedenfalls für die Auslegung des Arbeitgeberbegriffs, um die es in diesem Beitrag geht – nicht zu folgen. Vielmehr stammt die Norm[434] ursprünglich aus dem Sozialversicherungsrecht.

(b) Keine generell präjudizierende Wirkung des Zivilrechts

Diesem Gedanken folgend ist auch der Vorschlag von *Brettschneider* kritisch zu sehen. *Brettschneider*[435] befürwortet eine Lösung, die bereits *Ignor/Rixen*[436] zuvor vertraten, dahingehend, dass das Zivilrecht präjudizierend für das Straf- und das Sozialversicherungsrecht sei. Das habe zur Folge, dass es unerheblich sei, an welches Rechtsgebiet angeknüpft werde, da beide Rechtsgebiete auf diese Weise zu demselben Ergebnis, nämlich dem zivilrechtlichen Arbeitgeberbegriff gelangen.

---

431 *Geisseler*, Arbeitsstrafrecht, S. 4.

432 *Geisseler*, Arbeitsstrafrecht, S. 14.

433 *Geisseler*, Arbeitsstrafrecht, S. 15 m. w. N.

434 Wie diese Vorschriften damals ausgelegt wurden, wird ausführlich auf S. 174 f. betrachtet.

435 Ignor/Mosbacher/*Brettschneider*, Arbeitsstrafrecht[3], § 2 Rn. 7; so schon *Ignor/Rixen*, Arbeitsstrafrecht[2], § 2 Rn. 7.

436 *Ignor/Rixen*, Arbeitsstrafrecht[2], § 2 Rn. 7.

Dieser Ansatz ist jedoch nicht überzeugend. Denn der Umstand, dass das Sozialversicherungsrecht nicht deckungsgleich mit dem Arbeitsrecht und seinen Begriffen ist und damit auch nicht präjudiziell wirkt, wurde bereits in der vorliegenden Untersuchung deutlich. Vielmehr wird von Vertretern dieser Ansicht nicht sauber zwischen den Rechtsgebieten getrennt und pauschal die Deckungsgleichheit des Begriffs „Arbeitgeber“ im Zivil-, Sozialversicherungs- und Strafrecht befürwortet. Eine solche existiert aber nicht generell.

(c) § 266a StGB als Insolvenzbegleitdelikt

Auch wird vertreten, dass § 266a StGB „typisches Insolvenzbegleitdelikt“ sei und die Norm daher fehlerhaft als „Arbeitsmarktstrafrecht“ eingeordnet werde.[437] Ohne auf diese Einordnung hier ausführlich eingehen zu können, zeigt diese Ansicht, dass bereits die Einordnung von § 266a StGB als Teil des Arbeitsstrafrechts bezweifelt wird. Folglich spricht nicht nur der unklare Umfang des Arbeitsstrafrechts, sondern auch die Zuordnung von § 266a StGB zu diesem gegen eine Begriffsbildung aufgrund der Einordnung als „akzessorischer Annex“ zum Arbeitsrecht.

(d) Vorteile der Anknüpfung an das Arbeitsrecht

Die Vorteile der Anknüpfung an das Arbeitsrecht sind unter dem Gesichtspunkt des Rückgriffs auf einen bereits durch jahrelange Rechtsprechung bestimmten zivilrechtlichen Arbeitgeber- und Arbeitnehmerbegriff allerdings nicht vollends von der Hand zu weisen. Denn eine solche direkte Anknüpfung an das Zivil- bzw. Arbeitsrecht erfolgt eleganter als durch den von der herrschenden Meinung vorgeschlagenen „Begriffsimport“[438] aus dem Sozialversicherungsrecht. Ob dieser Vorteil für eine überzeugende Auslegung ausreichend ist, darf bezweifelt werden.

Allerdings ist die Anknüpfung an das Arbeitsrecht im Vergleich zur Anknüpfung an das Sozialversicherungsrecht als präziser anzusehen, weil eine Trennung der einzelnen Tatbestandsmerkmale von § 266a Abs. 1 StGB und keine „Vermischung“ dieser vorgenommen wird. Konsequenterweise wird „die Erfüllung der Beitragsabführungspflicht also nicht in allen, sondern nur in denjenigen Beschäftigungsverhältnissen strafrechtlich abgesichert, denen ein Arbeitsverhältnis zwischen Arbeitgeber und Arbeitnehmer zugrunde liegt.“[439]

---

437 Bittmann/*Bittmann*, Insolvenzstrafrecht, § 21 Rn. 127.

438 Ignor/Mosbacher/*Brettschneider*, Arbeitsstrafrecht^{3}, § 2 Rn. 7.

439 SK-StGB/*Hoyer*, § 266a Rn. 21.

b) *Keine Modifikation des Arbeitgeberbegriffs bei einem Rückgriff auf das Arbeitsrecht*

Für eine Anknüpfung an die arbeitsrechtlichen Vorgaben spricht zudem, dass im Unterschied zum Begriff des Beschäftigungsverhältnisses nach § 7 Abs. 1 SGB IV der Arbeitgeberbegriff des Arbeitsrechts weder neu definiert, noch gegenüber dem Arbeitsrecht modifiziert werden muss.[440] Der Begriff wird aus dem Arbeitsrecht übernommen und von dort als bekannt vorausgesetzt.[441] Hiergegen ist wiederum vorzubringen, dass auch im Arbeitsrecht keine Legaldefinitionen der wesentlichen Begriffe des Arbeitgebers und des Arbeitnehmers existieren, welche umfängliche Rechtssicherheit bringen könnten.[442]

c) *Überzeugend: Keine Anknüpfung an § 7 SGB IV*

Schwierig gestaltet sich – wie zuvor[443] bereits angedeutet – die Anknüpfung an § 7 Abs. 1 SGB IV, weil nach dem Wortlaut von § 7 Abs. 1 S. 1 SGB IV das *Arbeits*verhältnis nur ein Unterfall des *Beschäftigungs*verhältnisses ist. Es ergibt sich aus § 7 Abs. 1 SGB IV nicht, wer Arbeitgeber und wer Arbeitnehmer innerhalb eines Arbeitsverhältnisses sein soll. § 7 Abs. 1 S. 1 SGB IV erfasst lediglich, wer Beschäftigender und Beschäftigter innerhalb eines sozialversicherungsrechtlichen Beschäftigungsverhältnisses ist.[444] Auch mit Blick auf die Gesetzesbegründung, nach der „eine Beschäftigung stets dann anzunehmen ist, wenn nach arbeitsrechtlichen Grundsätzen ein Arbeitsverhältnis besteht“,[445] wird deutlich, dass eine Anknüpfung an § 7 Abs. 1 SGB IV zur Auslegung des Begriffs nur schwer vertretbar ist.

d) *Berücksichtigung des Wortlauts von § 266a StGB*

Auch oder sogar vor allem der Wortlaut von § 266a StGB ist als Argument für eine arbeitsrechtsakzessorische Anknüpfung von Gewicht. Selbst die herrschende Meinung kommt nicht um eine Nennung dieses Arguments herum.[446] § 266a StGB nennt eindeutig nicht den Beschäftigenden, sondern den *Arbeitgeber* als

---

440 MüKo-StGB/*Radtke*, § 266a Rn. 11.

441 SK-StGB/*Hoyer*, § 266a Rn. 21.

442 Vgl. Gercke/Kraft/Richter/*Richter*, Arbeitsstrafrecht, Kap. 1 Rn. 32; *Reinecke*, NZA 1999, 729, 730.

443 Siehe S. 69 f.

444 Erbs/Kohlhaas/*Wache*/*Lutz*, SGB IV, § 7 Rn. 1; Leipold/Tsambikakis/Zöller/*Esser*, § 266a Rn. 14a.

445 BT-Drucks. 7/4122, S. 31.

446 *Bollacher*, S. 83; vgl. auch Brüssow/Petri/*Brüssow*/*Petri*², Kap. A Rn. 24, die in umstrittenen Fällen die enge Auslegung des Arbeitgeberbegriffs befürworten, obwohl sie

tauglichen Täter. Hinzu kommt, dass der sozialversicherungsrechtliche Begriff des Beschäftigenden über den Wortsinn von § 266a StGB hinausgeht und somit die Anwendung dieses Begriffs in diesem Zusammenhang möglicherweise dem Wortlaut der Strafnorm mit Blick auf Art. 103 Abs. 2 GG widerspricht.[447]

e) „Abhängige Beschäftigung" als ungeschriebenes Tatbestandsmerkmal

Auch wird in der Literatur als Argument für die arbeitsrechtliche Auslegung vertreten, dass die „abhängige Beschäftigung" im Sinne des Sozialversicherungsrechts eine grundlegende Voraussetzung für eine Strafbarkeit nach § 266a StGB sei. Dabei soll die „abhängige Beschäftigung" nach dieser Ansicht nicht durch den Begriff „Arbeitgeber" in den Tatbestand von § 266a StGB gelangen, sondern als ungeschriebenes Tatbestandsmerkmal „importiert" werden.[448] Als Begründung dieser Ansicht wird auf das Urteil des BGH vom 16. April 2014[449] verwiesen.[450] In dieser Entscheidung stellt der BGH allerdings nur das Bestehen eines sozialversicherungspflichtigen Beschäftigungsverhältnisses fest, ohne darauf einzugehen, ob dies durch die Auslegung des Begriffs „Arbeitgeber", des Begriffs „vorenthalten" oder aufgrund eines „ungeschriebenen Tatbestandsmerkmals" geschieht.

Ob dieser Interpretation gefolgt werden kann, ist aufgrund der fehlenden Ausführungen des BGH fraglich.[451] Fest steht daher nur, dass ohne eine Beschäftigung nach dem Sozialversicherungsrecht keine tatbestandsmäßigen Zahlungspflichten entstehen sowie keine Beiträge zur Sozialversicherung fällig werden und daher keine Strafbarkeit wegen einer etwaigen Beitragsvorenthaltung bestehen kann. Dies spricht folglich bei der Auslegung des Arbeitgeberbegriffs für eine Anknüpfung an das Arbeitsrecht, die getrennt von den sozialversicherungspflichtigen Zahlungspflichten erfolgt und zu keiner Vermischung der Merkmale führt.

---

den am Sozialversicherungsrecht anknüpfenden Arbeitgeberbegriff vertreten, vgl. Brüssow/Petri/*Brüssow/Petri*², Kap. C Rn. 6.

447 Siehe S. 131 f.

448 Müller-Gugenberger/*Thul*, § 38 Rn. 36.

449 Siehe S. 97 f.

450 Müller-Gugenberger/*Thul*, § 38 Rn. 36 Fn. 2.

451 Siehe dazu ausführlich S. 102 ff.

f) Keine Sperrwirkung des Sozialversicherungsrechts bei einer Begriffsauslegung nach dem Arbeitsrecht

In der Literatur wird schließlich vertreten, dass bei der arbeitsrechtsakzessorischen Anknüpfung im Rahmen der Auslegung des § 266a StGB von einer „sozialversicherungsrechtlichen Sperrwirkung“ ausgegangen werden müsse, weil sich nur so vermeiden lasse, „dass sich bei einem nach § 266a StGB verurteilten Täter nach einem mehrinstanzlichen sozialversicherungsrechtlichen Verfahren herausstellt, dass – sozialversicherungsrechtlich – keine Abgabepflicht besteht.“[452] Diese „Sperrwirkung“ soll also ein Abweichen des engeren Arbeitsrechts vom weiteren Sozialversicherungsrecht bei der rechtlichen Subsumtion eines Sachverhalts unter § 266a StGB verhindern. Dem ist jedoch mit den vorgenannten Ausführungen entgegenzuhalten, dass bei einer getrennten Auslegung des Arbeitgeberbegriffs im Sinne von § 266a StGB und der Beitragsabführungspflicht, welche sich nach dem Sozialversicherungsrecht richtet, die vorgebrachten Bedenken nicht greifen. Denn der Täter, der nach strafrechtlicher Beurteilung – mit Verweis auf das Arbeitsrecht – als Arbeitgeber qualifiziert worden ist, macht sich nur strafbar, wenn er auch nach dem Sozialversicherungsrecht zur Abführung der Beiträge verpflichtet ist. Nur wenn beide Voraussetzungen vorliegen, ist der Tatbestand von § 266a StGB erfüllt. Sollte nunmehr in einem Fall ein mehrinstanzliches sozialversicherungsrechtliches Verfahren durchlaufen werden, kann es bei richtiger Anwendung durch den Strafrechtler und den Sozialversicherungsrechtler nicht zu einer abweichenden Beurteilung der Beitragsabführungspflicht kommen.

Der Beschäftigungsbegriff, der im Sozialversicherungsrecht herangezogen wird, ist immer anzunehmen, wenn nach arbeitsrechtlichen Grundsätzen ein Arbeitsverhältnis besteht.[453] Ein solches wird aber benötigt, um die Arbeitgebereigenschaft – jedenfalls nach der an das Arbeitsrecht anknüpfenden Ansicht – nach dem StGB zu begründen. Daraus folgt, dass es Fälle geben kann, die keine Strafbarkeit nach § 266a StGB nach sich ziehen, obwohl das Sozialversicherungsrecht ein Beschäftigungsverhältnis annimmt, aber nicht umkehrt, weil es dann mangels Arbeitsverhältnisses an der Eigenschaft des Arbeitgebers nach arbeitsrechtlichen Grundsätzen fehlen würde.[454] Nach der herrschenden Auffassung hätte diese angedachte Sperrwirkung nie eine Bedeutung, da immer bei

---

452 Leipold/Tsambikakis/Zöller/*Esser*, § 266a Rn. 14b; kritisch zu den Ausführungen von Esser *Bittmann*, HRRS 2016, 38, 51.

453 BT-Drucks. 7/4122, S. 31.

454 So im Ergebnis auch *Esser* selbst, vgl. Leipold/Tsambikakis/Zöller/*Esser*, § 266a Rn. 20.

Vorliegen des sozialversicherungsrechtlichen Beschäftigungsverhältnisses auch die strafrechtliche Arbeitgebereigenschaft bejaht wird.

g) Zwischenergebnis

Eine Anknüpfung von § 266a StGB an das Arbeitsrecht ist nicht vollkommen plausibel. Es drängt sich der Verdacht auf, dass diese Ansicht allein deshalb auf das Arbeitsrecht zurückgreift, weil eine Anknüpfung an das Sozialversicherungsrecht mangels Legaldefinition sowie mangels der einheitlichen Benutzung des Arbeitgeberbegriffs im Sozialversicherungsrecht schwer möglich ist und zu erheblichen Rechtsunsicherheiten führt. Durch die arbeitsrechtliche Anknüpfung kann aus diesem Rechtsgebiet zumindest eine seit Jahren feststehende, durch eine lange Rechtsprechungsentwicklung entstandene Begriffsbestimmung „importiert" werden. Vollends überzeugend ist dies aber nicht.

IV. Ansicht 3: Sozialversicherungsrechtsakzessorische Anknüpfung mit Rückgriff auf das Arbeitsrecht

Neben diesen zwei genannten Ansichten wird in der Literatur[455] nicht selten[456] gleichzeitig auch auf das Arbeits- und das Sozialversicherungsrecht abgestellt, sodass nicht eindeutig differenziert wird, welche Anknüpfung maßgeblich sein soll.[457]

---

455 Bspw. LK/*Möhrenschlager*, § 266a Rn. 14: „primär nach dem Sozialversicherungsrecht in Verbindung mit seinem Verständnis im Arbeitsrecht und im Bürgerlichen Recht"; *Kudlich*, ZWH 2012, 80, 80: „Richtigerweise wird man insoweit eine streng arbeits- und sozialrechtsakzessorische … Auslegung heranziehen"; *Kudlich*, ZIS 2011, 481, 490; *Branz*, S. 9: „das Sozialversicherungsrecht knüpft dabei an das Dienstvertragsrecht nach den §§ 611 ff. BGB an"; *Wüchner*, S. 24: „Erkennbar ist mit sozialversicherungsrechtlichen Besonderheiten ein Rückgriff auf die arbeitsrechtliche Begriffsherleitung"; auch *Wegner*, wistra 1998, 283, 284: „anhand von Sozialversicherungs- und Arbeitsrecht zu bestimmen", der in PStR 2007, 28, 28 nur noch auf das Sozialversicherungsrecht abstellt; neuerdings auch BeckOK-StGB/*Wittig*, § 266a Rn. 5 im Gegensatz zur Vorauflage aus dem Jahr 2016 BeckOK-StGB $^{\text{Ed. 31}}$/*Wittig*, § 266a Rn. 5.

456 So auch *Lanzinner*, S. 45.

457 *Wüchner*, S. 23.

1. Vermischung von arbeits- und sozialversicherungsrechtlichen Termini

Ebenso werden innerhalb der bestehenden Meinungen teilweise Argumente ungenau hergeleitet. So greift *Perron*,[458] der sich für die sozialversicherungsrechtliche Ansicht ausspricht, auf §§ 611 ff. BGB zurück. *Heger*,[459] der für einen Arbeitgeberbegriff nach dem Arbeitsrecht plädiert, argumentiert mit einem „sozialversicherungsrechtlichen Arbeitsverhältnis.“ Dass diese Begriffskombination ungenau gewählt ist, wurde durch die bisherigen Ausführungen bereits dargetan.

Deutlich wird diese – dritte – Ansicht, die primär an das Sozialversicherungsrecht anknüpft und über dieses zum Arbeitsrecht gelangt, an den Ausführungen von *Radtke*. Dieser hält nunmehr, nachdem er 2011 noch die direkte Anknüpfung der Auslegung an §§ 611 ff. BGB vertrat,[460] fest, dass „die zur Täterqualifikation verwendeten Begriffe … Statusbegriffe [sind], die allein sozial- bzw. zivilrechtsakzessorisch ausgefüllt werden können.“[461] Weiter heißt es, dass „zur Bestimmung des Arbeitgeberbegriffs … im Ausgangspunkt das Sozialversicherungsrecht (§ 7 Abs. 1 SGB IV) heranzuziehen [ist], das selbst wiederum weitgehend auf das Arbeitsrecht abstellt. […] Da das Sozialversicherungsrecht diesbezüglich auf das Dienstvertragsrecht nach §§ 611 ff. BGB abstellt, ist derjenige Arbeitgeber, dem der Arbeitnehmer zur Erbringung von Arbeitsleistungen verpflichtet ist und zu dem er in einem persönlichen Abhängigkeitsverhältnis steht, das sich vor allem durch die Eingliederung des Arbeitnehmers in den Betrieb des Arbeitgebers äußert (siehe § 7 Abs. 1 S. 2 SGB IV).“[462]

Wie *Radtke*[463] definieren auch weitere Autoren[464] den Arbeitgeber als den Dienstberechtigten nach §§ 611 ff. BGB. Dazu wird dann aber oftmals eine

---

458 Schönke/Schröder/*Perron*, § 266a Rn. 11, der zuerst davon spricht, dass der Arbeitgeberbegriff nach dem Sozialrecht bestimmt wird und dann den Arbeitgeber als denjenigen definiert, der „als Dienstberechtigter (§§ 611 ff. BGB) …“ handelt; ebenso Adick/Bülte/*Möller*/*Zimmermann*, Kap. 22 Rn. 40.

459 Lackner/Kühl/*Heger*, § 266a Rn. 3.

460 MüKo-StGB²/*Radtke*, § 14 Rn. 6: „Nach allgM bestimmt sich die nach dem Straftatbestand strafbarkeitsbegründend wirkende Arbeitgebereigenschaft über den Dienstberechtigten gemäß §§ 611 ff. BGB“ – der Band I des MüKo (2. Aufl.) erschien bereits im Jahr 2011; in der Neuauflage aus dem Jahr 2017 findet sich dieses Zitat unverändert, MüKo-StGB/*Radtke*, § 14 Rn. 6.

461 MüKo-StGB/*Radtke*, § 266a Rn. 10.

462 MüKo-StGB/*Radtke*, § 266a Rn. 12.

463 MüKo-StGB/*Radtke*, § 266a Rn. 12.

464 *Fischer*, § 266a Rn. 4; Lackner/Kühl/*Heger*, § 266a Rn. 3; *Wegner*, wistra 1998, 283, 284; *Bente*, S. 30.

Auslegung nach dem Sozialversicherungsrecht herangezogen,[465] auf eine Entscheidung des BSG verwiesen,[466] das Arbeitsrecht ergänzend angeführt[467] oder auf § 7 Abs. 1 SGB IV Bezug genommen.[468] Daran anknüpfend wird ebenso vertreten, dass § 7 Abs. 1 SGB IV wiederum auf § 611 BGB Bezug nehme.[469] Schließlich wird mittels einer weiteren „Verknüpfung" von Arbeits- und Sozialversicherungsrecht sogar angeführt, dass das für die Erfüllung des Tatbestands von § 266a StGB „erforderliche Arbeitsverhältnis anhand sozialversicherungsrechtlicher Grundsätze" zu bestimmen sei.[470]

2. *Stellungnahme*

Die Autoren,[471] welche sich bei der Auslegung der Tatbestandsmerkmale von § 266a StGB nicht explizit auf ein Rechtsgebiet festlegen, führen keine detaillierte Betrachtung des Einzelfalls durch. Aufgrund der ungenauen Anknüpfung an mehrere Rechtsgebiete, kommt es im Vergleich zu den erstgenannten Ansichten zu keinen unterschiedlichen Auswirkungen bei der Subsumtion des Tatbestands.

Allerdings ist diese doppelte Anknüpfung widersprüchlich. Denn an den bisherigen Ausführungen wird deutlich, dass die Ansichten, die das „für die Erfüllung des Tatbestands erforderliche Arbeitsverhältnis anhand sozialversicherungsrechtlicher Grundsätze"[472] auslegen, ungenau und daher missglückt sind.[473] Diese ungenaue Anwendung wird bei den Ausführungen von *Radtke*[474] deutlich: Zu der Struktur und Systematik von § 266a StGB wird von diesem herausgestellt, dass es für das Vorliegen der Arbeitgebereigenschaft eines sozialversicherungsrechtlichen Beschäftigungsverhältnisses bedürfe, das wiederum

465 *Kudlich/Oğlakcıoğlu*, Rn. 555.

466 Vgl. *Fischer*, § 266a Rn. 4; Lackner/Kühl/*Heger*, § 266a Rn. 3; *Bente*, S. 30.

467 *Tag*, S. 45.

468 Matt/Renzikowski/*Matt*, § 266a Rn. 16; Satzger/Schluckebier/Widmaier/*Saliger*, StGB, § 266a Rn. 8.

469 *Brenner*, S. 105.

470 *Schulz*, NJW 2007, 237, 237.

471 Vgl. bspw. MüKo-StGB/*Radtke*, § 266a Rn. 12; *Kudlich*, ZWH 2012, 80, 80: „Richtigerweise wird man insoweit eine streng arbeits- und sozialrechtsakzessorische … Auslegung heranziehen"; *Kudlich*, ZIS 2011, 481, 490.

472 *Schulz*, NJW 2007, 237, 237.

473 Auch als „missverständlich" bezeichnet von Müller-Gugenberger/*Thul*, § 38 Rn. 40 in Bezug auf dieselbe Vorgehensweise des BGH, die auch *Greeve*, NStZ 2013, 588, 588 ablehnt.

474 MüKo-StGB/*Radtke*, § 266a Rn. 9 ff.

auch zur Begründung der Beitragsabführungspflicht unabdingbar sei. Liegt ein solches Beschäftigungsverhältnis vor, sei bis auf wenige Ausnahmen die Arbeitgebereigenschaft zu bejahen. Dann sei regelmäßig auch ein Arbeitgeber im „arbeits-, sozialversicherungs- und strafrechtlichen Sinne“ festzustellen.[475]

Hier werden zwei Tatbestandsmerkmale vermischt. Dies wird deutlich, wenn *Radtkes* Ausführungen zur Tathandlung des „Vorenthaltens“ betrachtet werden. Er legt nämlich dar, dass „notwendige Voraussetzung für ein straftatbestandsmäßiges Verhalten … das Bestehen eines sozialversicherungspflichtigen Beschäftigungsverhältnisses iS von § 7 SGB IV“ sei.[476] Dieser Feststellung ist nichts entgegenzuhalten. Denn vorenthalten werden kann nur, was sozialversicherungsrechtlich geschuldet ist. Hingegen soll Täter dieser Vorenthaltung der Arbeitgeber nach dem Arbeitsrecht sein, weil das Sozialversicherungsrecht durch § 7 Abs. 1 S. 1 SGB IV auf das Arbeitsrecht verweise. Somit wird – wie von *Radtke*[477] noch 2011[478] vertreten – der engere Anwendungsbereich des Arbeitsrechts und nicht derjenige des Beschäftigenden im Rahmen des Beschäftigungsverhältnisses befürwortet, für den gerade kein Arbeitsverhältnis notwendig ist.[479]

Dennoch spricht *Radtke* ausdrücklich in den Ausführungen zu § 266a StGB davon, dass die Arbeitgebereigenschaft ebenfalls ein sozialversicherungspflichtiges Beschäftigungsverhältnis voraussetze.[480] Dies ist missglückt. Das zur Begriffsbestimmung herangezogene Sozialversicherungsrecht ist „weiter“ als das Arbeitsrecht. Die Bestimmung des Täters nach dem Arbeitsrecht und die „notwendige“ Voraussetzung des Beschäftigungsverhältnisses können nicht in allen Fällen gemeinsam vorliegen.

Das Arbeitsverhältnis und das Beschäftigungsverhältnis sind – wie das Arbeitsrecht und das Sozialversicherungsrecht an sich – unterschiedlich zu behandeln. Auch wenn häufig eine Deckungsgleichheit besteht und dies als Argument herangezogen wird, um Ungenauigkeiten abzuwiegeln,[481] darf dies nicht durcheinandergeraten, vor allem nicht, wenn durch diese „Vermischung“ bei der Auslegung einer strafrechtlichen Norm die Strafbarkeit erweitert wird.

---

475 MüKo-StGB/*Radtke*, § 266a Rn. 9.

476 MüKo-StGB/*Radtke*, § 266a Rn. 43.

477 MüKo-StGB²/*Radtke*, § 14 Rn. 6.

478 Auch in der Neuauflage aus dem Jahr 2017 findet sich diese Ansicht unverändert, vgl. MüKo-StGB/*Radtke*, § 14 Rn. 6.

479 MüKo-StGB/*Radtke*, § 266a Rn. 12.

480 MüKo-StGB/*Radtke*, § 266a Rn. 9.

481 Bspw. MüKo-StGB/*Radtke*, § 266a Rn. 10.

Daher ist eine Art „Doppel-Akzessorietät“,[482] die zwar auf den ersten Blick alle Konstellationen umfasst, bei genauerem Hinsehen aber die Unterschiedlichkeit der Begriffe des Sozialversicherungs- und des Arbeitsrechts missachtet, als nicht weiterführend abzulehnen.

V. Unterschiedliche Rechtsfolgen der verschiedenen Ansichten

Nun ist zu überprüfen, welche Folgen die verschiedenen Anknüpfungspunkte, die zur Auslegung des Arbeitgeberbegriffs herangezogen werden, haben.

1. Praktische Auswirkungen der verschiedenen Ansichten

Vertreter der ersten beiden Ansichten, welche die Anknüpfung an das Sozialversicherungsrecht bzw. Arbeitsrecht vertreten, stellen häufig darauf ab, dass die unterschiedlichen Ansätze keine praktischen Auswirkungen hätten und daher eine Streitentscheidung nicht notwendig sei.[483] Die wenigen unklaren Grenzfälle seien „weitestgehend zu vernachlässigen.“[484] Dies wird damit untermauert, dass 95 %[485] der Fälle des sozialversicherungsrechtlichen Beschäftigungsverhältnisses und des arbeitsrechtlichen Arbeitsverhältnisses übereinstimmen sollen,[486] was zur Folge habe, dass bei der Existenz eines Beschäftigungsverhältnisses regelmäßig auch eine Arbeitgebereigenschaft im Sinne des Arbeits-, Sozialversicherungs- und damit auch des Strafrechts vorliege.[487]

Daher sollen das Arbeits-, Sozial- und auch „das Strafrecht in § 266a StGB im Wesentlichen den identischen Zuordnungsweg nach einem Typus im Rahmen einer Gesamtschau, deckungsgleiche Abgrenzungskriterien[488] mit Vorrang der praktizierten vor den schriftlich fixierten Rechtsbeziehungen“[489] haben. Dies mag

482 Diesen Begriff nutzte in Bezug auf § 266 StGB bereits *Lüderssen*, FS Lampe, 727, 729.

483 Dölling/Duttge/König/Rössner/*Beukelmann*, § 266a Rn. 7; MüKo-StGB/*Radtke*, § 266a Rn. 10; Böttger/*Gercke*/*Leimenstoll*, Wirtschaftsstrafrecht², Kap. 11, Rn. 31; *Kudlich*, ZIS 2011, 482, 483; *Gercke*/*Leimenstoll*, HRRS 2009, 442, 443.

484 *Kudlich*, ZIS 2011, 481, 484.

485 BeckOK-Sozialrecht/*Rittweger*, SGB IV, § 7 Rn. 4.

486 Leipold/Tsambikakis/Zöller/*Esser*, § 266a Rn. 14c.

487 MüKo-StGB/*Radtke*, § 266a Rn. 9; Leipold/Tsambikakis/Zöller/*Esser*, § 266a Rn. 14c.

488 Vgl. zu den Abgrenzungskriterien Leipold/Tsambikakis/Zöller/*Esser*, § 266a Rn. 15 ff.; Müller-Gugenberger/*Thul*, § 38 Rn. 27a ff., Rn. 49 ff.; *Diepenbrock*, NZS 2016, 127, 128 ff.; *Trüg*, NStZ 2015, 650, 650; *Metz*, NStZ-RR 2013, 333 ff.; Gemeinsames Rundschreiben der Spitzenorganisationen der Sozialversicherung, NZS 2000, 184 ff.; *Reiserer*/*Bölz*, Werkvertrag und Scheinselbstständigkeit, Rn. 24 ff.

489 BeckOK-Sozialrecht/*Rittweger*, SGB IV, § 7 Rn. 4.

für die Gesamtschau im Wesentlichen stimmen, für eine detaillierte Beurteilung, die im Strafrecht bei der Beurteilung einer etwaigen Strafbarkeit eines potentiellen Arbeitgebers maßgeblich ist, ist diese Herangehensweise jedoch fragwürdig. Denn dass es Unterschiede in bestimmten Konstellationen gibt, ist eindeutig. Diese als unbedeutend[490] darzustellen, hilft über diese Unstimmigkeit nicht hinweg und wird dem im Einzelfall Beschuldigten nicht weiterhelfen. Daher sind die Konstellationen, die zu unterschiedlichen Auswirkungen führen, genau zu betrachten.

2. *Unterschiedliche Auswirkungen der verschiedenen Ansichten*

Besteht in dem zu überprüfenden Sachverhalt ein Arbeitsverhältnis, liegt auch eine Beschäftigung im Sinne des Sozialversicherungsrechts vor.[491] Somit ist in dieser Konstellation nach allen Ansichten auch die Arbeitgeberstellung im Rahmen von § 266a StGB erfüllt.[492] Daher ergeben sich nach den dargestellten Ansichten keine Unterschiede bei der Ermittlung der Auslegung des Begriffs des Arbeitgebers im Sinne von § 266a StGB.

Die entweder sozialversicherungs- oder arbeitsrechtliche Anknüpfung führt entgegen der Ansicht, die vertritt, dass so gut wie keine praktischen Auswirkungen der Streitfrage bestehen,[493] aber dazu, dass es bei bestimmten Personengruppen zu unterschiedlichen Bewertungen der Arbeitgebereigenschaft und somit zu verschiedenen Standpunkten hinsichtlich einer Strafbarkeit nach § 266a StGB kommt.[494] Denn sowohl nach der an das Arbeitsrecht sowie nach der an das Sozialversicherungsrecht anknüpfenden Auffassung ist unbestritten, dass sich ausschließlich in den Fällen, in denen zwar ein sozialversicherungspflichtiges Beschäftigungsverhältnis, aber kein Arbeitsverhältnis besteht, Unterschiede bemerkbar machen.[495] Dies ist immer dann der Fall, wenn jemand ohne vertragliche Grundlage in persönlicher Abhängigkeit arbeitet.[496] Dies betrifft die im Folgenden aufgeführten Fälle.

---

490 MüKo-StGB/*Radtke*, § 266a Rn. 10: „ob von einer sozialrechtlichen bzw. sozialversicherungsrechtlichen oder einer arbeitsrechtlichen Akzessorietät ausgegangen wird, ist kaum von Bedeutung."

491 BSG, NZS 2001, 414, 415.

492 Müller-Gugenberger/*Thul*, § 38 Rn. 37.

493 BeckOK-Sozialrecht/*Rittweger*, SGB IV, § 7 Rn. 4; MüKo-StGB/*Radtke*, § 266a Rn. 10.

494 So auch *Bollacher*, S. 81.

495 MüKo-StGB/*Radtke*, § 266a Rn. 11; Leipold/Tsambikakis/Zöller/*Esser*, § 266a Rn. 14c; *Bollacher*, S. 81.

496 Leipold/Tsambikakis/Zöller/*Esser*, § 266a Rn. 19.

a) Unentgeltlich Beschäftigte

Unentgeltlich Beschäftige sind gegen Unfälle nach § 2 Abs. 1 Nrn. 1, 9, 12, Abs. 1a SGB VII pflichtversichert,[497] obwohl sie mangels bestehenden Entgeltanspruchs keine Arbeitnehmer sind.[498] Denn der Versicherungsschutz in der gesetzlichen Unfallversicherung nach dem SGB VII ist ausnahmslos einkommensunabhängig.[499] Aus diesem Grund trifft den Unternehmer, der diese unentgeltlich Beschäftigten einsetzt, zwar eine Beitragspflicht gemäß § 150 Abs. 1 S. 1 SGB VII. Aufgrund der fehlenden Entgeltpflicht[500] wird dieser Unternehmer nach der an das Arbeitsrecht anknüpfenden Ansicht aber nicht Arbeitgeber.[501]

b) Weiterbeschäftigte im Rahmen eines Kündigungsschutzprozesses

Ebenso wird dies nach der arbeitsrechtsakzessorischen Ansicht im Rahmen eines Kündigungsschutzprozesses bewertet, wenn der Arbeitnehmer nach einer wirksamen Kündigung weiterbeschäftigt[502] wird.[503] Dieser befindet sich nicht mehr in einem Arbeitsverhältnis,[504] aber – noch – in einem sozialversicherungsrechtlichen Beschäftigungsverhältnis.[505] Im Arbeitsrecht verneint das BAG[506] ungeachtet des Weiterbeschäftigungsanspruchs des Arbeitnehmers bei wirksamer Kündigung durch den Arbeitgeber bis zum rechtskräftigen Abschluss des Kündigungsschutzverfahrens das Fortbestehen des alten Arbeitsverhältnisses in diesem Zeitraum,[507] sodass kein Arbeitsverhältnis, aber ein Beschäftigungsverhältnis vorliegt.

---

497 ErfK/*Rolfs*, SGB VII, § 2 Rn. 3 ff.

498 BAG, NZA 2012, 1433, 1434; Palandt/*Weidenkaff*, vor § 611 Rn. 7 ff.; *Reinecke*, NZA-RR 2016, 393, 394.

499 ErfK/*Rolfs*, SGB VII, § 2 Rn. 5; KassKomm/*Spellbrink*, SGB VII, § 150 Rn. 5.

500 KassKomm/*Spellbrink*, SGB VII, § 150 Rn. 5.

501 SK-StGB/*Hoyer*, § 266a Rn. 20.

502 Z. B. im Rahmen von § 102 Abs. 5 BetrVG; vgl. Palandt/*Weidenkaff*, § 611 Rn. 121 f.; ausführlich auch *Wilke*, S. 350 f.

503 Vgl. *Waltermann*, Sozialrecht, Rn. 128.

504 KassKomm/*Seewald*, § 7 SGB IV Rn. 16; vgl. auch Schaub/*Linck*, Arbeitsrechts-Handbuch, § 125 Rn. 16 ff.

505 SK-StGB/*Hoyer*, § 266a Rn. 20; Steinberg/Valerius/*Popp*, Wirtschaftsstrafrecht, S. 113, 118 Fn. 16.

506 BAG, NJW 1987, 373, 373 f.

507 ErfK[17]/*Preis*, BGB, § 611 Rn. 148.

c) Rehabilitierung von Behinderten

Dasselbe gilt nach §§ 28, 138 SGB IX für Behinderte, die im Rahmen einer stufenweisen Wiederaufnahme ihrer Tätigkeit rehabilitiert werden, wenn diese Tätigkeit unentgeltlich und daher nicht im Rahmen eines Arbeitsverhältnisses erfolgt.[508]

d) Wiedereingliederung nach § 74 SGB V

Ebenso liegt bei der Wiedereingliederung von arbeitsunfähigen Versicherten nach § 74 SGB V kein Arbeitsverhältnis vor. Jedoch wird eine Versicherungspflicht in allen Zweigen der Sozialversicherung bejaht.[509] Der Beschäftigende ist für diese Beschäftigten im Rahmen der Wiedereingliederung nach dem Sozialversicherungsrecht dazu verpflichtet, Krankenversicherungs-, Rentenversicherungs- und Unfallversicherungsbeiträge zu zahlen.[510]

e) Kreditgeber

In Ausnahmefällen wird auch zwischen einem Kreditgeber des Arbeitgebers und dessen Arbeitnehmern ein Beschäftigungsverhältnis bejaht, wenn die einzelnen Arbeitsverhältnisse durch die Einflussnahme des Kreditgebers geprägt sind.[511] Dies führt dann nach Ansicht der Vertreter der sozialversicherungsrechtlichen Auslegung auch strafrechtlich dazu, dass der Kreditgeber für einen tauglichen Täter im Sinne von § 266a StGB gehalten wird.[512]

3. Unterschiedliche Folgerungen der verschiedenen Ansichten

Nun könnte angenommen werden, dass die Vertreter der unterschiedlichen (Grund-)Ansichten aufgrund der Einigkeit über das genannte „Auseinanderfallen" von Arbeits- und Sozialversicherungsrecht zu einer einheitlichen Behandlung dieser Fallgruppen kommen würden. Dem ist jedoch nicht so.

---

508 Vgl. SK-StGB/*Hoyer*, § 266a Rn. 20; *Igl/Welti*, Sozialrecht, § 10 Rn. 7; zur Wiedereingliederung ausführlich Kossens/von der Heide/Maaß/*von der Heide*, SGB IX, § 28 Rn. 2 ff.; *Hoyningen-Huene*, NZA 1992, 49 ff.; *Wilke*, S. 105 ff.

509 KassKomm/*Seewald*, § 7 SGB IV Rn. 126.

510 *Wilke*, S. 117 f.

511 BSG, NJW 1967, 2031, 2031 f.

512 Schönke/Schröder/*Perron*, § 266a Rn. 11; ebenso MüKo-StGB/*Radtke*, § 266a Rn. 12, wenn dem Kreditgeber eine „bestimmende Einflussnahme auf das Arbeitsverhältnis mit dem Arbeitnehmer ermöglicht" wird; ablehnend Leipold/Tsambikakis/Zöller/*Esser*, § 266a Rn. 19; in diese Richtung auch Matt/Renzikowski/*Matt*, § 266a Rn. 16.

a) *Folgerung aus der sozialversicherungsrechtsakzessorischen Auslegung*

Die Vertreter der sozialversicherungsrechtsakzessorischen Ansicht lösen die dargestellte Ausnahme in Bezug auf den Weiterbeschäftigungsanspruch während eines Kündigungsschutzprozesses folgendermaßen: Nach dem Sozialversicherungsrecht liegt ein Beschäftigungsverhältnis vor. Daher sei auch die Arbeitgebereigenschaft gegeben. Der Schutzzweck von § 266a StGB, das Beitragsaufkommen insgesamt zu sichern, lege zudem nahe, in den aufgezeigten Fallgruppen ebenfalls denjenigen als Arbeitgeber anzusehen, welcher zur Zahlung einer Vergütung für die erbrachte Leistung verpflichtet sei.[513] In Einklang mit dem BAG[514] sei es strafrechtlich nicht von Bedeutung, ob der Rechtsgrund dafür ein faktisches Arbeitsverhältnis oder das Bereicherungsrecht sei.[515] Denn die Vergütungspflicht resultiere aus einer Tätigkeit, die unter den tatsächlichen Bedingungen eines Arbeitsverhältnisses erbracht werde.[516] Daher bestehe in diesen Fällen ein sozialversicherungsrechtliches Arbeitsverhältnis, sodass der so bezeichnete „unfreiwillige Arbeitgeber" als tauglicher Täter angesehen wird.[517]

b) *Folgerung aus der arbeitsrechtsakzessorischen Auslegung*

Mangels Arbeitgebereigenschaft im arbeitsrechtlichen Sinn fehlt es hingegen bei allen genannten „Sonderfällen" nach der an das Arbeitsrecht anknüpfenden Ansicht trotz eines mit einer Abführungspflicht behafteten sozialversicherungspflichtigen Beschäftigungsverhältnisses an der erforderlichen Erfüllung des objektiven Tatbestands von § 266a StGB.[518] Denn Mindestvoraussetzung für die Annahme der Arbeitgebereigenschaft im Rahmen von § 266a StGB sei, dass eine mindestens faktische Beziehung zwischen Arbeitnehmer und Arbeitgeber im arbeitsrechtlichen Sinne bestehe.[519]

Dies wird damit begründet, dass selbst wenn der Schutzzweck von § 266a StGB eine strafrechtliche Einbeziehung der genannten Konstellationen nahelegen würde, dies nicht mit dem Wortlaut der Norm zu vereinbaren sei. § 266a StGB nehme abgesehen von den Ausnahmen in Absatz 5 auf „technische, spezifisch dem Arbeitsrecht entstammende Begriffe Bezug."[520] Daher führe eine

---

513 MüKo-StGB/*Radtke*, § 266a Rn. 16; *Tag*, S. 54.

514 BAG, NJW 1987, 373, 373 f.

515 Vgl. *Tag*, S. 54.

516 MüKo-StGB/*Radtke*, § 266a Rn. 16.

517 NK-StGB/*Tag*, § 266a Rn. 25.

518 Graf/Jäger/Wittig/*Wiedner*, § 266a StGB Rn. 10; SK-StGB/*Hoyer*, § 266a Rn. 20.

519 Matt/Renzikowski/*Matt*, § 266a Rn. 16.

520 Graf/Jäger/Wittig/*Wiedner*, § 266a StGB Rn. 10.

Einbeziehung der Konstellationen zu einer Überschreitung der Grenze zulässiger Auslegung.[521] Somit spreche der Wortlaut von § 266a StGB gegen die Lösung der sozialversicherungsrechtlichen Ansicht.[522]

c) *Folgerung aus der sozialversicherungsrechtlichen Anknüpfung mit Rückgriff auf das Arbeitsrecht*

Die dritte Ansicht, die auf das Sozialversicherungsrecht und auf das Arbeitsrecht abstellt, kommt zu demselben Ergebnis wie die herrschende Meinung. Dies ist verwunderlich, da konsequenterweise der Verweis vom – weiteren – Sozialversicherungsrecht auf das – engere – Arbeitsrecht zu derselben Lösung kommen müsste wie die Ansicht, die an das Arbeitsrecht anknüpft. Als Begründung wird demgegenüber ausgeführt, dass das Merkmal „Arbeitgeber“ im § 266a StGB dessen Anwendung nicht zwingend in Fällen ausschließe, in denen zwar sozialversicherungsrechtlich ein Beschäftigungsverhältnis bestehe, „es aber nach der arbeitsgerichtlichen Rechtsprechung an einem Arbeitgeber fehlt.“[523]

VI. Zwischenergebnis

Aus dieser Darstellung der rechtswissenschaftlichen Auffassungen wird ersichtlich, dass das Problem der „richtigen“ Auslegung des Begriffs des Arbeitgebers im Sinne von § 266a StGB je nach Anknüpfung an das Sozialversicherungsrecht, an das Arbeitsrecht oder an beide Rechtsgebiete – durch den Rückgriff des Sozialversicherungsrechts auf das Arbeitsrecht – zu unterschiedlichen Ergebnissen führt. Keine der aufgezeigten Ansichten überzeugt vollends. Die uneingeschränkte Akzessorietät zum Arbeits- und/oder Sozialversicherungsrecht ist aus diversen Gründen inkonsequent und erscheint nicht immer durchdacht.

Allerdings ergeben sich unterschiedliche Ergebnisse dieser Auffassungen nur bei einer vergleichsweise geringen Anzahl von Fallgestaltungen, weil die Schnittmenge der dargestellten Ansichten hoch ist. Aus diesem Grund wird oftmals auf eine konkrete, ausdrückliche Anknüpfung an ein Rechtsgebiet verzichtet, weil darauf abgestellt wird, dass ein solcher „Streitentscheid“ in der Regel nicht von Bedeutung sei. Dass diese Aussage für den Beschuldigten, also den potentiellen Arbeitgeber, in einem Sachverhalt, der gerade nicht von der Schnittmenge

521 Graf/Jäger/Wittig/*Wiedner*, § 266a StGB Rn. 10.

522 Brüssow/Petri/*Brüssow/Petri*², Kap. A Rn. 24, die im Grunde den sozialversicherungsrechtlichen Arbeitgeberbegriff befürworten, vgl. Brüssow/Petri/*Brüssow/Petri*², Kap. C Rn. 6.

523 MüKo-StGB/*Radtke*, § 266a Rn. 11.

der dargestellten Ansichten erfasst ist, misslich ist, versteht sich von selbst. Deshalb kann die Vermeidung einer Streitentscheidung auch nicht unterstützt werden. Allerdings soll an dieser Stelle auch nicht verschwiegen werden, dass die Wahrscheinlichkeit, dass einer der genannten Fälle zu einer letztinstanzlichen Entscheidung eines OLG oder des BGH führt, ausgesprochen gering ist. Die Einstellungsmöglichkeiten nach §§ 153 ff. StPO werden bei diesen seltenen Fällen wahrscheinlich vermehrt[524] zur Anwendung kommen.

C. Entwicklung der Rechtsprechung zu der Frage der Auslegung des Arbeitgeberbegriffs im Sinne des § 266a StGB und Beurteilung dieser Rechtsprechung

Um ein Gesamtbild über den Streitstand zu erhalten, gilt es zu überprüfen, wie die Rechtsprechung die Auslegung des Begriffs des Arbeitgebers löst.

I. Entwicklung der Rechtsprechung des BGH zu der Auslegung des Arbeitgeberbegriffs

Zuerst wird auf die Rechtsprechung des BGH zu dieser Frage eingegangen.

1. Lange Zeit keine klare Positionierung

Der BGH hat sich seit Einführung von § 266a StGB lange Zeit einer klaren Positionierung bezüglich der Frage, wie bzw. durch welche Anknüpfung an welches Rechtsgebiet die Auslegung des Begriffs „Arbeitgeber“ zu erfolgen hat, enthalten.[525] Erstmals wurde im Jahr 2001 von einem „sozialversicherungspflichtigen Arbeitsverhältnis“[526] gesprochen und so eine eindeutige Anknüpfung vermieden.

2. Sozialversicherungsrechtsakzessorische Ausgestaltung von § 266a StGB

Im Jahr 2006 entschied der BGH die sozialversicherungsrechtsakzessorische Ausgestaltung von § 266a StGB lediglich im Hinblick auf die Sozialversicherungsbeiträge, welche Tatgegenstand von § 266a StGB sind.[527] Zudem wurde

---

524 Vgl. Gercke/Kraft/Richter/*Richter*, Arbeitsstrafrecht, Kap. 1 Rn. 28 und Gercke/Kraft/Richter/*Gercke*, Arbeitsstrafrecht, Kap. 3 Rn. 30 f.; siehe auch Bittmann/*Weiß*, Insolvenzstrafrecht², § 21 Rn. 187.

525 *Bollacher*, S. 79 mit Verweis auf BGH, NStZ 2001, 599, 600.

526 BGH, NStZ 2001, 599, 600.

527 BGHSt 51, 124, 128 = NStZ 2007, 218, 219.

festgehalten, dass „eine sozialversicherungsrechtliche Beitragsabführungspflicht die Voraussetzung für eine Beitragsstraftat bildet.“[528] Diese sozialversicherungsrechtsakzessorische Ausgestaltung von § 266a StGB wurde vom BGH auch im Jahr 2008 – nur – hinsichtlich der Ermittlung des Bruttoentgelts und der daran anknüpfenden Berechnung der geschuldeten Sozialversicherungsbeiträge betont: „Der Straftatbestand des § 266a StGB ist sozialrechtsakzessorisch ausgestaltet … Der Umfang der abzuführenden Beiträge bestimmt sich daher, wie die Abführungspflicht selbst, nach materiellem Sozialversicherungsrecht.“ [529]

3. *Anknüpfung an § 7 Abs. 1 SGB IV*

In einem Beschluss aus dem Jahr 2009 nahm der BGH bei der Prüfung des objektiven Tatbestands von § 266a StGB erstmals auf § 7 Abs. 1 S. 1 SGB IV Bezug.[530] Allerdings wurde vom BGH in diesem Urteil nur mit einem in Klammern gesetzten Verweis auf § 7 Abs. 1 S. 1 SGB IV[531] sowie im Rahmen der Anforderungen an einen Verbotsirrtum[532] auf das Statusfeststellungsverfahren nach § 7a SGB IV Bezug genommen.[533]

4. *Bestimmung nach dem auf das Arbeitsrecht zurückgreifenden Sozialversicherungsrecht*

Eindeutiger[534] – aber ohne weitergehende Begründung – entschied der BGH in einer Entscheidung aus dem Jahr 2013, dass „die Bestimmung des Arbeitgeberbegriffs in § 266a StGB … sich nach dem Sozialversicherungsrecht, das wiederum auf das Arbeitsrecht Bezug nimmt, [richtet]. Arbeitgeber ist dementsprechend der nach §§ 611 ff. BGB Dienstberechtigte, also derjenige, dem der Arbeitnehmer nicht selbständige Dienste gegen Entgelt leistet und zu dem er

---

528 BGHSt 51, 124, 128 = NStZ 2007, 218, 219.

529 BGHSt 53, 71, 77 = NJW 2009, 528, 530 f.

530 BGH, NStZ 2010, 337, 337.

531 BGH, NStZ 2010, 337, 337: „Sämtliche vom Angekl. in der beschriebenen Weise eingesetzten ‚Selbstständigen‘ waren umfassend weisungsgebunden und in den Betriebsablauf des Angekl. eingegliedert (vgl. § 7 I 1 SGB IV).“

532 Ausführlich „zur inneren Tatseite“ des § 266a StGB vgl. *Mayer*, NZWiSt 2015, 169 ff.; auch *Ransiek*, PStR 2011, 74 ff. und *Loose*, StV 2017, 76 ff.

533 BGH, NStZ 2010, 337, 337: „ein solcher Irrtum würde vorliegend lediglich einen den Vorsatz des Angekl. nicht berührenden Subsumtionsirrtum darstellen, der allenfalls geeignet wäre, einen – in der Regel durch Einleitung eines Statusverfahrens nach § 7a I 1 SGB IV vermeidbaren – Verbotsirrtum zu begründen.“

534 So auch *Lanzinner*, S. 45.

in einem Verhältnis persönlicher Abhängigkeit steht, das sich vornehmlich in seiner regelmäßig mit einem Weisungsrecht des Arbeitgebers verbundenen Eingliederung in den Betrieb des Arbeitgebers äußert."[535] Somit nimmt der BGH anschaulich auf das Sozialversicherungsrecht Bezug,[536] welches aber wiederum auf das Arbeitsrecht zurückgreife.[537]

5. *Fortführung dieser Ansicht durch jüngere Entscheidungen*

Diese Ansicht hat der BGH auch in zwei jüngeren Entscheidungen aus den Jahren 2013 und 2014 fortgeführt.[538] Jüngst – im Jahr 2015 – wurde diese Rechtsprechung ausdrücklich durch den BGH bestätigt, lediglich auf §§ 611 ff. BGB wurde nicht mehr ausdrücklich verwiesen.[539] Das Gericht hielt in Anknüpfung an seine vorhergehende Rechtsprechung fest: „Ob eine Person Arbeitgeber ist, richtet sich nach dem Sozialversicherungsrecht, das wiederum auf das Arbeitsrecht Bezug nimmt. Arbeitgeber ist danach derjenige, dem der Arbeitnehmer nicht selbständige Dienste gegen Entgelt leistet und zu dem er in einem Verhältnis persönlicher Abhängigkeit steht, wobei besondere Bedeutung dem Weisungsrecht sowie der Eingliederung in den Betrieb des Arbeitgebers zukommt. Entscheidend sind hierbei allein die tatsächlichen Gegebenheiten (BGH, Beschluss vom 5. Juni 2013 – 1 StR 626/12, NStZ-RR 2013, 278). Grundsätzlich ist der Wille der Vertragsparteien zwar ausschlaggebend, eine nach den tatsächlichen Verhältnissen bestehende Sozialversicherungspflicht können die Beteiligten jedoch nicht durch abweichende Vertragsgestaltung umgehen. Maßgeblich ist eine abwägende Gesamtbetrachtung aller relevanten Umstände (BGH, Beschluss vom 4. September 2013 – 1 StR 94/13, NStZ 2014, 321, 322)."[540]

6. *Anschluss des 2. Strafsenats und des 5. Strafsenats an die Ansicht des 1. Strafsenats*

Dieser Ansicht folgt auch der 2. Strafsenat, ohne allerdings ausdrücklich auf das Sozialversicherungsrecht Bezug zu nehmen. Jedoch wird im Rahmen

---

535 BGH, NStZ 2013, 587, 587 f.

536 Vgl. Müller-Gugenberger/*Thul*, § 38 Rn. 27a.

537 BGH, NStZ 2013, 587, 587 f.

538 BGH, NStZ 2014, 321, 322; BGH, NStZ-RR 2014, 246, 247 f., zu dem im Rahmen dieses Urteils aufgetretenen Problems des „Konfrontationsrechts" im Sinne des Art. 6 Abs. 3d EMRK vgl. *Jahn*, JuS 2014, 948 ff.

539 BGH, wistra 2015, 393, 394 Rn. 10; dazu *Trüg*, NStZ 2015, 650, 650.

540 BGH, wistra 2015, 393, 394 Rn. 10.

der Entscheidung auf die oben genannte Entscheidung des 1. Strafsenats aus dem Jahr 2014 verwiesen. So führt der 2. Strafsenat in seinem Urteil aus dem Jahr 2015 aus, dass „Arbeitgeber im Sinne des § 266a StGB derjenige ist, dem gegenüber der Arbeitnehmer zur Erbringung von Arbeitsleistung verpflichtet ist und zu dem er in einem persönlichen Abhängigkeitsverhältnis steht (BGH, Urteil vom 16. April 2014 – 1 StR 638/13, NStZ-RR 2014, 246, 247).“[541] Sodann spricht der 2. Strafsenat davon, dass „das Bestehen eines sozialversicherungsrechtlichen Beschäftigungsverhältnisses … nach den tatsächlichen Gegebenheiten zu bestimmen [ist].“[542] Diese Formulierung deutet darauf hin, dass nach Ansicht des 2. Strafsenats neben der Arbeitgebereigenschaft noch ein Beschäftigungsverhältnis bestehen muss und dieses nicht Teil der Arbeitgebereigenschaft sein soll.[543]

Auch der 5. Strafsenat nimmt in einem aktuellen Urteil aus dem Jahr 2016, welches sich im Schwerpunkt mit dem – möglichen – Irrtum des Angeklagten befasst, Bezug auf das Beschäftigungsverhältnis.[544] Dadurch verdeutlicht der 5. Strafsenat ohne direkte Bezugnahme auf die vorgenannten Urteile die Intention, den Arbeitgeberbegriff sozialversicherungsrechtlich zu bestimmen.[545]

7. Sozialrechtliche Begriffsbestimmung

In seinem jüngsten Urteil vom 7. Dezember 2016[546] verweist nunmehr der 1. Strafsenat des BGH wieder allein auf das Sozialversicherungsrecht. Ohne weitere Begründung wird ausgeführt, dass „der Begriff des Arbeitgebers … im Rahmen von § 266a StGB sozialrechtlich zu bestimmen [ist].“[547] Dass der 1. Strafsenat nun – nur noch – auf das Sozialversicherungsrecht verweist und keinen Rückgriff – mehr – auf das Arbeitsrecht befürwortet – wie in seinen oben genannten Urteilen aus den Jahren 2013, 2014 und 2015 – wird nicht weiter erörtert.

---

541 BGH, wistra 2016, 153, 154 Rn. 7.

542 BGH, wistra 2016, 153, 154 Rn. 7.

543 Anders scheint dies *Achenbach*, NStZ 2016, 715, 718 zu sehen, der zu dem genannten Urteil des 2. Strafsenats ausführt: „Nach st. Rspr. des BGH ist … bei § 266a I und II StGB Arbeitgeber derjenige, dem gegenüber der Arbeitnehmer zur Erbringung von Arbeitsleistungen verpflichtet ist und zu dem er in einem persönlichen Abhängigkeitsverhältnis steht; ob ein derartiges sozialversicherungsrechtliches Beschäftigungsverhältnis besteht … .“

544 BGH, wistra 2016, 304 ff.

545 *Reichling*, wistra 2016, 306, 306.

546 BGH, NZWiSt 2017, 230 ff.

547 BGH, NZWiSt 2017, 230, 232.

Der BGH verweist in seinem Urteil lediglich auf die Kommentierung von *Radtke* und *Brettschneider*, welche in der vorliegenden Untersuchung bereits kritisch betrachtet wurden und nach diesseitiger Auffassung nicht überzeugen.[548] Vorallem vertritt *Radtke*[549] eine Anknüpfung an das Sozialversicherungsrecht, welches widerum auf das Arbeitsrecht verweist. *Brettschneider*[550] spricht sich sogar von einer Auslegung, die sich „in erster Linie" akzessorisch zum Arbeitsrecht verhält. Vor diesem Hintergrund sind diese Verweise des BGH nicht überzeugend. Ob der BGH nunmehr allein eine Anküpfung an das Sozialversicherungsrecht vertritt, ist mangels weiterer Ausführungen in den Urteilsgründen nicht bestimmbar.[551]

8. *Anknüpfung an das Sozialversicherungs- und Arbeitsrecht durch den BGH*

Daher ist festzuhalten, dass der BGH nunmehr seine Auffassung „mehrfach klargestellt"[552] hat, dass sich die Bestimmung des Arbeitgeberbegriffs im Rahmen von § 266a StGB nach dem Sozialversicherungsrecht zu richten hat, das wiederum auf das Arbeitsrecht Bezug nimmt.[553] Ob diese Ansicht bestand hat – oder mit Blick auf das jüngste Urteil aus dem Jahr 2016 wieder geändert wird –, bleibt abzuwarten. Weitergehende Hinweise oder Argumente, weshalb der BGH auf diese Anknüpfungsvariante(n) zurückgreift, fehlen jedoch in allen genanten Urteilen gänzlich.

II. Rechtsprechung der Oberlandesgerichte zu der Auslegung des Arbeitgeberbegriffs

Neben der Rechtsprechungsentwicklung des BGH ist auch in der Rechtsprechung der Oberlandesgerichte hinsichtlich der Auslegung des Merkmals des Arbeitgebers im Sinne von § 266a StGB eine langjährige Entwicklung zu erkennen.

---

548 Siehe S. 87 und S. 80 f.

549 MüKo-StGB/*Radtke*, § 266a Rn. 9 ff.

550 Ignor/Mosbacher/*Brettschneider*, Arbeitsstrafrecht[3], § 2 Rn. 7; so schon *Ignor/Rixen*, Arbeitsstrafrecht[2], § 2 Rn. 7.

551 A. A. *Gehm*, NZWiSt 2017, 233, 234, der ausführt, dieses Urteil stehe im Einklang mit der bisherigen Rechtsprechung.

552 Müller-Gugenberger/*Thul*, § 38 Rn. 27a.

553 BGH, wistra 2015, 393, 394; BGH, NStZ 2014, 321, 322; BGH, NStZ-RR 2014, 246, 247 f.; BGH, NStZ 2013, 587, 587 f.

1. Voraussetzung: Materielles Sozialversicherungsverhältnis

Als erstes Gericht entschied das OLG Zweibrücken bereits im Jahr 1995, dass § 266a Abs. 1 StGB „ein Sonderdelikt [ist], das ein materielles Sozialversicherungsverhältnis voraussetzt und nur von einem Arbeitgeber ... begangen werden kann.“[554] An diesen Ausführungen zeigt sich, dass der Sonderstatus des Arbeitgebers und das Beschäftigungsverhältnis vom OLG Zweibrücken nicht als ein gemeinsames Merkmal gesehen worden ist. Denn sonst würde die Arbeitgebereigenschaft mit der Existenz eines materiellen Sozialversicherungsverhältnisses einhergehen und müsste nicht als eine weitere – „und“ – Voraussetzung geprüft werden. Diese Entscheidung wurde dennoch oftmals herangezogen, um zu argumentieren, dass sich der Arbeitgeberbegriff primär nach dem Sozialversicherungsrecht richte.[555]

2. Sozialversicherungsrechtsakzessorische Ausgestaltung

Wie der BGH zu dieser Zeit knüpft auch das OLG Düsseldorf im Jahr 2007 noch nicht ausdrücklich an eine der vertretenen Ansichten zur Auslegung des Arbeitgeberbegriffs an. Das OLG Düsseldorf stellt bei der Prüfung von § 266a StGB „wegen der sozialversicherungsrechtsakzessorischen Ausgestaltung der Strafnorm“ nur auf die Anteile der vom Arbeitgeber zu tragenden Beiträge ab, „die nach dem materiellen Sozialversicherungsrecht geschuldet sind.“[556] Diese sozialversicherungsrechtsakzessorische Ausgestaltung wurde auch in einer weiteren Entscheidung des OLG Düsseldorf aus dem Jahr 2013 in Bezug auf den Rechtsbegriff der „Einzugsstelle“ angewandt. Dieser sei anhand der Normen des Sozialversicherungsrechts auszulegen.[557]

3. Begriff des Arbeitnehmers nach dem Sozialversicherungsrecht

Ebenfalls im Jahr 2013 entschied das OLG Celle hinsichtlich der Anwendung von § 266a StGB, dass „der strafrechtliche Begriff des Arbeitnehmers ... sich primär nach dem Sozialversicherungsrecht“[558] richte. Des Weiteren zieht das OLG Celle die Definition der „Beschäftigung“ in § 7 Abs. 1 SGB IV zur Auslegung heran.[559]

554 OLG Zweibrücken, wistra 1995, 319, 320.
555 Bspw. LK/*Möhrenschlager*, § 266a Rn. 14; auch OLG Celle, wistra 2014, 109, 109.
556 OLG Düsseldorf, StV 2009, 193, 193 f.
557 OLG Düsseldorf, wistra 2014, 38, 38.
558 OLG Celle, wistra 2014, 109, 109; dazu *Bürger*, NZWiSt 2015, 437, 437.
559 OLG Celle, wistra 2014, 109, 109.

Aus dieser Vorgehensweise wird ersichtlich, dass das OLG Celle wie der BGH für die Auslegung der strafrechtlichen Begriffe auf das Sozialversicherungsrecht zurückgreift. Allerdings spricht das OLG Celle in seiner Entscheidung nicht vom Arbeitgeberbegriff, sondern nimmt auf den korrelierenden „strafrechtlichen Begriff des Arbeitnehmers“[560] Bezug. Dieser Begriff findet sich jedoch gerade nicht in § 266a StGB.[561] Zudem führt das OLG Celle nur aus, dass sich die Auslegung des Begriffs „Arbeitnehmer“ primär nach dem Sozialversicherungsrecht richte, und verweist anschließend auf die bereits erwähnte Entscheidung des OLG Zweibrücken aus dem Jahr 1995. Wonach sich die Auslegung sekundär richtet, wird nicht erläutert.

4. *Bestimmung der Arbeitgeberstellung nach dem Sozialversicherungsrecht*

Das OLG Frankfurt nimmt in einer neueren Entscheidung aus dem Jahr 2014 explizit auf die Rechtsprechung des BGH aus dem Jahr 2013 Bezug und führt aus, dass „die Bestimmung der Arbeitgeberstellung … sich nach den Kriterien des Sozialversicherungsrechts (vgl. § 7 Abs. 1 SGB IV), das seinerseits an das Arbeitsrecht anknüpft“, richte.[562] Weiter heißt es: „Arbeitgeber ist der nach den §§ 611 ff. BGB persönlich Dienstberechtigte, also derjenige, dem der Arbeitnehmer Dienste leistet und zu dem er im Verhältnis persönlicher Abhängigkeit steht, die sich vornehmlich in seiner Eingliederung in den Betrieb des Arbeitgebers äußert.“[563]

Ebenso urteilte das OLG Braunschweig in einer aktuelleren Entscheidung,[564] dass die Frage, „wer Arbeitgeber im Sinne von § 266a StGB ist, … sich nach dem Sozialversicherungsrecht, das seinerseits auf das Dienstvertragsrecht abstellt“, bestimme.[565] Dabei nimmt das OLG Braunschweig aber weder ausdrücklich auf §§ 611 ff. BGB noch auf § 7 SGB IV Bezug.

III. Zusammenfassung der Entscheidungen der Rechtsprechung

Die Rechtsprechung des BGH und der Oberlandesgerichte stellt mittlerweile – nachdem lange keine Festlegung erfolgte – bei der Auslegung des Begriffs des

560 OLG Celle, wistra 2014, 109, 109.

561 Ebenso *Bürger*, wistra 2016, 169, 171.

562 OLG Frankfurt, Beschl. v. 07.03.2014, 1 Ws 179/13, Rn. 15, juris.

563 OLG Frankfurt, Beschl. v. 07.03.2014, 1 Ws 179/13, Rn. 15, juris.

564 OLG Braunschweig, StRR 2015, 351; dazu *Lübbersmann*, PStR 2016, 4 und *Deutscher*, StRR 2015, 351.

565 OLG Braunschweig, StRR 2015, 351.

Arbeitgebers im Sinne von § 266a StGB auf das Sozialversicherungsrecht ab. Allerdings wird sodann – jedenfalls bis in den Dezember 2016[566] – festgehalten, dass das Sozialversicherungsrecht sich wiederum am Arbeits- bzw. Dienstvertragsrecht orientiere.[567] Dies entspricht somit auch der genannten Ansicht in der Literatur, die eine Anknüpfung an Sozialversicherungs- und Arbeitsrecht befürwortet. Ausführungen zur Begründung dieser durch die Rechtsprechung angenommenen Verweisung von dem Sozialversicherungs- zu dem Arbeits- bzw. Dienstvertragsrecht fehlen allerdings insgesamt.

IV. Stellungnahme zu den Entscheidungen des BGH und der Oberlandesgerichte

Auch die in der Rechtsprechung vertretene – eben aufgezeigte – Rechtssansicht bedarf einer kritischen Betrachtung.

1. Beurteilung der Entwicklung der Rechtsprechung des BGH

Nach nunmehr – wohl – feststehender Ansicht des BGH soll die Auslegung des Begriffs des Arbeitgebers im Rahmen von § 266a StGB nach dem Sozialversicherungsrecht erfolgen, welches wiederum auf das Arbeitsrecht zurückgreift. Jüngst wird auch nur die Anknüpfung an das Sozialversicherungsrecht vertreten. Mangels Begründung dieser Ansicht(en) des BGH in den jeweiligen Urteilsgründen kann nur gemutmaßt werden, dass der BGH die aufgeführten Unstimmigkeiten der sozialversicherungsrechtlichen Anknüpfung erkannt hat. Denn sonst läge ein Verweis auf § 7 Abs. 1 SGB IV im Rahmen der Urteilsgründe nahe. Dieser erfolgte aber in Bezug auf den Arbeitgeberbegriff nicht.[568]

Ob dieser Ansatz nunmehr als „klargestellt“[569] zu bezeichnen ist, ist durchaus fraglich. Denn, wie dargestellt, ist die abhängige Beschäftigung im Sinne des Sozialversicherungsrechts nicht mit dem Arbeitsverhältnis nach dem BGB gleichzusetzen. § 7 Abs. 1 S. 1 SGB IV nennt das Arbeitsverhältnis durch die Anknüpfung mit dem Wort „insbesondere“ gerade nur als Unterfall des Beschäftigungsverhältnisses. Der Begriff des Arbeitgebers nach

566 Vgl. BGH, NZWiSt 2016, 230, 232.

567 Vgl. nur BGH, wistra 2015, 393, 394.

568 Die Anknüpfung an § 7 Abs. 1 SGB IV wurde bisher durch den BGH nur in Bezug auf die Frage der Weisungsgebundenheit und der Eingliederung erwähnt, vgl. BGH NStZ 2010, 337, 337.

569 So jedenfalls Müller-Gugenberger/*Thul*, § 38 Rn. 27a.

sozialversicherungsrechtlicher Auslegung hat gerade kein Arbeitsverhältnis als Voraussetzung.[570]

Daher ist für die Bestimmung des Arbeitgeberbegriffs im Sinne von § 266a StGB eine Verweisung auf den Arbeitgeber im Sinne des Arbeitsrechts bzw. des Dienstberechtigten nach dem bürgerlichen Recht – §§ 611 ff. BGB – „missverständlich"[571] und daher abzulehnen.[572] Denn wenn die Auslegung nach dem Sozialversicherungsrecht zu erfolgen hat, wie es der BGH andeutet, kann diese Auslegung nicht im zweiten Schritt durch die engeren Voraussetzungen des Arbeitsrechts erfolgen. Im Sozialversicherungsrecht kann es, wie bereits erörtert, gerade eine abhängige Beschäftigung und die daraus folgende Beitragsabführungspflicht auch ohne ein zivilrechtliches Arbeitsverhältnis geben.[573]

Diese Rechtsprechung spiegelt mitunter den bereits abgehandelten Ansatz von *Radtke* wider,[574] was bei einem Blick auf die Richter, die in den letzten Jahren an der veröffentlichten, hier dargestellten Rechtsprechung des 1. Strafsenats des BGH mitwirkten, nicht verwunderlich ist. So gehörte *Radtke*[575] jeweils zu den Unterzeichnern der Urteile des 1. Strafsenats des BGH aus den Jahren 2013,[576] 2014[577] und 2015,[578] die eine eindeutigere Positionierung des BGH[579] in der Frage der Auslegung des Arbeitgeberbegriffs hervorbrachten. In den Urteilen aus dem Jahr 2013[580] und 2016[581] wird sogar ausdrücklich auf die Kommentierung von *Radtke* im Münchener Kommentar zum StGB verwiesen und durch Verweisung der Urteile aus den Jahren 2014[582] und 2015[583] wiederum Bezug auf diese Kommentierung genommen. Als Folge manifestierte sich die von *Radtke* in seiner Kommentierung dargestellte und vom BGH ebenfalls vertretene Lösung, die von dem Sozialversicherungsrecht in das Arbeitsrecht verweist. Daher zeigen

---

570 Müller-Gugenberger/*Thul*, § 38 Rn. 40; *Segebrecht*, jurisPK-SGB IV, § 7 Abs. 1 Rn. 58.

571 So auch Müller-Gugenberger/*Thul*, § 38 Rn. 40;

572 So auch die Ansicht des BGH ablehnend *Greeve*, NStZ 2013, 588, 588.

573 So auch Müller-Gugenberger/*Thul*, § 38 Rn. 40.

574 Siehe S. 87 f.

575 Prof. Dr. Radtke ist seit Anfang Oktober 2012 Beisitzer des 1. Strafsenats des BGH.

576 Vgl. BGH, Beschl. v. 05.06.2013 – 1 StR 626/12, nach Rn. 15, juris; BGH, Beschl. v. 04.09.2013 – 1 StR 94/13, nach Rn. 23, juris.

577 Vgl. BGH, Urt. v. 16.04.2014 – 1 StR 638/13, nach Rn. 49, juris.

578 Vgl. BGH, Beschl. v. 24.06.2015 – 1 StR 76/15, nach Rn. 20, juris.

579 Siehe S. 95 ff.

580 BGH, Beschl. v. 05.06.2013 – 1 StR 626/12, nach Rn. 6, juris.

581 BGH, NZWiSt 2017, 230, 232.

582 BGH, Urt. v. 16.04.2014 – 1 StR 638/13, Rn. 15, juris.

583 BGH, Beschl. v. 24.06.2015 – 1 StR 76/15, Rn. 10, juris.

die zuvor analysierten Probleme der Ansicht von *Radtke*, dass eine eindeutige Positionierung des BGH nicht vorliegt und dessen aktuelle Rechtsprechung bei der Lösung der in dieser Untersuchung aufgeworfenen Problemstellung nur bedingt weiterhilft.

Allerdings ist zu beachten, dass der 2. Strafsenat in einem aktuellen Urteil[584] aus dem Jahr 2015 eine grammatikalische Trennung zwischen der Bestimmung des Arbeitgeberbegriffs und des Vorliegens eines Beschäftigungsverhältnisses vornimmt: Zuerst werden die Voraussetzungen der Arbeitgebereigenschaft mit Verweis auf die Rechtsprechung des 1. Strafsenats benannt. Danach werden in einem weiteren Satz die Voraussetzungen für das Bestehen eines sozialversicherungsrechtlichen Beschäftigungsverhältnisses aufgeführt. Dies spricht für eine Trennung der beiden Tatbestandsmerkmale. Diese Tendenz ist zu begrüßen.

Somit ist jedoch eine mögliche Beurteilung der angesprochenen Zweifelsfälle nach der bestehenden Rechtsprechung des BGH bisher nicht möglich. Denn es ist innerhalb dieser Rechtsprechung gerade nicht ersichtlich, wie der BGH mit diesen Fällen umgehen würde.

2. Beurteilung der Entwicklung der Rechtsprechung der Oberlandesgerichte

Die Rechtsprechung der Oberlandesgerichte steuerte eher als die des BGH auf eine sozialversicherungsrechtliche Anknüpfung bei der Auslegung des Arbeitgeberbegriffs im Sinne von § 266a StGB zu. Allerdings nimmt die mittlerweile vertretene sozialversicherungsakzessorische Anknüpfung wie die Rechtsprechung des BGH letztendlich einen Rückgriff auf das Arbeitsrecht vor.

Es ist zu erkennen, dass die Rechtsprechung des OLG Frankfurt wie auch die des BGH ungenau und „missverständlich“[585] auf das Sozialversicherungsrecht abstellt, den Arbeitgeber aber nach dem Arbeitsrecht definiert. Dies führt zu der bereits bei der kritischen Beurteilung der Entwicklung der Rechtsprechung des BGH angedeuteten Konsequenz, dass ein Rückgriff auf die Anknüpfung des – weiteren – Sozialversicherungsrechts, die wiederum auf die Anknüpfung des – engeren – Arbeitsrechts Bezug nimmt, in sich nicht stimmig ist.

---

584 BGH, wistra 2016, 153, 154 Rn. 7.

585 Müller-Gugenberger/*Thul*, § 38 Rn. 40 bzgl. selbiger Argumentation des BGH.

3. *Zwischenergebnis*

Die Entscheidungen der Rechtsprechung überzeugen bisher nicht vollumfänglich. Nachdem lange keine Positionierung zur Frage der Akzessorietät von § 266a StGB zum Sozialversicherungsrecht erfolgt war, sprach sich die Rechtsprechung mit der Zeit für eine Sozialversicherungsrechtsakzessorietät der Beiträge, der zuständigen Einzugsstelle und der Abführungspflicht aus. Bis dahin ist der Rechtsprechung zuzustimmen. Seit einigen Jahren spricht die Rechtsprechung jedoch auch in Bezug auf das Tatbestandsmerkmal „Arbeitgeber" von einer Sozialversicherungsrechtsakzessorietät. Mittels dieser werde der Arbeitgeberbegriff über den „Umweg" des Sozialversicherungsrechts nach arbeitsrechtlichen Vorgaben ausgelegt. Dies ist aufgrund der dargestellten Gründe unschlüssig.

Allerdings deutet diese Rechtsprechung auch an, was die vorliegende Untersuchung bisher zu vermitteln versucht hat. Einer ausschließlichen Anknüpfung an das Sozialversicherungsrecht ist nicht zuzustimmen. Selbiges gilt für das Arbeitsrecht. Daher scheint es, als wähle der BGH einen „Mittelweg", welcher aber nicht vollends stimmig ist.

D. Keine überzeugende Auslegung des Arbeitgeberbegriffs im Sinne von § 266a StGB

Angesichts der aufgezeigten, mitunter missverständlichen und von einer – dem Anschein nach – ergebnisorientierten Argumentation geprägten Auslegungen des Arbeitgeberbegriffs im Sinne von § 266a StGB sowie der im Rahmen der kritischen Beurteilung der Argumente von Literatur und Rechtsprechung aufgezeigten Unstimmigkeiten wird im Rahmen des eigenen Lösungsansatzes im nächsten Abschnitt[586] mittels des grundlegenden juristischen Handwerkzeugs ein eigener Lösungsansatz für die Auslegung des Arbeitgeberbegriffs im Sinne von § 266a StGB erarbeitet. Diesem Abschnitt wird die Frage vorangestellt, inwieweit die von allen Ansichten gleichsam vertretene, unwidersprochene[587] akzessorische Anknüpfung an das Sozialversicherungs- oder das Arbeitsrecht im Rahmen der strafrechtlichen Prüfung von § 266a StGB zu befürworten ist oder ob der „Befreiung des Strafrechts vom zivilistischen Denken" wieder mehr Beachtung geschenkt werden sollte. Dabei soll neben der Erforschung der Argumente der bestehenden rechtswissenschaftlichen Auffassungen im Wesentlichen

---

586 Siehe S. 137 ff.
587 *Ischebeck*, S. 127.

versucht werden, Konturen für einen strafrechtlichen Arbeitgeberbegriff zu schaffen.

Bevor somit diesen Fragestellungen im Detail nachgegangen werden soll, wird das Verhältnis zwischen Straf- und Zivilrecht bzw. Sozialversicherungsrecht sowie die Verbindung dieser Rechtsgebiete mittels der Akzessorietät betrachtet, um daraus Erkenntnisse für die Beantwortung der Frage zu gewinnen, „ob“ auf außerstrafrechtliche Vorgaben zur Begriffsauslegung im Strafrecht zurückgegriffen werden kann und wenn ja, „wie“ dies erfolgt. Der Begriff der Akzessorietät bezeichnet im vorliegenden Zusammenhang den Umstand, dass eine materielle Rechtsprüfung in einem anderen Rechtsgebiet belassen und dort durchgeführt wird. Die in diesem Rechtsgebiet ermittelten Ergebnisse werden anschließend vom Strafrecht übernommen.[588]

E. Akzessorietät als Schnittpunkt aller Ansichten zur Auslegung des Arbeitgeberbegriffs

Auch wenn Strafrecht, Zivilrecht und Sozialversicherungsrecht normhierarchisch auf derselben Stufe stehen, bilden sie dennoch keine völlig isolierten Rechtsgebiete.[589] Es hat sich gezeigt, dass alle heute vertretenen Ansichten zur Auslegung des Arbeitgeberbegriffs im Sinne von § 266a StGB eines gemein haben: Sie beruhen mangels Legaldefinition und Anknüpfungspunkten im StGB auf einer akzessorischen Anknüpfung an mindestens ein anderes Rechtsgebiet. Diese Anknüpfung schafft eine Art „Abhängigkeit“ von dem als Verweisungs- oder Bezugsobjekt fungierenden Rechtsgebiet.[590]

Straf- und Bußgeldtatbestände, die akzessorisch an ein anderes Rechtsgebiet anknüpfen, sind in der deutschen Rechtsordnung vielfach vorhanden[591] und werden teilweise von Strafrechtlern als „Selbstverständlichkeit“ bezeichnet.[592] Dies gilt nicht nur auf dem Gebiet des Nebenstrafrechts[593] oder in Bezug auf die Umweltdelikte des 29. Abschnitts des StGB, deren Verwaltungsrechtsakzessorietät oft Gegenstand von rechtswissenschaftlichen Publikationen[594] und somit

588 Vgl. *Reiß*, S. 86; ausführlich zur Genese der Akzessorietät *Krell*, S. 74 f.

589 *Borrmann*, S. 114 in Bezug auf Zivil- und Strafrecht.

590 *Hohmann*, ZIS 2007, 38, 46.

591 Beispiele z. B. bei *Ischebeck*, S. 130 ff.

592 *Renzikowski*, FS Weber, 333, 333.

593 *Enderle*, S. 9: „typische Erscheinungsform des Nebenstrafrechts“.

594 Vgl. NK-StGB/*Ransiek*, Vor §§ 324 ff. Rn. 44 ff. m. w. N.; *Baumgarten*, S. 21 ff.; *Felix*, S. 197 f.; *Meyer*, wistra 2012, 371 ff.; *Wegener*, NStZ 1998, 608 ff.; *Schall*, NJW 1990, 1263 ff.

„Paradebeispiel"[595] der Akzessorietät im Strafrecht ist. Akzessorische Tatbestände sind im gesamten Strafrecht vorhanden.[596] Dabei wurden bspw. die Tatbestände des Umweltstrafrechts wie auch § 266a StGB in das StGB aufgenommen, um ihre Bedeutung zu betonen und das allgemeine Unrechtsbewusstsein zu stärken.[597]

Vor allem die Akzessorietät von § 266 StGB,[598] welche im Wirtschaftsstrafrecht von höchster praktischer Bedeutung ist,[599] zeigt, dass sich die Pflichten des Täters gerade nicht aus dem Strafrecht selbst sondern aus anderen wirtschaftsrechtlichen Vorschriften ergeben, die ihrerseits selten eindeutige Vorgaben beinhalten.[600] „Besonders auffällig"[601] ist diese Akzessorietät des Strafrechts bei §§ 266, 266a und 324 ff. StGB.

Im Folgenden soll daher untersucht werden, inwieweit diese Akzessorietät zu Problemen bei der Anwendung von Straftatbeständen – vor allem bei § 266a StGB – führt. Dabei sind zur Lösung dieser wirtschaftsstrafrechtlichen Fragestellungen „Feinschnitte unter dem Mikroskop"[602] vorzunehmen, um das Strafrecht, das an „die hochkomplexe Wirtschaft" anknüpft, nachzuvollziehen.[603]

I. Prozessuale und materielle Entscheidungsverantwortung der Strafgerichte

Dabei ist im Rahmen der Akzessorietät im Strafrecht zwischen prozessualer und materieller Entscheidungsverantwortung der Strafgerichte nach §§ 261, 262 StPO zu unterschieden.

1. Prozessuale Entscheidungsverantwortung der Strafgerichte

Hinsichtlich primärrechtlicher Vorfragen bei der Strafbarkeit nach § 266a StGB – oder wie auch bspw. bei § 266 StGB – hat das Strafgericht nach § 262 Abs. 1 StPO eine eigene prozessuale Verantwortung. Es hat in eigener Beurteilung zu klären,

595 *Enderle*, S. 10.

596 Matt/Renzikowski/*Renzikowski*, Einleitung, Rn. 15 f.; *Hohmann*, ZIS 2007, 38, 38; *Ischebeck*, S. 127; vgl. zur Akzessorietät von Insolvenzdelikten *Achenbach*, GS Schlüchter, 257, 258 ff. m. w. N.

597 BT-Drucks. 8/2382, S. 9 f.; vgl. auch *Baumgarten*, S. 22; *Enderle*, S. 10 Fn. 17 m. w. N.

598 Vgl. ausführlich *Reiß*, S. 81 ff.

599 *Ransiek/Hüls*, ZGR 2009, 157, 161.

600 *Ransiek*, ZStW 116 (2004), 634, 636 ff.; *Rönnau*, ZStW 119 (2007), 887, 903 ff.

601 *Ransiek*, ZStW 116 (2004), 634, 679 in Bezug auf § 266 StGB.

602 *Volk*, FS Hamm, 803, 804.

603 *Volk*, FS Hamm, 803, 804.

wann ein Verhalten nach den primärrechtlichen Vorschriften unter den Tatbestand des StGB nach außerstrafrechtlichen – somit primärrechtlichen – Beurteilungsmaßstäben zu fassen ist. Damit ist im Rahmen der Strafbarkeitsprüfung nach § 266a StGB durch das Gericht zu prüfen, ob die außerstrafrechtlichen Voraussetzungen des Primärrechts – hier also des Sozialversicherungs- und bzw. oder des Arbeitsrechts – vorliegen. Dabei unterliegt das Gericht keinen Bindungswirkungen von primärrechtlichen Entscheidungen.[604] Eine Aussetzung ist jedoch, um die Klärung einer entscheidungserheblichen Frage durch die Verwaltungs-, Finanz-, Sozial- oder Arbeitsgerichte abzuwarten oder anzuregen, gemäß § 262 Abs. 2 StPO möglich. Diese Vorschrift ist allerdings in der Praxis von geringer Bedeutung. Zudem muss der in dieser Vorschrift vorhandene Gedanke der „Entscheidungsharmonie“ hinsichtlich der jeweils geltenden Verfahrensrechte im Zweifel zurückstehen.[605]

2. *Materielle Entscheidungsverantwortung der Strafgerichte*

Im Rahmen der materiellen Entscheidungsverantwortung der Strafgerichte haben diese die Herausforderung zu bewältigen, die „Ambivalenzen und Schattierungen“[606] des unternehmerischen Handelns zu würdigen. Durch § 261 StPO steht dem Gericht die freie richterliche Beweiswürdigung zur Verfügung, um diese Unsicherheiten bei der Tatbestandsprüfung zu berücksichtigen. Diese Unsicherheiten können sich bspw. aus einem komplexen oder unvollständigen Primärrecht ergeben.[607] Dies gilt gerade in der den Anwender nicht selten überfordernden, hohen Komplexität der Wirtschaft.[608]

---

604 NK-WSS/*Jahn*/*Ziemann*, § 266 StGB Rn. 11; nach herrschender Meinung ist § 262 StPO nicht nur bei zivilrechtlichen sondern auch bei öffentlich-rechtlichen Entscheidungen entsprechend anwendbar, vgl. Löwe/Rosenberg/*Stuckenberg*, StPO, § 262 Rn. 6 m. w. N.

605 Vgl. Löwe/Rosenberg/*Stuckenberg*, StPO, § 262 Rn. 2.

606 NK-WSS/*Jahn*/*Ziemann*, § 266 StGB Rn. 13.

607 NK-WSS/*Jahn*/*Ziemann*, § 266 StGB Rn. 16 ff. m. w. N.

608 *Volk*, FS Hamm, 803, 804.

II. Akzessorietät im Wirtschaftsstrafrecht

So sind auch - oder gerade[609] - im Wirtschaftsstrafrecht,[610] insbesondere auf dem Gebiet des Nebenstrafrechts[611] die meisten Tatbestände von außerstrafrechtlichen - wirtschaftsrechtlichen - Normen abhängig, somit - uneingeschränkt[612] - akzessorisch.[613] Dies wird auch weitgehend befürwortet.[614] Denn das Strafrecht hat kein eigenes, besseres Wirtschaftsrecht zu entwickeln, sondern ist an die Vorgaben aus dem Wirtschaftsrecht gebunden. Daher steht, so jedenfalls *Ransiek/Hüls*, nicht eine Art „Synthese zwischen Zivil- und Strafrecht", sondern die Anerkennung der Akzessorietät des Strafrechts an sich im Mittelpunkt dieses Problems.[615] Denn durch diese werden „wirtschaftsrechtlich anerkannte, geschützte Positionen ggf. zusätzlich durch das Strafrecht abgesichert."[616] Dabei wird - so *Schmitt* - „die Verwendung außerstrafrechtlicher Begriffe unumgänglich."[617] Allerdings muss sich das Strafrecht auf „feste Grundsätze" beziehen können.[618] Unbestimmtheiten außerstrafrechtlicher Begriffe dürfen hingegen nicht in den Straftatbestand übertragen werden.[619]

Diese „Gebundenheit" oder „Verzahnung und Wechselwirkung"[620] der Strafrechtsnorm an die bzw. mit der Bezugsnorm führt aufgrund der Komplexität verschiedener zivil-, öffentlich- oder europarechtlicher Vorfragen zu Schwierigkeiten.[621] Daher sollen nun die Eckpunkte der Akzessorietät des Strafrechts herausgearbeitet werden.

---

609 *Hüls*, NZWiSt 2012, 12, 12: „charakteristisch für wirtschaftsstrafrechtliche Tatbestände."

610 Zum Begriff des Wirtschaftsstrafrechts siehe *Tiedemann*, Wirtschaftsstrafrecht, Rn. 1; *Hassemer*, wistra 2009, 169, 170 f.; ausführlich auch *Rönnau*, ZStW 119 (2007), 887, 894 ff. und zur Entwicklung und dem Begriff des Wirtschaftsstrafrechts *Tiedemann*, GA 1969, 71 ff.; vgl. zur Entwicklung des Wirtschaftsstrafrechts in Deutschland, *Bottke*, wistra 1991, 1 ff.; *Bottke*, wistra 1991, 52 ff.

611 *Tiedemann*, NJW 1977, 777, 779.

612 *Tiedemann*, NJW 1977, 777, 779.

613 *Tiedemann*, Wirtschaftsstrafrecht, Rn. 2; *Otto*, Jura 2005, 538, 538.

614 *Hoyer*, FS Kreutz, 691, 691.

615 *Ransiek/Hüls*, ZGR 2009, 157, 162 f.

616 *Ransiek/Hüls*, ZGR 2009, 157, 163.

617 *Schmitt*, S. 69.

618 *Schmitt*, S. 69.

619 *Schmitt*, S. 71.

620 *Ransiek/Hüls*, ZGR 2009, 157, 159.

621 *Schuster*, S. 19; *Hohmann*, ZIS 2007, 38, 38; *Waszczynski*, ZJS 2009, 596, 596.

III. Die – alte – Forderung nach der „Befreiung“ des Strafrechts vom zivilistischen Denken

Seit nunmehr fast 130 Jahren beschäftigt die Akzessorietät des Strafrechts bzw. das grundsätzliche Verhältnis von Zivilrecht und Strafrecht die Rechtswissenschaft.[622] Am Beispiel von § 266a StGB samt dessen von allen Ansichten vertretenen Akzessorietät zum Sozialversicherungs- bzw. Arbeitsrecht, welche die hier dargestellten Probleme im Wesentlichen verursacht, wird ein Fakt augenscheinlich: Das Strafrecht konnte sich nicht vom zivilistischen Denken befreien,[623] obwohl dies von einigen Autoren seit Jahrzehnten gefordert wird.[624] Die Entwicklung des neueren Wirtschaftsstrafrechts „vom Hochliberalismus des 19. Jahrhunderts … bis zur sozialen Marktwirtschaft der Gegenwart lässt einen deutlichen Gegensatz von autonomen und akzessorischen Strafrechtsregeln erkennen.“[625] Dem soll nunmehr nachgegangen werden.

1. Historischer Ansatz zur „Befreiung“ des Strafrechts

Die „Verhältnisbestimmung von zivilrechtlichen und strafrechtlichen Wertungen, … ist ebenso wechselvoll wie unheilvoll und hat eine lange Tradition.“[626] Die ersten „Emanzipationsbewegungen im Strafrecht“[627] wurden bereits vor 130 Jahren aufgrund des von 1871 bis 1900 bestehenden uneinheitlichen Landeszivilrechts gegenüber dem im Reichs-StGB kodifizierten Strafrecht hervorgerufen.[628]

Auch *Binding* sprach schon im Jahr 1885 in seinem Handbuch des Strafrechts vom Strafrecht als zum Zivilrecht gehörenden „accessorischen Rechtsteil.“[629] *Binding* ging davon aus, dass das Strafrecht bereits an in der Rechtsordnung vorhandene Verhaltensnormen anknüpft, die bei Verletzung eine Sanktionierung

---

622 Vgl. *Müller-Dietz*, GS Schultz, 253, 253; so auch *Ischebeck*, S. 128 m. w. N.

623 So ebenfalls ausdrücklich LK[11]/*Schünemann*, § 266 Rn. 125; siehe auch LK[11]/*Schünemann*, § 266 Rn. 52; *Hohmann*, ZIS 2007, 38, 38.

624 Vgl. statt vieler *Bruns*, S. 5 ff.

625 *Tiedemann*, FS Stree/Wessels, 527, 529; siehe auch *Tiedemann*, Tatbestandsfunktionen im Nebenstrafrecht, S. 41 f.

626 *Dierlamm*, StraFo 2005, 397, 397.

627 *Bruns*, DRWiss 1940, 300, 306 f.

628 Ausführlich *Bruns*, DRWiss 1940, 300, 306 ff.

629 *Binding*, S. 9 f.; dies anzweifelnd *Lüderssen*, FS Eser, 163, 166, da *Binding* an anderer Stelle – vgl. *Lüderssen*, FS Eser, 163, 166 Fn. 26 m. w. N. – „die Heiligkeit des Strafrechts beschwört.“

erfordern.[630] So forderte er im Jahr 1908 sogar eine Art Abhängigkeit des Zivilrechts vom Strafrecht.[631] Dem widersprach *von Hippel* im Jahr 1925, da das Strafrecht „als grundlegend wichtiger, selbstständiger Teil der Rechtsordnung gleichberechtigt neben den großen Rechtsgebieten" einzuordnen sei.[632] Im darauffolgenden Jahr 1926 wurde auf dem 34. Deutschen Juristentag beschlossen, dass „die Grenze zwischen Recht und Unrecht … im bürgerlichen Recht dieselbe sein [muss] wie im Strafrecht."[633]

Etwa zur gleichen Zeit befasste sich auch *Lobe* mit dem „Einfluss des bürgerlichen Rechts auf das Strafrecht."[634] Er sprach sich dagegen aus, dass „die Normen des Strafrechts wegen der etwaigen Gleichheit des geschützten Gegenstandes dem bürgerlichen Recht gegenüber akzessorisch sind, wie für das Strafrecht die allgemeine Meinung[635] annimmt."[636] Nur Blankettvorschriften und Tatumstände mit Gesamtbedeutung für die Rechtsordnung sollen sich nach seiner Auffassung an zivilrechtlichen Auslegungen orientieren.[637]

Darauf folgte, diese ältere Diskussion wiederbelebend,[638] das bekannteste,[639] prägendste[640] und meist diskutierte[641] Werk zu diesem Thema: die

---

630 *Binding*, S. 9 f.; vgl. dazu und auch zur Unterscheidung von primären Verhaltens- und sekundären Sanktionsnormen *Renzikowski*, FS Gössel, 3 ff.

631 *Binding*, Ungerechtigkeit des Eigentumserwerbs, S. 44 in Bezug auf §§ 932 ff. BGB.

632 *von Hippel*, S. 32.

633 Verhandlungen des 34. DJT, Bd. 2, S. 513.

634 *Lobe*, FS Frank, 33 ff.

635 *Lobe*, FS Frank, 33, 35 m. w. N.

636 *Lobe*, FS Frank, 33, 35.

637 *Lobe*, FS Frank, 33, 36.

638 *Müller-Dietz*, GS Schultz, 253, 254.

639 *Weber*, FS Baur, 133, 137; *Cadus*, S. 17: „bahnbrechend"; kritisch dazu *Lüderssen*, FS Hanack, 487, 490.

640 Vgl. *Dierlamm*, StraFo 2005, 397, 397; *Weber*, FS Baur, 133, 137: „nachhaltigste Wirkung".

641 Vgl. nur *Wolf*, JuS 1996, 189 ff., der die Zitierung der Habilitationsschrift von Bruns u. a. aufgrund der in dem Werk zitierten NS-Juristen kritisiert, dies wiederum hält *Rönnau* teilweise für „überzogen", vgl. *Rönnau*, ZStW 119 (2007), 887, 903 f. Daher soll an dieser Stelle ausdrücklich erwähnt werden, dass der Autor der vorliegenden Untersuchung sich nicht mit der möglichen politischen Ausrichtung – dazu: *Liver*, FG Schultz, 108, 110 f.; kritisch zu Livers Beitrag *Lüderssen*, FS Hanack, 487, 490 – oder den nationalsozialistischen Reformarbeiten des Werks von *Bruns* im Jahr 1938 bzw. der Werke aus dieser Zeit befasst, sondern allein auf die These „Befreiung des Strafrechts vom zivilistischen Denken" zurückgegriffen wird – so auch *Pauli*, S. 116 –, die auf das Verhältnis von Straf- zu Zivilrecht eingeht; so bspw. in Bezug auf § 266 StGB

Habilitationsschrift[642] von *Bruns* mit dem Titel „Die Befreiung des Strafrechts vom zivilistischen Denken – Beiträge zu einer selbständigen, spezifisch strafrechtlichen Auslegungs- und Begriffsmethodik“[643] aus dem Jahr 1938. Dieses Werk ist als Ausgangspunkt der Entwicklung einer strafrechtsrechtsautonomen Begriffsbestimmung des „Arbeitgebers“ heranzuziehen, weil dieses teilweise auch immer noch für „grundlegend“[644] gehalten wird. Im Zuge der „nationalsozialistischen Reformarbeiten“[645] im Hinblick auf das Strafrecht wurde dessen Akzessorietät zum Zivilrecht als „zivilrechtliche Fessel“[646], „Knebelung“ oder „Joch“[647] bezeichnet. Die von *Bruns* angesprochene „Befreiung“ sollte nach seiner Vorstellung zu einer effektiveren Verbrechensbekämpfung führen, weil diese durch die Bindung des Strafrechts als „bloß akzessorische[s] Schutzrecht“[648] des Zivilrechts und dessen Methodik gefährdet sei.[649] Dem will *Bruns* mit einer „spezifisch strafrechtlichen Begriffsbildungs- und Auslegungsmethodik“ entgegentreten, „die in erster Linie durch ihre Wirklichkeitsnähe gekennzeichnet wird.“[650] Durch diese „Akzentverlagerung von der Rechtsgutsverletzung zur Pflichtwidrigkeit als den das Wesen des Verbrechens bestimmenden Faktoren ist die wichtigste Brücke, über die zivilrechtliche Gedankengänge bisher ins Strafrecht eindrangen …, gesperrt.“[651]

Die Hauptthese von Bruns, die sich durch sein Werk zieht, dass die zivilrechtliche Betrachtungsweise die gebotene Strafe des Täters behindere, wird damit begründet, dass eine solche zu enge juristisch-technische Auslegung dem Zweck

auch LK/*Schünemann*, § 266 Rn. 61; kritisch zu *Bruns* auch *Hoyer*, FS Kreutz, 691, 691, *Lüderssen*, FS Hanack, 487, 490; *Lüderssen* zustimmend auch *Rönnau*, ZStW 119 (2007), 887, 910 Fn. 93; *Lüderssen*, FS Eser, 163, 164; zu dieser Kritik *Bruns* selbst JR 1984, 133, 140; wiederum kritisch dazu *Lüderssen*, FS Hanack, 487, 491. Denn diese von *Bruns* verwandte These an sich ist schon älter als das nationalsozialistische Denken, vgl. *Pauli*, S. 116; *Bruns*, S. 22 ff.; *Lüderssen*, FS Hanack, 487, 495.

642 Vgl. auch *Ditt*, S. 244 ff. zum Konflikt der Habilitation von Bruns.

643 Vgl. dazu auch *Pauli*, S. 112 ff.

644 So zumindest LK[11]/*Schünemann*, § 266 Rn. 33 Fn. 136.

645 So in Bezug auf § 266 StGB auch LK/*Schünemann*, § 266 Rn. 61.

646 *Bruns*, S. 12.

647 *Bruns*, S. 84.

648 *Bruns*, S. 52.

649 Vgl. auch *Pauli*, S. 112 f.; *Tiedemann*, NJW 1977, 777, 779.

650 *Bruns*, S. 7.

651 *Bruns*, S. 84.

des Strafgesetzes zuwiderlaufe und deshalb nicht gewollt sei.[652] Daher forderte er eine „Emanzipation des Strafrechts“ vom Zivilrecht.[653]

a) *„Zivilisierung der Strafrechtsbegriffe“*

Bereits in der Einleitung des Werks von Bruns ist davon die Rede, dass der „Kampf gegen die Zivilisierung der Strafrechtsbegriffe“ vorangetrieben werden muss, da sich „jedenfalls die Rechtsprechung des RG … seit Jahrzehnten um eine Emanzipation der strafrechtlichen Tatbestandsmerkmale bemüht und verdient gemacht hat, ohne allerdings bei der Rechtslehre gebührend Beachtung oder gar Zustimmung zu finden.“[654] Daher sei es notwendig und auch von der jungen Generation anerkannt, „das Strafrecht von zivilistischen Begriffen … zu befreien.“[655] Dazu sollte der Versuch unternommen werden, „dass … eine spezifische strafrechtliche Begriffsbildung und Auslegungsmethodik [erfolgen muss], die in erster Linie durch ihre größere Wirklichkeitsnähe gekennzeichnet [ist].“[656] Auf diese Weise werde dem natürlichen Sprachgebrauch besser Rechnung getragen als durch die abstrakten Begriffsbildungen, die im Zivilrecht verwendet würden.[657]

Unabhängig von der möglicherweise hinter dieser These stehenden – und kritisch[658] zu sehenden – Ausrichtung ist bis heute nicht vollkommen geklärt, wie das Verhältnis der strafrechtlichen und zivilrechtlichen Begriffsbildung allgemein ausgestaltet ist.[659] Diese Problematik geht auch darauf zurück, dass „das Strafrecht, solange es nur Ausdruck des staatlichen Herrschaftswillens war“[660], eine selbstständige Konkurrenzfunktion gegenüber anderen Rechtsgebieten hatte.[661]

Reiß stellte auch mit Blick auf die Rechtsprechung des RG[662] fest, dass nach Ansicht des RG „grundsätzlich … das Strafrecht eigenständig und insbesondere

---

652 *Bruns*, S. 309.

653 *Bruns*, S. 332.

654 *Bruns*, XIII v. Vorspruch; kritisch dazu zu Recht *Dierlamm*, StraFo 2005, 397, 398.

655 *Bruns*, Vorspruch, mit Verweis auf Schaffstein in der 100. Sitzung der amtlichen Strafrechtskommission anlässlich der Beratungen über Treubruch und Unterschlagung.

656 *Bruns*, S. 7.

657 *Bruns*, S. 7.

658 Vgl. *Dierlamm*, StraFo 2005, 397, 398.

659 *Dierlamm*, StraFo 2005, 397, 398.

660 *Lüderssen*, FS Eser, 163, 165.

661 *Lüderssen*, FS Eser, 163, 165.

662 RGSt 20, 262, 264 – bzgl. der Berücksichtigung zivilrechtlicher Beschränkung der Handlungsfähigkeit von Minderjährigen bei der Untreue § 266 StGB –; RGSt 61, 228,

unabhängig von den übrigen Rechtsgebieten agieren und sich hierdurch (auch) zu einer eigenständigen Betrachtung durchringen" [663] sollte. Denn das Strafrecht könne sich nicht von „Zufälligkeiten" und „Schwierigkeiten" anderer Rechtsgebiete abhängig machen.[664]

Dass es in der Entwicklung dennoch zu einem Gleichlauf der Wertungen des Strafrechts mit übrigen Rechtsgebieten kam, sei zwar nicht erforderlich gewesen, habe aber auch keine negativen Folgen gehabt. Denn das RG habe mit dem Gedanken der Unabhängigkeit des Strafrechts nicht die Abschaffung der Akzessorietät verbunden. In bestimmten Fällen wurde sogar eine partielle Akzessorietät als „strafrechtlich sinnvoll" gesehen.[665] Eine Abhängigkeit des Strafrechts bestand demnach nur und soweit, wie es dies selbst aufgrund fehlender selbstgetroffener Wertungen verursachte.[666]

b) *Autonome strafrechtliche Begriffsbildung*

Der These von Bruns folgend stellte *Cadus* im Jahr 1984 heraus, dass die „strafrechtliche Eigenbegriffsbildung" mittlerweile als „gefestigtes Allgemeingut" angesehen werden muss.[667] Als aktuelleres Beispiel geht auch *Lenckner* im Jahr 1994 in seinen Untersuchungen zum Amtsträgerbegriff davon aus, „dass das Strafrecht in seiner Begrifflichkeit grundsätzlich autonom" sei.[668] Ebenso hob *Baumann* in der Vergangenheit heraus, dass das Strafrecht viel älter als das Zivilrecht sei und daher das Strafrecht „unmöglich von der Begriffsbildung des Bürgerlichen Rechts abhängen"[669] könne. Akzessorietät sei nur in Fällen gegeben, in denen eine zivilrechtliche Position geschützt werden soll.[670]

---

230 – bzgl. der Berücksichtig einer Vertretungsbefugnis des Täters im Sinne des § 164 BGB bei einer Untreue nach § 266 Abs. 1 Nr. 2 StGB –; RGSt 63, 406, 407 – bzgl. der Berücksichtigung der zivilrechtlichen Vollmacht bei Unterschlagung und Untreue –.

663 *Reiß*, S. 82 mit Verweis auf die genannte Rechtsprechung des RG.

664 *Schwinge/Siebert*, S. 18, S. 37; Maurach/Schröder/Maiwald/*Maiwald*, Strafrecht BT 1, § 45 II Rn. 27; *Lenckner*, JZ 1973, 794, 794 f.; *Bruns*, NJW 1954, 857, 858; a. A. *Lüderssen*, FS Hanack, 487, 498 f.; siehe dazu *Reiß*, S. 82 Fn. 231.

665 Vgl. *Reiß*, S. 86.

666 *Reiß*, S. 86.

667 *Cadus*, S. 19 mit Verweis auf *Schünemann*, Unternehmenskriminalität, S. 129; *Dreher*, GA 1969, 56, 57 ff.

668 *Lenckner*, ZStW 106 (1994), 502, 511; *Bruns*, JR 1984, 133, 135 f.

669 *Baumann*, ZStW 68 (1956), 522, 523.

670 *Baumann*, ZStW 68 (1956), 522, 523.

Allerdings ist fraglich, ob sich diese Ansicht auch in Bezug auf das Wirtschaftsstrafrecht durchgesetzt hat oder ob es – wie das RG ausführte – „strafrechtlich sinnvoll" ist, keine eigene Wertung vorzunehmen. Denn teilweise wird nunmehr bezweifelt, dass das (Wirtschafts-)Strafrecht in der Lage sei, eigene Begriffe zu bilden. Folglich sei die Befreiung des Strafrechts vom zivilistischen Denken überhaupt nicht umsetzbar.[671]

c) Wiederkehr der „Befreiung" des Strafrechts vom zivilistischen Denken?

Manche Autoren warnen darüber hinausgehend sogar ausdrücklich vor einer Wiederkehr der von Bruns vertretenen These von der Befreiung des Strafrechts vom zivilistischen Denken.[672] Allgemein ist anerkannt, dass das Strafrecht die Ultima-Ratio-Funktion[673] innehat.[674] Aus dieser „Anknüpfungs- oder Sekundär-Funktion" folgen die Subsidiarität und auch die Akzessorietät – folglich auch der Vorrang anderer Rechtsgebiete und eine entsprechende Anbindung an diese.[675]

Doch ist zu klären, wie sich dieser Ansatz entwickelte, der nicht mit der Idee eines Strafrechts mit eigener Begriffsbildung zusammenzubringen ist. Die Antwort darauf könnte im Rechtsgüterschutz des Strafrechts liegen.

d) Rechtsgüterschutz durch das Strafrecht

Das Strafrecht war lange nur Ausdruck des staatlichen Herrschaftswillens und selbstständig gegenüber anderen Rechtsgebieten.[676] Mit der Veränderung der Aufgabe des Strafrechts zum Rechtsgüterschutz[677] wandelte sich

---

671 Matt/Renzikowski/*Renzikowski*, Einleitung, Rn. 18.

672 Vgl. *Lüderssen*, FS Hanack, 487 ff.: „Die Wiederkehr der Befreiung des Strafrechts vom zivilistischen Denken – eine Warnung".

673 Vgl. *Lüderssen*, Krise des öffentlichen Strafanspruchs, S. 38 f.; ausführlich dazu auch *Jahn/Brodowksi*, JZ 2016, 969 ff.; *BRAK*, Stellungnahme 03/2016, S. 1, 9 ff.; *Kempf*, AnwBl. 2017, 34 ff.

674 Vgl. zu *Tiedemanns* Ansatz – *Tiedemann*, Tatbestandsfunktionen im Nebenstrafrecht, S. 145 Fn. 22; *Tiedemann*, ZStW 87 (1975), 253, 266 ff.; *Tiedemann*, FS Stree/Wessels, 527, 530 f. –, dass das Wirtschaftsstrafrecht nicht stets die ultima ratio sei, *Trendelenburg*, S. 172 ff.

675 *Lüderssen*, FS Hanack, 487, 487; ebenso *Frisch*, S. 112 f., der dem Strafrecht einen „sekundären Charakter" bescheinigt.

676 *Lüderssen*, FS Eser, 163, 165.

677 Vgl. ausführlich *Roxin*, AT, § 2 Rn. 2 ff.; *Dietmeier*, S. 15 f.; *Schmitt*, S. 82 f.; explizit für das Wirtschaftsstrafrecht *Hassemer*, wistra 2009, 169, 172; teilweise umstritten, vgl. zur Diskussion *Lüderssen*, FS Eser, 163, 166 und div. Autoren in *Hefendehl/von Hirsch/Wohlers* (Hrsg.), Die Rechtsgutstheorie, S. 11 ff.

dies.[678] Anders als von *Bruns* behauptet, ist dieser Rechtsgüterschutz des Strafrechts[679] für eine allmähliche Emanzipation des Strafrechts von anderen Rechtsgebieten wesentlich.

Durch das Strafrecht werden Rechtsgüter geschützt, die durch das Zivilrecht oder das öffentliche Recht definiert und normativ ausgestaltet werden.[680] Im Anschluss daran stellt das jeweilige Rechtsgebiet die Regeln auf, die maßgeblich für den Umgang mit den Rechtsgütern sind. Für den Fall, dass diese erstellten Regeln missachtet werden, bestimmt das jeweilige Rechtsgebiet, welche Rechtsfolgen ein Verstoß auslöst. Das Strafrecht tritt erst sekundär hinzu,[681] wenn es für den Rechtsgutsschutz als Ultima Ratio geboten erscheint.[682] Gleichzeitig setzen die Akzessorietät, Subsidiarität und die Ultima-Ratio-Funktion dem Strafrecht als sekundäres Mittel zur Konfliktlösung Grenzen.[683] Der primäre Rechtsgutsschutz hingegen wird vom Zivil- oder öffentlichen Recht sichergestellt. Diese Aufteilung bedingt eine akzessorische Anknüpfung des Strafrechts an die Rechtsgebiete, die das zu schützende Rechtsgut bestimmen.[684]

(a) Verschiedene Ausgestaltungen der Akzessorietät

Allgemein wird zwischen negativer Akzessorietät, die bezeichnet, dass ein Verhalten, das zivilrechtlich erlaubt ist, strafrechtlich nicht verboten sein kann,[685] positiver Akzessorietät,[686] die vorliegt, wenn ein strafbarkeitsbegründender Regelverstoß vorliegt, und asymmetrischer Akzessorietät unterschieden.[687] Asymmetrische Akzessorietät bedeutet, dass ein Verhalten, welches im

---

678 *Lüderssen*, Krise des öffentlichen Strafanspruchs, S. 37 ff.; *Tiedemann*, Tatbestandsfunktionen im Nebenstrafrecht, S. 42; *Weber*, FS Baur, 133, 138.

679 *Theile*, wistra 2012, 285, 286; vgl. ausführlich zum Meinungsstand *Lüderssen*, FS Eser, 163, 164 f.

680 Matt/Renzikowski/*Renzikowski*, Einleitung, Rn. 15 f.; *Lüderssen*, FS Eser, 163, 167; *Hassemer*, Handlungsfreiheit des Unternehmers, S. 29, 37 f.; *Prittwitz*, Handlungsfreiheit des Unternehmers, S. 53, 54 f.; *Groß*, S. 13.

681 Matt/Renzikowski/*Renzikowski*, Einleitung, Rn. 15; *Theile*, wistra 2012, 285, 287.

682 *Dierlamm*, StraFo 2005, 397, 398; *Hoyer*, FS Kreutz, 691, 692; *Borrmann*, S. 119.

683 *Theile*, wistra 2012, 285, 287; ausführlich dazu *Trendelenburg*, S. 11 ff. zur Diskussion und S. 27 ff. bzgl. der Analyse des Ultima-Ratio-Prinzips; vgl. insgesamt *Lüderssen*, Krise des öffentlichen Strafanspruchs, S. 43 ff.; *Lahti*, FS Hassemer, 439 ff.

684 *Dierlamm*, StraFo 2005, 397, 398.

685 NK-WSS/*Jahn*/*Ziemann*, § 266 StGB Rn. 8, Rn. 26.

686 *Krell*, S. 42 f.; *Bräunig*, S. 125 f.

687 NK-WSS/*Jahn*/*Ziemann*, § 266 StGB Rn. 8 f., Rn. 26 f.; *Lüderssen*, FS Lampe, 727, 729; zustimmend *Kubiciel*, NStZ 2005, 353, 353 Fn. 9.

Zivil- oder öffentlichen Recht nicht erlaubt ist, nicht zu einer Strafbarkeit führen muss,[688] da noch andere Möglichkeiten der Sanktionierung bestehen oder zusätzliche Voraussetzungen in Bezug auf die Schwere der Strafe notwendig sind.[689] Die „Untergrenze" des strafbaren Verhaltens ergibt sich im Rahmen der asymmetrischen Akzessorietät durch die Grenze der zivilrechtlichen Rechtmäßigkeit. In einem zweiten Schritt wird erst durch strafrechtsspezifische Kriterien eine zweite Prüfungsebene der Strafbarkeit aufgestellt.[690]

(b) Primäre oder sekundäre Zuständigkeit des Strafrechts

Dabei ist auch der Vorschlag von *Lüderssen*[691] zu beachten, der unter der Bezeichnung „primäre oder sekundäre Zuständigkeit des Strafrechts" einen „konkreten differenzierenden Vorschlag"[692] zu der Unterscheidung macht, wann das Strafrecht autonom und wann das Strafrecht akzessorisch sein soll. Danach gibt es einerseits durch das Strafecht aufgestellte genuine Verbote, was aber andererseits nicht bedeutet, dass das Strafrecht insgesamt autonom ist. Vielmehr sei diese Autonomie mangelnden Alternativen geschuldet.[693] Demzufolge differenziert *Lüderssen* folgendermaßen: „Dass es strafrechtliche Primärmaterie gibt, hindert uns nicht, das Strafrecht dort, wo die primären Regelungen woanders liegen, als Sekundärmaterie zu begreifen."[694] Denn dieses Konstrukt sei für einen konsequenten Rechtsgüterschutz vorzuziehen.[695] In dieselbe Richtung gehend betrachten bspw. *Hoyer*,[696] *Freund*,[697] *Höfling/Rixen*[698] sowie – bereits erwähnt – *Binding*[699] das Strafrecht als „sekundäre Normenordnung."[700]

---

688 *Krell*, S. 42 f.; vgl. auch *Volk*, FS Hamm, 803, 804; *Schmitt*, S. 70.

689 *Loos*, FS Wessing, 276, 281; *Dierlamm*, StraFo 2005, 397, 398; *Krell*, S. 42 f.; *Bräunig*, S. 127 f.

690 *Dierlamm*, StraFo 2005, 397, 398; *Loos*, FS Wessing, 276, 281; *Lüderssen*, FS Eser, 163, 170; ausführlich zu der asymmetrischen Akzessorietät NK-WSS/*Jahn*/*Ziemann*, § 266a StGB Rn. 29 f.

691 *Lüderssen*, FS Eser, 163, 169.

692 *Ischebeck*, S. 128.

693 *Lüderssen*, FS Eser, 163, 169.

694 *Lüderssen*, FS Eser, 163, 169.

695 *Lüderssen*, FS Eser, 163, 169.

696 *Hoyer*, FS Kreutz, 691, 692: „sekundäre[r] Schutzwall".

697 *Freund*, AT, § 1 Rn. 12: „sekundäre[r] oder genauer noch: … akzessorische[r] Charakter".

698 *Höfling*/*Rixen*, JZ 2003, 884, 892: „sekundäre Sanktionsordnung".

699 *Binding*, S. 9.

700 Vgl. auch *Bräunig*, S. 91: „Sekundärmaterie".

(c) Akzessorietätserwägungen in „zweifelhaften Fällen“

In zweifelhaften Fällen,[701] bei denen die Akzessorietät mehrere Lösungen möglich macht, soll nicht an diejenige Auslegung angeknüpft werden, welche am ehesten zu einer Strafbarkeit führt. Denn Akzessorietät bedeutet nicht, dass die Übertretung eines zivilrechtlichen Gebots ohne Weiteres auch zu einer Strafbarkeit führt, auch wenn dies der Wortlaut der Strafnorm zuließe.[702]

Akzessorietät ist insoweit asymmetrisch oder „limitiert.“[703] Daher bleibt mit Blick auf die vorausgegangenen Ausführungen festzuhalten: „Was im Zivilrecht erlaubt ist, darf nicht zu einem strafrechtlichen Verbot führen. Was im Zivilrecht verboten ist, kann gleichwohl ohne Strafe bleiben.“[704] Somit soll es bei der Auslegung des Strafrechts nicht dazu kommen, dass durch die „strafrechtsgestaltende Kraft des Zivilrechts“[705] bei akzessorischen Tatbeständen oder Begriffen des Strafrechts etwas zivilrechtlich Erlaubtes im Wege der strafrechtlichen Auslegung „inkriminiert“ wird.[706]

(d) Keine eindeutig vorgegebenen rechtlichen Grundlagen

Nicht nur bei zweifelhaften Fällen, sondern auch bei uneindeutigen Vorgaben ist fraglich, ob das Strafrecht an diese anknüpfen muss. Denn bei nicht eindeutigen Vorgaben des primär zuständigen Rechtsgebiets ist problematisch, wonach auslegungsbedürftige Vorgaben bestimmt werden. Die Lösung kann in diesen Fällen der unklaren Vorgaben des Primärrechts auch nicht durch den in-dubio-pro-reo-Grundsatz zugunsten des Beschuldigten entschieden werden.[707]

Vielmehr darf das Strafrecht unklare Vorgaben nicht akzessorisch aus dem Primärrecht übernehmen, sondern es muss eine Auslegung vorgenommen werden, welche die besonderen Erfordernisse des Strafrechts berücksichtigt.[708] Dass Unklarheiten aus dem Primärrecht zu weiteren Problemen auf der

---

701 Für Beispiele siehe *Lüderssen*, FS Eser, 163, 172 f.

702 *Lüderssen*, FS Eser, 163, 170.

703 *Günther*, FS Weber, 311, 314.

704 *Lüderssen*, FS Eser, 163, 170; vgl. auch *Lüderssen*, FS Lampe, 727, 729; *Günther*, FS Weber, 311, 314; *Volk*, FS Hamm, 803, 804; kritisch zu dieser „trügerischen Sicherheit“ NK-WSS/*Jahn*/*Ziemann*, § 266 StGB Rn. 33.

705 *Weber*, FS Baur, 133, 133.

706 *Lüderssen*, FS Lampe, 727, 728 f.; ebenso dahingehend *Achenbach*, GS Schlüchter, 257, 273.

707 NK-WSS/*Jahn*/*Ziemann*, § 266 StGB Rn. 27; in diese Richtung tendiert hingegen MüKo-StGB/*Dierlamm*, § 266 Rn. 173.

708 *Lüderssen*, StV 2009, 486, 492; *Ransiek*/*Hüls*, ZGR 2009, 157, 161 f.

Strafrechts-Ebene führen, weil diese auf das Strafrecht übertragen werden, sollte auf diese Weise vermieden werden.[709]

2. *Zwischenergebnis*

Die seit langem geführte, ausgiebige Diskussion über die Akzessorietät des Strafrechts ist dahingehend zusammenzufassen, dass das Strafrecht nicht generell autonom und auch nicht generell akzessorisch ausgestaltet ist. Es ist allerdings festzuhalten, dass eine vollständige Abkopplung des Strafrechts vom Zivilrecht nicht erfolgt ist und auch nicht mehr vertreten wird.[710] Es besteht keine Einigkeit für eine grundsätzliche Lösung dieser Frage.[711] Die Erarbeitung einer generellen Lösung des Problems ist im Rahmen der vorliegenden – ausschließlich auf § 266a StGB konzentrierten – Untersuchung auch nicht zu leisten. Stattdessen ist nunmehr zu untersuchen, wie die allseits vertretene Akzessorietät von § 266a StGB ausgestaltet ist, um die Frage der richtigen Begriffsauslegung beantworten zu können. Dabei ist auch ein besonderes Augenmerk auf die „Klarheit" der sozialversicherungsrechtlichen Vorgaben zu legen.

IV. Erscheinungsformen der Akzessorietät in der Strafrechtsordnung

Dazu sollen zuerst die Erscheinungsformen[712] der Akzessorietät in der deutschen Strafrechtsordnung betrachtet werden, in der es eine Vielzahl akzessorischer Normen gibt. Teilweise gibt es Normen mit ausdrücklichen Verweisungen,[713] bei denen die Akzessorietät durch die Angabe der Norm, an die angeknüpft werden muss, hergestellt wird.[714] Auch ist Akzessorietät mittels konkludenter Verweisung möglich, wenn erst durch die Auslegung des Tatbestands die Akzessorietät hervortritt.[715]

Bei Binnenverweisungen,[716] die sich vor allem im Nebenstrafrecht finden, ist die Verweisung innerhalb desselben Gesetzestextes[717] im Tatbestand

709 So in Bezug auf § 266 StGB schon *Lüderssen*, FS Eser, 163, 178: „Wenn die außerstrafrechtlichen Normen … nichts Exaktes hergeben, so ist das nicht heilbar".
710 *Borrmann*, S. 118.
711 So auch *Ischebeck*, S. 129.
712 Vgl. dazu auch insgesamt *Enderle*, S. 11 f.
713 Bspw.: § 96 Abs. 1 Nr. 1 AMG; § 29 Abs. 1 Nr. 2, 5 und 6 BtmG.
714 *Enderle*, S. 11; *Hohmann*, ZIS 2007, 38, 38.
715 Bspw.: §§ 242, 246, 249, 264 Abs. 1 Nr. 2, 292 StGB.
716 *Otto*, Jura 2005, 538, 538; *Bülte*, JuS 2015, 769, 770.
717 Bspw.: §§ 334 Abs. 1 Nr. 1 HGB; § 81 Abs. 2 Nr. 1 GWB.

vorhanden.[718] Im Gegensatz dazu wird bei der Außenverweisung[719] durch die Norm auf Gesetze desselben Gesetzgebers, auf Normen eines eigenständig legitimierten Gesetz- oder Verordnungsgebers oder direkt auf einen Rechtsakt der EU verwiesen.[720] Dabei können Verweisungen statisch sein, das heißt, der Verweis ist auf Normen in einer bestimmten Fassung und somit auf bestehende Normen gerichtet, oder dynamisch, wodurch die Verweisung immer auf die geltende Fassung verweist und damit zukünftige Änderungen eingeschlossen sind.[721]

V. Die Auslegung von akzessorischen Tatbeständen

Die genannten Erscheinungsformen der Akzessorietät werden unter zwei Obergruppen zusammengefasst, weil dem Gesetzgeber gesetzgebungstechnisch zur Bezugnahme auf Wertungen oder Regelungen anderer Rechtsgebiete zwei Möglichkeiten zur Verfügung stehen.[722] Zum einen gibt es die Straftatbestände, die normative Tatbestandsmerkmale[723] enthalten, und zum anderen Blankettstraftatbestände,[724] deren Abgrenzung vor allem bei Irrtumsfragen wesentlich,[725] aber auch problematisch[726] sowie bei der Überprüfbarkeit der Normen nach Art. 103 Abs. 2 GG elementar ist.[727]

Dabei muss der Gesetzgeber das Problem bewältigen, dass vor allem im Wirtschaftsstrafrecht dem materiellen Recht eine „gewisse Offenheit“ in Bezug auf die Wirtschaft[728] ermöglicht werden muss, ohne jedoch die Funktion des Strafrechts zu beeinträchtigen. Dies versucht der Gesetzgeber durch Generalklauseln und normative Tatbestandsmerkmale zu handhaben. Auf diese Weise

---

718 *Hohmann*, ZIS 2007, 38, 39.

719 *Otto*, Jura 2005, 538, 538; *Bülte*, JuS 2015, 769, 771; *Hohmann*, ZIS 2007, 38, 39; *Kudlich/Oğlakcıoğlu*, Rn. 18.

720 Bspw.: §§ 107c, 264 Abs. 1 Nr. 3 StGB; § 22b Abs. 1 Nr. 3a KrWaffKontrG; § 48 WeinG; § 81 Abs. 1 Nr. 1 GWB.

721 *Enderle*, S. 11; *Ossenbühl*, DVBl. 1967, 401 ff.

722 *Otto*, Jura 2005, 538, 538.

723 *Tiedemann*, FS Schroeder, 641, 644 f.; *Schmitt*, S. 99.

724 *Bülte*, JuS 2015, 769 ff. mit einer ausführlichen Abgrenzung; *Hoven*, NStZ 2016, 377 ff.; *Hohmann*, ZIS 2007, 38, 40; *Tiedemann*, FS Schroeder, 641, 642 f.

725 Vgl. BeckOK-StGB/*Kudlich*, § 16 Rn. 14 f.; *Bürger*, wistra 2016, 169, 172 f.; *Bülte*, NStZ 2013, 65 ff.; *Lauer*, S. 41 ff., S. 61 ff.; *Höll*, S. 5 f. m. w. N.

726 Vgl. in Bezug auf § 370 AO *Ransiek*, wistra 2012, 365, 365 f.

727 Vgl. *Rönnau*, ZStW 119 (2007), 887, 903 f. m. w. N.; *Hüls*, NZWiSt 2012, 12 ff. zu § 266 StGB und § 370 Abs. 1 Nr. 1 AO; kritisch *Lüderssen*, FS Eser, 163, 177.

728 Vgl. ausführlich „Strafrecht zur Regulierung der Wirtschaft“ *Ransiek/Hüls*, ZGR 2009, 157 ff.

können im Strafrecht die Komplexität und der schnelle Wandel der Wirtschaft[729] berücksichtigt werden.[730] Dabei bleibt festzuhalten, dass „die Wirtschaft für das Strafrecht ein schwieriger Regelungsbereich“[731] ist,[732] zu dessen Regelung akzessorische Merkmale verwendet werden, die „unentbehrlich“[733] sind, um eine Anpassungsfähigkeit der Normen zu gewährleisten.[734]

1. Normative Tatbestandsmerkmale

Die Tatbestände, welche normative Tatbestandsmerkmale enthalten, sind gegenüber dem Rechtsgebiet, das zur Ausfüllung des normativen Tatbestandsmerkmals herangezogen wird, akzessorisch. Als Beispiel hierfür wird von mehreren Autoren[735] das normative Tatbestandsmerkmal „fremd“ von § 242 StGB herangezogen. Diesbezüglich wird nicht infrage gestellt, dass das Bürgerliche Recht als inhaltlicher Maßstab für die Auslegung des Begriffs heranzuziehen ist.[736] Daher ist „weitgehend gesichert“[737] eine Sache fremd, die zumindest auch im Eigentum eines anderen steht.[738] Da die zivilrechtliche Rechtslage akzessorisch angewandt wird, ist bspw. das durch das BGB entwickelte Sicherungseigentum[739] auch strafrechtlich geschützt.[740]

In Bezug auf die Akzessorietät und die daraus folgende Begriffsbildung mittels Vorgaben aus einem anderen Rechtsgebiet gilt zudem das Analogieverbot[741] des Strafrechts nicht,[742] weshalb kein Verstoß gegen Art. 103 Abs. 2 GG – nullum crimen sine lege – bei einer solchen „Erweiterung“ vorliegt und die Akzessorietät

729 Ausführlich dazu *Hassemer*, wistra 2009, 169, 170 ff.; *Hohmann*, ZIS 2007, 38, 42; *Tiedemann*, FS Schroeder, 641, 643 f.

730 Schönke/Schröder/*Eser*/*Hecker*, Vor § 1 Rn. 3; *Theile*, wistra 2012, 285, 288.

731 *Hassemer*, wistra 2009, 169, 174; *Hassemer*, Handlungsfreiheit des Unternehmers, S. 29, 43.

732 Dahingehend auch *Hohmann*, ZIS 2007, 38, 43.

733 *Cornils*, S. 116.

734 *Cornils*, S. 116.

735 Vgl. *Brutscher*, S. 1 ff.; *Höll*, S. 6; *Lüderssen*, FS Eser, 163, 171; *Bürger*, wistra 2016, 169, 172; *Bülte*, JuS 2015, 769, 770; *Otto*, Jura 2005, 538, 538; *Lenckner*, ZStW 106 (1994), 502, 512; *Borrmann*, S. 120.

736 Statt vieler *Fischer*, § 242 Rn. 5.

737 So *Bülte*, JuS 2015, 769, 772 m. w. N.

738 Schönke/Schröder/*Eser*/*Bosch*, § 242 Rn. 12 f.

739 Siehe dazu MüKo-BGB/*Schwab*, § 812 Rn. 295 ff.

740 *Hohmann*, ZIS 2007, 38, 40.

741 Vgl. ausführlich *Danckert*, S. 6 ff.

742 *Roxin*, AT, § 5 Rn. 40.

von Straftatbestände, die normative Tatbestandsmerkmale enthalten, sich folglich als „unproblematisch“ erweist.[743]

2. *Blankettstraftatbestände*

Anders ist dies bei Blankettstraftatbeständen,[744] welche die zweite Erscheinungsform der akzessorischen Straftatbestände ausmachen. Dabei geht der Begriff des Blankettstraftatbestands auf *Binding* zurück.[745] Es handelt es sich um Normen, die auf Normen in dem gleichen oder einem anderen Gesetz ausdrücklich verweisen oder zumindest konkludent auf Normen oder Begriffe eines anderen Rechtsgebiets Bezug nehmen, wie zum Beispiel die Verletzung der Buchführungspflicht nach § 283b Abs. 1 Nr. 1 StGB.[746]

Die Auslegung erfolgt durch ausfüllende Normen des anderen Rechtsgebiets, ist aber an die im Strafrecht geltenden verfassungsrechtlichen Grundsätze, wie bspw. das Analogieverbot, gebunden. Daher liegt nur eine eingeschränkte Akzessorietät vor.[747]

3. *Maßgeblichkeit der Zuordnung für die Auslegung der Norm und die Prüfung nach Art. 103 Abs. 2 GG*

Folglich richtet sich die Auslegung der Norm im Einzelfall nach der Einordnung als Blankettvorschrift oder Strafnorm mit normativen Tatbestandsmerkmalen.[748] Handelt es sich um ein normatives Tatbestandsmerkmal, ist die Dogmatik des anderen Rechtsgebiets für die strafrechtliche Bewertung maßgeblich. Liegt hingegen eine Blankettvorschrift vor, besteht keine strenge Bindung an die Dogmatik

743 *Hohmann*, ZIS 2007, 38, 46.

744 Vgl. *Roxin*, AT, § 5 Rn. 40; ausführlich dazu auch *Otto*, Jura 2005, 538, 538 f.; *Tiedemann*, FS Schroeder, 641, 642 f.; *Dietmeier*, S. 83 ff.; auch *Bode/Seiterle*, ZIS 2016, 91 ff. und *Bode/Seiterle*, ZIS 2016, 173 ff. zu Blankettstrafgesetzen im Nebenstrafrecht.

745 *Binding*, S. 180: „Da der Tatbestand solcher Strafgesetze die Definition der verbotenen Handlung nicht aus der Norm wiederholt, vielmehr ein Blankett ist, das seinen Inhalt erst durch die Norm erhält, das durch verschiedene Normen in verschiedenster Weise ausgefüllt werden und den Wandel der Normen unverändert überdauern kann, sind derartige Strafgesetze neuerdings Blankettstrafgesetze genannt worden“ mit Hinweis auf *Binding*, Normen und ihre Übertretung.

746 Park/*Sorgenfrei/Deiters*, § 283b Rn. 15 f.; vgl. weitere Beispiele bei *Hoven*, NStZ 2016, 377, 377.

747 *Hohmann*, ZIS 2007, 38, 40.

748 *Tiedemann*, FS Schroeder, 641, 646 f.

des anderen Rechtsgebiets. Daher sind bei Blankettvorschriften die im Strafrecht geltenden verfassungsrechtlichen Grundsätze zu beachten.[749]

Das Strafrecht setzt viel engere Grenzen als das Zivil- oder öffentliche Recht. Gilt im Zivilrecht die Vertragsfreiheit, endet auf dem Gebiet des Strafrechts alle Auslegung an den Grenzen des Art. 103 Abs. 2 GG. Daher weist *Wank* zu Recht daraufhin, dass, „wo für den Zivilrechtler der interessante Bereich der Rechtsschöpfung beginnt, bei der Analogie, … für den Strafrechtler der Spielraum des Rechtsschöpferischen enden“ müsse.[750]

4. Einordnungsschwierigkeiten

Diese wesentliche Einordnung von einzelnen Tatbeständen als Blanketttatbestand oder als normativ geprägten Tatbestand ist teilweise schwierig[751] bzw. „unübersichtlich.“[752] Sie hat weitreichende Folgen im Hinblick auf die Rechtsfolgen eines Irrtums[753] oder die Überprüfung der Maßstäbe des Art. 103 Abs. 2 GG.[754]

Die Unsicherheiten der Einordnung ergeben sich unter anderem daraus, dass über die Kriterien, die zur Abgrenzung herangezogen werden sollen, keine Einigkeit besteht[755] und „fließende Übergänge“[756] vom Blanketttatbestand zum normativen Tatbestandsmerkmal bestehen. Die dazu geführte Diskussion ist bis heute noch nicht abgeschlossen,[757] was eine Einordnung nicht vereinfacht.

---

749 Vgl. *Hohmann*, ZIS 2007, 38, 41 am Beispiel des GWB; *Bülte*, JuS 2015, 769, 773 f.

750 *Wank*, Grenzen richterlicher Rechtsfortbildung, S. 30 m. w. N.

751 *Bülte*, JuS 2015, 769, 773 f.; vgl. bspw. zur streitigen Einordnung des § 370 AO als Blankettstraftatbestand oder Tatbestand mit normativen Merkmalen HK-SteuerStR-*Schott*, § 370 AO Rn. 2 f.; *Höll*, S. 7 ff. m. w. N.

752 *Enderle*, S. 110.

753 Vgl. *Hohmann*, ZIS 2007, 38, 41; *Lange*, JZ 1956, 73, 75 ff.; ausführlich *Papathanasiou*, S. 38 ff.; *Dietmeier*, S. 149 ff.; siehe auch *Lauer*, S. 41 ff., S. 61 ff.; *Höll*, S. 5 f. m. w. N.

754 Vgl. *Lüderssen*, FS Eser, 163, 177; ausführlich zu nach Art. 103 Abs. 2 GG statuierten Anforderungen an das Strafrecht *Hohmann*, ZIS 2007, 38, 43 ff.; ebenso *Dietmeier*, S. 93 ff. und zur Rechtsprechung des BVerfG zur Garantiefunktion des Art. 103 Abs. 2 GG bei Strafgesetzen mit normativen Tatbestandsmerkmalen und Blankettstrafgesetzen *Enderle*, S. 113 ff.

755 Ausführlich dazu *Enderle*, S. 7; *Höll*, S. 22 ff.; *Müller-Magdeburg*, S. 162 ff.

756 *Rönnau*, ZStW 119 (2007), 887, 905.

757 *Rönnau*, ZStW 119 (2007), 887, 903 f.

a) Formelle Unterscheidung

Nach einer formellen Unterscheidung[758] sind nur solche Normen Blankettnormen, bei denen aufgrund der Unvollständigkeit der Strafnorm „Raum" zur Ausfüllung durch Gesetze einer „anderen gesetzgeberischen Instanz" besteht.[759] Bei Strafvorschriften, die am Ende eines Gesetzes normiert sind und Bezug auf andere Normen innerhalb desselben Gesetzes nehmen, sollen unechte Blankettgesetze bzw. Binnenverweisungen vorliegen. Es liege dann kein Blankettstraftatbestand vor, weil sich die Strafbarkeit aus demselben Gesetz ergebe.[760] Hingegen seien echte Blankettstraftatbestände nur gegeben, wenn die Ausfüllung der „lückenhaften Norm" durch eine andere Instanz vorgenommen werde.[761]

b) Materielle Unterscheidung

Vorrangig[762] werden zur Unterscheidung von Blankettstraftatbestand und normativen Tatbestandsmerkmalen materielle Kriterien[763] herangezogen. Danach besteht der wesentliche Unterschied zwischen diesen Erscheinungsformen darin, dass bei Blanketttatbeständen die ausfüllende Norm das tatbestandliche Unrecht wiedergibt. Bei Straftatbeständen mit normativen Tatbestandsmerkmalen wird demgegenüber das Handlungsunrecht in der Strafnorm angelegt und die Bezugsnormen führen einzelne Aspekte des strafbewehrten Verhaltens genauer aus.[764] Daher werden Tatbestände, die normative Tatbestandsmerkmale beinhalten, im Gegensatz zu „unvollständigen" Blankettstrafgesetzen, die erst durch Ausfüllung eine „Vollvorschrift" werden,[765] als „vollständig" beschrieben.[766]

Am Beispiel von § 242 StGB wird deutlich, dass das Handlungsunrecht vollständig beschrieben wird: Der Täter muss eine fremde bewegliche Sache vorsätzlich wegnehmen. Nur bei der Beurteilung der Fremdheit der Sache wird nach außerstrafrechtlichen Vorgaben – nämlich ausschließlich gemäß zivilrechtlichen – bestimmt.[767] Handlung und Tatobjekt werden in § 242 StGB selbst

758 Ausführlich *Enderle*, S. 82 ff. m. w. N.

759 *Höll*, S. 24 mit Verweis auf *Lauer*, S. 47; a. A. *Enderle*, S. 89.

760 Schönke/Schröder/*Eser*/*Hecker*, Vor § 1 Rn. 3.

761 *Höll*, S. 24 mit Verweis auf *Mezger*, S. 196.

762 Zur Abgrenzung auf der Vorsatzebene bzw. nach der Schutzrichtung vgl. *Höll*, S. 26 m. w. N.

763 Ausführlich *Enderle*, S. 90 ff. m. w. N.

764 *Bülte*, JuS 2015, 769, 774; *Müller-Magdeburg*, S. 163 f.

765 *Fischer*, § 1 Rn. 9 f.

766 *Enderle*, S. 7.

767 MüKo-StGB/*Schmitz*, § 242 Rn. 33.

geregelt. „Lediglich" das Objekt wird durch die Vorschriften des Zivilrechts genauer beschrieben.[768]

c) Maßgebliche Kriterien zur Unterscheidung

Somit ist festzuhalten, dass bei Strafnormen, die nicht über die Zuwiderhandlung gegen sonstige Normen hinausgehen, unvollständige Blankettstraftatbestände vorliegen. Um ihre Vollständigkeit zu erreichen, müssen Blankettvorschriften auf andere Rechtsnormen Bezug nehmen.[769] Ein Straftatbestand mit normativen Merkmalen liegt hingegen vor, wenn der Tatbestand eine nähere Bestimmung des strafbewehrten Verhaltens enthält. Tatbestandsmerkmalen, die in andere Rechtsgebiete verweisen, kommt dann lediglich eine normative Bedeutung zu.[770]

VI. Keine „Befreiung" des Strafrechts

Im Gegensatz zu vereinzelten Stimmen, die davon sprechen, dass es dem Strafrecht gelungen sei, „sich von der Bindung an außerstrafrechtliche Begriffe frei zu machen"[771] bzw. die „Unabhängigkeit"[772] schon erreicht sei, zeigt sich an den vorstehenden Ausführungen, was sich bereits in dieser Untersuchung angedeutet hat: Nach herrschender Meinung fand und findet insgesamt keine Befreiung des Strafrechts vom zivilistischen Denken statt.[773] Vielmehr ist eindeutig, dass das (Wirtschafts-)Strafrecht seine Begriffe nicht losgelöst vom Zivil- und öffentlichen Recht bildet. Im Gegenteil: Regelmäßig schließt sich das Strafrecht in seiner Wertung und Begriffsbildung an das Zivil- und/oder öffentliche Recht an.[774]

In der Rechtsprechung wurde im Rahmen der Mannesmann-Entscheidung[775] des Landgerichts Düsseldorf in einem Beschluss[776] besonders deutlich, dass – in

768 Vgl. *Höll*, S. 25 f.

769 *Enderle*, S. 349.

770 *Enderle*, S. 349 f.

771 *Bockelmann*, ZStW 69 (1957), 269, 278 f. im Rahmen des Literaturberichts zu Jürgen Baumanns Monographie „Der strafrechtliche Schutz bei den Sicherungsrechten des modernen Wirtschaftsverkehrs".

772 *Bockelmann*, DRWiss 1939, 286, 286; kritisch dazu *Bruns*, DRWiss 1940, 300, 302.

773 So ausdrücklich LK[11]/*Schünemann*, § 266 Rn. 125; siehe auch LK[11]/*Schünemann*, § 266 Rn. 52; *Hohmann*, ZIS 2007, 38, 38.

774 *Tiedemann*, NJW 1977, 777, 779.

775 Siehe dazu auch *Jahn*, JuS 2006, 379, 379 f.; *Günther*, FS Weber, 311, 311 ff.; *Tiedemann*, FS Weber, 319 ff.; ein Überblick über das Verfahren findet sich bei *Albrecht*, FS Hamm, 1, 4 f.

776 *Lüderssen*, FS Eser, 163, 163 mit Verweis auf LG Düsseldorf, Beschluss v. 21.10.2003 (XIV 5 – 03/28 Js 159/00 Staatsanwaltschaft Düsseldorf).

Bezug auf § 266 StGB – eine eigenständige strafbegründende Begriffsbildung abgelehnt wird, „da eine Akzessorietät zum Aktienrecht [besteht], so dass ein tatbestandsmäßiges Verhalten bei Einhaltung der aktienrechtlichen Vorgaben seitens des Ausschusses für Vorstandsangelegenheiten ausgeschlossen“[777] sei. Im Urteil hielt das Landgericht Düsseldorf fest, dass „eine Strafbarkeit ohne einen aktienrechtlichen Pflichtenverstoß nicht denkbar ist. Im Hinblick auf die ‚Einheit der Rechtsordnung‘ ist das Vorliegen eines aktienrechtlichen Verstoßes zwingende Voraussetzung einer Strafbarkeit. Was nach dem Aktienrecht erlaubt ist, kann keine strafbare Untreue sein.“[778] Entgegen der Ansicht von *Hohmann*[779] ist – wenn auch nur in geringem Umfang – eine Diskussion über eine solche Befreiung des Strafrechts in der aktuellen[780] Literatur zu finden, wie der Beitrag von *Borrmann*[781] zeigt.

VII. Widerspruchsfreiheit der Rechtsordnung

Bei der Betrachtung der Methodik der asymmetrischen Akzessorietät – „Was zivilrechtlich erlaubt ist, kann strafrechtlich nicht verboten sein“[782] – darf der Aspekt der „Einheit der Rechtsordnung“[783] nicht fehlen.[784] Dies konnte auch *Bruns* Ruf nach der Befreiung des Strafrechts nicht völlig ignorieren.[785] Unter diesem Schlagwort ist die Forderung zu verstehen, dass zur Wahrung der „Einheit der Rechtsordnung“ Rechtsbegriffe innerhalb derselben Rechtsordnung – unabhängig davon, in welchem Rechtsgebiet sie verwendet werden – dieselbe Bedeutung haben[786] und nicht widersprüchlich[787] sein sollen.[788] Dabei ist zu

777 *Lüderssen*, FS Eser, 163, 163 mit Verweis auf LG Düsseldorf, Beschluss v. 21.10.2003 (XIV 5 – 03/28 Js 159/00 Staatsanwaltschaft Düsseldorf).

778 LG Düsseldorf, NJW 2004, 3275, 3276.

779 *Hohmann*, ZIS 2007, 38, 38 m. w. N.

780 Ansatzpunkte in Bezug auf § 266 StGB lässt LK[11]/*Schünemann*, § 266 Rn. 33 im Jahr 1998 erkennen.

781 *Borrmann*, S. 114 ff.

782 *Volk*, FS Hamm, 803, 804.

783 Ausführlich dazu *Felix*, S. 1 ff.

784 *Müller-Dietz*, GS Schultz, 253, 254.

785 So *Eser*, JZ 1972, 146, 157.

786 *Felix*, S. 189 m. w. N.

787 Ausführlich zur Widerspruchsfreiheit der Rechtsordnung *Brüning*, NVwZ 2002, 33, 33 ff.

788 BVerfG, NJW 1998, 2346, 2347.

beachten, dass die „Einheit der Rechtsordnung" nicht ausnahmslos von der Einheitlichkeit der Begriffsordnung abhängt.[789]

Wenn davon ausgegangen wird, dass innerhalb einer Rechtsordnung in den verschiedenen Rechtsgebieten einschlägige Begriffe aufeinander abgestimmt sind und daher nach einem einheitlichen Maßstab ausgelegt werden müssen, sollten im Ausgangspunkt die strafrechtlichen Begriffe den Inhalt haben, der durch das Zivil- oder öffentliche Recht vorgegeben wird.[790] Dabei ist eine Auslegung, die sich am Sinn und Zweck der jeweiligen Norm orientiert und auch zu unterschiedlich nuancierten Auslegungsinhalten ähnlicher Begriffe führen kann, anerkannt, solange die Wortlautgrenze nicht überschritten wird.[791]

Für die Auslegung von Straftatbeständen ergeben sich aus diesem Grundsatz verschiedene Wirkungen. Das Strafrecht muss sich am jeweiligen geschützten Rechtsverhältnis ausrichten. Daher soll die geforderte Befreiung des Strafrechts vom zivilistischen Denken in einem akzessorischen Strafrechtsschutz „der falsche Weg"[792] bzw. ein „Irrweg"[793] sein. Vielmehr müssten Straftatbestände die Rechtsverhältnisse, an die sie anknüpfen, abbilden, und zwar auch in dem Fall, in dem der Anwendungsbereich der Verhaltensnorm des Strafrechts nicht identisch ist. Deshalb seien die „Vorfragen" anhand der zivil- oder öffentlich-rechtlichen Begriffsbildung festzulegen.[794] Denn es ist nicht die Aufgabe des Strafrechts, losgelöst oder sogar im Widerspruch zum Wirtschaftsrecht Strafrechtsschutz zu erzeugen.[795] Folglich schließt die „Einheit der Rechtsordnung" die Herausbildung eigener Begriffe des Strafrechts nicht aus.[796] Dies gilt jedenfalls, solange sie sich am jeweils geschützten Rechtsgut ausrichten.

---

789 *Eser*, JZ 1972, 146, 147.

790 Vgl. *Cornils*, S. 100 f.; *Dietmeier*, S. 35 f.

791 BVerfG, NJW 1990, 241, 241 in Bezug auf arbeitsrechtliche Rechtsbegriffe; BVerfG, NJW 1992, 1219, 1219 f. in Bezug auf steuerrechtliche Rechtsbegriffe; Lackner/Kühl/*Kühl*, § 1 Rn. 7; *Achenbach*, GS Schlüchter, 257, 259 f.; *Liver*, FG Schultz, 108, 117; *Felix*, S. 204 ff., S. 210 ff.; *Bruns*, S. 109.

792 Matt/Renzikowski/*Renzikowski*, Einleitung, Rn. 18.

793 *Renzikowski*, FS Weber, 333, 333.

794 Matt/Renzikowski/*Renzikowski*, Einleitung, Rn. 18.

795 *Ransiek/Hüls*, ZGR 2009, 157, 163.

796 So auch *Tiedemann*, Tatbestandsfunktionen im Nebenstrafrecht, S. 41.

VIII. Folgerungen für die Auslegung von § 266a StGB

Zu untersuchen ist, was diese Erkenntnisse für die Auslegung und Anwendung von § 266a StGB bzw. für die Auslegung des Begriffs „Arbeitgeber" konkret bedeuten.

1. Bestehende Vorgaben für § 266a StGB

Unbestritten bestehen im Sozialversicherungsrecht Vorgaben für die Abführung der Sozialversicherungsbeiträge an die zuständige Einzugsstelle.[797] Das Vorenthalten und Veruntreuen entgegen diesen im SGB IV existenten Vorgaben wird durch § 266a StGB sanktioniert. Dabei soll § 266a StGB insgesamt sekundär an die Primärmaterie des Sozialversicherungsrechts anknüpfen, weil § 266a StGB zu einem existenten Normgefüge hinzutritt.[798] Allerdings – und dies ist der Kern dieser Untersuchung – besteht, wie bereits festgestellt,[799] im Sozialversicherungsrecht kein überzeugender Anknüpfungspunkt für die Frage der Auslegung des Arbeitgeberbegriffs. Vielmehr wird von der herrschenden Meinung durch die Anknüpfung an § 7 Abs. 1 SGB IV die Unbestimmtheit der außerstrafrechtlichen Begriffsbildung in das Strafrecht transferiert. Dies ist nicht Sinn und Zweck der Akzessorietät.[800] Es fehlt im Primärrecht – im Vergleich zu § 242 StGB in Bezug auf das Merkmal „fremd" – eine genaue Vorgabe für die Bestimmung des Arbeitgebers im Sinne von § 266a StGB.

Insofern fehlt es genau bei der Kernfrage der Definition des potentiellen Täters an einem existenten Normgefüge bzw. einem Verweisungs- oder Bezugsobjekt, an welches der Begriff des Arbeitgebers gebunden sein müsste, um als „akzessorisch" bezeichnet werden zu können. Diese Erkenntnis führt nun dazu, dass explizit betrachtet werden muss, welche Auswirkungen eine mögliche Akzessorietät von § 266a StGB bei den einzelnen Tatbestandsmerkmalen hat. Denn die existenten Normen bieten keinen Anknüpfungspunkt bei der elementaren Frage nach dem möglichen Täterkreis dieses Sonderdelikts.

---

797 Dannecker/Knierim/Hagemeier/*Knierim/Smok*, Insolvenzstrafrecht², Rn. 917; *Ischebeck*, S. 129.

798 So *Ischebeck*, S. 129 ff. mit Verweis auf die Theorie von *Lüderssen*, FS Eser, 163, 169.

799 Siehe S. 69 f.

800 Vgl. *Borrmann*, S. 124 f.

2. *Keine Pflichtverletzung bei sozialversicherungsrechtlich rechtmäßigem Verhalten*

Eindeutig ist, dass eine Strafbarkeit nach § 266a StGB aufgrund der fehlenden Verwirklichung der Tatbestandsmerkmale „Beiträge“ und „vorenthalten“ ausscheidet, wenn die Vorgaben des Sozialversicherungsrechts hinsichtlich der Beitragsabführung und der Fälligkeit beachtet werden. Dieser Punkt ist unstrittig.

3. *Akzessorietät von § 266a StGB dem Grunde nach*

Allerdings muss aus genannten Gründen die Akzessorietät von § 266a StGB im Detail begutachtet werden. Dass § 266a StGB eine Ausprägung der Akzessorietät des Strafrechts darstellt, wird durch die Anknüpfung der Norm an außerstrafrechtliche Vorgaben deutlich. Für die Auslegung der Tatbestandsmerkmale von § 266a StGB ist jedoch nunmehr eine Zuordnung der Norm entweder zu den Blankettstraftatbeständen oder zu einem Straftatbestand mit normativen Tatbestandsmerkmalen erforderlich, weil dies für die strafrechtliche Bewertung maßgeblich ist.

a) Zuordnung von § 266a StGB in der Literatur

In der Literatur positionieren sich diesbezüglich nur wenige Autoren[801] ausdrücklich. Nach *Möhrenschlager* ist § 266a StGB „sozialrechtsakzessorisch ausgestaltet und hat damit einen Blankettcharakter.“[802] *Bachmann* geht ohne Erläuterung davon aus, dass die Beitragsvorenthaltung „ebenso wie die Steuerhinterziehung einen Blanketttatbestand darstellt“,[803] wobei angemerkt sei, dass dies in Bezug auf § 370 AO durchaus von einigen Autoren[804] anders gesehen wird.

Raum formuliert ohne weitere Ausführungen, dass § 266a Abs. 1 und Abs. 2 StGB „Blanketttatbestände“ seien,[805] und auch *Schuster* geht davon aus, dass die Pflichten nach §§ 28e Abs. 1, 28g SGB IV „blankettmäßig“ in § 266a StGB hineinzulesen seien.[806] Die weiteren Merkmale von § 266a StGB seien hingegen normative, was – wie zuvor dargestellt – zur Folge habe, dass diese „beim Vorenthalten

---

801 Eindeutig festlegend *Wegner*, wistra 1998, 283, 285; den Blankettstraftatbestand andeutend *Zieglmeier*, NZA 2015, 651, 654.

802 LK/*Möhrenschlager*, § 266a Rn. 2.

803 *Bachmann*, FS Samson, 233, 233.

804 MüKo-StGB/*Schmitz*/*Wulf*, § 370 AO Rn. 13 und Rn. 361 ff.; Kohlmann/*Ransiek*, § 370 AO Rn. 20 ff.; HK-SteuerStR-*Schott*, § 370 Rn. 2 f.

805 *Raum*, FS Tolksdorf, 355, 356.

806 *Schuster*, S. 179.

und Veruntreuen von Arbeitsentgelt gem. § 266a Abs. 1 und 2 StGB der § 7 Abs. 1 SGB IV … nicht an Art. 103 Abs. 2 GG gemessen werden [müssen].“[807] Hingegen geht *Bürger* davon aus, dass der Arbeitgeberbegriff im Sinne von § 266a StGB „ein komplexes, unbestimmtes normatives Merkmal“[808] ist. Ebenfalls bestimmen *Radtke*,[809] *Fuchs*,[810] *Reichling*[811], *Weidmann*[812] und *Loose*[813] das Merkmal „Arbeitgeber“ im Sinne von § 266a StGB als normatives Tatbestandsmerkmal.

b) Betrachtung der Tatbestandsmerkmale von § 266a StGB

Wird vor dem Hintergrund der dargestellten Abgrenzung[814] der Tatbestand von § 266a Abs. 1 StGB betrachtet, kann Folgendes festgestellt werden: Um § 266a StGB als Blanketttatbestand einzuordnen, müsste eine § 266a StGB ausfüllende Norm das tatbestandliche Unrecht wiedergeben. Dies ist bei § 266a StGB gerade nicht der Fall. Das Unrecht wird durch § 266a Abs. 1 StGB selbst beschrieben: „Wer als Arbeitgeber der Einzugsstelle Beiträge des Arbeitnehmers zur Sozialversicherung einschließlich der Arbeitsförderung, unabhängig davon, ob Arbeitsentgelt gezahlt wird, vorenthält, wird … bestraft.“

Nach § 266a Abs. 2 StGB wird „ebenso … bestraft, wer als Arbeitgeber 1. der für den Einzug der Beiträge zuständigen Stelle über sozialversicherungsrechtlich erhebliche Tatsachen unrichtige oder unvollständige Angaben macht oder 2. die für den Einzug der Beiträge zuständige Stelle pflichtwidrig über sozialversicherungsrechtlich erhebliche Tatsachen in Unkenntnis lässt und dadurch dieser Stelle vom Arbeitgeber zu tragende Beiträge zur Sozialversicherung einschließlich der Arbeitsförderung, unabhängig davon, ob Arbeitsentgelt gezahlt wird, vorenthält.“

Gemäß § 266a Abs. 3 StGB wird bestraft, „wer als Arbeitgeber sonst Teile des Arbeitsentgelts, die er für den Arbeitnehmer an einen anderen zu zahlen hat, dem Arbeitnehmer einbehält, sie jedoch an den anderen nicht zahlt und es unterlässt, den Arbeitnehmer spätestens im Zeitpunkt der Fälligkeit oder unverzüglich danach über das Unterlassen der Zahlung an den anderen zu unterrichten.“

---

807 *Schuster*, S. 298; im Ergebnis ebenso *Cornils*, S. 117 in Bezug auf akzessorische Tatbestandsmerkmale im Allgemeinen.

808 *Bürger*, wistra 2016, 169, 173.

809 MüKo-StGB/*Radtke*, § 266a Rn. 90.

810 NK-WSS/*Fuchs*, § 266a Rn. 67.

811 *Reichling*, wistra 2016, 306, 306.

812 *Weidemann*, wistra 2010, 463, 465.

813 *Loose*, StV 2017, 76, 77.

814 Siehe S. 122 ff.

Die Unrechtshandlung des Vorenthaltens bzw. des Veruntreuens wird folglich deutlich durch § 266a Abs. 1, Abs. 2 und Abs. 3 StGB selbst beschrieben, indem auf die Vorenthaltung der Beiträge – Absatz 1 –, auf das unrichtige oder unvollständige Angeben von erheblichen Tatsachen bzw. das pflichtwidrige In-Unkenntnis-lassen, wodurch ebenfalls Beiträge vorenthalten werden – Absatz 2 –, oder auf das Veruntreuen von Teilen des Arbeitsentgelts – Absatz 3 – abgestellt wird.

Die Tatbestandsmerkmale Arbeitgeber, Beiträge, Einzugsstelle sowie der Zeitpunkt der Fälligkeit und der Verjährung ergeben sich jedoch nicht aus dem Tatbestand von § 266a StGB an sich. Bei diesen Merkmalen handelt es sich um normative Tatbestandsmerkmale, weil § 266a StGB das Handlungsunrecht in der Strafnorm anlegt. Einzelne Aspekte des strafbewehrten Verhaltens – zumindest für die Beiträge, die Einzugsstelle und die Fälligkeit – werden durch das Sozialversicherungsrecht ausgestaltet. Für die Beiträge erfolgt dies durch §§ 28e ff. SGB IV. Für die zuständige Einzugsstelle ist § 28i SGB IV maßgebend. Für den Zeitpunkt der Fälligkeit der Beiträge bedarf es eines Rückgriffs auf § 23 SGB IV[815] und § 25 SGB IV ist im Rahmen von § 78a StGB bezüglich des Beginns der strafrechtlichen Verjährung[816] heranzuziehen. Somit ist festzuhalten, dass § 266a StGB ein Straftatbestand mit normativen Merkmalen ist. Den verweisenden Tatbestandsmerkmalen kommt eine normative Bedeutung zu.

c) Folgerungen für den Arbeitgeberbegriff im Sinne von § 266a StGB

Es ist aber zu fragen, was diese Erkenntnisse für die Auslegung des Begriffs „Arbeitgeber" vorgeben. Es scheint im Kontext der im Übrigen angewandten Gesetzestechnik naheliegend, dass es sich bei dem Arbeitgeberbegriff um ein normatives Tatbestandsmerkmal handelt. Dies hätte zur Folge, dass bei der Ausfüllung der Norm durch eine außerstrafrechtliche Anknüpfung die engen strafrechtlichen Vorgaben des Art. 103 Abs. 2 GG nicht unmittelbar zur Anwendung kommen.[817] Auf diese Weise wird auch die

---

815 Die Arbeitnehmeranteile am Gesamtsozialversicherungsbeitrag sind wie die Arbeitgeberanteile nach § 23 Abs. 1 S. 2 SGB IV am drittletzten Bankarbeitstag des laufenden Beschäftigungsmonats fällig. Dies gilt seit dem 01.01.2006, vgl. *Figge*, DB 2006, 1563, 1564; zur alten Rechtslage siehe *Bühler*, NStZ 1998, 284, 285 f.

816 Dazu ausführlich *Krug/Skoupil*, wistra 2016, 137 ff.; *Grötsch*, wistra 2015, 249 ff.; *Reichling/Winsel*, JR 2014, 331, 341 f.; *Hüls/Reichling*, StraFo 2011, 305 ff.; *Bachmann*, FS Samson, 233 ff.

817 Vgl. *Bülte*, JuS 2015, 769, 775.

teilweise[818] angezweifelte Bestimmtheit von § 266a StGB gestärkt, weil Art. 103 Abs. 2 GG diesbezüglich nicht maßgeblich ist.[819] Daher geht auch *Schuster* davon aus, dass die Anknüpfung von § 266a StGB an § 7 Abs. 1 SGB IV nicht an Art. 103 Abs. 2 GG zu messen sei.[820]

Allerdings ist genau diese Anknüpfung die Hauptfrage dieser Untersuchung. Denn anstatt der Merkmale Beiträge, Einzugsstelle und Fälligkeit findet sich eine passende Anknüpfungsnorm oder ein Bezugsobjekt gerade nicht im Sozialversicherungsrecht. Denn der zur Ausfüllung des Begriffs „Arbeitgeber" verwendete § 7 Abs. 1 SGB IV ist nicht dazu geeignet. Auch im übrigen Sozialversicherungsrecht besteht keine Vorgabe, auf die zur Begriffsbestimmung zurückgegriffen werden könnte.

Dies gilt auch für die Anknüpfung an das Arbeitsrecht. Dort ist, wie erwähnt, der Begriff des Arbeitgebers ebenfalls nicht legal definiert. Es wird zwar auf eine jahrelange Entwicklung der Rechtswissenschaft und der Rechtsprechung zurückgegriffen. Es findet sich ein eindeutiger, wortgleicher Begriff im Arbeitsrecht und dieser könnte als eine Art „Annex" für eine Anknüpfung sprechen. Ob dies aber als Bezugsobjekt ausreichend ist, ist fraglich und wurde bereits in den vorausgegangenen[821] Ausführungen kritisch gesehen. Somit ist für eine überzeugende Auslegung des Arbeitgeberbegriffs nach § 266a StGB ein weiterer Schritt zu gehen.

IX. Zwischenergebnis

Die vorstehenden Ausführungen verdeutlichen, dass das Strafrecht – insbesondere das Wirtschaftsstrafrecht – akzessorisch zu anderen Rechtsgebieten ist. Vor allem wenn ein Tatbestand an ein Normgefüge anknüpft, ist dies überzeugend. In Bezug auf § 266a StGB steht diese Erkenntnis auch im Einklang zu den heute vertretenen Ansichten in Literatur und Rechtsprechung zur Auslegung des Tatbestands. Auch die vielzitierte[822] Entscheidung des BVerfG zum „flankierenden Schutz" von § 266a StGB für die Sozialversicherung ist damit zu vereinbaren, weil nur der „normale" Rechtsgüterschutz des Strafrechts aufgezeigt wurde, der

818 *Zieglmeier*, NZA 2015, 651, 654; vgl. auch *Ziehm*, NZWiSt 2016, 387, 389 f.

819 BVerfG, NJW 2010, 3209, 3211 Rn. 74 a. E.; NK-WSS/*Jahn*/*Ziemann*, § 266 StGB Rn. 23.

820 *Schuster*, S. 298.

821 Siehe S. 79 ff.

822 Statt vieler LK/*Möhrenschlager*, § 266a Rn. 2.

bei jeder akzessorischen Anknüpfung eine Art flankierende Schutzfunktion bildet.[823]

Jedoch zeigt sich auch, dass, wie von *Volk* gefordert, im Wirtschaftsstrafrecht zur Lösung von Fragestellungen „Feinschnitte unter dem Mikroskop“[824] vorgenommen werden müssen, um zum richtigen Ergebnis zu gelangen. Wenn dies in Bezug auf § 266a StGB geschieht, zeigt sich Folgendes: Nach den heute vertretenen Ansichten zur Auslegung des Arbeitgeberbegriffs von § 266a StGB soll § 266a StGB entweder bei der Begriffsbildung akzessorisch zum Sozialversicherungsrecht, zum Arbeitsrecht oder zu beiden Rechtsgebieten sein.[825] Die genaue Betrachtung der Akzessorietät in der deutschen Strafrechtsordnung bestätigt das häufige Auftreten solcher Anknüpfungen an ein anderes Rechtsgebiet. § 266a StGB mit seinen normativen Tatbestandsmerkmalen kann daher sozialversicherungsrechtlich oder arbeitsrechtlich ausgelegt werden. Aber „Akzessorietät im richtig verstandenen Sinne kann nicht heißen, dass das Strafgericht seiner Entscheidung unter mehreren vertretbaren Auffassungen gerade diejenige zugrunde legt, die zu einer Strafbarkeit ... führt.“[826] Daher muss überprüft werden, ob für jedes Tatbestandsmerkmal eines – angeblich insgesamt – akzessorischen Tatbestands auch ein Anknüpfungspunkt im herangezogenen, bereits gegebenen Normgefüge besteht. Dies ist in Bezug auf die Arbeitgebereigenschaft von § 266a StGB überaus fraglich, da Unstimmigkeiten bei allen vertretenen Anknüpfungselementen feststellbar sind.

Dass der Strafgesetzgeber bei der Einführung von § 266a StGB nicht auf einem unbestellten Feld[827] tätig geworden ist, wird bereits klar, wenn sich das einleitend genannte Detail vor Augen geführt wird, dass § 266a StGB aus dem Sozialversicherungsrecht übernommen und in das StGB „importiert“ wurde. Aus diesem Umstand kann die nicht nach Tatbestandsmerkmalen differenzierende Übernahme von – nicht existenten – Vorgaben für die Arbeitgebereigenschaft nicht gefolgert werden.

Vielmehr konnte eine wesentliche Frage damit – noch – nicht beantwortet werden. Dass die Beiträge, die vorenthalten werden, der Fälligkeitszeitpunkt, an welchem die Beiträge abgeführt werden müssen und die zuständige Einzugsstelle sich aus dem SGB IV ergeben müssen, ist eindeutig. Dies wird auch von allen Vertretern der heute vorliegenden Ansichten gleichermaßen anerkannt.

---

823 Vgl. *Hassemer*, wistra 2009, 169, 174.

824 *Volk*, FS Hamm, 803, 804.

825 Siehe S. 52 ff.

826 *Dierlamm*, StraFo 2005, 397, 400.

827 *Ischebeck*, S. 143.

Allerdings ist noch die Frage der Akzessorietät von § 266a StGB in Bezug auf den Arbeitgeberbegriff zu klären. Denn das Strafrecht kann nur ein Verhalten sanktionieren, das durch das Primärrecht in Bezug auf die betroffenen Beiträge, deren Fälligkeit, die zuständige Einzugsstelle und die Arbeitgebereigenschaft „klar, eindeutig und vorhersehbar“[828] bestimmt wird. Unklare, unbestimmte oder mehrdeutige Bezugsnormen können dem Bürger nicht entgegengehalten werden.[829] Diese Vorgabe muss umso mehr gelten, wenn die zur Ausfüllung herangezogene Norm zur Anknüpfung ungeeignet ist, weil der Regelungsgehalt der Bezugsnorm das Merkmal, das akzessorisch ausgelegt werden soll, nicht beinhaltet.

Der Begriff des Arbeitgebers ist nicht im Sozialversicherungsrecht definiert und auch im Arbeitsrecht nur durch langjährige Rechtsprechung entwickelt worden. Das akzessorische Strafrecht greift bei anderen Beispielen – wie § 242 StGB in Bezug auf das Merkmal „fremd“[830] oder bei § 266 StGB[831] hinsichtlich der Pflichtwidrigkeit – auf Definitionen oder Begriffe zurück, die in engem Bezug zu der Norm stehen. Bei § 266a StGB wird dies durch die Anknüpfung an das Sozialversicherungsrecht ebenfalls versucht. Allerdings sprechen gegen diese sozialversicherungsrechtliche Anknüpfung die bereits genannten Unstimmigkeiten, von denen vor allem der Umstand, dass das Sozialversicherungsrecht den Arbeitgeberbegriff nicht definiert und der herangezogene § 7 Abs. 1 SGB IV eine solche Definition bereits von seinem Regelungsgehalt her nicht umfasst, ins Gewicht fällt.

Gleiches gilt für die Auffassung der Rechtsprechung, welche die genannten Unstimmigkeiten möglicherweise erkannt hat und daher nicht nur auf das Sozialversicherungsrecht, sondern auch „um die Ecke“ auf das Arbeitsrecht mittels einer Art „Doppel-Akzessorietät“ zurückgreifen will. Dies ist aber aus genannten Gründen ebenfalls sowohl missverständlich als auch in sich nicht überzeugend und daher abzulehnen.

Dies trifft auch auf die Ansicht der an das Arbeitsrecht anknüpfenden Autoren zu, die sich letztendlich aufgrund des Mangels an Anknüpfungspunkten im Strafrecht dazu entschieden haben, den Begriff des Arbeitgebers aus dem

---

828 So auch *Dierlamm*, StraFo 2005, 397, 400 in Bezug auf die Akzessorietät des § 266 StGB.

829 *Dierlamm*, StraFo 2005, 397, 400.

830 Statt vieler *Fischer*, § 242 Rn. 5; nicht mehr unproblematisch ist dieser akzessorische Rückgriff des Strafrechts auf das Zivilrecht im Rahmen von § 246 StGB bei unbestellten Leistungen nach § 241a BGB, vgl. dazu *Reichling*, JuS 2009, 111 ff.; siehe auch *Tachau*, S. 140 f.

831 Ausführlich zur Akzessorietät des § 266 StGB *Reiß*, S. 81 ff.

Arbeitsrecht zu „importieren“, das diesen seit Jahren beinhaltet. Allerdings ist der Begriff dort ebenfalls nicht vom Gesetzgeber definiert, sondern im Laufe der Zeit durch die Rechtsprechung entwickelt worden. Daher ist auch hier fraglich, ob dieser Begriffsimport für das Strafrecht sinnvoll ist. Unter den herausgearbeiteten Gesichtspunkten ist die Ablehnung einer akzessorischen Anknüpfung von § 266a StGB an das Arbeitsrecht mit guten Gründen vertretbar. Als Konsequenz muss im Folgenden anhand der Auslegungsregeln des Strafrechts an sich – als weiterer Schritt – versucht werden, eine vertretbare Auslegung des Begriffs „Arbeitgeber“ im Sinne von § 266a StGB zu finden, die sich aufgrund handwerklicher Mängel nicht sich selbst widerspricht.

Abschnitt 3: Eigener Lösungsansatz zur Auslegung des Arbeitgeberbegriffs

A. Auslegung des Arbeitgeberbegriffs im Sinne von § 266a StGB

An dieser Stelle soll nunmehr im Rahmen der Auslegung des Begriffs „Arbeitgeber“ ermittelt werden, ob das Strafrecht in Bezug auf § 266a StGB den Wertungen eines Primärrechtsgebiets folgt oder mit Hilfe von entlehnten Begriffen zu einer eigenständigen strafrechtlichen Wertungen gelangt.[832] Zum Verständnis der richtigen Auslegung des Arbeitgeberbegriffs werden die juristischen Auslegungsmethoden als „Verstehensprozess“[833] herangezogen.

I. Grammatikalische Auslegung – Der Wortlaut des § 266a StGB

Für die überwiegende Zahl der juristischen Begriffe gibt es keine ausdrückliche Definition des Gesetzgebers. Dennoch haben die nicht definierten Begriffe zumindest für den Juristen[834] größtenteils eine feststehende Bedeutung. Sie werden durch den Umgang und die Verwendung unter anderem auch in anderen Zusammenhängen definiert und sind daher Gebrauchsdefinitionen.[835]

Um eine solche zu erhalten, „fängt alle Auslegung beim Worte an“[836], um durch eine Deutung des jeweiligen Begriffs den Inhalt zu erforschen.[837] Daher soll im Folgenden sowohl die Bedeutung des Wortes „Arbeitgeber“ unter Berücksichtigung der Wortlautgrenze im Strafrecht als auch die Wortverbindung im allgemeinen Sprachgebrauch betrachtet werden.

1. Wortlautgrenze als Grenze der Auslegung im Strafrecht

Aufgrund der Mehrdeutigkeit der meisten juristischen Begriffe folgt die Notwendigkeit der Auslegung eines bestimmten Begriffs für die Rechtsanwendung.[838]

---

832 BVerfG, NJW 1992, 1219, 1219 f. in Bezug auf steuerrechtliche Rechtsbegriffe.
833 LK/*Dannecker*, § 1 Rn. 298.
834 Ausführlich zu den Zusammenhängen von Sprache und Recht *Großfeld*, JZ 1984, 1 ff.
835 *Wank*, Die juristische Begriffsbildung, S. 55.
836 BGH, NJW 1953, 41, 41.
837 LK/*Dannecker*, § 1 Rn. 298; vgl. ausführlich *Larenz*/*Canaris*, Methodenlehre, S. 141 f.
838 LK/*Dannecker*, § 1 Rn. 291.

Dabei ist im Strafrecht zu beachten, dass die Konkretisierungsmöglichkeit der Gerichte stärker als in anderen Rechtsgebieten beschränkt ist.[839] Es muss im Rahmen einer restriktiven Auslegung von unbestimmten Tatbestandsmerkmalen dem Erfordernis der demokratischen Legitimation Rechnung getragen werden.[840] Teilweise wird im Zweifel die teleologische als „die richtige" Auslegung empfohlen oder die Auslegung vorzugswürdig erachtet, die dem Rechtsgut den größten Schutz bietet.[841] Dies ist allerdings fraglich, wenn das Strafrecht – bspw. bei § 242 StGB – „gerade ein außerstrafrechtliches Gut schützt und daher dessen Eigenarten übernimmt."[842]

Das Strafrecht darf nicht innerhalb der gesetzten Grenzen infolge seiner grundsätzlich autonomen Begriffsbildung zum Nachläufer zivil- und verwaltungsrechtlicher Konstruktionen werden.[843] Daher muss das Strafrecht im Verhältnis zum Zivilrecht enger ausgelegt werden, was eine Beschränkung der Auslegung unbestimmter Begriffe auf einen bestimmten Kern zur Folge hat.[844] Da das Strafrecht zudem das eingriffsintensivste Steuerungselement des Staates ist, muss die verfassungskonforme Auslegung ebenfalls eine Rolle spielen. Daher muss im Folgenden der Begriff des Arbeitgebers nach dem Wortlaut ausgelegt werden, um die äußerste sprachliche Grenze im Rahmen der Auslegung zu bestimmen.[845] Neben der grammatikalischen werden die historische und die teleologische Auslegungsmethode herangezogen, wobei auch die Rechtsfolgen berücksichtigt werden.

Bei diesen Ausführungen muss durchgehend die Wortlautgrenze im Auge behalten werden. Nach überwiegender Auffassung in der juristischen Methodenlehre ist – auch wenn die Wortlaut-Argumentation im Strafrecht tendenziell rückläufig[846] ist – jede Anwendung einer Rechtsnorm entweder Interpretation oder Rechtsfortbildung.[847] Die Grenze zwischen Interpretation und Rechtsfortbildung wird durch den Wortlaut der Norm bestimmt: „Jede Anwendung, die

839 *Kudlich/Christensen*, Methodik des BGH, S. 24 und S. 42 f.; *Neumann*, Juristische Dogmatik und Wissenschaftstheorie, S. 128.

840 LK/*Dannecker*, § 1 Rn. 292.

841 Wessels/*Beulke/Satzger*, AT, Rn. 76; vgl. *Walz*, ZJS 2010, 482, 482 m. w. N.

842 *Tiedemann*, FS Stree/Wessels, 527, 530.

843 *Baumann*, ZStW 68 (1956), 522, 525.

844 *Tiedemann*, FS Weber, 319, 322 mit Verweis auf BVerfG, NJW 1995, 1141, 1141 f.

845 *Kuhlen*, Auslegung von Strafgesetzen, S. 12; *Fikentscher*, Methoden des Rechts, Bd. 4, S. 299 f.

846 Vgl. *Kudlich/Christensen*, Methodik des BGH, S. 25.

847 *Klatt*, Gesetzlichkeit und Strafrecht, S. 121 m. w. N.

innerhalb des Wortlauts einer Norm liegt, ist Interpretation. Jede Anwendung, die über den Wortlaut hinausgeht, ist Rechtsfortbildung."[848] Daraus folgt im Strafrecht, dass der Wortsinn, der dem allgemeinen Sprachgebrauch zu entnehmen ist, den Ausgangspunkt und gleichzeitig die Grenze der Auslegung bildet. Denn ein Auslegungsergebnis, das jenseits des möglichen Wortsinns liegt, ist auch nicht mehr mit der weitreichendsten Auslegungsmethode vereinbar und kann daher nicht Inhalt des Gesetzes sein.[849] Somit ist auch in der Rechtsprechung des BGH[850] seit jeher vom möglichen Wortsinn als entscheidende Grenze zwischen Auslegung und Rechtsfortbildung die Rede – auch wenn diese Grenze nicht immer eingehalten wird.[851] Folglich ist die natürliche Wortbedeutung Auslegungsgrenze im Strafrecht.[852]

2. *Wortlaut von § 266a Abs. 1 StGB*

Zu Anfang der Auslegung hilft es daher, sich auf die Auslegung im Strafrecht zurückzubesinnen und den genauen und teilweise außer Acht gelassenen Wortlaut[853] von § 266a Abs. 1 StGB nochmals vor Augen zu führen:

> „Wer als Arbeitgeber der Einzugsstelle Beiträge des Arbeitnehmers zur Sozialversicherung einschließlich der Arbeitsförderung, unabhängig davon, ob Arbeitsentgelt gezahlt wird, vorenthält, wird mit Freiheitsstrafe bis zu fünf Jahren oder mit Geldstrafe bestraft."

Dieser Wortlaut muss somit Ausgangspunkt der Auslegung sein.

3. *Keine gesetzliche Definition des Arbeitgeberbegriffs im Strafrecht*

Eine gesetzliche Definition des Begriffs „Arbeitgeber" existiert im Strafrecht nicht. Weder in § 266a StGB noch in § 11 StGB hat der Gesetzgeber eine solche Definition geschaffen. Der Gesetzgeber hat im gesamten StGB Legaldefinitionen zurückhaltend verwendet.[854] Daher verwundert es nicht, zumal speziell bei der Einführung von § 266a StGB, wie im Folgenden[855] anhand der Historie

---

848 *Klatt*, Gesetzlichkeit und Strafrecht, S. 121.

849 *Larenz/Canaris*, Methodenlehre, S. 163 f.; ausführlich *Simon*, S. 100 ff.

850 BGHSt 3, 300, 303; 39, 112, 114 f. = NJW 1993, 1341, 1342 f.; 40, 272, 279 = NJW 1995, 64, 66; 41, 285, 286 = NJW 1996, 1068, 1068 f.; 43, 237, 238 = NJW 1998, 465, 466.

851 Vgl. ausführlich *Neumann*, Juristische Dogmatik und Wissenschaftstheorie, S. 128 ff.

852 LK/*Dannecker*, § 1 Rn. 292 f.

853 Vgl. *Wank*, Auslegung von Gesetzen, S. 41 und *Simon*, S. 43 f. zur Dichotomie von Wortlaut/Wortsinn.

854 *Simon*, S. 45.

855 Siehe S. 161 ff.

von § 266a StGB näher aufgezeigt wird, dass keine Legaldefinition des Begriffs „Arbeitgeber“ vorhanden ist.

4. *Zum Begriff „Arbeitgeber“: Bedeutung, Syntax und Kontext*

Der Begriff „Arbeitgeber“ ist zunächst unter Orientierung am allgemeinen Sprachverständnis[856] restriktiv auszulegen. Danach wird als Minimalvorgabe aus dem Sprachgebrauch des Wortes „Arbeitgeber“ nur deutlich, dass der Arbeitgeber eine Person ist, die „Arbeit gibt.“ Aus dem Sinnzusammenhang bzw. der Syntax und dem Kontext des Begriffs im Tatbestand von § 266a Abs. 1 StGB ergibt sich, dass einer anderen Person Arbeit „gegeben werden muss.“

Die ausschließliche Betrachtung des Wortlauts von § 266a Abs. 1 StGB zeigt, dass ein Arbeitnehmer vorhanden sein muss, dessen Beiträge zur Sozialversicherung der Einzugsstelle vorenthalten werden, und die Entgeltzahlung keine Voraussetzung des Vorenthaltens ist. Für den Begriff des Arbeitnehmers, der dem Arbeitgeberbegriff gegenübersteht, existiert ebenfalls weder im Straf-[857] noch im Sozialversicherungsrecht[858] eine Legaldefinition. Somit ist auch aus dem kein Ansatzpunkt zur Bestimmung des korrelierenden Begriffs des Arbeitgebers zu finden. Der Sprachgebrauch ist somit für die Auslegung unergiebig.

Auf die aktuelle Entwicklung im Arbeitsrecht rund um die Einführung des § 611a BGB[859] wird im Folgenden eingegangen.[860]

---

856 Ausführlich zum Problem der Anknüpfung an Fach- oder Alltagssprache im Rahmen der grammatikalischen Auslegung, *Simon*, S. 82 m. w. N.

857 Im StGB kommt der Begriff „Arbeitnehmer“ neben der Nennung in § 266a StGB nur in § 233 Abs. 1 StGB vor, dem Menschenhandel zum Zweck der Ausbeutung der Arbeitskraft.

858 Im Sozialversicherungsrecht werden der Begriff „Arbeitnehmer“ und der Begriff „Beschäftigter“ verwendet – a. A. Momsen/Grützner/*Meyer*, Kap. 10 Rn. 4 –. Teilweise in derselben Norm: vgl. § 7 Abs. 1a und § 7 Abs. 1b SGB IV. Bei genauer Betrachtung ist dies ungenau, da die nicht synonymen Begriffe synonym verwandt werden, vgl. § 28o SGB IV, der von den Pflichten des Beschäftigten gegenüber dem Arbeitgeber spricht; die Kommentarliteratur schreibt dennoch von den „Pflichten des Arbeitnehmers gegenüber dem Arbeitgeber“, vgl. KassKomm/*Wehrhahn*, § 28o SGB IV Rn. 2; ebenso *Greiner*, SDSRV Nr. 62 (2012), 9, 20 f.; weitere Beispiele: §§ 9 Abs. 7 S. 1, 12 Abs. 4, 28e Abs. 2 S. 2 SGB IV für den Arbeitnehmerbegriff und §§ 7a Abs. 6, 28a Abs. 6, 23a Abs. 1 S. 3 SGB IV für den Beschäftigtenbegriff. Insgesamt verwendet der Gesetzgeber in dem Kontext von SGB IV 48-mal den Begriff des Arbeitnehmers und 108-mal den Begriff des Beschäftigten.

859 Ausführlich dazu ErfK/*Preis*, BGB, § 611a Rn. 1 ff.

860 Siehe S. 150 ff.

5. *Wörterbücher und Lexika als Auslegungshilfen*

Der BGH zieht als Hilfe zur Auslegung des Wortlauts verschiedenste Wörterbücher und Lexika heran.[861] Ein Blick in den Duden verrät, dass eine rein am Wortlaut orientierte Auslegung des Begriffs „Arbeitgeber" ohne rechtliche Einordnung in ein anderes Rechtsgebiet als dem Strafrecht nicht ergiebiger wird.

Nach dem *Duden* ist Arbeitgeber eine „Firma o. ä., Person, die Arbeitnehmer im Arbeitsverhältnis beschäftigt."[862] In *Brockhaus-Wahrig* wird der Arbeitgeber als „jmd., der Arbeitnehmer gegen Lohn od. Gehalt beschäftigt", bezeichnet.[863] Im *Brockhaus-Lexikon* wird der Arbeitgeber als „Person, die andere gegen Entgelt zur Leistung von Diensten verpflichtet", definiert.[864]

Auch der Blick in die juristische Literatur, die sich auf Begriffsbestimmungen spezialisiert hat, hilft nicht weiter. *Kortstock* führt im „Nipperdey Lexikon Arbeitsrecht" unter dem Begriff „Arbeitgeber" lediglich aus, dass der Arbeitgeber der Vertragspartner eines Arbeitnehmers ist.[865] Nach *Grützner/Jakob* ist Arbeitgeber, wer die Arbeitsleistung vom Arbeitnehmer aufgrund des Arbeitsvertrages fordern kann und diesem im Gegenzug die entsprechende Vergütung schuldet. Arbeitgeber können daher natürliche und juristische Personen, aber auch Personen- und Personenhandelsgesellschaften sein.[866] *Schaub/Koch* beginnen ihre Ausführungen damit, dass „[d]er Begriff … nicht allgemeingültig gesetzlich definiert [ist]. Er erschließt sich jedoch aus §§ 611, 611a BGB."[867] *Alpmann/Krüger/Wüstenbecker* unterteilen ihre Ausführungen zum Arbeitgeberbegriff nach „allgemein" – „Arbeitgeber: derjenige, der eine oder mehrere Personen als seine Arbeitnehmer beschäftigt" – und „Sozialrecht" – „Arbeitgeber: Person, die einen anderen in einem Arbeitsverhältnis mit abhängiger Arbeit beschäftigt" –,[868] wobei bereits auf den ersten Blick unstimmig ist, dass diese Definition ein Arbeitsverhältnis voraussetzt, welches im Sozialversicherungsrecht gerade nicht erforderlich ist.

---

861 *Simon*, S. 64 mit vielen Nachweisen des BGH; *Kudlich/Christensen*, Methodik des BGH, S. 29 f.; *Kudlich/Christensen*, JuS 2002, 144, 146.

862 *Duden*, Deutsches Universalwörterbuch, „Arbeitgeber".

863 *Brockhaus-Wahrig*, Deutsches Wörterbuch, „Arbeitgeber".

864 *Brockhaus*, Das Lexikon, „Arbeitgeber".

865 *Kortstock*, Nipperdey Lexikon Arbeitsrecht, „Arbeitgeber".

866 *Grützner/Jakob*, Compliance, „Arbeitgeber".

867 *Schaub/Koch*, Arbeitsrecht von A-Z, „Arbeitgeber".

868 *Alpmann/Krüger/Wüstenbecker*, Studienlexikon, „Arbeitgeber".

An diesen beispielhaften Ausführungen zeigt sich das gegenwärtige Problem eindeutig: Eine Auslegung des Begriffs „Arbeitgeber“ ohne Rückgriff auf zumindest ein Rechtsgebiet scheint nicht leicht zu sein. Die vorhandenen Definitionen der Wörterbücher und Lexika helfen somit nicht weiter.

6. *Hypothetische Formulierung des Gesetzgebers*

Zur Ermittlung der maßgeblichen Wortbedeutung wird oftmals auch der Hinweis angebracht, der Gesetzgeber habe den Normtext in einer Weise formuliert, aus der sich eine bestimmte – hypothetische – Folge ergebe.[869] Der Begriff „Arbeitgeber“ stammt – ohne der historischen Auslegung vorzugreifen – aus den Vorgängervorschriften von § 266a StGB. Bei dessen Einführung im Jahr 1986 bestand bereits der heute von der herrschenden Meinung zur Auslegung herangezogene § 7 Abs. 1 SGB IV, der im Jahr 1977 eingeführt wurde. Dennoch griff der Gesetzgeber nicht auf den dort beschriebenen Begriff des Beschäftigungsverhältnisses oder den Begriff des Beschäftigenden zurück, was sich – wie sich zeigen wird[870] – vor dem historischen Hintergrund auch nicht aufdrängt. Der Gesetzgeber ergriff auch im Rahmen der Änderungen von § 266a StGB im Jahr 2002, bei der sowohl Absatz 1 klarstellend[871] als auch Absatz 3 geändert und Absatz 4 eingefügt wurde, sowie bei der Änderung im Jahr 2004, als ein neuer Absatz 2 eingefügt wurde,[872] nicht die Gelegenheit, eine Klarstellung zur Anknüpfung des Arbeitgeberbegriffs zu formulieren.

Dieses Argument der bedachten Formulierung des Normtextes ist meist nur überzeugend, wenn das Gesetz unterschiedliche Sachverhalte mit verschiedener Gesetzessprache verknüpft, wodurch eine ebenfalls äußerliche Unterscheidung in der Sache besteht.[873] Genau diese Variante der hypothetischen Formulierung des Gesetzgebers liegt im Fall des Arbeitgeberbegriffs vor. Denn der Gesetzgeber nutzt(e) im StGB und den Vorgängervorschriften von § 266a StGB den Begriff „Arbeitgeber.“ Im SGB IV wird der Begriff „Arbeitgeber“ auch mehrfach

---

869 *Simon*, S. 73 und S. 345 f. jeweils mit Beispielen des BGH.

870 Siehe S. 174 f.

871 Durch Art. 8 des Gesetzes zur Erleichterung der Bekämpfung von illegaler Beschäftigung und Schwarzarbeit vom 23.07.2002, BGBl. I 2002, 2787, 2791 wurde in § 266a Abs. 1 StGB der Halbsatz „unabhängig davon, ob Arbeitsentgelt gezahlt wird“ eingefügt.

872 Gesetz zur Intensivierung der Bekämpfung der Schwarzarbeit vom 23.07.2004, BGBl. I 2004, 1842, 1849.

873 *Simon*, S. 73.

verwendet.[874] Dennoch hat der Gesetzgeber bei Einführung und Änderung von § 266a StGB nicht an das Sozialversicherungsrecht angeknüpft, wie es im Rahmen einer Klarstellung möglich gewesen wäre.

Dies ergibt auch Sinn, weil der heute herangezogene § 7 Abs. 1 SGB IV gerade nicht vom „Arbeitgeber" spricht. Normzweck von § 7 Abs. 1 SGB IV ist ausschließlich die Definition des Beschäftigungsverhältnisses, sodass dieser Paragraf „nur" den Beschäftigten- und Beschäftigenden-Begriff beinhaltet. Dass das Beschäftigungsverhältnis und das Arbeitsverhältnis sich partiell unterscheiden, wurde bereits herausgearbeitet[875] und spricht damit gegen eine Anknüpfung an das Sozialversicherungsrecht.

7. „Arbeitgeber" in den Sozialgesetzbüchern

Der Wortlaut von § 266a StGB bzw. der Begriff „Arbeitgeber" ist somit nicht einfach auszulegen. Da jedoch die mögliche Bedeutung des Arbeitgeberbegriffs herausgearbeitet werden muss, um die Wortlautgrenze so exakt wie möglich zu bestimmen,[876] wird an dieser Stelle versucht, darzustellen, welcher Täter aufgrund des Wortlauts nicht unter § 266a StGB bzw. den Begriff „Arbeitgeber" subsumiert werden kann. Zudem wird dann durch das argumentum e contrario versucht, zu ermitteln, wer unter den Begriff „Arbeitgeber" zu subsumieren ist.

a) Definition nach § 7 Abs. 1 SGB IV

Diejenigen Autoren, welche eine Akzessorietät zum Sozialversicherungsrecht vertreten, gehen davon aus, dass § 7 Abs. 1 SGB IV zur Definition des Arbeitgebers – oder des Arbeitnehmers[877] – heranzuziehen ist.[878] Auch das BSG definiert den Arbeitgeber im sozialversicherungsrechtlichen Sinne als denjenigen, zu welchem ein anderer – der Beschäftigte – in einem persönlichen Abhängigkeitsverhältnis steht, und verweist dazu auf § 7 Abs. 1 S. 1 SGB IV, wonach Beschäftigung die „nichtselbständige Arbeit, insbesondere in einem Arbeitsverhältnis ist."[879] Allerdings ist bei näherer Betrachtung überaus fraglich, ob der Gesetzgeber in

---

874 Vgl. bspw. §§ 2 Abs. 3 S. 3; 7 Abs. 1b, Abs. 4; 7a Abs. 1 S. 2; 8 Abs. 2 S. 4; 9 Abs. 3 SGB IV.

875 Siehe S. 47 f.

876 Vgl. *Bydlinski*, Methodenlehre, S. 142; *Steinrötter*, AL 2011, 411, 412 m. w. N.

877 Momsen/Grützner/*Meyer*, Kap. 10 Rn. 4.

878 Siehe S. 59 f.

879 BSG, Die Beiträge 2012, 20, 22 f.

§ 7 Abs. 1 SGB IV wirklich einen Ansatz zur Auslegung – geschweige denn eine Definition – des Arbeitgeberbegriffs liefern wollte und geliefert hat.

b) Das SGB IV als allgemeiner Teil der Sozialversicherungsgesetze

Das SGB IV wurde mit Wirkung vom 1. Juli 1977 eingeführt,[880] um das zuvor in vielen Einzelgesetzen normierte Sozialversicherungsrecht zu vereinfachen.[881] Das SGB IV ist der allgemeine Teil der Sozialversicherungsgesetze. Die in diesem Gesetz enthaltenen Vorschriften sind gemäß § 1 Abs. 1 S. 1 SGB IV in die Regelungen der weiteren Sozialgesetzbücher hineinzulesen.[882] Daraus folgt, dass die Sozialgesetzbücher, welche vom Gesetzgeber an die allgemeinen Vorschriften angepasst wurden,[883] bei der Definition des Begriffs „Arbeitgeber", der zwar nicht in § 7 Abs. 1 SGB IV genannt wird, aber oft[884] in den Sozialgesetzbüchern zu finden ist, eigentlich auf § 7 Abs. 1 S. 1 SGB IV zurückgreifen müssten. Dies geschieht allerdings nicht.

c) Arbeitgeber im Sinne von § 7 Abs. 1b und 4 SGB IV

Auch in dem im Jahr 1998 eingeführten[885] § 7 Abs. 1b SGB IV sowie in dem mit Wirkung zum 1. Januar 2012 eingeführten Absatz 4 von § 7 SGB IV findet sich der Begriff „Arbeitgeber."[886] Damit wird deutlich, dass der Gesetzgeber eindeutig zwischen den Begriffen der Beschäftigung gemäß § 7 Abs. 1 SGB IV und dem Arbeitgeber nach § 7 Abs. 1b und Abs. 4 SGB IV unterscheidet. Wäre dieser Begriff deckungsgleich oder würde, wie die Vertreter der auf das Sozialversicherungsrecht abstellenden Ansicht meinen, § 7 Abs. 1 SGB IV herangezogen, um

---

880 BGBl. I 1976, 3845, 3845.

881 BT-Drucks. 7/4122, S. 1; BT-Drucks. 7/868, S. 1.

882 *Waltermann*, Sozialrecht, Rn. 117 ff.; *Segebrecht*, jurisPK-SGB IV, § 7 Abs. 1 Rn. 17 und Rn. 33 f.; *Segebrecht*, jurisPK-SGB IV^2, § 7 Rn. 23; LPK-SGB IV/*Lüdtke*/*Winkler*, § 7 Rn. 8.

883 BT-Drucks. 7/4122, S. 1.

884 Vgl. bspw. §§ 2 Abs. 3 S. 3; 7 Abs. 1b, Abs. 4; 7a Abs. 1 S. 2; 8 Abs. 2 S. 4; 9 Abs. 3 SGB IV.

885 BGBl. I 1998, 688 ff.; siehe auch *Segebrecht*, jurisPK-SGB IV, § 7 Abs. 1 Rn. 4 f.

886 § 7 Abs. 1b SGB IV: „Die Möglichkeit eines Arbeitnehmers zur Vereinbarung flexibler Arbeitszeiten gilt nicht als eine die Kündigung des Arbeitsverhältnisses durch den Arbeitgeber begründende Tatsache … "; § 7 Abs. 4 SGB IV: „Beschäftigt ein Arbeitgeber einen Ausländer ohne die … erforderliche Genehmigung …, wird vermutet, dass ein Beschäftigungsverhältnis gegen Arbeitsentgelt für den Zeitraum von drei Monaten bestanden hat."

den Begriff des Arbeitgebers auszulegen, würde der Gesetzgeber dies aller Wahrscheinlichkeit nach im selben Paragrafen tun. Dies geschieht allerdings gerade nicht. Es findet sich kein Hinweis in den Gesetzgebungsmaterialien, dass der Arbeitgeberbegriff im Rahmen von § 7 Abs. 4 SGB IV nach § 7 Abs. 1 SGB IV auslegt werden soll.[887] Schließlich spricht gerade die Verwendung des Begriffs „Arbeitgeber" in § 7 Abs. 4 SGB IV entgegen der Verwendung des Begriffs „Beschäftigung" in § 7 Abs. 1 SGB IV dafür, dass der Gesetzgeber von unterschiedlichen Begrifflichkeiten ausgeht.

d) Arbeitgeber im Sinne von § 147 SGB V

Die Auslegung des Arbeitgeberbegriffs in § 147 SGB V[888] zeigt, dass diese Norm nicht auf § 7 Abs. 1 SGB IV verweist. Wenn § 7 Abs. 1 SGB IV zur Auslegung dieses Begriffs im Sozialversicherungsrecht herangezogen werden würde, wäre ein solcher Verweis jedoch zu erwarten gewesen. Stattdessen wird der Arbeitgeber in der Kommentarliteratur unter anderem mit Rückgriff auf die Rechtsprechung des BSG als derjenige angesehen, „in dessen Diensten die im Betrieb beschäftigten Arbeitnehmer stehen, dem daher der Anspruch auf die Arbeitsleistung zusteht, der über die Arbeitskraft verfügen kann, für dessen Rechnung der Lohn gezahlt wird und dem der wirtschaftliche Ertrag der Arbeit zugutekommt."[889]

e) Arbeitgeber im Sinne des SGB III

Auch im SGB III wird der Begriff des Arbeitgebers weder speziell nach § 7 Abs. 1 SGB IV noch – bis auf wenige Ausnahmen[890] – generell nach dem Sozialversicherungsrecht ausgelegt.[891] Hingegen wird in der sozialversicherungsrechtlichen Literatur[892] zu verschiedenen Normen eindeutig festgehalten, dass das Sozialrecht den Arbeitgeberbegriff nicht selbst definiert. Stattdessen wird von dem allgemeinen Arbeitgeberbegriff im arbeitsrechtlichen Sinn ausgegangen.[893] Dies

---

887 Vgl. BT-Drucks. 17/6764, S. 16 f.

888 § 147 SGB V: „(1) Der Arbeitgeber kann für einen oder mehrere Betriebe eine Betriebskrankenkasse errichten …".

889 Krauskopf/*Baier*, SGB V, § 147 Rn. 4 mit Verweis auf BSGE 18, 190, 196.

890 Vgl. Gagel/*Winkler*, SGB III § 421f Rn. 15: „Arbeitgeber ist jeder, der einen Arbeitnehmer beschäftigt"; BeckOK-Sozialrecht/*Ulmer*, SGB V, § 249 Rn. 1.

891 A. A. Gercke/Kraft/Richter/*Richter*, Arbeitsstrafrecht, Kap. 1 Rn. 36.

892 *Müller-Grune*, jurisPK-SGB III, § 95 Rn. 37; Brand/*Kühl*, SGB III, § 95 Rn. 18.

893 Gagel/*Nebe*, SGB III, § 73 Rn. 7; BeckOK-Sozialrecht/*Plössner*, SGB III, § 165 Rn. 13 mit Verweis auf *Peters-Lange*, Rn. 92; Knickrehm/Kreikebohm/Waltermann/*Mutschler*, § 165 SGB III Rn. 11; *Müller-Grune*, jurisPK-SGB III, § 95 Rn. 37.

geschieht ungeachtet dessen, dass die Normen des SGB IV als allgemeiner Teil auch im SGB III regelmäßig herangezogen werden, um bspw. die Abführungspflicht des Arbeitgebers nach §§ 28d f. SGB IV zu begründen.[894]

f) Arbeitgeber im Sinne von § 71 SGB IX

Im Rahmen des SGB IX kommt dem Begriff „Arbeitgeber" in § 71 SGB IX, der die Pflicht des Arbeitgebers zur Beschäftigung schwerbehinderter Menschen regelt, zum Tragen. Wer dabei als „Arbeitgeber" angesehen wird, beschreibt die sozialversicherungsrechtliche Kommentarliteratur wie folgt: „Wer Arbeitgeber in der Privatwirtschaft ist, ergibt sich aus dem Arbeitsvertrag."[895]

Darüber hinaus werden auch Unternehmen, der Bund – nach Abs. 3 Nr. 1 –, die Länder – nach Abs. 3 Nr. 2 –, sonstige Gebietskörperschaften und deren Verbände – gemäß Abs. 3 Nr. 3 – als Arbeitgeber im Sinne des § 71 SGB IX angesehen. Es wird somit deutlich, dass dieser Arbeitgeberbegriff sich nicht an § 7 Abs. 1 SGB IV orientiert und darüber hinaus der Regelungsgehalt, der auf die Beschäftigung von Behinderten ausgerichtet ist, das weiteste Verständnis des Begriffs „Arbeitgeber" hat. In der Folge ist kein Rückschluss für die Auslegung dieser Norm für die vorliegende Untersuchung zu ziehen. Allerdings wird – wieder – deutlich, dass im Sozialversicherungsrecht der Begriff „Arbeitgeber" unterschiedliche „weite" Anwendungsbereiche innehat, die nach dem Regelungsinhalt der jeweiligen Norm variieren.

g) Arbeitgeber im Sinne von § 115 SGB X

Auch in § 115 SGB X wird der Begriff „Arbeitgeber" vom Gesetzgeber verwandt. Diese Norm regelt, dass „soweit der Arbeitgeber den Anspruch des Arbeitnehmers auf Arbeitsentgelt nicht erfüllt und deshalb ein Leistungsträger Sozialleistungen erbracht hat, … der Anspruch des Arbeitnehmers gegen den Arbeitgeber auf den Leistungsträger bis zur Höhe der erbrachten Sozialleistungen über[geht]."[896]

Denn der Arbeitnehmer hat einen Anspruch gegen seinen Arbeitgeber auf die Zahlung des Arbeitsentgelts. Erfüllt der Arbeitgeber diesen nicht, treten die Sozialversicherungsträger vielfach in Vorleistung.[897] Diese Vorfinanzierung des

894 Vgl. bspw. Gagel/*Winkler*, SGB III, § 157 Rn. 12.

895 LPK-SGB IX/*Joussen*, § 71 Rn. 10.

896 § 115 Abs. 1 SGB IV.

897 Dies geschieht, weil der Arbeitnehmer entweder nach § 38 SGB I einen Anspruch auf die sozialrechtliche „Vorleistung" hat oder die Leistung gemäß § 39 SGB I nach Ermessen gewährt wird.

Arbeitsentgelts soll den Arbeitgeber aber nicht von seinen Pflichten entlasten und der Arbeitnehmer soll nicht die sozialrechtliche Vorausleistung sowie – zusätzlich – das Arbeitsentgelt erhalten, welches ihm aufgrund des Arbeitsverhältnisses zusteht. Zudem sollen die in Vorleistung getretenen Sozialversicherungsträger nicht – auf Kosten der Sozialversicherungsgemeinschaft oder des Steuerzahlers – für die Kosten aufkommen müssen, die letztendlich dem Steuerzahler oder der Sozialversicherungsgemeinschaft zur Last fallen würden.

Im Rahmen dieser Norm wird der Begriff „Arbeitgeber“ in der einschlägigen Kommentarliteratur teilweise nach dem Arbeitsrecht und teilweise nach dem Sozialversicherungsrecht ausgelegt. So heißt es einerseits, dass „§ 115 … die arbeitsrechtlichen Begriffe [enthält]“[898] und andererseits, dass der „Arbeitnehmer … der Berechtigte [ist], wenn er für einen anderen (= Arbeitgeber) nichtselbstständige Arbeit erbringt (§ 7 SGB IV …).“[899] Folglich hilft auch diese Norm bzw. die Auslegung des Begriffs „Arbeitgeber“ in dieser Norm nicht weiter.

h) Kein Rückgriff auf § 7 Abs. 1 SGB IV innerhalb des Sozialversicherungsrechts

Folglich wird im Sozialversicherungsrecht selbst zur Auslegung des nicht definierten Begriffs „Arbeitgeber“ nicht auf § 7 Abs. 1 SGB IV verwiesen, geschweige denn in der Kommentierung auf diesen zurückgegriffen, um den Arbeitgeberbegriff zu bestimmen. Wird ausnahmsweise der Arbeitgeber als derjenige definiert, welcher einen Arbeitnehmer „beschäftigt“[900], erfolgt dennoch kein Verweis auf das SGB IV. Handelt es sich um Definitionsversuche innerhalb des SGB IV, wird zwar versucht, den Arbeitgeber nach dem Sozialversicherungsrecht zu bestimmen, ohne dabei jedoch auf § 7 Abs. 1 SGB IV zurückzugreifen.[901]

Dass genau dieser Rückgriff auf § 7 SGB IV aber im Strafrecht erfolgen soll, ist kritisch zu sehen. Eine Begriffsauslegung aus dem Sozialversicherungsrecht

898 KassKomm/*Kater*, § 115 SGB X Rn. 15.

899 BeckOK-Sozialrecht/*von Koppenfels-Spies*, § 115 SGB X Rn. 7.

900 Gagel/*Winkler*, SGB III, § 421f Rn. 15 (§ 421f SGB III wurde am 01.04.2012 aufgehoben).

901 Bspw. KassKomm/*Wehrhahn*, § 28e SGB IV Rn. 3: „Eine Legaldefinition wurde für den Begriff ‚Arbeitgeber‘ nicht geschaffen. Die st Rspr definiert ihn als denjenigen, der einen anderen beschäftigt, zu dem der Beschäftigte also in persönl. Abhängigkeit steht“; BeckOK-Sozialrecht/*Wagner*, SGB IV, § 28e Rn. 5: „Die Arbeitgebereigenschaft ergibt sich aus der Tragung des Unternehmerrisikos und der Pflicht zur Zahlung von Lohn und Gehalt“.

in das Strafrecht zu übertragen, ohne dass dieser Begriff im Sozialversicherungsrecht einheitlich angewandt wird, ist keine schlüssige Vorgehensweise zur Auslegung des Arbeitgeberbegriffs im Sinne von § 266a StGB.

8. *„Arbeitgeber" in verschiedenen Bußgeldtatbeständen*

Auch der Blick in verschiedene – arbeitsrechtliche – Gesetze, die bestimmte Verhaltensweisen des Täters „Arbeitgeber" sanktionieren, bringen keine weiteren Erkenntnisse.

a) § 21 MuSchG

So ist nach dem Sonderdelikt von § 21 MuSchG[902] alleiniger Adressat der Sanktion der Arbeitgeber.[903] Arbeitgeber soll in diesem Fall sein, wer zu dem Arbeitnehmer in einem Arbeitsverhältnis steht.[904]

b) § 23 AEntG, §§ 22, 23 ArbZG

Auch im Rahmen von § 23 AEntG,[905] der sich primär an den Arbeitgeber richtet, ist keine Legaldefinition vorhanden.[906] Selbiges gilt für §§ 22, 23 ArbZG.[907]

c) §§ 3, 58, 59 JArbSchG

§ 3 JArbSchG definiert zwar, dass „Arbeitgeber im Sinne dieses Gesetzes ist, wer ein Kind oder einen Jugendlichen gemäß § 1 beschäftigt." Das JArbSchG gilt jedoch nur für den Schutz von Jugendlichen und Kindern. Daher ist der Arbeitgeberbegriff in diesem Kontext weiter zu fassen als der Arbeitgeberbegriff im übrigen Arbeitsrecht.[908] Eine Anwendung dieses Begriffs außerhalb des JArbSchG, welches die Bußgeldvorschriften in §§ 58, 59 JArbSchG normiert, kommt daher nicht in Betracht. Daher kann die genannte Definition nicht als

902 Ausführlich zu § 21 MuSchG siehe Bross/*Nebe*/*Kempe*, Arbeitsstrafrecht, Kap. 21 Rn. 99 ff.

903 Bross/*Nebe*/*Kempe*, Arbeitsstrafrecht, Kap. 21 Rn. 2.

904 Erbs/Kohlhaas/*Ambs*, § 21 MuSchG Rn. 1 f.

905 Ausführlich zu § 23 AEntG siehe Bross/*Sittard*, Arbeitsstrafrecht, Kap. 14 Rn. 32 ff.

906 Erbs/Kohlhaas/*Ambs*, § 23 AEntG Rn. 5; Bross/*Sittard*, Arbeitsstrafrecht, Kap. 14 Rn. 36 f.

907 Erbs/Kohlhaas/*Ambs*, § 22 ArbZG Rn. 2 f; Erbs/Kohlhaas/*Ambs*, § 23 ArbZG Rn. 9; Bross/*Waßmer*, Arbeitsstrafrecht, Kap. 18 Rn. 32 ff.

908 Bross/*Kohte*/*Schmitz*, Arbeitsstrafrecht, Kap. 20 Rn. 6 f. und Rn. 21; Erbs/Kohlhaas/*Ambs*, § 3 JArbSchG Rn. 1 f.

Anhaltspunkt zur Auslegung des Arbeitgeberbegriffs im Strafrecht herangezogen werden.

9. Rückschlüsse aus dem HGB und der GewO

Möglichweise können aus § 84 HGB und § 106 GewO weitere Hinweise für die Definition gefunden werden. Diese Normen werden im Arbeitsrecht oftmals zur Bestimmung der Pflichten des Arbeitgebers und zur Abgrenzung von arbeitsrechtlichen Fragen herangezogen.

a) Selbstständigkeit nach § 84 Abs. 1 S. 2 HGB

Das HGB beschreibt allerdings nicht den Arbeitgeber oder den Arbeitnehmer, sondern den Selbstständigen im Rahmen von § 84 Abs. 1 S. 2 HGB. Danach ist „selbständig ..., wer im Wesentlichen frei seine Tätigkeit gestaltet und seine Arbeitszeit bestimmen kann."[909] Allerdings beinhaltet diese gesetzliche Begriffsbestimmung keine eindeutigen Abgrenzungsmerkmale, die eine zutreffende Subsumtion in allen Fällen ermöglichen würde. Daher wurden auch zu § 84 Abs. 1 S. 2 HGB in der Rechtsprechung und der juristischen Literatur zahlreiche verschiedene Ansätze entwickelt, um eine Abgrenzung im Einzelfall zu ermöglichen.[910] Folglich kann für die Bestimmung des Begriffs „Arbeitgeber" nur gefolgert werden, dass jedenfalls der Arbeitgeber die Arbeitszeit und die Tätigkeit des Arbeitnehmers bestimmen können muss.

b) Direktionsrecht nach § 106 GewO

Das Weisungs- bzw. Direktionsrecht des Arbeitgebers ist für alle Arbeitsverhältnisse in § 106 GewO geregelt.[911] Dort ist normiert, dass der Arbeitgeber Inhalt, Durchführung, Zeit und Ort der Tätigkeit bestimmen kann. Im Hinblick auf den Regelungsgehalt der Norm wird § 106 GewO als „arbeitsrechtliche Spezialnorm" angesehen,[912] die nach § 6 Abs. 2 GewO für alle Arbeitnehmer Anwendung findet. Aus dieser ist für die Bestimmung des Arbeitgeberbegriffs zu ersehen, dass der Arbeitgeber – jedenfalls im Arbeitsrecht – derjenige ist, der die Tätigkeit des Arbeitnehmers bestimmt.

---

909 § 84 Abs. 1 S. 2 HGB; vgl. auch *Eichenhofer*, DRV 2009, 293, 295 f.
910 MüKo-HGB/*von Hoyningen-Huene*, § 84 Rn. 26 ff. m. w. N.
911 BAG, NZA 2005, 359 ff.
912 ErfK/*Preis*, GewO, § 106 Rn. 1.

10. Historische Begriffsbestimmung des Arbeitnehmers

Ein weiterer Ansatzpunkt könnte sein, den Begriff des Arbeitnehmers zu bestimmen und von diesem auf den Arbeitgeber zu schließen. Wie bereits erörtert, gelingt dies heutzutage nicht, weil eine Legaldefinition des Arbeitnehmers im Arbeitsrecht wie im Sozialversicherungsrecht fehlt und dort zudem nur von dem „Beschäftigten" die Rede ist.

Dennoch soll an dieser Stelle kurz angemerkt werden, dass es sich bei der Bezeichnung des Arbeitnehmers im Sozialversicherungsrecht als „Beschäftigten" aus historischer Sicht um einen „Schönheitsfehler" handelt,[913] der allerdings eine – bereits dargestellte – große Eigendynamik entwickelt hat. Die abweichende Benennung geht auf die Bismarck'schen Sozialversicherungsgesetze zurück, welche Arbeitnehmer erst seit der Jahrhundertwende schrittweise unter der Sammelbezeichnung „Personen, welche als Arbeiter ... gegen Lohn oder Gehalt beschäftigt werden", erfassten.[914] Eine Abweichung vom Arbeitnehmerbegriff war nicht beabsichtigt.[915] Dies führt aber zu den bis heute bestehenden Unterschieden von Arbeitnehmern und Beschäftigten, die sich, wie diese Untersuchung zeigt, im Strafrecht fortsetzen.

11. Entwurf einer gesetzlichen Definition des Begriffs „Arbeitnehmer" und des Begriffs „Arbeitsvertrag"

Bei der Suche nach der richtigen Auslegung des Begriffs „Arbeitgeber" ist auch eine aktuelle arbeitsrechtliche Entwicklung in dieser Untersuchung zu betrachten. Denn diese befasst sich mit der Definition des Begriffs „Arbeitsvertrag" bzw. mit dem Arbeitnehmerbegriff, der dem Arbeitgeberbegriff untrennbar gegenübersteht. Dabei wurde im Rahmen des Gesetzgebungsprozesses lange über die Einführung einer Legaldefinition des Begriffs „Arbeitnehmer" diskutiert, auf welchen das BGB zuvor 117 Jahre verzichten konnte.[916] Letztendlich wurde aber eine Definition des Begriffs „Arbeitsvertrag" geschaffen, welche nunmehr in das BGB eingefügt wurde.

Hintergrund dieser arbeitsrechtlichen Diskussion ist, dass im Rahmen des Koalitionsvertrags der Großen Koalition vom 16. Dezember 2013 festgelegt wurde, die Arbeitnehmerüberlassung weiterzuentwickeln. Dazu sollte vor allem

913 *Hromadka*, DB 1998, 195, 195.
914 *Hromadka*, DB 1998, 195, 195.
915 *Hromadka*, DB 1998, 195, 195 m. w. historischen Fundstellen-Nennungen.
916 *Preis*, NJW-Editorial 46/2016, 3; *Zundel*, NJW 2017, 132, 132.

die Überlassungshöchstdauer im Rahmen des AÜG, die Anpassung des Arbeitsentgelts, der Einsatz von Leiharbeitnehmern als Streikbrecher und die Arbeit der Betriebsräte verbessert werden.[917] Daher sieht nun die nächste große arbeitsrechtliche Reform – nach Mindestlohneinführung etc. –, die zum 1. April 2017 in Kraft getreten und nicht unumstritten ist,[918] im Kern eine Änderung des AÜG vor.[919] Die Reform beinhaltete aber auch – beiläufig – die „Jahrhundertaufgabe“[920] der Definition des Begriffs „Arbeitnehmer“ bzw. – letztendlich – des Begriffs „Arbeitsvertrag“, auf welche bisher immer verzichtet wurde.[921]

Dieses Vorhaben wurde seit seinem Bekanntwerden als über den Koalitionsvertrag hinausgehend kritisiert.[922] Denn die AÜG-Reform hat die Zurückdrängung der Leiharbeit und die stärkere Regulierung des Einsatzes von Drittpersonal im Rahmen von Werk- und Dienstverträgen zum Ziel. Der Anwendungsbereich der Arbeitnehmerüberlassung soll eingeschränkt und die praktische Bedeutung minimiert werden. Auf diese Weise soll ein Missbrauch der Leiharbeit durch Werkvertragsgestaltungen oder verdeckte Arbeitnehmerüberlassung verhindert werden.[923] Zu diesem Paket gehört jedoch auch – und dieser Punkt soll in diese Untersuchung einbezogen werden – die Normierung des Arbeitnehmerbegriffs bzw. des Arbeitsvertrags in dem neu normierten § 611a BGB, welcher ebenfalls bereits stark kritisiert wird.[924]

Nach dem ersten Gesetzentwurf[925] sollte § 611a BGB-E mit folgendem Wortlaut eingeführt werden:

917 Koalitionsvertrag zwischen CDU, CSU und SPD v. 16.12.2013, S. 49 f.; zu den bisherigen Umsetzungen *Schiefer/Köster*, DB 2016, 169 ff.; auch *Hamann/Rudnik*, NZA 2016, 455 ff.; BeckOK-Arbeitsrecht[42]/*Kock*, § 1 AÜG Rn. 24 ff.

918 Siehe ausführlich *Reuker*, wistra 2017, 430 ff.; vgl. zur politischen Entwicklung *Deter*, AuR 2016, 65 f.; *Deter*, AuR 2016, 108 f.; *Deter*, AuR 2016, 148 f.; *Deter*, AuR 2016, 190 f.

919 Siehe ausführlich *Lembke*, NZA 2017, 1 ff. und *Kainer/Schweipert*, NZA 2017, 13 ff. zur AÜG-Reform 2017.

920 *Henssler*, RdA 2016, 18, 18; *Seel*, öAT 2016, 27, 28 f.

921 Vgl. *Thüsing*, PuR 2015, 230, 230 mit Verweis auf BAG, DB 1978, 1035 ff.

922 *Seel*, öAT 2016, 27, 30; *Baeck/Winzer/Kramer*, NZG 2016, 20, 20; *Gaul/Hahne*, BB 2016, 58, 61; *Ebner von Eschenbach*, NJW-aktuell 46/2016, 17.

923 BR-Drucks. 294/16, S. 1 ff.; Referentenentwurf v. 14.04.2016, S. 1; Referentenentwurf v. 17.02.2016, S. 1; Referentenentwurf v. 16.11.2015, S. 1.

924 *Ziehm*, NZWiSt 2016, 387, 390; *Henssler*, RdA 2016, 18, 19; *Seel*, öAT 2016, 27, 28; *Melot de Beauregard*, DB 2015, 2881, 2881.

925 BR-Drucks. 294/16, S. 6.

„§ 611a Arbeitnehmer
Arbeitnehmer ist, wer auf Grund eines privatrechtlichen Vertrags im Dienste eines anderen zur Leistung weisungsgebundener, fremdbestimmter Arbeit in persönlicher Abhängigkeit verpflichtet ist. Das Weisungsrecht kann Inhalt, Durchführung, Zeit, Dauer und Ort der Tätigkeit betreffen. Arbeitnehmer ist derjenige Mitarbeiter, der nicht im Wesentlichen frei seine Tätigkeit gestalten und seine Arbeitszeit bestimmen kann; der Grad der persönlichen Abhängigkeit hängt dabei auch von der Eigenart der jeweiligen Tätigkeit ab. Für die Feststellung der Arbeitnehmereigenschaft ist eine Gesamtbetrachtung aller Umstände vorzunehmen. Zeigt die tatsächliche Durchführung des Vertragsverhältnisses, dass es sich um ein Arbeitsverhältnis handelt, kommt es auf die Bezeichnung im Vertrag nicht an."

Als Begründung für diesen gewählten Wortlaut wurde ausgeführt, dass „eine 1:1-Kodifizierung [der] gefestigten höchstrichterlichen Rechtsprechung [vorgenommen wurde, welche] die Rechtslage in Deutschland unverändert [lässt]. Damit werden gegenüber der bisherigen Rechtslage keine neuen Pflichten für die Wirtschaft begründet. Es entsteht vielmehr eine entlastende Wirkung durch die Beseitigung von Rechtsunsicherheit."[926] Diese Begründung mutet bereits fraglich an, denn es ist davon auszugehen, dass die zuständigen Behörden genaue Kenntnis der Rechtsprechung haben. Ein Gesetz mit der Aufzählung von fünf dieser Kriterien, die der Gesetzgeber aus Urteilen des BAG abgeschrieben hat,[927] erscheint verfehlt,[928] wenn nicht sogar obsolet.[929] Als Begründung für die Einführung – dem Grunde nach – wurde angegeben, dass „missbräuchliche Gestaltungen des Fremdpersonaleinsatzes durch vermeintlich selbstständige Tätigkeiten verhindert und die Rechtssicherheit der Verträge erhöht werden [sollen]. Dazu legt die Vorschrift des § 611a BGB unter wörtlicher Wiedergabe der Leitsätze der höchstrichterlichen Rechtsprechung fest, wer Arbeitnehmer ist. Soweit andere Rechtsvorschriften eine abweichende Definition des Arbeitnehmers, des Arbeitsvertrages oder des Arbeitsverhältnisses vorsehen, um einen engeren oder weiteren Geltungsbereich dieser Rechtsvorschriften festzulegen, bleiben diese unberührt."[930]

926 BR-Drucks. 294/16, S. 13.
927 *Bissels/Falter*, DB 2016, 534, 534.
928 Ebenso *Schüren*, DB 2016, 234, 234; *Bissels/Falter*, DB 2016, 534, 534.
929 Dahingehend auch BeckOK-Sozialrecht/*Rittweger*, SGB IV, § 7 Rn. 4.
930 BR-Drucks. 294/16, S. 28.

a) Langer Weg zur Reform – Drei Referentenentwürfe des BMAS

Für die Umsetzung der Änderung des AÜG und anderer Gesetze mussten insgesamt drei Referentenentwürfe des Bundesministeriums für Arbeit und Soziales vorgelegt werden. Alle Entwürfe sahen und sehen sich starker Kritik ausgesetzt.[931] Dennoch wurde im Juni 2016 der Gesetzentwurf eines Gesetzes zur Änderung des Arbeitnehmerüberlassungsgesetzes und anderer Gesetze der Bundesregierung vorgestellt.[932]

(a) Der erste Referentenentwurf vom 16. November 2015

Der erste Referentenentwurf hat eine Vielzahl an kritischen Beiträgen hervorgebracht.[933] Diese gehen so weit, dass der Sinn der gesamten Reform angezweifelt und die Notwendigkeit der neuen Regelungen verneint wird.[934] Die Reform sei eine „unnötige Belastung des Arbeitsmarkts statt Missbrauchsbekämpfung."[935] Dieser erste Entwurf sah neben § 611a Abs. 1 BGB-E noch § 611a Abs. 2 und Abs. 3 BGB-E vor.[936] Überschrieben war die Norm in diesem ersten Entwurf mit der Überschrift „Vertragstypische Pflichten beim Arbeitsvertrag."[937] In § 611a Abs. 2 BGB-E wurde ein Kriterienkatalog[938] aufgestellt, der im Rahmen der Gesamtbetrachtung helfen sollte, die Definition eines Arbeitsverhältnisses zu vereinfachen.[939] Zudem wurde in § 611a Abs. 3 BGB-E – und dies ist im Rahmen der vorliegenden Untersuchung beachtenswert – Folgendes niedergelegt:

> „(3) Das Bestehen eines Arbeitsvertrages wird widerleglich vermutet, wenn die Deutsche Rentenversicherung Bund nach § 7a des Vierten Buches Sozialgesetzbuch insoweit das Bestehen eines Beschäftigungsverhältnisses festgestellt hat."[940]

---

931 Vgl. zum Koalitionsstreit über dieses Thema *Deter*, AuR 2016, 286, 286 f.

932 BR-Drucks. 294/16, S. 1 ff.

933 *Henssler*, RdA 2016, 18, 18; *Seel*, öAT 2016, 27, 28; *Baeck/Winzer/Kramer*, NZG 2016, 20, 22 f.; *Melot de Beauregard*, DB 2015, 2881, 2881; *Bissels/Falter*, DB 2016, 534, 534; *Schüren*, DB 2016, 234 ff.; *Tuengerthal/Andorfer*, AuA 2016, 94 ff.; *Thüsing*, PuR 2015, 230 f.

934 *Henssler*, RdA 2016, 18, 18.

935 *Henssler*, RdA 2016, 18, 24.

936 Referentenentwurf v. 16.11.2015, S. 10.

937 Referentenentwurf v. 16.11.2015, S. 9.

938 Dazu ausführlich *Tuengerthal/Andorfer*, AuA 2016, 158 ff.

939 Kritisch dazu *Henssler*, RdA 2016, 18, 19 f.

940 Referentenentwurf v. 16.11.2015, S. 10.

Als Begründung für diesen Absatz 3 wurde in dem Entwurf ausgeführt, dass diese „enthaltene Regelung zur Vermeidung von Doppelprüfung“[941] im Arbeits- und Sozialversicherungsrecht gedacht war. Dass dieser Vorschlag allerdings nicht durchdacht ist,[942] wurde bereits an Ausführungen in dieser Untersuchung deutlich: Beschäftigungsverhältnis und Arbeitsverhältnis sind nicht immer gleichzusetzen. Vielmehr führt diese Gleichsetzung zu einem „nicht zu rechtfertigenden Systembruch.“[943] Dies erkannten auch die Autoren des ersten Referentenentwurfs,[944] hielten aber dennoch an der Regelung fest. Diese Regelung in § 611a Abs. 3 BGB-E erinnerte stark an den – ebenfalls – missglückten und wieder entfallenen § 7 Abs. 4 SGB IV a. F.[945] Daher stieß dieser Absatz 3 auf breite Kritik in der juristischen Literatur[946] und der Wirtschaft.[947]

Daraufhin stoppte die Bundeskanzlerin den ersten Referentenentwurf selbst, da sie ebenfalls eine über den Koalitionsvertrag hinausgehende Regelung in dem ersten Referentenentwurf sah.[948] Deshalb wurde teilweise bereits gefordert, die Reformpläne insgesamt aufzugeben.[949]

(b) Der zweite Referentenentwurf vom 17. Februar 2016

Im zweiten überarbeiteten und entschärften Referentenentwurf[950] vom 17. Februar 2016 entfielen die ursprünglich angedachten Absätze 2 und 3 des § 611a BGB-E,[951] welche „von vornherein zum Scheitern verurteilt

941 Referentenentwurf v. 16.11.2015, S. 3.

942 Kritisch ebenfalls *Henssler*, RdA 2016, 18, 22.

943 Ebenso *Baeck/Winzer/Kramer*, NZG 2016, 20, 23.

944 Referentenentwurf v. 16.11.2015, S. 32: „Die Regelung trägt dem Umstand Rechnung, dass bei Bestehen eines sozialversicherungsrechtlichen Beschäftigungsverhältnisses in der Regel auch ein Arbeitsverhältnis vorliegt (eine Übereinstimmung in mehr als 95 % der Fälle schätzt Rittweger, in: Beck'scher Online-Kommentar Sozialrecht, Stand 1. Juni 2015, § 7 SGB IV Rn. 4).“

945 *Zimmermann*, BB 2016, 53, 57.

946 *Henssler*, RdA 2016, 18, 22 f.; *Seel*, öAT 2016, 27, 28; *Baeck/Winzer/Kramer*, NZG 2016, 20, 22 f.; *Gaul/Hahne*, BB 2016, 58, 61; *Melot de Beauregard*, DB 2015, 2881, 2881; *Schüren*, DB 2016, 234 ff.; *Tuengerthal/Andorfer*, AuA 2016, 94 ff.; *Thüsing*, PuR 2015, 230 f.

947 Vgl. dazu *Deter*, AuR 2016, 65, 65.

948 Vgl. *Zimmermann*, BB 2016, 53, 57 Fn. 55; *Baeck/Winzer/Hies*, NZG 2016, 415, 415; *Deter*, AuR 2016, 350, 353.

949 Vgl. dazu *Deter*, AuR 2016, 65, 65.

950 *Deter*, AuR 2016, 108, 108 f.; *Deter*, AuR 2016, 148, 148.

951 Referentenentwurf v. 17.02.2016, S. 10; vgl. *Giesen*, ZRP 2016, 65; *Bissels/Falter*, DB 2016, 534 f.

[waren]“[952], da die Abgrenzung von Dienst- und Werkvertrag stets eine Einzelfallprüfung darstellt.[953] Zudem wurde die Norm mit dem Titel „Arbeitnehmer“ überschrieben.[954] Auch dieser inhaltliche „Kompromiss“ ändert die bestehende Rechtslage weiterhin nicht,[955] sondern entspricht der seit Jahren bestehenden Definition des BAG.[956] In der Folge wurde kein wesentlicher Beitrag von § 611a BGB-E erwartet. Daher herrschte Einverständnis mit dieser Normierung.[957] Im Übrigen wurde auch der zweite Referentenentwurf überwiegend kritisiert.[958]

(c) Der dritte Referentenentwurf vom 14. April 2016

Der dritte Entwurf hat für die hier zu behandelnde Frage keine Neuerungen gebracht. Dieser beinhaltete aber – dies sei nur am Rande angemerkt – zum ersten Mal ein Widerspruchsrecht des illegal überlassenen Leiharbeiters gegen die gesetzliche Fiktion eines Arbeitsverhältnisses zum Entleiher.[959]

b) Der Gesetzentwurf der Bundesregierung vom 2. Juni 2016

Am 2. Juni 2016 hat die Bundesregierung den auf den drei Referentenentwürfen beruhenden Gesetzentwurf dem Bundesrat nach Art. 76 Abs. 2 GG zur Stellungnahme zugeleitet. Auch dieser Gesetzentwurf erfuhr bereits durch die Literatur[960] sowie die *BRAK* scharfe Kritik. So werden von der *BRAK* die vorgeschlagene Begrenzung der Überlassungsdauer auf 18 Monate, das Equal Pay-Gebot, das Verbot von Leiharbeitern als Streikbrecher und die bei Zuwiderhandlung vorgesehenen Sanktionen als verfassungswidrig angesehen.[961] Auf § 611a BGB-E ging die *BRAK* hingegen nicht ein. Auch in der Literatur wurde der Regierungsentwurf weiterhin kritisch gesehen.[962] Dennoch ging der Gesetzgebungsprozess unbeirrt weiter. In der Sitzung des Bundestages am 22. September 2016 wurde

952 *Hamann*, AuR 2016, 136, 136.
953 *Hamann*, AuR 2016, 136, 136; *Baeck/Winzer/Hies*, NZG 2016, 415, 416.
954 Referentenentwurf v. 17.02.2016, S. 10.
955 *Bauschke*, öAT 2016, 69,71.
956 *Henning/Bödeker*, AuA 2016, 201, 203.
957 *Henning/Bödeker*, AuA 2016, 201, 203; *Bauschke*, öAT 2016, 69, 71.
958 *Hamann*, AuR 2016, 136 ff.; *Baeck/Winzer/Hies*, NZG 2016, 415, 415 f.
959 Referentenentwurf v. 17.02.2016, S. 7 f.; dazu ausführlich *Brors*, NZA 2016, 672 ff.
960 *Schiefer*, PuR 2016, 162.
961 *BRAK*, Stellungnahme 14/2016, S. 3 ff.
962 Vgl. nur *Bissels/Falter*, DB 2016, 1444 ff.; *Schiefer*, PuR 2016, 162: „§ 611a BGB … völlig misslungen.“

der Gesetzentwurf nach der ersten Lesung bereits in die Fachausschüsse überwiesen.[963]

c) *Der Gesetzentwurf der Bundesregierung vom 20. Juli 2016*

Sodann hat die Bundesregierung den Gesetzentwurf vom 20. Juli 2016 beschlossen und an den Bundestag zur Beschlussfassung übersandt.[964] In dem finalen Entwurf wird ausgeführt, dass „mit der Einführung eines neuen § 611a im Bürgerlichen Gesetzbuch (BGB) … anhand der höchstrichterlichen Rechtsprechung gesetzlich niedergelegt [wird], wer Arbeitnehmer ist.“[965] Diese „1:1 Kodifizierung … [lässt] die Rechtslage in Deutschland unverändert.“[966] Weiter heißt es in der Begründung, dass „soweit andere Rechtsvorschriften eine abweichende Definition des Arbeitnehmers … vorsehen, um einen engeren oder weiteren Geltungsbereich dieser Rechtsvorschrift festzulegen, … diese unberührt [bleiben].“[967] Somit verdeutlicht dieser finale Entwurf der Bundesregierung, was die Referentenentwürfe bereits vorsahen: Es wurde eine Definition des Arbeitnehmerbegriffs anhand der gefestigten Rechtsprechung des BAG geschaffen, welche die Rechtslage nicht ändern soll. Ob diese Regelung dann, wie von der Bundesregierung gewünscht, zu einer Verbesserung der Rechtssicherheit führt,[968] darf – unter Berücksichtigung der bereits oben angeführten Kritik der Literatur, welche in diesem Gesetzentwurf nicht berücksichtigt wurde – bezweifelt werden. Denn der Mehrwert der Regelung ist weiterhin nicht ersichtlich, wenn die Rechtslage nicht verändert wird. Zudem ist eine Anwendung der „neuen“ Definition ausgeschlossen, wenn eine andere Definition des Arbeitsvertrags in einem anderen Regelungsbereich vorgesehen ist. Wie weitreichend daher die Anwendung des § 611a BGB sein wird, ist nicht erkennbar.

d) *Beschlussempfehlung des Ausschusses für Arbeit und Soziales*

Die vorgenannte Kritik an § 611a BGB-E aufnehmend führt interessanterweise der Ausschuss für Arbeit und Soziales in seinem Bericht vom 19. Oktober 2016

---

963 Plenarprotokoll der 190. Sitzung des Deutschen Bundestages vom 22.09.2016, S. 18777.
964 BT-Drucks. 18/9232, S. 1 ff.
965 BT-Drucks. 18/9232, S. 4.
966 BT-Drucks. 18/9232, S. 4.
967 BT-Drucks. 18/9232, S. 31.
968 BT-Drucks. 18/9232, S. 16.

aus, dass „§ 611a BGB-E … neu zu fassen [sei].“[969] Folglich empfahl der Ausschuss in § 611a BGB-E nicht den Begriff „Arbeitnehmer“, sondern den Arbeitsvertrag – wie folgt – zu definieren:

„§ 611a Arbeitsvertrag

(1) Durch den Arbeitsvertrag wird der Arbeitnehmer im Dienste eines anderen zur Leistung weisungsgebundener, fremdbestimmter Arbeit in persönlicher Abhängigkeit verpflichtet. Das Weisungsrecht kann Inhalt, Durchführung, Zeit und Ort der Tätigkeit betreffen. Weisungsgebunden ist, wer nicht im Wesentlichen frei seine Tätigkeit gestalten und seine Arbeitszeit bestimmen kann. Der Grad der persönlichen Abhängigkeit hängt dabei auch von der Eigenart der jeweiligen Tätigkeit ab. Für die Feststellung, ob ein Arbeitsvertrag vorliegt, ist eine Gesamtbetrachtung aller Umstände vorzunehmen. Zeigt die tatsächliche Durchführung des Vertragsverhältnisses, dass es sich um ein Arbeitsverhältnis handelt, kommt es auf die Bezeichnung im Vertrag nicht an.

(2) Der Arbeitgeber ist zur Zahlung der vereinbarten Vergütung verpflichtet.“ [970]

Diese Definition erinnert stark an den oben erwähnten, ersten Referentenentwurf vom 16. November 2015 und ist offensichtlich stark an § 611 BGB angelehnt und betrachtet nunmehr die vertragliche Beziehung zwischen Arbeitnehmer und Arbeitgeber. Dies stellt nach Ansicht des Ausschusses für Arbeit und Soziales keine inhaltliche Änderung zu dem vorherigen Entwurf der Definition des Arbeitnehmers dar, „da die Begriffsbestimmung zum Arbeitsvertrag den Arbeitnehmer als dessen Vertragspartei umfasst.“[971] Daher bleibt festzuhalten, dass auch die Einführung der Definition des Arbeitsvertrags nicht zu einer Änderung der Rechtslage führen soll. Weil sich die Definition immer noch an der höchstrichterlichen Rechtsprechung orientiert, stellt sich auch für diese Definition weiterhin die oben genannte Kritik und die Frage, ob diese tatsächliche eine Verbesserung der Rechtslage bringt.[972] Denn auch die bisherige arbeitsgerichtliche Rechtsprechung führte nicht zu Rechtssicherheit in diesem Kontext. Anderenfalls wäre die vorliegende Änderung nicht in Betracht gezogen worden.

---

969 BT-Drucks. 18/10064, S. 12; vgl. auch *Thüsing*, NJW-Editorial 22/2016, III, der die Einführung der Definition „Arbeitsvertrag“ im Rahmen des § 611a BGB nicht negativ bewertet.

970 BT-Drucks. 18/10064, S. 6.

971 BT-Drucks. 18/10064, S. 17; kritisch dazu *Richardi*, NZA 2017, 36, 36 f.

972 Ebenso kritisch zu § 611a BGB *Richardi*, NZA 2017, 36, 36 f.; *Zieglmeier*, DStR 2016, 2858, 2859.

e) Beschluss des Gesetzes durch den Bundestag und Bundesrat

Am 21. Oktober 2016 hat der Bundestag dann mit den Stimmen der Koalitionsfraktionen – entgegen der Kritik der Opposition – den Gesetzentwurf der Bundesregierung zur Änderung des Arbeitnehmerüberlassungsgesetzes und anderer Gesetze beschlossen.[973] Dabei wurden die Änderungsempfehlungen des Ausschusses für Arbeit und Soziales berücksichtigt. Folglich wurde kurzerhand anstatt der lange diskutierten Definition des Arbeitnehmers die oben genannte Definition des Arbeitsvertrags beschlossen.[974] Sodann hat der Bundesrat in der Abschlussabstimmung am 25. November 2016 den Gesetzentwurf gebilligt.[975] Die Gesetzesänderung trat schließlich am 1. April 2017 in Kraft.[976]

f) Folgen für die Auslegung des Begriffs „Arbeitgeber"

Für die hier relevante Frage der Auslegung des Begriffs „Arbeitgeber" müsste die Definition des Begriffs „Arbeitsvertrag" bzw. die ursprüngliche geplante Definition des Begriffs „Arbeitnehmer" aufgrund der Begriffsnähe auf den ersten Blick hilfreich sein. Denn die Begriffe „Arbeitgeber" und „Arbeitnehmer" sind korrelierende Begriffe; beide sind durch den Arbeitsvertrag verbunden.[977] Allerdings besteht die vom Gesetzgeber erarbeitete Definition des Begriffs „Arbeitsvertrag" bzw. zuvor des Begriffs „Arbeitnehmer" nur aus fünf der etwa 30 bisher von der arbeitsrechtlichen Rechtsprechung und Literatur erarbeiteten Merkmalen.[978] Dass der Gesetzgeber im Arbeitsrecht überhaupt plant, die Einführung einer Legaldefinition des Begriffs „Arbeitsvertrag" bzw. zuvor „Arbeitnehmer" vorzunehmen, zeigt deutlich, dass die vorhandene Rechtslage – ohne Definition – jedenfalls nicht für ausreichend erachtet wurde. Darüber hinaus wurde die zuvor geplante, inhaltsgleiche Definition des Arbeitnehmerbegriffs – wie bereits betont – umfassend kritisiert und nicht als Lösung der Unbestimmtheit des Begriffs „Arbeitnehmer" bzw. nunmehr des Begriffs „Arbeitsvertrag"

---

973 Vgl. *Ebner von Eschenbach*, NJW-aktuell 46/2016, 17; *Neighbour/Schröder*, BB 2016, 2869 ff. und *Zieglmeier*, DStR 2016, 2858 ff. zu den wesentlichen Änderungen des AÜG.

974 Plenarprotokoll der 197. Sitzung des Deutschen Bundestages vom 21.10.2016, S. 19657 ff.; siehe auch *Zieglmeier*, DStR 2016, 2858, 2859.

975 Plenarprotokoll der 951. Sitzung des Deutschen Bundesrates vom 25.11.2016, S. 471 ff.

976 BGBl. I 2017, 258 ff.; dazu *Möhrenschlager*, wistra 4/2017, IX.

977 Momsen/Grützner/*Meyer*, Kap. 10 Rn. 4

978 *Ziehm*, NZWiSt 2016, 387, 390.

angesehen.[979] Dies gilt ebenfalls für die nun vorgebrachte Definition des Arbeitsvertrags.

Zudem bleibt problematisch, dass das Arbeitsrecht nicht zwingend das Rechtsgebiet ist, dem sich das Strafrecht zur Begriffsauslegung unterordnen muss. Auslegungsprobleme sind auch durch die Definition des Arbeitsvertrags im BGB zu erwarten, sodass der Rückschluss von der Auslegung des Arbeitsvertrags auf den Arbeitgeberbegriff sich ebenfalls schwierig gestalten wird, auch wenn der Arbeitsvertrag die Verbindung zwischen den korrelierenden Begriffen „Arbeitnehmer" und „Arbeitgeber" ist. Folge einer arbeitsrechtlichen Begriffsanknüpfung wäre nämlich, dass die Auslegungsprobleme des Arbeitsrechts in das Strafrecht übertragen und dort ebenfalls nicht zu Rechtssicherheit sondern zu Auslegungsproblemen führen würden.

g) Zwischenergebnis

Der Versuch des Gesetzgebers den bislang gesetzlich nicht definierten Begriff des Arbeitsvertrags bzw. – zuvor – des Arbeitnehmers, für welche eine praktikable Definition fehlt,[980] nunmehr in einer Legaldefinition niederzulegen, wird heftig kritisiert[981] und als „untauglicher Versuch" eingeordnet.[982] Dies liegt nicht in dem Versuch an sich, sondern in der Art und Weise der Definitionsfindung. Die nur teilweise Niederlegung der Rechtsprechung des BAG ist nicht tauglich, den Begriff „Arbeitsvertrag" oder auch den Begriff „Arbeitnehmer" zu erfassen. Danach soll das Vorliegen eines Arbeitsvertrags im Rahmen einer „wertende Gesamtbetrachtung" festgestellt werden – dies ist nach bisheriger Praxis bereits der Fall. Eben diese im Einzelfall schwierig zu beurteilende Frage sollte für den Rechtsanwender vereinfacht werden. Die Festschreibung, dass weiterhin eine solche komplexe Gesamtbetrachtung zu erfolgen hat, ist nicht in der Lage, Rechtssicherheit zu schaffen.[983] Auch die teilweise einschneidenden Änderungen, die vom ersten Gesetzentwurf bis kurz vor der Verabschiedung des Gesetzes vorgenommen wurden, zeigen, wie schwierig die Rechtslage im Arbeitsrecht in Bezug auf die Begriffe „Arbeitsvertrag", „Arbeitnehmer" und „Arbeitgeber" ist.

Daher wird wahrscheinlich der im Laufe des Gesetzgebungsprozesses ständig überarbeitete § 611a BGB die Rechtsanwendung nicht erleichtern, sondern zu

---

979 So ausdrücklich *Ziehm*, NZWiSt 2016, 387, 390.

980 *Bauschke*, öAT 2016, 69, 69.

981 *Thüsing*, PuR 2015, 230, 231: „lieber kein Gesetz als ein schlechtes"; *Zimmermann*, BB 2016, 53, 57; *Gaul/Hahne*, BB 2016, 58, 61: „Der Gesetzgeber sollte auf § 611a BGB verzichten"; *Bissels/Falter*, DB 2016, 534, 534: „vollkommen überflüssig".

982 *Schiefer/Köster*, DB 2016, 169, 174; *Segebrecht*, jurisPK-SGB IV, § 7 Abs. 1 Rn. 43.

983 Ebenso *Zieglmeier*, DStR 2016, 2858, 2859.

Problemen bei dessen Auslegung führen.[984] Somit ist auch für die Auslegung des Begriffs „Arbeitgeber" im Strafrecht kein überzeugender Anknüpfungspunkt in dem Entwurf der Definition des Arbeitsvertrags bzw. des Arbeitnehmers im Rahmen von § 611a BGB zu erkennen. Vielmehr zeigt diese aufgezeigte Definitionssuche im Rahmen der AÜG-Reform deutlich die Probleme des Arbeitsrecht bei der Begriffsbestimmung auf. Diese Auslegungsprobleme sollten nicht durch die Übernahme von arbeitsrechtlichen Definitionen in das Strafrecht übertragen werden.

12. Ergebnis der grammatikalischen Auslegung

Die Reichweite des Wortlauts zeigt, dass der Begriff des Arbeitgebers aus sich selbst heraus nicht eindeutig auszulegen ist, da der Wortlaut Raum für verschiedene Bedeutungsvarianten lässt. Der sprachliche Gebrauch legt tendenziell eine arbeitsrechtliche Anknüpfung nahe, weil diese aus Sicht des Bürgers die maßgebliche Schranke des Wortsinns darstellt.[985] Gerade die Inhalte der Wörterbücher und Lexika weisen aber darauf hin, dass sich der Begriff „Arbeitgeber" nicht aus sich heraus erschließen lässt. Daher besitzen diese Inhalte kein großes Gewicht[986] und können hier nur als Ausgangspunkt herangezogen werden. Zudem zeigen die Probleme im Rahmen des gesetzgeberischen Versuchs einer Definition des Arbeitnehmerbegriffs bzw. einer Definition des Arbeitsvertrags, wie schwer sich die Begriffsbildung im Arbeitsrecht gestaltet.

Ebenfalls zeigen die Formulierungen des Gesetzgebers und die zugrundeliegenden Gesetzgebungsmaterialien bei bzw. vor Einführung von § 266a StGB, in denen an dem Begriff „Arbeitgeber" festgehalten wurde, dass eine Anknüpfung an den neun Jahre zuvor eingeführten § 7 SGB IV nicht in Erwägung gezogen wurde. In § 7 SGB IV bzw. im gesamten Sozialversicherungsrecht wird der Begriff des Arbeitgebers nicht einheitlich verwendet. Sogar innerhalb von § 7 SGB IV ist eine vom Begriff des Beschäftigten bzw. Beschäftigenden abweichende Verwendung festzustellen, sodass zumindest deutlich wird, dass § 7 Abs. 1 SGB IV keine Anknüpfung für den Arbeitgeberbegriff im Sinne von § 266a StGB bieten kann. Dies spricht gegen eine sozialversicherungsrechtliche Auslegung.

---

984 Ebenso *Baeck/Winzer/Hies*, NZG 2016, 415, 416; *Baeck/Winzer/Kramer*, NZG 2016, 20, 23; *Melot de Beauregard*, DB 2015, 2881, 2881; *Preis*, NJW-Editorial 46/2016, 3; *Zundel*, NJW 2017, 132, 132; *Richardi*, NZA 2017, 36, 39.

985 BVerfG, NJW 1986, 1671, 1672 f.

986 So allgemein auch *Simon*, S. 68.

Folglich ist eine reine Wortlautbetrachtung zur Auslegung des Begriffs „Arbeitgeber" nur teilweise ergiebig. Dies ist wenig überraschend, da Fälle einer sprachlichen Eindeutigkeit selten sind[987] und die vorliegende Problematik nicht ohne Grund umstritten ist. Angesichts der Formulierung von § 266a StGB und der bei dessen Einführung bereits existierenden sozialversicherungsrechtlichen Vorschrift von § 7 SGB IV entspricht eine nicht sozialversicherungsrechtliche Ausfüllung des Begriffs „Arbeitgeber" eher dem Willen des Gesetzgebers.[988] Alles in allem zeigt auch hier die grammatikalische Auslegung ihre „typische Schwäche", die dort auftritt, wo ein eindeutiges Verständnis des auszulegenden Begriffs fehlt und daher Grenzziehungen nicht durch Sprache, sondern durch Argumente vorgenommen werden müssen.[989]

II. Historische Auslegung – Entstehungsgeschichte von § 266a StGB

Das nächste Instrument zur Ergründung des Begriffs „Arbeitgeber" ist die historische Auslegung. Ein Blick in die Entstehungsgeschichte der Norm und deren Vorläuferregeln bringt möglichweise weitere nutzbare Erkenntnisse hervor. Grundsätzlich ist von der Bedeutung des Begriffs zur Zeit des Inkrafttretens auszugehen, sofern sich die Bedeutung nicht belegbar geändert hat.[990] Wie sich bereits in den Ausführungen zur grammatikalischen Auslegung angedeutet hat, dient die Entstehungsgeschichte als wichtiges Mittel zur Begriffsbestimmung.[991]

Auch schon vor der Einführung des § 266a StGB ist der Schutz des Beitragsaufkommens der Sozialversicherung ein Anliegen des Gesetzgebers gewesen. Die vor der Einführung von § 266a StGB geltenden nebenstrafrechtlichen Normen beinhalteten dasselbe „Grundproblem"[992], ob und auf welche Weise der Arbeitgeber durch strafrechtliche Vorschriften zur ordnungsgemäßen Entrichtung von Arbeitnehmerbeiträgen nachdrücklich veranlasst wird.[993] Somit stellt die Normierung des § 266a StGB das Ende einer hundertjährigen Entwicklung,

987 *Kramer*, Methodenlehre, S. 62; *Simon*, S. 57 m. w. N.

988 Zum Streit der „Objektivisten", die vom Willen des Gesetzes sprechen, und den „Subjektivisten", die den Willen des Gesetzgebers heranziehen, der hier nicht weiter dargestellt werden soll, vgl. *Simon*, S. 215 ff. mit vielen Nachweisen aus BGHSt; *Steinrötter*, AL 2011, 411, 415 f.; *Larenz/Canaris*, Methodenlehre, S. 137 ff.

989 Vgl. *Kudlich/Christensen*, JuS 2002, 144, 147.

990 *Wank*, Auslegung von Gesetzen, S. 49.

991 *Simon*, S. 92 f.

992 *Tag*, S. 5.

993 *Tag*, S. 5.

aber nicht das Ende der rechtlichen Probleme des normierten strafbaren Handelns dar.[994]

Der Gesetzgeber hat – vor über 30 Jahren – am 1. August 1986 durch Art. 1 Nr. 11 des 2. WiKG[995] die Straftatbestände der Beitragsvorenthaltung im Rahmen von § 266a StGB in das StGB aufgenommen. § 266a Abs. 1 StGB ersetzt seitdem die zuvor in mehreren Sozialgesetzen enthaltenen Strafvorschriften über das Vorenthalten von Beiträgen zur Sozialversicherung.[996] Daher werden zunächst diese Vorschriften betrachtet. Dabei ist zu berücksichtigen, dass die Nichtnormierung eines Tatbestands im StGB zu einer Schwächung der Generalprävention führt. Dies kann sogar eine praktische Nichtanwendung der Straftatbestände zur Folge haben. Hingegen bringt die Aufnahme in das StGB durch eine „als unerwünscht angesehene Verweisungs-Technik, … die Gefahr mit sich …, dass strafrechtliche und außerstrafrechtliche Materie unterschiedlich interpretiert wird."[997] Daher soll an dieser Stelle zuerst geprüft werden, wie die Vorgängerregelungen lauteten und wie der Arbeitgeberbegriff vor der Kodifizierung von § 266a StGB ausgelegt wurde.

1. Vorläuferregelungen von § 266a StGB

Vor Einführung von § 266a StGB waren die Vorschriften über das Nichtabführen der Arbeitnehmeranteile an den Sozialversicherungsbeiträgen in §§ 529, 1428 RVO, § 225 AFG, § 150 AVG und § 234 RKG niedergelegt. Diese wiederum gingen aus § 82b KVG 1892 hervor.[998]

a) Strafvorschriften des KVG

Bereits im Rahmen von § 53[999] des Gesetzes betreffend die Krankenversicherung der Arbeiter – KVG – 1883 war es dem Arbeitgeber erlaubt, den Anteil des Beitrags der Arbeitnehmer von deren Lohn abzuziehen, um den Einzug der

---

994 *Tag*, S. 32.

995 BGBl. I 1986, 721 ff.; ausführlich zum 2. WiKG *Schlüchter*, 2. WiKG, S. 1 ff.

996 Vgl. nur BT-Drucks. 155/86, S. 9; *Bottke*, wistra 1991, 1, 7; *Bittmann*, wistra 1999, 441, 441.

997 *Tiedemann*, FS Stree/Wessels, 527, 530.

998 Vgl. ausführlich zum historischen Entwicklungsprozess der Sozialversicherung *Tag*, S. 6 f.; *Bente*, S. 5 f., S. 8 ff.; *Gosch*, S. 116 f.; *Fisseler*, S. 4 ff.; *Schmitt*, S. 15 f.

999 § 53 KVG 1892 lautete: „Die Arbeitgeber sind berechtigt, den von ihnen beschäftigten Personen die Beiträge, welche sie für dieselben einzahlen, soweit sie solche nicht nach § 52 aus eignen Mitteln zu leisten haben, bei jeder regelmäßigen Lohnzahlung in Abzug zu bringen, soweit sie auf diese Lohnzahlungsperiode anteilsweise entfallen …."

auf die Arbeitnehmer entfallenden Krankenversicherungsbeiträge sicherzustellen.[1000] Diese Möglichkeit wurde – wie heute – von Arbeitgebern missbraucht, indem die Beiträge einbehalten, aber nicht an die zuständige Stelle abgeführt wurden. Ein entsprechendes strafrechtliches Verbot bestand für dieses Verhalten zu dieser Zeit nicht.[1001] Es existierte für den Arbeitgeber lediglich nach § 82 KVG 1883[1002] das Verbot, dem Arbeitnehmer mehr Lohn abzuziehen, als zur Krankenversicherung geschuldet war.[1003]

Im Rahmen der Änderung des KVG im Jahr 1892[1004] versuchte der Gesetzgeber durch die Einführung der ersten Strafvorschrift, der Beitragsvorenthaltung nach § 82b KVG, den Missbrauch, der zu erheblichen Beitragsverlusten[1005] führte, zu unterbinden.[1006] Nach § 82b KVG wurden

> „Arbeitgeber, welche den von ihnen beschäftigten Personen auf Grund des § 53 Lohnbeträge in Abzug bringen, diese Beiträge aber in der Absicht, sich oder einem Dritten einen rechtswidrigen Vermögensvorteil zu verschaffen, oder die berechtigte Gemeindekrankenversicherung oder Krankenkasse zu schädigen, den letzteren vorenthalten, ... mit Gefängnis bestraft, neben welchem auf Geldstrafe bis dreitausend Mark sowie auf Verlust der bürgerlichen Ehrenrechte erkannt werden kann."

Dieses strafbewehrte Verhalten war zuvor von keiner Vorschrift erfasst worden.[1007] Folglich ist § 82b KVG der erste Grundstein von § 266a Abs. 1 StGB und dessen Einführung am 18. März 1892[1008] „die Geburtsstunde des Sozialversicherungsstrafrechts"[1009], was sich auch in den Parallelen des Wortlauts widerspiegelt.

1000 Vgl. *Bittmann*, wistra 1999, 441, 442.

1001 *Bollacher*, S. 51.

1002 § 82 KVG 1883 lautete: „Arbeitgeber, welche den von ihnen beschäftigten, dem Krankenversicherungszwang unterliegenden Personen bei der Lohnzahlung vorsätzlich höhere als die nach §§ 53, 65 zulässigen Beträge in Anrechnung bringen, ... werden, sofern nicht nach anderen gesetzlichen Bestimmungen eine härtere Strafe eintritt, mit Geldstrafe bis zu dreihundert Mark bestraft."

1003 Vgl. *Gosch*, S. 116.

1004 Gesetz über die Abänderung des Gesetzes, betreffend die Krankenversicherung der Arbeitnehmer – KVG 1892 –, v. 10.04.1892, RGBl. 1892, 379, 417.

1005 *Gosch*, S. 117 m. w. N.

1006 Vgl. Ignor/Mosbacher/*Pananis*, Arbeitsstrafrecht[3], § 6 Rn. 2; Bross/*Graf*/*Sartorius*, Arbeitsstrafrecht, Kap. 4 Rn. 14; *Tag*, S. 10; *Bittmann*, wistra 1999, 441, 442 f.

1007 *Bollacher*, S. 51.

1008 *Bente*, S. 9; vgl. ausführlich *Bollacher*, S. 52 f. und *Fisseler*, ZfS 1987, 321, 323 ff.

1009 *Bente*, S. 9; dem folgend *Schmitt*, S. 19; dahingehend auch *Martens*/*Wilde*, Strafrecht und Ordnungsrecht in der Sozialversicherung[4], S. 74.

b) Strafvorschriften des Invalidenversicherungsgesetzes

Auch im Rahmen des Invalidenversicherungsgesetzes wurde eine Strafvorschrift, die § 82b KVG 1892 nachgebildet ist, notwendig, um Arbeitgeber zur ordnungsgemäßen Verwendung der eingezogenen Beträge anzuhalten.[1010] Nach § 182 Abs. 1 Invalidenversicherungsgesetz[1011] wurden

> „Arbeitgeber, welche dem von ihnen beschäftigen Personen auf Grund des § 142 Lohnbeträge in Abzug bringen, die abgezogenen Beträge aber nicht zu Zwecken der Versicherung verwenden, ... falls nicht nach anderen Gesetzen eine höhere Strafe verwirkt ist, mit Geldstrafe bis dreihundert Mark oder mit Haft bestraft."

Die Bereicherungsabsicht wurde in Absatz 2 festgehalten:

> „Wurde die Verwendung in der Absicht unterlassen, sich oder einem Dritten einen rechtswidrigen Vermögensvorteil zu verschaffen oder die Versicherungsanstalt oder die Versicherten zu schädigen, so tritt Gefängnisstrafe ein, neben welcher auf Geldstrafe bis zu dreitausend Mark sowie auf Verlust der bürgerlichen Ehrenrechte erkannt werden kann."

c) Regelungen der Reichsversicherungsordnung

Zu Beginn des 20. Jahrhunderts wurden in diversen Versicherungsgesetzen Straftatbestände gegen die Beitragsvorenthaltung erlassen, welche immer auf dem Wortlaut des § 82b KVG 1892 aufbauten und meist nur geringfügige Änderungen enthielten.[1012] So wurde § 82b KVG im Jahr 1911 in § 533 RVO[1013] verankert,[1014] der die Regelung des KVG bis auf das Erfordernis einer Bereicherungsabsicht übernahm, aber statt der Formulierung „Lohnbeträge in Abzug bringen" das „Einbehalten von Beitragsanteilen" formulierte:[1015]

> „(1) Arbeitgeber und Auftraggeber (§ 486) werden mit Gefängnis bestraft, wenn sie Beitragsanteile, die sie den Beschäftigten einbehalten oder von ihnen erhalten haben, der berechtigten Kasse vorsätzlich vorenthalten.
> (2) Daneben kann auf Geldstrafe bis zu dreitausend Mark und auf Verlust der bürgerlichen Ehrenrechte erkannt werden.
> (3) Bei milderen Umständen kann ausschließlich auf Geldstrafe erkannt werden."

1010 *Tag*, S. 11.

1011 Vgl. *Tag*, S. 12 zu §§ 180, 181 Invalidenversicherungsgesetz.

1012 *Gosch*, S. 117.

1013 Reichsversicherungsordnung v. 19.07.1911, RGBl. 1911, 509 ff.

1014 *Tag*, S. 12.

1015 Vgl. *Tag*, S. 13 unter Nennung weiterer Vorschriften der RVO.

Nach dem Zweiten Weltkrieg wurde § 533 RVO im Rahmen der Veränderungen der Sozialversicherung im Jahr 1976 in § 529 RVO übernommen,[1016] der dem zuvor entstandenen § 225 AFG[1017] nachgebildet war:

> „(1) Wer als Arbeitgeber oder als Auftraggeber eines Hausgewerbetreibenden Beitragsteile, die er einbehalten oder erhalten hat, der berechtigten Kasse vorenthält, wird mit Freiheitsstrafe bis zu fünf Jahren oder mit Geldstrafe bestraft.
> (2) Ebenso wird bestraft, wer als Mitglied einer Ersatzkasse Beitragsteile, die er von seinem Arbeitgeber oder Auftraggeber erhalten hat, der berechtigten Kasse vorenthält."

d) Regelungen der Invaliden- und Hinterbliebenenversorgung

Ebenfalls in der RVO wurde in § 1492[1018] die Strafvorschrift bezüglich der Invaliden- und Hinterbliebenenversorgung wie folgt normiert:

> „(1) Arbeitgeber werden mit Gefängnis bestraft, wenn sie vorsätzlich Beitragsteile, die sie den Beschäftigten vom Lohne abgezogen oder von ihnen erhalten haben, nicht für die Versicherung verwenden.
> (2) Daneben kann auf Geldstrafe bis zu dreitausend Mark und Verlust der bürgerlichen Ehrenrechte erkannt werden.
> (3) Bei milderen Umständen kann ausschließlich auf Geldstrafe erkannt werden."

e) Regelungen im Angestelltenversicherungsgesetz

Auch in das Angestelltenversicherungsgesetz[1019] nahm der Gesetzgeber eine ähnliche Strafvorschrift in § 342 AVG auf:

> „(1) Arbeitgeber werden mit Gefängnis bestraft, wenn sie vorsätzlich Beitragsteile, die sie den Beschäftigten vom Gehalt abgezogen oder von ihnen erhalten haben, nicht für die Versicherung verwenden.
> (2) Daneben kann auf Geldstrafe bis zu dreitausend Mark und auf Verlust der bürgerlichen Ehrenrechte erkannt werden.
> (3) Bei milderen Umstanden kann ausschließlich auf Geldstrafe erkannt werden."

Diese Norm wurde später im Rahmen der angestrebten Sozialreform der Bundesregierung[1020] zu § 150 AVG:

1016 Vgl. ausführlich *Tag*, S. 19 f.
1017 Siehe S. 166 f.
1018 Ausführlich dazu *Tag*, S. 14 f.
1019 Versicherungsgesetz für Angestellte v. 20.11.1911, RGBl. 1911, 989 ff.
1020 Vgl. ausführlich *Tag*, S. 20 f.; *Gosch*, S. 118.

„(1) Wer als Arbeitgeber Beitragsteile, die er einbehalten hat, der berechtigten Kasse vorenthält, wird mit Freiheitsstrafe bis zu fünf Jahren oder mit Geldstrafe bestraft.
(2) Ebenso wird bestraft, wer als Mitglied einer Ersatzkasse Beitragsteile, die er von seinem Arbeitgeber erhalten hat, der berechtigten Kasse vorenthält."

f) Regelungen im Reichsknappschaftsgesetz

Ebenso wurde durch § 189 Reichsknappschaftsgesetz[1021] in die Normen der Sozialversicherung der Bergleute[1022] eine Verweisung auf die Bestimmungen der RVO implementiert:

„(1) Die §§ 139 bis 145, 147, 148 der Reichsversicherungsordnung gelten entsprechend.
(2) Außerdem gelten entsprechend: §§ 529 bis 536 der Reichsversicherungsordnung vorbehaltlich der §§ 180, 181 für die Krankenversicherung, §§ 1487 bis 1490, 1492 bis 1494 der Reichsversicherungsordnung für die Pensionsversicherung der Arbeiter und die Invaliden- und Hinterbliebenenversicherung, §§ 339 bis 344 des Versicherungsgesetzes für Angestellte in der Fassung des Gesetzes vom 10. November 1922 (RGBl I, S. 849) für die Pensionsversicherung der Angestellten."

Im Rahmen der Sozialversicherungsreform und der Neuordnung der Strafvorschriften wurde diese zu § 233 RKG, der eine Verweisung auf die Normen der RVO enthielt und später durch eine Ausformulierung in § 234 RKG verankert wurde.[1023] § 234 RKG lautete:

„Wer als Arbeitgeber Beitragsteile, die er einbehalten hat, der Bundesknappschaft vorenthält, wird mit Freiheitsstrafe bis zu fünf Jahren oder mit Geldstrafe bestraft."

g) Regelungen im Gesetz über die Arbeitsvermittlung und Arbeitslosenversicherung

Darüber hinaus wurde durch § 270 des Gesetzes über die Arbeitsvermittlung und Arbeitslosenversicherung – AVAVG[1024] – eine § 533 RVO nachgebildete[1025] Strafvorschrift normiert:

„(1) Arbeitgeber werden mit Gefängnis bestraft, wenn sie Beitragsteile, die sie den Beschäftigten einbehalten oder von ihnen erhalten haben, der berechtigten Kasse vorsätzlich vorenthalten.

1021 Reichsknappschaftsgesetz v. 23.06.1923, RGBl. I 1923, 431 ff.
1022 Ausführlich dazu *Tag*, S. 16 f.
1023 *Bente*, S. 152.
1024 Ausführlich dazu *Tag*, S. 17 f.
1025 *Tag*, S. 17.

(2) Daneben kann auf Geldstrafe und auf Verlust der bürgerlichen Ehrenrechte erkannt werden.
(3) Bei milderen Umständen kann ausschließlich auf Geldstrafe erkannt werden."

Nach dem Zweiten Weltkrieg wurde im Rahmen zahlreicher Änderungen der Tatbestand der Beitragsvorenthaltung beibehalten und im Arbeitsförderungsgesetz[1026], das an die Stelle des AVAVG trat, in § 225 AFG normiert. § 225 AFG hatte folgenden Wortlaut:

„(1) Wer als Arbeitgeber oder Auftraggeber von Heimarbeitern Beiträge, die er Beschäftigten einbehalten oder von ihnen erhalten hat, der Einzugsstelle vorenthält, wird mit Gefängnis und mit Geldstrafe oder mit einer dieser Strafen bestraft.
(2) Ebenso wird bestraft, wer als Mitglied einer Ersatzkasse Beiträge, die er von seinem Arbeitgeber oder Auftraggeber erhalten hat, der Einzugsstelle vorenthält."

h) Regelungen der Rentenversicherung

Im Rahmen der Reform der Bundesregierung durch das Angestelltenversicherungs-Neuregelungsgesetz[1027] kam es zu einer weiteren Angleichung der Strafvorschriften über die Beitragsvorenthaltung. Gemäß § 1430 ArVNG wurden die Bestimmungen von § 533 RVO für anwendbar erklärt. Im Rahmen der Neuordnung der Strafvorschriften[1028] der Rentenversicherung wurde dann die Verweisungsnorm von § 1430 ArNVG durch einen ausformulierten Straftatbestand, § 1428 RVO, ersetzt:

„(1) Wer als Arbeitgeber oder als Auftraggeber eines Hausgewerbetreibenden Beitragsteile, die er einbehalten oder erhalten hat, der berechtigten Kasse vorenthält, wird mit Freiheitsstrafe bis zu fünf Jahren oder mit Geldstrafe bestraft.
(2) Ebenso wird bestraft, wer als Mitglied einer Ersatzkasse Beitragsteile, die er von seinem Arbeitgeber oder Auftraggeber erhalten hat, der berechtigten Kasse vorenthält."

i) Definition des Begriffs „Arbeitgeber" in den Vorgängervorschriften von § 266a StGB

Es zeigt sich anhand der aufgeführten Normtexte, dass der heutige Wortlaut des § 266a StGB eindeutig einer starken historischen Prägung des Wortlauts der Vorgängervorschriften von § 266a StGB unterliegt. Aufgrund dessen ist es sinnvoll, eine Definition des Arbeitgeberbegriffs in den Ursprungsgesetzen zu

---

1026 Arbeitsförderungsgesetz v. 25.06.1969, BGBl. I 1969, 582, 619.
1027 BGBl. I 1957, 88, 90 ff.
1028 Vgl. ausführlich *Tag*, S. 20 f.; *Gosch*, S. 118.

untersuchen. Allerdings ist bei Betrachtung des KVG von 1892[1029] keine Definition des Begriffs „Arbeitgeber" zu finden. Vielmehr wird dieser in den Verhandlungen des Reichstags[1030] sowie im KVG vielfach verwendet, aber nicht definiert. Das Recht, Beiträge nach § 52 KVG 1892 einzubehalten, ist dahingehend formuliert, dass Arbeitgeber Beiträge der von ihnen „beschäftigten" Personen einzubehalten haben. Dies ist aber ebenso nur ein kleiner Hinweis wie der Wortlaut von § 53a KVG 1892, der vorsieht, dass „Streitigkeiten zwischen dem Arbeitgeber und den von ihm beschäftigten Personen … nach den Vorschriften des Gesetzes, betreffend die Gewerbegerichte … entschieden" werden. Im Gesetz betreffend die Gewerbegerichte[1031] spricht § 61 davon, dass „das Gewerbegericht … in Fällen von Streitigkeiten, welche zwischen Arbeitgebern und Arbeitern über die Bedingungen der Fortsetzung oder Wiederaufnahme des Arbeitsverhältnisses entstehen, als Einigungsamt angerufen werden" kann. Somit wird zumindest im Gesetz betreffend die Gewerbegerichte ein Arbeitsverhältnis zwischen Arbeitgeber und Arbeitnehmer vorausgesetzt, da in Streitigkeiten über dieses das Gewerbegericht angerufen werden kann. Dies reicht aber für ein tragfähiges Argument zur Begriffsauslegung des Arbeitgeberbegriffs nicht aus. Ebenso finden sich in den weiteren Gesetzgebungsmaterialien der übrigen genannten Normen keine stichhaltigen Anhalts-punkte für eine Definition des Arbeitgeberbegriffs.

j) Zwischenergebnis

Somit zeigt sich an den samt Wortlaut dargestellten Vorgängervorschriften §§ 529, 1428 RVO, § 225 AFG, § 150 AVG, § 234 RKG eindeutig, dass der Wortlaut von § 266a StGB maßgeblich auf diese Vorgängervorschriften zurückgeht. Die Begrifflichkeit „wer als Arbeitgeber … Beitragsteile vorenthält …, wird bestraft" findet sich wie bei § 266a StGB in allen historischen Vorschriften, die zuvor in den einzelnen Sozialversicherungsgesetzen niedergelegt waren.

Es ist daher sinnvoll, die zu dieser Zeit geltende Rechtslage zu betrachten, um herauszufinden, wie der Begriff des Arbeitgebers vor und nach Einführung von § 266a StGB ausgelegt wurde. In diese Betrachtung soll auch die Einführung des SGB IV im Jahr 1977 einbezogen werden. Denn bereits im Rahmen der Vorgängervorschriften bestand – wie heute bei § 266a StGB – die Schwierigkeit der Anwendung der Norm im „Ineinandergreifen" des Arbeits-,

1029 RGBl. 1892, 379 ff.
1030 Reichstagsprotokolle, 1890/92,5, 134. Sitzung, S. 3235 ff.
1031 RGBl. 1890, 141 ff.

Sozialversicherungs- und Strafrechts innerhalb dieser Tatbestände bzw. dieses Tatbestands.[1032] Daher wird zunächst die Einführung von § 266a StGB und des SGB IV betrachtet.

2. Zweites Gesetzes zur Bekämpfung der Wirtschaftskriminalität

Bereits mehr als 15 Jahre vor Einführung von § 266a StGB wurde die Schaffung eines solchen Tatbestands gefordert,[1033] um die Strafbestimmungen des Nebenstrafrechts, die „oft nicht ernstgenommenen"[1034] wurden und nicht zeitgemäß[1035] waren, aus der „Kümmerexistenz im Schatten von Schluss- und Übergangsvorschriften"[1036] des Sozialversicherungsrechts zu führen. Im Referentenentwurf des 2. WiKG im Jahr 1978, der viele vorhergehende Überlegungen, die Strafnormen der Sozialversicherung in das StGB zu überführen, aufnahm,[1037] wurde erstmals vom Gesetzgeber auf diese Kritik reagiert und eine Einführung von § 266a StGB in Betracht gezogen. Im Jahr 1983 legte die Bundesregierung den Entwurf des 2. WiKG vor,[1038] der § 266a StGB enthielt. Dabei wurde weitgehend[1039] der Wortlaut der bestehenden Strafvorschriften der Sozialversicherungsgesetze übernommen.[1040] Der Entwurf wurde durch den Rechtsausschuss des Deutschen Bundestages zum 2. WiKG größtenteils gebilligt.[1041] Neben einer redaktionellen Klarstellung hat der Ausschuss die Überschrift von „Veruntreuen von Arbeitsentgelt" zu „Vorenthalten und Veruntreuen von Arbeitsentgelt" erweitert.[1042]

1032 *Wank*, DB 1982, 645, 645; auch *Zieglmeier*, NZA 2015, 651, 651.

1033 *Martens*, DOK 1971, 261, 263; siehe auch *Hans*, ZfSH 1970, 165, 168, der für eine neue Regelung plädiert.

1034 *Martens*, wistra 1986, 154, 154; vgl. *Hans*, ZfSH 1970, 165, 165 „die Existenz des § 533 RVO beweist, daß es um einen Sachverhalt geht, der nach den Bestimmungen des StGB irrelevant ist."

1035 *Hans*, ZfSH 1970, 165, 168.

1036 *Martens*, DOK 1971, 261, 261.

1037 Vgl. *Bente*, S. 14 f. m. w. N.

1038 BT-Drucks. 10/318, S. 1 ff.

1039 Das Wort „einbehalten" der Vorgängervorschriften von § 266a StGB wurde bei Einführung des § 266a StGB zu „vorenthalten".

1040 So auch *Bente*, S. 15.

1041 Ausführlich zu dem Gesetzgebungsverfahren *Bente*, S. 15 f.; *Tag*, S. 23 f.; *Bollacher*, S. 58 f.

1042 BT-Drucks. 10/5058, 31; *Granderath*, DB 1986, Beilage 18, 1, 10.

§ 266a StGB trat gemeinsam mit anderen Vorschriften des 2. WiKG[1043] am 1. August 1986 in Kraft.

a) Zusammenfassung der sozialversicherungsrechtlichen Vorschriften

Mit Einführung von § 266a StGB wurde die zu dieser Zeit bereits lange[1044] und vielfach kritisierte[1045] Zersplitterung und „Unordnung“[1046] des früheren Rechts, wie bereits gezeigt wurde,[1047] beseitigt. Neben der Beseitigung der zuvor bestehenden „Unordnung“ war somit Ziel der Schaffung von § 266a StGB, die der Strafvorschriften der Sozialversicherung aufzuheben, den kriminellen Charakter der Beitragsvorenthaltung zu betonen und Strafbarkeitslücken zu schließen.[1048]

b) Kriminalpolitische Überlegungen

Wie anfangs dargestellt, hat die Intensität des Beitragsstrafrechts in den Jahren zwischen 1998 und 2008 stark zugenommen.[1049] Aber auch in den letzten Jahren ist zwar von einem rückgängigen, aber nicht viel geringeren Auftreten zu sprechen. Dieses hohe „kriminalpolitische Gewicht“ zeigt sich auch an dem – bei besonders schweren Fällen bis zu zehn Jahren Freiheitsstrafe reichenden – Strafrahmen.[1050] Daher ist die kriminalpolitische Bedeutung seit langem als hoch einzuschätzen.[1051] Die Vorgängervorschriften von § 266a StGB hingegen wurden – wie auch § 266a StGB kurz nach seiner Einführung selbst – oft unterschätzt.[1052] Durch die Kodifizierung von § 266a im StGB sollte „der fälschlichen Einschätzung, es handele sich nur um ein säumiges, ordnungswidriges

---

1043 BGBl. I 1986, 721 ff.; ausführlich zum 2. WiKG *Schlüchter*, 2. WiKG, S. 1 ff.; *Achenbach*, NJW 1986, 1835 ff.; *Möhrenschlager*, wistra 1986, 123 ff.; *Tiedemann*, JZ 1986, 865 ff.; *Martens*, wistra 1986, 154 ff.; *Weber*, NStZ 1986, 481 ff.; *Granderath*, DB 1986, Beilage 18, 1 ff.; *Bühler*, RV 1988, 86 ff.

1044 *Martens*, wistra 1986, 154, 154.

1045 *Herzig*, DOK 1969, 220, 220 f.; *Martens*, DOK 1960, 537, 537 f.; *Weber*, FS Dreher, 555, 569.

1046 *Martens*, DOK 1971, 261, 261; *Martens*, DOK 1960, 537, 537.

1047 Siehe S. 162 ff.

1048 Vgl. *Tag*, S. 25 ff.; *Steinberg*, wistra 2009, 55, 56 f.

1049 *Ignor/Rixen*, Arbeitsstrafrecht^2, § 1 Rn. 52; *Lübbersmann*, StRR 2010, 14, 14.

1050 Müller-Gugenberger/*Thul*, § 38 Rn. 281.

1051 Vgl. auch Müller-Gugenberger/*Thul*, § 38 Rn. 1; Satzger/Schluckebier/Widmaier/*Saliger*, StGB, § 266a Rn. 5; *Bente*, HWSt.^{3}, 12. Teil 2. Kap. Rn. 2; *Gercke/Leimenstoll*, WiJ 2012, 246, 251; so bereits BT-Drucks. 10/318, S. 25.

1052 *Bente*, S. 1.

Verhalten, vorgebeugt"[1053] und der seit langem bemängelte Eindruck des „Kavaliersdelikts"[1054] genommen werden.[1055] Daher war es Zweck der Schaffung von § 266a StGB und der „Überführung" der sozialversicherungsrechtlichen Strafvorschriften in das StGB, die präventive Wirkung des Strafschutzes und eine Betonung des kriminellen Charakters des verbreiteten Delikts mit hoher Schadensfolge zu verdeutlichen.[1056]

Auch sollten durch die Einführung von § 266a StGB Strafbarkeitslücken geschlossen werden. Bis zum Inkrafttreten des 2. WiKG war es in bestimmten Fallkonstellationen möglich, dass der Täter weder nach § 529 Abs. 1 RVO oder den weiteren sozialversicherungsrechtlichen Strafvorschriften bestraft werden konnte, noch § 263 StGB einschlägig war. Dies betraf einerseits die von beiden Vertragsparteien vereinbarte Arbeit ohne Papiere, den illegalen Arbeitnehmerverleih und die Nichtabführung einbehaltener Teile des Arbeitsentgelts durch den Arbeitgeber.[1057]

Bei der Einführung von § 266a StGB war es augenscheinlich nicht Ziel des Gesetzgebers, außer in Bezug auf die Worte[1058] „einbehalten" und „vorenthalten" sowie in Bezug auf die genannten Fallkonstellationen, die bestehende Rechtslage bzgl. der Täterschaft des Delikts zu ändern. Dies wird zumindest nicht als Ziel des Gesetzes genannt. Vielmehr dehnte die Einführung von § 266a StGB zwar die Strafbarkeit in den genannten Fällen aus, fasste aber im Übrigen nur die Vorgängernormen zusammen.[1059] Zu diesen „Problem-Fällen" gehörte allerdings zu keiner Zeit die Auslegung des Begriffs „Arbeitgeber", also der Tätereigenschaft von § 266a StGB. Daher übernimmt § 266a StGB „im Wesentlichen die Funktion der bisherigen sozialversicherungsrechtlichen Sondertatbestände" [1060], weshalb „an der bisherigen Rechtslage grundsätzlich nichts geändert" werden

1053 BT-Drucks. 10/318, S. 12.

1054 Arzt/Weber/*Heinrich*, Strafrecht-BT, § 23 Rn. 1; so bereits *Herzig*, DOK 1969, 220, 220.

1055 Arzt/*Weber*, Strafrecht-BT², LH 4, Rn. 209.

1056 BT-Drucks. 9/2008, S. 12, S. 25 f.; BT-Drucks. 10/318, S. 12; BT-Drucks. 15/5058, S. 31; *Tag*, S. 25 f.; *Weber*, NStZ 1986, 481, 487.

1057 Ausführlich zu diesen Konstellationen *Bente*, S. 20 f.

1058 Vgl. BT-Drucks. 15/5058, S. 31; *Gribbohm*, JR 1997, 479, 480.

1059 Vgl. *Möhrenschlager*, wistra 1986, 123, 127; Arzt/*Weber*, Strafrecht-BT², LH 4, Rn. 209.

1060 *Weber*, NStZ 1986, 481, 487.

sollte.[1061] Vor diesem Hintergrund ist ein Blick in die Rechtslage vor Einführung von § 266a StGB hilfreich, um zu sehen, wie der Arbeitgeberbegriff vor dem 1. August 1986 ausgelegt wurde.

3. *Einführung des SGB IV im Jahr 1977*

Aktuell greift die herrschende Meinung bei der Auslegung des Begriffs „Arbeitgeber" im Rahmen von § 266a StGB auf § 7 Abs. 1 SGB IV zurück: teilweise ausdrücklich, teilweise[1062] vorsichtiger nur durch Heranziehung des indirekten Hinweises auf § 7 Abs. 1 SGB IV. Daher soll dessen Einführung im Jahr 1977 ebenfalls in diese Betrachtung einbezogen werden, um etwaige Anhaltspunkte für eine Art „Fernwirkung" aus dem Wandel der Normsituation erkennen zu können.[1063] Denn aus den Gesetzgebungsmaterialien ergibt sich, dass nach Einführung des SGB IV am 1. Juli 1977[1064] weiterhin „wie nach geltendem Recht … das Vorliegen eines Arbeitsverhältnisses mit dem Beschäftigungsverhältnis nicht vollkommen identisch sein"[1065] soll. Es erfolgte keine Änderung der bestehenden Rechtslage durch Einführung von § 7 SGB IV.[1066] Zudem wurde § 7 Abs. 1 SGB IV seit seiner Einführung auch nicht verändert.[1067] Diese Aspekte müssen bei den weiteren Ausführungen berücksichtigt werden.

Somit wird im Folgenden das Argument der herrschenden Meinung, dass „die Strafnormen der Beitragsvorenthaltung vor Inkrafttreten von § 266a StGB ausschließlich in den jeweiligen Sozialversicherungsgesetzen verortet waren"[1068] und daher eine sozialversicherungsrechtliche Auslegung vorzunehmen sei, in Zweifel gezogen. Denn aus den Gesetzgebungsmaterialien der Bundesregierung zum Entwurf[1069] des SGB IV folgt, dass es Ziel der Einführung des SGB IV mit dessen allgemeinen Vorschriften war, „das bisher in zahlreichen Einzelgesetzen

---

1061 *Möhrenschlager*, wistra 1982, 201, 207 in Bezug auf den Regierungsentwurf zu § 266a StGB; ebenso Dreher/Tröndle[43]/*Dreher*/*Tröndle*, § 266a Rn. 1; *Gribbohm*, JR 1997, 479, 479 f. m. w. N.; *Ranft*, DStR 2001, 132, 133.

1062 *Tag*, S. 42.

1063 Vgl. *Simon*, S. 332.

1064 BGBl. I 1976, 3845, 3845.

1065 BT-Drucks. 7/4122, S. 31.

1066 KassKomm/*Seewald*, § 7 SGB IV Rn. 143.

1067 Im Gegensatz zu den übrigen Absätzen des § 7 SGB IV, vgl. *Segebrecht*, jurisPK-SGB IV, § 7 Abs. 1 Rn. 1 ff.

1068 *Bollacher*, S. 83; *Kudlich*, ZWH 2012, 80, 80.

1069 Ausführlich zum Regierungsentwurf des 2. WiKG *Fisseler*, S. 44 f.; *Möhrenschlager*, wistra 1982, 201 ff.

unübersichtlich geregelte Sozialversicherungsrecht mit den Mitteln der Kodifikation zu vereinfachen, um das Rechtsverständnis des Bürgers und damit sein Vertrauen in den sozialen Rechtsstaat zu fördern, die Rechtsanwendung durch Verwaltung und Rechtsprechung zu erleichtern und die Rechtssicherheit zu gewährleisten.“[1070]

a) *Gesetzgebungsmaterialien von § 7 Abs. 1 SGB IV*

Zu § 7 SGB IV mit der gesetzlichen Überschrift „Beschäftigung“ wurde in den Gesetzgebungsmaterialien dargelegt, dass es sich um „einen der Grundbegriffe des Sozialversicherungsrechts handele, an den vor allem die Vorschriften über die Versicherungspflicht anknüpfen.“[1071] Dabei „[erbringt] Absatz 1 … die notwendige und bisher fehlende Begriffsabgrenzung, ohne damit zugleich die Versicherungspflicht regeln zu wollen, da diese in der Regel noch weitere Tatbestandsmerkmale voraussetzt.“[1072]

b) *Keine Änderung der Rechtslage durch Einführung des SGB IV und von § 266a StGB*

Auch spricht gegen eine Anknüpfung an das Sozialversicherungsrecht, dass die Rechtslage durch Einführung des SGB IV nicht geändert werden sollte.[1073] Aus diesem Grund taucht in der einschlägigen Literatur, die nach Einführung von § 7 Abs. 1 SGB IV veröffentlicht wurde, weder für die Vorgängervorschriften[1074] noch für § 266a StGB[1075] – trotz vieler umstrittener Fragen zu § 266a StGB nach dessen Einführung[1076] – ein Verweis auf § 7 Abs. 1 SGB IV auf. Daher ist das historische Argument der herrschenden Meinung,[1077] dass § 266a StGB aus den entsprechenden sozialversicherungsrechtlichen Einzelgesetzen hervorgegangen sei, was ebenfalls für die Begründung der Anknüpfung an das Sozialversicherungsrecht sprechen würde,[1078] bei einer gründlichen Betrachtung der Rechtslage vor Einführung von § 266a StGB und vor Einführung des SGB IV widerlegt.

1070 BT-Drucks. 7/4122, S. 1; zu den ausführlichen Gründen vgl. BT-Drucks. 7/4122, S. 19 ff.
1071 BT-Drucks. 7/4122, S. 31; so auch *Segebrecht*, jurisPK-SGB IV, § 7 Abs. 1 Rn. 17.
1072 BT-Drucks. 7/4122, S. 31.
1073 KassKomm/*Seewald*, § 7 SGB IV Rn. 143.
1074 *Schäfer*, wistra 1982, 96 ff.
1075 *Martens*, wistra 1985, 51, 52 f.; *Martens*, wistra 1986, 156 ff.
1076 Vgl. *Bente*, wistra 1992, 177, 177 f.
1077 Siehe S. 60.
1078 *Kudlich*, ZWH 2012, 80, 80; *Bollacher*, S. 83.

Es ist richtig, dass § 266a StGB aus den Einzelvorschriften der verschiedenen Sozialversicherungsgesetze hervorgegangen ist. Allerdings wurde dennoch bei der Auslegung des Arbeitgeberbegriffs nicht an das Sozialversicherungsrecht angeknüpft.[1079] Weiter spricht gegen den historischen Ansatz der an das Sozialversicherungsrecht anknüpfenden Ansicht, dass „die Sozialversicherung als Versicherung abhängig Beschäftigter als Arbeitnehmerversicherung entstanden ist. Erst nachträglich wurde ihr Schutzbereich auf immer weitere Personengruppen ausgeweitet. Es wurden weitere Versicherungstatbestände geschaffen, die in einzelnen Zweigen der Sozialversicherung differieren."[1080]

Somit ist das anfangs erwähnte Argument, dass die Begrifflichkeiten „Arbeitgeber" bzw. „Arbeitnehmer" ihre Wurzeln im Sozialversicherungsrecht haben,[1081] zwar richtig.[1082] Allerdings ist neben dem Aspekt, dass sich Sozialversicherungsrecht und Arbeitsrecht weitgehend verselbstständigt haben,[1083] die gezogene Schlussfolgerung nicht überzeugend. Denn ursprünglich gab es neben dem Begriff „Arbeitnehmer" nicht die Begriffe des Beschäftigten bzw. des Beschäftigenden. Diese Ausweitung erfolgte erst später. Zudem geht es hier im Rahmen der Auslegung des Begriffs „Arbeitgeber" in Bezug auf § 266a StGB um eine Strafvorschrift, die aus dem Sozialversicherungsrecht „importiert" wurde. Daher soll im Folgenden betrachtet werden, wie der Begriff „Arbeitgeber" vor diesem „Import" ausgelegt wurde.

4. *Auslegung des Arbeitgeberbegriffs vor Einführung des SGB IV*

Dazu soll betrachtet werden, wie die Auslegung des Arbeitgeberbegriffs vor und nach Einführung des SGB IV – somit mindestens neun Jahre vor Einführung von § 266a StGB – erfolgte. Dabei ist zu beachten, dass durch die Übernahme einer früheren Regelung nicht zwangsläufig die Übernahme des früheren Rechtszustandes folgt.[1084] Daran angeschlossen wird der Gedanke, dass die Einführung von § 266a StGB durch die Zusammenfassung der früher in Nebengesetzen verstreuten Normen des Beitragsstrafrechts „ohne wesentliche sachliche Änderungen"[1085] erfolgte.

1079 Siehe S. 168 f.

1080 *Greiner*, NZS 2009, 657, 657.

1081 *Lanzinner*, S. 49.

1082 Vgl. *Maydell*, FS Kissel, 761, 761.

1083 *Maydell*, FS Kissel, 761, 771.

1084 Vgl. *Simon*, S. 341 mit Verweis auf BGHSt 23, 64 ff.

1085 *Mitsch*, JZ 1994, 877, 887; auch LK/*Möhrenschlager*, Vor § 266a IV. 2.; Arzt/*Weber*[2], Strafrecht BT, LH 4, Rn. 209; *Möhrenschlager*, wistra 1982, 201, 207; dahingehend

a) Kommentarliteratur vor Einführung des SGB IV

Auch vor Einführung des SGB IV gab es im Sozialversicherungsrecht – wie heute – keine Definition des für die Sozialversicherung elementaren Begriffs des Arbeitsgebers.[1086] In der Kommentarliteratur zu den Vorgängervorschriften von § 266a StGB, die – wie gezeigt[1087] – „textlich so gut wie gleich waren" [1088], wurde der Täter, also der Arbeitgeber, bspw. im Rahmen von § 533 RVO 1911 im Jahr 1936 von *Sphor* als derjenige definiert, welcher „in Wahrheit den Arbeitnehmern Arbeit gewährt und zuweist, wem sie sich zur Arbeitsleistung verdingen wollen und wen sie demgemäß als Schuldner für die Lohnforderung ansehen, schließlich auch, für wessen Rechnung die Löhne gezahlt werden."[1089] Weiter führt *Sphor* an anderer Stelle zum Begriff des Arbeitgebers aus, dass „als Arbeitgeber ... derjenige [gilt], dem einerseits die Verfügungsgewalt über die Arbeitskraft des Arbeitnehmers kraft des Arbeitsvertrages zusteht, und für dessen Rechnung andererseits der Arbeitslohn gezahlt wird."[1090]

In diese Richtung tendiert auch *Martens* im Jahr 1954, indem er ausführt, dass „Arbeitgeber ist, wer nach den Vorschriften des bürgerlichen Rechts als der Dienstberechtigte anzusehen ist, d. h. wer die Dienste zu fordern hat und dafür Lohn schuldet, regelmäßig also, auf dessen Namen der Dienstvertrag geschlossen ist."[1091] Auch *Kohlhaas* definiert im selben Jahr 1954 den Arbeitgeber als denjenigen, „der in Wirklichkeit den Arbeitnehmern die Arbeit gibt, sie ihnen zuweist, den sie für ihre Lohnforderungen als ihren Schuldner betrachten und auf dessen Rechnung der Arbeitslohn gezahlt wird."[1092]

Diese direkte Anknüpfung an das Arbeitsverhältnis und die Vorschriften des bürgerlichen Rechts findet sich auch in den Folgejahren.[1093] Im Jahr 1975 wurde der Arbeitgeber in Bezug auf alle Vorgängervorschriften von § 266a StGB[1094] wiederum von *Martens* wie folgt definiert: „Arbeitgeber ist der Dienstberechtigte i. S. der §§ 611 ff. BGB, der im eigenen Namen die Dienstverträge

---

ebenfalls *Möhrenschlager*, wistra 1986, 123, 127; *Weber*, NStZ 1986, 481, 487; *Bittmann*, wistra 1999, 441, 445.

1086 *Marburger*, BB 1977, 449, 449.

1087 Siehe S. 162 ff.

1088 Erbs/Kohlhaas/*Ambs* EL 36, § 142 AVG, Vorbemerkung.

1089 *Spohr*, Strafrecht in der Krankenversicherung, S. 30.

1090 *Spohr*, Strafrecht in der Krankenversicherung, S. 16.

1091 *Martens*, Strafrecht in der Sozialversicherung, S. 17.

1092 Erbs/Kohlhaas/*Kohlhaas* EL Dez. 1954, § 533 RVO Rn. 2. A.

1093 *Schmidt*, JR 1961, 369, 370.

1094 Vgl. *Martens*, Strafrecht und Ordnungsrecht in der Sozialversicherung[3], S. 13.

schließt."[1095] Folglich ist eindeutig, dass die Vorgängervorschriften von § 266a StGB der akzessorisch an §§ 611 ff. BGB orientierten Auslegung des Arbeitgeberbegriffs folgten.

b) Kommentarliteratur nach Einführung des SGB IV und vor Einführung von § 266a StGB

In den Jahren nach der Einführung des SGB IV und vor Normierung von § 266a StGB wurden in der Literatur viele Beiträge[1096] zum Einbehalten der Sozialversicherungsbeiträge verfasst. Dabei wurde ausführlich der Begriff „einbehalten" diskutiert.[1097] Auch die vielfältigen Erscheinungsformen und die Strafbarkeit des Arbeitgebers wurden mit Blick auf die Steuerhinterziehung, die Beitragsvorenthaltung und Betrugsstrafbarkeit analysiert.[1098] Darüber hinaus wurden ab dem Jahr 1984, als der Entwurf des Zweiten Gesetzes zur Bekämpfung der Wirtschaftskriminalität bekannt war, die Vor- und Nachteile der Neuregelung der Beitragsvorenthaltung bzw. -einbehaltung ausführlich[1099] erörtert.

In keinem dieser Beiträge wurde auch nur am Rande die Tätereigenschaft problematisiert. Der Begriff „Arbeitgeber" war zu dieser Zeit in keiner Weise umstritten oder auch nur ansatzweise diskussionswürdig. Selbst als der Entwurf zur Reform der Beitragsvorenthaltung vorgestellt wurde, war die Auslegung des Begriffs „Arbeitgeber" im Gegensatz zu anderen Begriffen wie „einbehalten" nicht von Relevanz.

c) Rechtsprechung nach Einführung des SGB IV vor Einführung von § 266a StGB

Auch an der Rechtsprechung des Reichsgerichts wird deutlich, dass in Bezug auf die Vorgängervorschriften von § 266a StGB das Zivil- bzw. Arbeitsrecht als Anknüpfung herangezogen wurde. Das Reichsgericht hat bereits 1894[1100] in Bezug auf die Vor-Vorgänger-Vorschrift von § 266a StGB, § 82b KVG 1892, entschieden, dass „Arbeitgeber … nach diesen Bestimmungen derjenige [ist], der dem Arbeitnehmer die Beschäftigung gewährt."[1101] Darauf aufbauend entschied

---

1095 *Martens*, Strafrecht und Ordnungsrecht in der Sozialversicherung³, S. 14.

1096 *Wank*, DB 1982, 645 ff.; *Schäfer*, wistra 1982, 96 ff.; *Martens*, KrV 1984, 37 ff.; *Martens*, DB 1984, 773 ff.; *Schäfer*, wistra 1984, 6 ff.; *Stahlschmidt*, wistra 1984, 209 ff.; *Martens*, wistra 1985, 51 ff.; *Brandts*, JA 1985, 117, 117.

1097 *Wank*, DB 1982, 645 ff.; *Martens*, DB 1984, 773, 773.

1098 *Stahlschmidt*, wistra 1984, 209 ff.; *Schäfer*, wistra 1982, 96 ff.

1099 *Martens*, wistra 1985, 51 ff.; *Martens*, KrV 1984, 37 ff.; *Schäfer*, wistra 1984, 6, 8.

1100 RG, Urt. v. 09.10.1894 – Rep. 2858/94 = RGSt 26, 120, 120 f.

1101 RGSt 26, 120, 121.

das Reichsgericht im Jahr 1903[1102] die Frage, wer Arbeitgeber „im Sinne des Krankenversicherungsgesetzes“[1103] ist, dass „es derjenige sei, der selbstständig dem Arbeitnehmer die Beschäftigung gewähre“[1104] und derjenige, der mit dem Arbeitnehmer einen Arbeitsvertrag abgeschlossen habe, aus dem sich die Verpflichtungen nach dem Krankenversicherungsgesetz ergeben.[1105] Im Jahr 1908[1106] wurde diese Rechtsprechung dann dahingehend präzisiert, dass „Arbeitgeber … nicht ohne weiteres derjenige ist, welcher die Arbeiter annimmt, ihnen die Arbeit zuweist und den Lohn auszahlt; entscheidend ist vielmehr, wer nach den Vorschriften des bürgerlichen Rechts als der Dienstberechtigte anzusehen ist, d. h. wer die Dienste zu fordern hat und den Arbeitern dafür Lohn schuldet. Dies kann nur derjenige sein, auf dessen Namen der Dienstvertrag geschlossen ist.“[1107] Folglich wurde vom Reichsgericht die Frage der Arbeitgebereigenschaft deutlich erkennbar anhand des Zivil- bzw. des Arbeitsrechts und des von dort bekannten Begriffs des Arbeitgebers ausgelegt.

Auch das Bayerische Oberste Landesgericht entschied im Jahr 1953[1108] unter ausdrücklichem Verweis auf die Rechtsprechung des Reichsgerichts, dass Arbeitgeber im Sinne der §§ 533, 1492 RVO ist, „wer kraft eines mit einem Arbeitnehmer geschlossenen Dienstvertrages einerseits zur Zahlung des Lohnes an diesen verpflichtet ist, andererseits von ihm die Leistung der vertragsgemäßen Dienste beanspruchen kann (vgl. § 611 BGB; RGSt 36, 273; 41, 406).“[1109] Nach Einführung des SGB IV und vor Normierung von § 266a StGB wird in den Urteilen des BGH aus den Jahren 1982,[1110] 1983[1111] und 1984[1112] zu §§ 529, 1428 RVO und 225 AFG der Begriff des Arbeitgebers nicht weiter problematisiert.

d) *Kommentarliteratur nach Einführung von § 266a StGB*

Nach der Einführung des SGB IV und nach Einführung von § 266a StGB vertraten nur *Martens/Wilde* im Jahr 1987 – ohne auf die „Kehrtwende“ im Vergleich

1102 RG, Urt. v. 09.06.1903 – Rep. 970/03 = RGSt 36, 273, 273 f.
1103 RGSt 36, 273, 273.
1104 RGSt 36, 273, 273.
1105 RGSt 36, 273, 273.
1106 RG, Urt. v. 17.09.1908 – III 236/08 = RGSt 41, 406, 406 f.
1107 RGSt 41, 406, 407.
1108 BayOblG, Urt. v. 24.11.1953 – RevReg. 2 St 489/53 = BayOblGSt 1953, 228, 228 f.
1109 BayOblGSt 1953, 228, 229.
1110 BGHSt 31, 32 ff. = NJW 1982, 1952 ff.
1111 BGH, NStZ 1984, 26 ff.
1112 BGHSt 32, 236 ff. = NStZ 1984, 317 ff.

zur Vorauflage des Werks von *Martens*[1113] einzugehen –, dass im Sinne von § 266a StGB „Arbeitgeber ist, wer in einem Beschäftigungsverhältnis (§ 7 SGB IV) Arbeitnehmern als Vertragspartner gegenübertritt."[1114] In den Unterlagen des Gesetzgebungsverfahrens zu § 266a StGB hingegen findet sich – wie in der sonstigen Literatur – keine Anknüpfung an das SGB IV. Denn abgesehen von *Martens/Wilde* nahmen die Autoren der herrschenden Meinung weiterhin die Bestimmung des Arbeitgebers nach den zivilrechtlichen Vorschriften vor.

Dreher/Tröndle führten dazu im Jahr 1986 aus, dass derjenige Arbeitgeber sei, „der nach §§ 611 ff. BGB Dienstberechtigter, also derjenige, dem der Arbeitnehmer Dienste leistet und zu dem er im Verhältnis persönlicher Abhängigkeit steht."[1115] In der 45. Auflage aus dem Jahr 1991 heißt es bei *Dreher/Tröndle*, dass Arbeitgeber „bei öffentlich rechtlichen wie privatrechtlichen Arbeitsverhältnissen der nach §§ 611 ff. Dienstberechtigte [ist]."[1116] Ebenso vertreten *Lackner/Dreher*, allerdings unter Verweis auf das BSG,[1117] dass „Arbeitgeber … der nach §§ 611 ff. BGB Dienstberechtigte [ist], dh derjenige, dem der Arbeitnehmer Dienste leistet und von dem er persönlich abhängig ist."[1118]

Auch *Lenckner* ist im Jahr 1991 der Ansicht, dass die Beitragsschuld ein materielles Sozialversicherungsverhältnis voraussetze[1119] und Arbeitgeber aufgrund der sozialversicherungsrechtlichen Anknüpfung des Strafrechts in diesem Fall sei, „wer als Dienstberechtigter (§§ 611 ff. BGB) aufgrund eines privatrechtlichen Vertrages von einem anderen (Arbeitnehmer) die Erbringung von Arbeitsleistung in persönlicher Abhängigkeit zu fordern berechtigt und ihm dafür zur Lohnzahlung verpflichtet ist."[1120]

Es könnte angenommen werden, dass dies überholte Beispiele aus dem vergangenen Jahrhundert sind. Allerdings finden sich bis in die jüngere Vergangenheit bei *Radtke* und bei *Fischer* Beispiele für die – spontane – Änderung der Rechtsansichten: Im Jahr 2011 war *Radtke* im Rahmen der Kommentierung von § 14 StGB noch der Ansicht, dass „die nach dem Straftatbestand strafbarkeitsbegründend wirkende Arbeitgebereigenschaft über den Dienstberechtigten

1113 *Martens*, Strafrecht und Ordnungsrecht in der Sozialversicherung[3], S. 13 f.
1114 *Martens/Wilde*, Strafrecht und Ordnungsrecht in der Sozialversicherung[4], S. 77.
1115 Dreher/Tröndle[43]/*Dreher/Tröndle*, § 266a Rn. 5.
1116 Dreher/Tröndle[45]/*Dreher/Tröndle*, § 266a Rn. 5.
1117 BSG, NJW 1967, 2031, 2031.
1118 *Lackner/Dreher*[19], § 266a Rn. 3.
1119 Schönke/Schröder/*Lenckner*, StGB[24], § 266a Rn. 6.
1120 Schönke/Schröder/*Lenckner*, StGB[24], § 266a Rn. 11.

gem. §§ 611 ff. BGB“[1121] definiert werde. Auch in der Neuauflage dieser Kommentierung aus dem Jahr 2017[1122] findet sich dieser Verweis weiterhin wortgleich. Das Sozialversicherungsrecht fand hingegen wie bei *Fischer* – dort bis in das Jahr 2013 – noch keine Erwähnung in der Kommentierung von § 266a StGB. Vielmehr wurde nur auf ein Arbeitsverhältnis nach §§ 611 ff. BGB zur Bestimmung des Arbeitgebers abgestellt.[1123] Seit der Folgeauflage aus dem Jahr 2014 geht *Fischer* hingegen mit Verweis auf den BGH und ohne Hinweis auf eine Änderung seiner Ansicht im Vergleich zur Vorauflage davon aus, dass der Arbeitgeber sich nach dem Sozialversicherungsrecht richte, welches wiederum an das Arbeitsrecht anknüpfe.[1124] Eine Begründung dieser Ansichtsänderungen ist jeweils nicht zu finden.

In der Literatur zeigt sich demnach eine klare Anknüpfung an die Normen des BGB – §§ 611 ff. BGB –, folglich an das Zivil- bzw. das Arbeitsrecht, die teilweise bis vor wenigen Jahren Bestand hatte. Auch spricht – abgesehen von *Martens/Wilde* – nur *Lenckner* in den Jahren nach der Einführung von § 266a StGB von einer sozialversicherungsrechtlichen Anknüpfung und zieht dann dennoch das Zivil- bzw. das Arbeitsrecht zur Auslegung des Arbeitgeberbegriffs heran.

Folglich änderte sich zwar im Jahr 1977 die Normsituation im Sozialversicherungsrecht. Dies war aber kein Grund für den Gesetzgeber, strafrechtlich daran anzuknüpfen. Denn vor der Einführung von § 266a StGB war „in den meisten Fällen nicht zweifelhaft“[1125], wer Arbeitgeber ist. Vielmehr blieb es nach der Einführung von § 266a StGB bei der bereits für die wortgleichen Vorgängervorschriften angewandten Auslegung des Arbeitgeberbegriffs. Diese Auslegung wurde etabliert, als § 7 SGB IV noch nicht kodifiziert war, und die Vorgängervorschriften wurden in § 266a StGB nun in einer Vorschrift zusammengefasst.[1126]

e) Zwischenergebnis

Die Sichtung von Literatur bzw. Rechtsprechung zur Auslegung des Begriffs „Arbeitgeber“ vor bzw. nach Einführung des SGB IV und vor bzw. nach

---

1121 MüKo-StGB²/*Radtke*, § 14 Rn. 6 – Band I, §§ 1-37 StGB, des MüKo-StGB-Kommentars erschien bereits im Jahr 2011. Die Kommentierung von § 266a StGB in Band V folgte im Jahr 2014.

1122 MüKo-StGB/*Radtke*, § 14 Rn. 6.

1123 *Fischer*⁶⁰, § 266a Rn. 4.

1124 *Fischer*⁶¹, § 266a Rn. 4.

1125 *Martens*, Strafrecht in der Sozialversicherung, S. 17 – bereits im Jahr 1954 –.

1126 Vgl. Dreher/Tröndle⁴³/*Dreher/Tröndle*, § 266a Rn. 1; Erbs/Kohlhaas/*Ambs* EL 36, § 142 AVG, Vorbemerkung.

Einführung von § 266a StGB hat verdeutlicht, dass der Arbeitgeberbegriff überwiegend aufgrund von zivil- bzw. arbeitsrechtlicher Anknüpfung ausgelegt worden ist. Bis auf wenige Autoren – namentlich *Martens/Wilde* und mit Einschränkungen *Lenckner* – ging lange Zeit keine Ansicht von einer Anknüpfung an das Sozialversicherungsrecht aus, obwohl die Normen in diesem Rechtsgebiet kodifiziert waren bzw. aus diesem in das StGB überführt worden waren.

In der Literatur herrschte vielmehr einhellig die Auffassung, dass die Einführung des SGB IV nicht zu einer Änderung der früheren Rechtslage führte, weil die Einführung der Normen – ähnlich wie bei § 266a StGB – zur Vereinfachung der vielen unübersichtlichen Einzelgesetze des Sozialversicherungsrechts vorgenommen wurde und nicht zur Änderung der Rechtslage gedacht war.[1127] Daher ist vorliegend die Übernahme der früheren Regelung auch mit der Übernahme des früheren Rechtszustands verbunden. Selbiges gilt in weiten Teilen für die Einführung von § 266a StGB und gerade für den unveränderten Begriff „Arbeitgeber."

5. *Ergebnis der historischen Betrachtung*

Die historische Betrachtung spricht – im Widerspruch zum Argument[1128] einiger Autoren der herrschenden Meinung – dafür, dass die Auslegung des Arbeitgeberbegriffs nicht nach dem Sozialversicherungsrecht erfolgt.[1129] Denn mehr als 100 Jahre wurde bei den größtenteils wortgleichen Vorgängervorschriften von § 266a StGB in der Literatur und in der Rechtsprechung an §§ 611 ff. BGB angeknüpft.

Auch nach Einführung von § 266a StGB wurde weiterhin überwiegend an das Arbeitsrecht angeknüpft, um den Begriff „Arbeitgeber" zu bestimmen. Nach der Veröffentlichung der Untersuchung von *Tag*, die zuerst eine sozialversicherungsrechtliche Anknüpfung befürwortete, jedoch ergänzend auf das Arbeitsrecht zurückgriff, bildete sich die heute herrschende Meinung mitsamt den aufgezeigten[1130] Ungenauigkeiten heraus. Der Blick auf die geschichtliche Entwicklung belegt aber – anders als die unergiebige grammatikalische Interpretation – nicht nur, dass der seit Jahren unveränderte Täterbegriff des Arbeitgebers dem Arbeitsrecht nähersteht als dem Sozialversicherungsrecht, sondern auch, dass die Einführung des heute als Rückgriffsnorm verwendeten § 7 Abs. 1

1127 BT-Drucks. 7/4122, S. 1; KassKomm/*Seewald*, § 7 SGB IV Rn. 143.
1128 Siehe S. 60 f.
1129 So auch *Reichling*, wistra 2016, 306, 306.
1130 Siehe S. 62 ff.

SGB IV und von § 266a StGB auf die Auslegung des Arbeitgeberbegriffs keinen Einfluss haben kann, da beide Normen nicht zur Änderung der vorher bestehenden Rechtslage erlassen wurden, sondern zur Vereinfachung bzw. Zusammenfassung der unübersichtlichen Vorgängervorschriften des Sozialversicherungsrechts. Zugleich muss aber festgehalten werden, dass auch mit Blick auf die bereits genannten Unstimmigkeiten in der Anknüpfung an das Arbeitsrecht[1131] eine Akzessorietät zu diesem aus historischen Gründen nicht zwingend abzuleiten ist. Vielmehr scheint das Strafrecht die Vorgaben des Arbeitsrechts übernommen zu haben, weil die Begriffsauslegung dort durch eine lange Rechtsprechungsentwicklung vorgegeben war.

III. Systematische Auslegung – Die Systematik des § 266a StGB

Möglicherweise hilft die Analyse der Systematik der Norm, um weitere Erkenntnisse zu gewinnen. Dabei ist einführend festzuhalten, dass § 266a StGB innerhalb seiner verschiedenen Absätze verschiedene strafbewehrte Verhaltensweisen erfasst, die aber ähnlich strukturiert sind.[1132] § 266a Abs. 1 StGB normiert das strafbare Nichtabführen der Arbeitnehmeranteile. § 266a Abs. 2 StGB, der 2004 eingefügt wurde, erfasst seitdem erstmalig die Nichtabführung der Arbeitgeberanteile zur Sozialversicherung. § 266a Abs. 3 StGB[1133] wiederum enthält einen durch das 2. WiKG neu geschaffenen Straftatbestand, dem eine von den vorherigen Absätzen abweichende Schutzrichtung zugunsten der individuellen Interessen des Arbeitnehmers innewohnt, was jedoch kaum praktische Bedeutung erlangt hat.[1134]

Seit dem Jahr 2002 verschärft § 266a Abs. 4 S. 1 StGB nach der Regelbeispielstechnik die Strafandrohung für besonders schwere Fälle der Absätze 1 und 2 auf Freiheitsstrafe von sechs Monaten bis zu zehn Jahren.[1135] § 266a Abs. 4 S. 2 StGB enthält in Anlehnung an § 370 Abs. 3 Nr. 1, 3 und 4 AO drei benannte Regelbeispiele, auf die sich der Vorsatz des Täters beziehen muss.[1136] § 266a Abs. 5

1131 Siehe S. 79 ff.

1132 *Kudlich/Oğlakcıoğlu*, Rn. 553.

1133 Dieser war zuvor § 266a Abs. 2 StGB. § 266a Abs. 3 StGB a. F., der das Vorenthalten der mit dem Lohn ausgezahlten Arbeitgeberbeiträge durch Ersatzkassenmitglieder betraf, wurde aufgehoben, vgl. BGBl. I 2004, 1842, 1849.

1134 So wurden im Jahr 2014 nach § 266a Abs. 3 StGB nur 28 Täter verurteilt; nach § 266a Abs. 1 StGB hingegen gab es 6.814 Verurteilungen, vgl. *Statistisches Bundesamt*, Rechtspflege – Strafverfolgung 2014, Fachserie 10 Reihe 3, S. 72; siehe auch *Gercke*, HWSt.[4], 12. Teil 2. Kap. Rn. 52; Müller-Gugenberger/*Thul*, § 38 Rn. 2.

1135 Ausführlich dazu Satzger/Schluckebier/Widmaier/*Saliger*, StGB, § 266a Rn. 33.

1136 MüKo-StGB/*Radtke*, § 266a Rn. 108 f.

StGB stellt dem Arbeitgeber den Auftraggeber bestimmter Personen in arbeitnehmerähnlicher Stellung gleich.[1137] Ungeachtet dieser in Absatz 1 bis Absatz 3 bestehenden Unterschiede bzgl. der jeweils strafbewehrten Verhaltensweisen besteht der Kern des Unrechts in der vom abführungspflichtigen Arbeitgeber unterbliebenen Abführung von Sozialversicherungsbeiträgen trotz bestehender Abführungspflicht.[1138]

1. Systematik von § 266a StGB im Normgefüge des StGB

Meist ist aus der Überschrift und der Stellung der jeweiligen Norm zu ersehen, welche Rechtsfrage der Gesetzgeber regeln[1139] und welche Bedeutung einem Tatbestand zukommen soll bzw. welchen Wortgebrauch er zugrunde legen wollte.[1140] § 266a StGB ist mit der Überschrift „Vorenthalten und Veruntreuen von Arbeitsentgelt" überschrieben und wurde bei seiner Einführung im 22. Abschnitt „Betrug und Untreue" des StGB eingefügt. Dabei wurde § 266a StGB hinter der Untreue – § 266 StGB – eingeordnet.

Allerdings bietet auch das unmittelbare Aufeinanderfolgen zweier Paragrafen innerhalb eines Abschnitts keine Gewähr für einen systematischen Zusammenhang. Dies zeigt sich vorliegend deutlich an dem Verhältnis von § 266 StGB und § 266a StGB. Zwar wird § 266a Abs. 1 und § 266a Abs. 2 StGB teilweise ein untreueähnlicher – bzw. in Bezug auf Abs. 2 auch ein betrugsähnlicher[1141] – Charakter zugeschrieben[1142] und die Vorgängervorschriften von § 266a Abs. 1 StGB werden in der Literatur teilweise als „sozialversicherungsrechtliche Untreue"[1143] bezeichnet. Im Übrigen ist es aber einhellige Meinung, dass § 266a StGB kein „irgendwie geartetes Treuhandverhältnis des Arbeitgebers" beinhaltet.[1144] Zwar ist eine gewisse sachliche Ähnlichkeit von § 266a StGB mit § 266 StGB nicht zu

---

1137 Ausführlich dazu Satzger/Schluckebier/Widmaier/*Saliger*, StGB, § 266a Rn. 12.

1138 MüKo-StGB/*Radtke*, § 266a Rn. 9.

1139 *Simon*, S. 388.

1140 Schönke/Schröder/*Eser*/*Hecker*, § 1 Rn. 39.

1141 BeckOK-StGB/*Wittig*, § 266a Rn. 3.

1142 BT-Drucks. 15/2573, S. 28; Leipold/Tsambikakis/Zöller/*Esser*, § 266a Rn. 8; Brüssow/Petri/*Brüssow*/*Petri*², Kap. C Rn. 1; Satzger/Schluckebier/Widmaier/*Saliger*, StGB, § 266a Rn. 2; BeckOK-StGB/*Wittig*, § 266a Rn. 3; Matt/Renzikowski/*Matt*, § 266a Rn. 12; Momsen/Grützner/*Rinjes*, Kap. 8 Rn. 303; *Ziehm*, NZWiSt 2016, 387, 388.

1143 *Weber*, FS Dreher, 555, 556 zu §§ 529, 1428 RVO, § 150 AVG, § 234 RKG, § 225 AFG.

1144 Ausdrücklich BGHSt 47, 318, 319 = NJW 2002, 2480, 2480; ebenso NK-WSS/*Fuchs*, § 266a Rn. 6; *Rönnau*/*Kirch-Heim*, wistra 2005, 321, 326; vgl. auch MüKo-StGB/*Radtke*, § 266a Rn. 4 und *Renzikowski*, FS Weber, 333, 346 Fn. 62.

leugnen, weil jeweils eine Person mit Vermögensteilen einer anderen umgeht und die durch Gesetz – oder Rechtsgeschäft – begründete Verpflichtung zur Verwendung dieser Vermögensteile verletzt. Aber § 266a StGB ist gerade kein Spezialfall der Untreue. Es fehlt an der Vermögensbetreuungspflicht des Arbeitgebers.[1145] Demnach scheidet eine systematische Auslegung anhand des Betrugs- bzw. Untreuetatbestands aus.

§ 266a Abs. 2 StGB setzt zudem über das Vorenthalten hinaus noch die Verletzung von sozialversicherungsrechtlichen Erklärungspflichten[1146] voraus und beinhaltet demnach betrugsähnliche Elemente.[1147] § 266a Abs. 3 StGB hingegen wird zwischen dem Betrug und der Untreue eingeordnet. Denn das Unrecht besteht darin, dass der Arbeitnehmer falsch entlohnt wird, weil der „Arbeitgeber" Teile des einbehaltenen Arbeitsentgelts, die für einen Dritten bestimmt waren, nicht an diesen abführt, ohne den Arbeitnehmer darüber in Kenntnis zu setzen.[1148]

Der Begriff „Arbeitgeber" findet sich im StGB nur in § 266a StGB. Ein Rückgriff auf eine andere Norm im StGB scheidet daher auf der Suche nach der richtigen Anknüpfung für die Auslegung dieses Begriffs aus. Daher wird nun versucht, aus der Norm selbst weitere Erkenntnisse zur Auslegung zu erlangen. Dabei wird zuerst betrachtet, welche Bedeutung das Merkmal Arbeitgeber überhaupt für den Gesetzgeber gehabt haben könnte und ob die bisher vertretenen Auslegungen nicht zu einer Verschleifung des Tatbestandsmerkmals führen. Sodann wird untersucht, wie der Gesetzgeber das Tatbestandsmerkmal „Arbeitgeber" systematisch in der Norm verwendet.

2. Verschleifung des Tatbestandsmerkmals „Arbeitgeber"

Es stellt sich die Frage, welche Bedeutung der Gesetzgeber dem Tatbestandsmerkmal „Arbeitgeber" in dem auf verschiedene Arten auslegbaren Normtext zugedacht hat. Ob der Arbeitgeber als eigenes Tatbestandsmerkmal tatsächlich keine eigene Bedeutung hat, wie manche Autoren durch eine Art „Vermischung" der Tatbestandsmerkmale indirekt vertreten, ist durchaus fraglich. Möglicherweise stellt dieses bisher in dieser Untersuchung als „Vermischung" angedeutete

---

1145 Maurach/Schröder/Maiwald/*Maiwald*, Strafrecht BT 1, § 45 III Rn. 64.

1146 Vgl. §§ 28a, 28f SGB IV.

1147 BGH, NStZ 2007, 527, 527; vgl. ausführlich *Lübbersmann*, PStR 2011, 291 ff. zu den Voraussetzungen von § 266a Abs. 2 StGB und der Kritik an BGH, Beschl. v. 11.08.2011 – 1 StR 295/11 = wistra 2011, 426 f.

1148 BT-Drucks. 10/318, S. 29.

Phänomen oder als fehlende Trennung von Tatbestandsmerkmalen kritisierte Vorgehen der aufgezeigten Ansichten einen Verstoß gegen das Verschleifungsverbot dar.

a) *Das Verbot der Verschleifung strafrechtlicher Tatbestandsmerkmale*

Grundlegend untersucht hat das Problem der „Verschleifung" von Tatbestandsmerkmalen in Bezug auf § 266 StGB zuerst *Saliger.*[1149] Dabei wies der Autor auf das „zentrale Strukturproblem" des Untreuetatbestands hin,[1150] das in der „Möglichkeit der Verschleifung bzw. Verschmelzung von Tathandlung und Taterfolg" liegt.[1151] Dieser Ansatz fand in der Literatur auch weitgehende Zustimmung.[1152] Spätestens seit der Rechtsprechung des BVerfG[1153] zu § 266 StGB aus dem Jahr 2010, die auf den Ansatz von *Saliger* zurückgreift, ist das Verbot der Verschleifung strafrechtlicher Tatbestandsmerkmale in zahlreichen Publikationen und Urteilen stets präsent.[1154]

b) *Untreue-Beschluss des Bundesverfassungsgerichts*

Das BVerfG arbeitet in dem Untreue-Beschluss in Bezug auf § 266 StGB heraus, dass „einzelne Tatbestandsmerkmale ... innerhalb ihres möglichen Wortsinns nicht so weit ausgelegt werden [dürfen], dass sie vollständig in anderen Tatbestandsmerkmalen aufgehen, also zwangsläufig mit diesen mitverwirklicht werden (Verschleifung oder Entgrenzung von Tatbestandsmerkmalen)."[1155] Mit Blick auf § 266 StGB wird weiter ausgeführt, dass „im Falle des Nachteilsmerkmals ... die Auslegung den gesetzgeberischen Willen beachten [muss], dieses

---

1149 *Saliger*, ZStW 112 (2000), 563, 565 ff.; *Saliger*, HRRS 2006, 10, 11 f.

1150 Ausführlich zu den Strukturproblemen des § 266 StGB *Klüppelberg*, S. 36 ff.

1151 *Saliger*, ZStW 112 (2000), 563, 610 f.; *Saliger*, HRRS 2006, 10, 11 f.

1152 *Matt*, NJW 2005, 389, 390; *Rose*, wistra 2005, 281, 285; *Ransiek*, ZStW 116 (2004), 634, 646 ff., der jedenfalls in dieselbe Richtung tendiert; *Albrecht*, FS Hamm, 1, 3; *Ignor/Sättele*, FS Hamm, 211 ff.

1153 BVerfG, NJW 2010, 3209 ff.; ausführlich zu den Auswirkungen des Beschlusses *Saliger*, ZIS 2011, 902 ff.

1154 *Jahn*, Jus 2014, 82, 83: „Flut von BGH-Entscheidungen zur Untreue"; *Jahn*, Jus 2011, 183, 184: „Auf dem Meinungsmarkt zur Strafbarkeit wegen Untreue herrscht weiterhin Hochbetrieb"; vgl. auch *Krell*, ZStW 126 (2014), 902, 902 m. w. N.; *Corsten*, wistra 2010, 206, 206; *Becker*, HRRS 2010, 383, 383; *Bittmann*, ZWH 2013, 55 ff.; kritisch zu den „Übertreibungen" einiger Autoren *Schünemann*, ZIS 2012, 183, 183 m. w. N.; *Bittmann*, wistra 2012, 98 ff. m. w. N.

1155 BVerfG, NJW 2010, 3209, 3211 Rn. 79.

Merkmal als selbstständiges neben dem der Pflichtverletzung zu statuieren; sie darf daher dieses Tatbestandsmerkmal nicht mit dem Pflichtwidrigkeitsmerkmal verschleifen, d.h., es in diesem Merkmal aufgehen lassen."[1156]

Da das BVerfG anschließend feststellt, dass „ein eigenständiger, über das Merkmal der Verletzung einer Vermögensbetreuungspflicht hinausgehender Gehalt des Nachteilsmerkmals ... bei solcher Auslegung nicht mehr zu erkennen [ist], ... findet eine ‚Verschleifung' der Tatbestandsmerkmale entgegen der gesetzgeberischen Intentionen statt."[1157] Dies führt dazu, dass diese „Verschleifung der Tatbestandsmerkmale ... den eigenständigen Gehalt des Nachteilsmerkmals aufgibt. Damit wird die tatbestandsbegrenzende Funktion des Nachteils in § 266 I StGB unter Verletzung von Art. 103 II GG verkürzt."[1158]

c) Folgerungen aus der Entscheidung des Bundesverfassungsgerichts

Somit sind für das Strafrecht folgende Vorgaben des BVerfG aus dem genannten Beschluss zu ziehen: Aus dem Verschleifungs- bzw. Entgrenzungsverbot von Tatbestandsmerkmalen, das von den einen als „Neuerung"[1159], von anderen als „Selbstverständlichkeit"[1160] gesehen wird, folgt, dass einzelne Tatbestandsmerkmale auch innerhalb des möglichen Wortsinns nicht so weit ausgelegt werden dürfen, dass sie vollumfänglich in anderen Tatbestandsmerkmalen aufgehen und dadurch automatisch mitverwirklicht werden.[1161] Folglich darf kein „Automatismus" vorhanden sein, der zur Folge hat, dass durch das Vorliegen eines Tatbestandsmerkmals ohne weitere Prüfung auf das Vorliegen eines anderen Tatbestandsmerkmals geschlossen wird.[1162]

Zudem stellt das BVerfG für die Gerichte ein „allgemeines Rechtsunsicherheitsminimierungsgebot" auf, wonach bestehende Unsicherheiten über den

---

1156 BVerfG, NJW 2010, 3209, 3211 Rn. 113 mit Verweis auf *Saliger*, ZStW 112 (2000), 563, 610 und *Saliger*, HRRS 2006, 10, 14.

1157 BVerfG, NJW 2010, 3209, 3211 Rn. 149 mit Verweis MüKo¹-StGB/*Dierlamm*, § 266 Rn. 6 und *Albrecht*, FS Hamm, 1, 2 f.

1158 BVerfG, NJW 2010, 3209, 3211 Rn. 155.

1159 *Saliger*, NJW 2010, 3195, 3196; *Jahn*, JZ 2011, 340, 346: „Grundsatzentscheidung"; zurückhaltender *Krüger*, NStZ 2011, 369, 372: „alter Wein in neuen Schläuchen"; *Wessing*/*Krawczyk*, NZG 2010, 1121, 1122: „keine grundlegende Wende"; siehe auch *Neumann*, FS Beulke, 197, 205 zur rechtsmethodischen Bedeutung der Entscheidung.

1160 *Schlösser*, NStZ 2012, 473, 475; so auch *Bittmann*, wistra 2013, 1, 1.

1161 BVerfG, NJW 2010, 3209, 3211 Rn. 79.

1162 *Krell*, ZStW 126 (2014), 902, 903; *Bittmann*, NZWiSt 2014, 129, 132.

Anwendungsbereich einer Norm nicht durch fernliegende Interpretation oder ein Normverständnis ohne Konturen erhöht werden dürfen.[1163] Des Weiteren benennt das BVerfG ein „Präzisierungsgebot"[1164], durch welches die Rechtsprechung angehalten wird, bei weiten oder unscharfen Tatbeständen Unklarheiten durch Präzisierungen auszuräumen.[1165]

d) *Detaillierte Ausgestaltung der Vorgaben des Bundesverfassungsgerichts zu § 266 StGB*

Allerdings wird teilweise die Frage aufgeworfen, welche Bedeutung das Verschleifungsverbot im Detail hat. So wird ein zu weiter Anwendungsbereich sowie die fehlende Klarheit der genannten Vorgaben des BVerfG beklagt.[1166] Es muss daher eine genaue Abgrenzung zwischen den Begriffen „Verschleifung" und „Entgrenzung" vorgenommen werden.[1167]

So ist eine Verschleifung anzunehmen, wenn eine unzulässige Auslegung vorgenommen wird, „bei der Differenzen zwischen Tatbestandsmerkmalen geglättet und am Ende womöglich ganz eingeebnet werden."[1168] Die Folge ist der Verlust der Kontur des Tatbestandsmerkmals und das Abhandenkommen der eigenständigen Bedeutung des Merkmals. Dies ist im Ergebnis eine unzulässige Auslegung, weil in der juristischen Methodenlehre anerkannt ist, dass eine Interpretation eines Normbestandteils nicht zur Funktionslosigkeit eines anderen führen darf.[1169] Dies wird aber erst zu einem verfassungsrechtlichen Problem, wenn diese systematisch fehlerhafte Auslegung zu einer Täterbelastung führt.[1170]

Somit folgt aus dieser Vorgabe des BVerfG, dass nicht jede Verschleifung auch zu einer Entgrenzung führt. Nur wenn die ungenaue Auslegung zu einer Ausweitung der Strafbarkeit führt, liegt sowohl eine unzulässige Verschleifung als auch eine unzulässige Entgrenzung vor.[1171] Daher kommt eine gegen Verfassungsrecht verstoßende Auslegung nur in Betracht, „wenn das betroffene Merkmal einen eigenständigen Beitrag zur Eingrenzung des strafrechtlich relevanten Verhaltens erbringt, und zwar umso mehr, je gewichtiger diese Funktion bei dem jeweiligen

1163 BVerfG, NJW 2010, 3209, 3211 Rn. 81; *Saliger*, NJW 2010, 3195, 3196.
1164 Dazu ausführlich *Neumann*, FS Beulke, 197, 205 ff.; *Krell*, ZStW 126 (2014), 902, 907 f.
1165 BVerfG, NJW 2010, 3209, 3211 Rn. 81; *Saliger*, NJW 2010, 3195, 3196.
1166 *Krell*, ZStW 126 (2014), 902, 903 f.; auch schon *Saliger*, NJW 2010, 3195, 3196.
1167 *Krell*, ZStW 126 (2014), 902, 904.
1168 *Krell*, ZStW 126 (2014), 902, 905.
1169 *Bydlinski*, Methodenlehre, S. 444.
1170 *Krell*, ZStW 126 (2014), 902, 905.
1171 Ausführlich *Krell*, ZStW 126 (2014), 902, 905 f.; *Fröba/Straube*, StraFo 2014, 500, 503.

Merkmal ist."[1172] Plakativ gesagt, darf die Auslegung nicht dazu führen, dass „... alles in einem großen Prüfungspunkt [verschwimmt]."[1173]

e) Weitere beachtenswerte Entscheidungen des Bundesverfassungsgerichts

Diesen Vorgaben folgend betonte bzw. übertrug[1174] das BVerfG in der sogenannten „Al-Qaida-Entscheidung"[1175], dass jedes Tatbestandsmerkmal ein Wort ist, das nach dem Willen des Gesetzgebers die Strafbarkeit einengt. Diese Einengung darf nicht durch richterliche Interpretation ausgehöhlt und strafrechtliche Begriffe dürfen nicht „entgrenzt" werden. Dadurch soll die eigenständige Bedeutung von Tatbestandsmerkmalen gewahrt werden – „Bedeutungsgebot".[1176]

Ebenso führt das BVerfG in der „Schäch-Entscheidung" aus,[1177] dass „die Auslegung der Begriffe, mit denen der Gesetzgeber das unter Strafe gestellte Verhalten bezeichnet hat, nicht dazu führen [darf], dass die dadurch bewirkte Eingrenzung der Strafbarkeit im Ergebnis wieder aufgehoben wird. Einzelne Tatbestandsmerkmale dürfen also innerhalb ihres möglichen Wortsinns nicht so weit ausgelegt werden, dass sie vollständig in anderen Tatbestandsmerkmalen aufgehen, also zwangsläufig mit diesen verwirklicht werden."[1178]

f) Einfach gesetzliche Vorgaben als Anknüpfungspunkt

Diesen Vorgaben des BVerfG generell zustimmend verweist *Bittmann*[1179] darauf, dass das Verschleifungsverbot nicht erst durch das Grundgesetz aufgestellt wird. Vielmehr stelle bereits das Hinweg- oder Hinzuinterpretieren einer gesetzlichen Bestimmung im Ganzen oder auch nur in Teilen auf der Ebene des einfachen Rechts einen methodischen Fehler dar. Daraus folge, dass bereits ein strafrechtlicher Auslegungsfehler vorliege, wenn die angewandte Auslegung ein Tatbestandsmerkmal für unbedeutend erkläre.

Unabhängig davon, ob das Verschleifungsgebot aus Art. 103 Abs. 2 GG oder dem einfachem Recht hergeleitet wird, werden dieselben Vorgaben aufgestellt. Einzelne Tatbestandsmerkmale dürfen nicht so weit ausgelegt werden, dass sie

---

1172 *Krell*, ZStW 126 (2014), 902, 906.

1173 *Ransiek*, ZStW 116 (2004), 634, 638.

1174 *Bittmann*, wistra 2013, 1, 1.

1175 BVerfG, NJW 2012, 907 ff.

1176 BVerfG, NJW 2012, 907, 916; *Schlösser*, NStZ 2012, 473, 475.

1177 BVerfG, NJW 2013, 365 ff.; siehe dazu *Steinert*, HRRS 2014, 58 ff.; *Tsambikakis*, StRR 2013, 107, 108 ff.; *Gehrmann/Travers*, GWR 2013, 84, 84.

1178 BVerfG, NJW 2013, 365, 366.

1179 *Bittmann*, wistra 2013, 1, 1.

vollständig in anderen Tatbestandsmerkmalen aufgehen, also zwangsläufig mit diesen verwirklicht werden. Geschieht dies und folgt daraus eine Strafbarkeitsausweitung, liegt eine unzulässige Auslegung vor.

g) Verknüpfung dieser Vorgaben mit § 266a Abs. 1 StGB

Diese dargestellten Vorgaben werden in jüngster Vergangenheit von der Rechtsprechung,[1180] aber von auch der Literatur[1181] vermehrt auf andere Tatbestände übertragen. Nun sollen in dieser Untersuchung die Vorgaben des BVerfG in Bezug auf § 266 StGB auf § 266a StGB übertragen werden.

Wie bei der Untreue, die aus vier Elementen besteht,[1182] besteht auch der Tatbestand von § 266a Abs. 1 StGB aus drei eigenständigen Elementen: der Tätereigenschaft als Arbeitgeber, dem Tatgegenstand der sozialversicherungsrechtlichen Beiträge und der Tathandlung des Vorenthaltens. Das bedeutet, dass nach den Vorgaben des BVerfG in Bezug auf § 266a Abs. 1 StGB beachtet werden muss, dass die Auslegung nicht dazu führen darf, dass eines der selbstständig genannten Tatbestandsmerkmale mit einem anderen verschliffen wird. Genauer untersucht werden müssen im Rahmen von § 266a Abs. 1 StGB die Tatbestandsmerkmale der „Beiträge" bzw. der „Beitragsabführungspflicht" und die „Arbeitgebereigenschaft" als täterschaftsbegründendes Merkmal.

h) Rückschluss von der Beitragsabführungspflicht auf die Arbeitgeberstellung

Wie bereits zuvor an mehreren Stellen angedeutet, besteht aktuell die Gefahr, dass durch die – teilweise vertretene – Anknüpfung des Arbeitgeberbegriffs an das Sozialversicherungsrecht eine Verschleifung von Tätereigenschaft und Tathandlung als Strukturproblem bei der Anwendung von § 266a StGB auftritt. Die beiden Tatbestandsmerkmale „Beiträge" bzw. „Abführungspflicht" und „Arbeitgeber" sind – wie auch die Pflichtwidrigkeit und der Nachteil im Rahmen der

---

1180 Vgl. bspw. BGH, StV 2014, 688, 689; dazu *Krehl*, NStZ 2014, 159, 159 f.; *Lübbersmann*, StRR 2014, 188, 189 f.; *Wagner*, ZIS 2014, 364 ff.; siehe auch *Piel*, NStZ 2014, 339, 339 f. zur BGH-Rechtsprechung nach dem „Untreue-Beschluss" des BVerfG.

1181 Vgl. *Wittig*, HRRS 2013, 393 ff. und *Wittig*, ZIS 2011, 660, 666 ff. in Bezug auf § 370 AO; *Saliger*, HRRS 2012, 363 ff. in Bezug auf den Schadensbegriff; NK-StGB/*Kuhlen*, § 339 Rn. 75 in Bezug auf § 339 StGB; *Fröba/Straube*, StraFo 2014, 500 ff. zum Spenden- und Bettelbetrug; *Schlösser*, HRRS 2011, 255, 256 f. in Bezug auf § 263 StGB; *Kuhlen*, FS Schünemann, 611, 626 ff. in Bezug auf § 240 StGB; siehe auch *Krell*, ZStW 126 (2014), 902, 917 ff. zu §§ 370 AO, 339 StGB, 16 UWG.

1182 Satzger/Schluckebier/Widmaier/*Saliger*, StGB, § 266 Rn. 8 m. w. N.

Untreue[1183] – auf verschiedenen Ebenen angesiedelt. Die Nichtbeachtung der Beitragszahlungspflicht führt zu einer Missachtung eines normativen Gebots. Die Arbeitgeberstellung bezieht sich im Rahmen von § 266a StGB als Sonderdelikt auf denjenigen, welcher Täter sein kann. Die Tatbestandsmerkmale können somit nicht gleichgesetzt werden.

Die Prüfung der Arbeitgeberstellung und der Beitragsabführungspflicht ist demnach unabhängig voneinander durchzuführen. Erst auf der Basis der festgestellten Arbeitgebereigenschaft kann geprüft werden, ob die Beitragsabführungspflicht besteht. Dass diese Erkenntnis in vielen Fällen übereinstimmt, darf – wie hier bereits mehrfach betont – nicht dazu führen, dass diese schrittweise Prüfung missachtet und die Arbeitgebereigenschaft mit der Beitragsabführungspflicht in einem Prüfungspunkt zusammengefasst wird.

i) Methodische Fehler bei der strafrechtlichen Auslegung

Die herrschende Meinung knüpft zur Auslegung des Arbeitgeberbegriffs an das Sozialversicherungsrecht an. Um dies zu begründen, wird ausgeführt, dass die Anknüpfung von § 266a StGB an sozialversicherungsrechtliche Pflichten des Arbeitgebers – z. B. die Beitragsabführungspflicht – erfolge und sich daraus die Sozialversicherungsrechtsakzessorietät der Norm ergebe.[1184] Denn § 266a StGB sanktioniere die Verletzung der Pflichten aus dem Sozialversicherungsrecht, die Arbeitnehmerbeiträge zur Sozialversicherung abzuführen.[1185] Zudem würde eine andere Auslegung des Arbeitgeberbegriffs Sachverhalte, die eine Beitragsabführungspflicht auslösen, aus dem Anwendungsbereich von § 266a StGB herausfallen lassen. Dies sei nicht sachgerecht.[1186] Folglich mache sich nur derjenige strafbar, welcher Arbeitgeber im Sinne des Sozialversicherungsrechts sei und daher die Sozialversicherungsbeiträge auch schulde.[1187] Daher könne „Täter der Beitragsvorenthaltung sinnvollerweise nur sein …, wer einen anderen versicherungs- und beitragspflichtig beschäftigt."[1188]

Somit führt die Bejahung der sozialversicherungsrechtlichen Beitragsabführungspflicht nach dieser Ansicht automatisch zur Bejahung der

1183 Vgl. *Bittmann*, wistra 2013, 1, 1.

1184 Brüssow/Petri/*Brüssow/Petri*², Kap. C Rn. 6; so bereits *Fisseler*, S. 137 im Jahr 1987.

1185 Krauskopf/*Baier*, SGB IV, § 111 Rn. 27; *Branz*, S. 9.

1186 *Lanzinner*, S. 47.

1187 Müller-Gugenberger/*Thul*, § 38 Rn. 14; *Lanzinner*, S. 47, der zuvor – S. 42 seiner Untersuchung – davon spricht, dass die Tätereigenschaft und die Beiträge verschiedene Elemente des Tatbestands von § 266a StGB seien.

1188 *Bollacher*, S. 83.

Arbeitgebereigenschaft. Es wird deutlich, dass – wie bereits zuvor[1189] kritisiert – die Pflicht zur Abführung der Beiträge mit der Arbeitgeberstellung gleichgesetzt wird. Dies ist ein methodischer Fehler. Dieser methodische Fehler wird noch deutlicher, wenn die folgende Gegenprüfung durchgeführt wird, die sich aus der Deliktsnatur und der Beitragsabführungspflicht ergibt.

j) Gegenprüfung: Die Garantenpflicht des Arbeitgebers

Nach herrschender Meinung[1190] handelt es sich bei § 266a StGB um ein Unterlassungsdelikt. Nur selten wird dies bestritten.[1191] Selbst die „Ur-Vorschrift" von § 266a StGB – § 82b KVG – ist bereits als Unterlassungsdelikt angesehen worden.[1192] Im Rahmen von § 266a StGB wird diese notwendige Garantenpflicht aus dem SGB IV abgeleitet. Nach § 28e SGB IV hat der Arbeitgeber den Gesamtsozialversicherungsbeitrag zu zahlen. Unterlässt er dies, handelt er rechtswidrig und ist Täter im Sinne von § 266a StGB. So lautet die auf den ersten Blick einleuchtende Argumentation.

Allerdings wird damit der zweite Schritt vor dem ersten gemacht. Denn wäre, wie in dieser Ansicht zum Ausdruck kommt, nur die Pflicht zur Abführung der Sozialversicherungsbeiträge maßgeblich, wäre das Merkmal „Arbeitgeber" im Tatbestand von § 266a Abs. 1 StGB überflüssig, und zwar aus dem einfachen Grund, dass die Abführungspflicht bereits nach dem Sozialversicherungsrecht, nach welchem sich die Auslegung von § 266a Abs. 1 StGB nach herrschender Meinung richten soll, akzessorisch ist. Damit wäre ausschließlich derjenige wegen der unterlassenen Abführung bzw. dem Veruntreuen von Sozialversicherungsbeiträgen strafbar, welcher diese Abführung der Beiträge trotz eigener Abführungspflicht unterlässt. Dies wäre auch ohne die für ein Sonderdelikt typische, eigene strafrechtliche Formulierung „als Arbeitgeber" nach § 28e SGB IV der Arbeitgeber im Sinne des Sozialversicherungsrechts. Also hätte § 266a Abs. 1

1189 Siehe S. 65 f.

1190 BGHSt 47, 318, 320 = NJW 2002, 2480, 2481; Dölling/Duttge/König/Rössner/*Beukelmann*, § 266a Rn. 20; MüKo-StGB/*Radtke*, § 266a Rn. 7; Satzger/Schluckebier/Widmaier/*Saliger*, StGB, § 266a Rn. 3; *Gercke/Leimenstoll*, WiJ 2012, 246, 253; *Krumm*, wistra 2012, 211, 213; *Kossens*, BB 2004 Beilage 12, Heft 35/2004, 2, 6.

1191 LK/*Möhrenschlager*, § 266a Rn. 3 f.; *Wittig*, HRRS 2012, 63, 64; *Rönnau/Kirch-Heim*, wistra 2005, 321, 323 gehen vielmehr von einem Erfolgsdelikt aus; so auch schon LK[11]/*Gribbohm*, § 266a Rn. 63 und Rn. 65; der BGH hat dies nur in Bezug auf § 266a Abs. 2 Nr. 1 StGB bisher ebenso gesehen, vgl. BGH, NStZ 2012, 94, 95.

1192 Reichstagsprotokolle, 1890/92,5, 134. Sitzung, S. 3235, 3236.

StGB auch wie folgt – ohne ausdrücklichen[1193] Statusbegriff „Arbeitgeber" – formuliert werden können:

> „Wer der Einzugsstelle Beiträge zur Sozialversicherung einschließlich der Arbeitsförderung, unabhängig davon, ob Arbeitsentgelt gezahlt wird, vorenthält, wird mit Freiheitsstrafe bis zu fünf Jahren oder mit Geldstrafe bestraft."

Die Gegenprüfung zeigt somit eindeutig, dass das Tatbestandsmerkmal „Arbeitgeber" bei Auslegung des Arbeitgeberbegriffs nach dem Sozialversicherungsrecht keine eigenständige Bedeutung mehr hat. Die Strafbarkeit nach § 266a Abs. 1 StGB würde auf diese Weise denselben Rahmen haben wie ohne das Merkmal „Arbeitgeber." Demzufolge wird dem Tatbestandsmerkmal „Arbeitgeber" die Existenz abgesprochen.

k) Strafbarkeitsausweitende Auslegung

Diese Auslegung führt auch zu einer Strafbarkeitsausweitung von § 266a Abs. 1 StGB. Denn der Kreis der nach dem Sozialversicherungsrecht Beitragsabführungsverpflichteten ist größer als derjenigen, welche die Arbeitgebereigenschaft innehaben.[1194] Dass das Sozialversicherungsrecht aus seinem Grundgedanken heraus – den Bürger zu schützen – die Strafbarkeit nach § 266a StGB erweitert, ist nicht hinzunehmen. Wie bereits bei der Untreue ausführlich beanstandet,[1195] müssen solche eindeutigen „Extensionstendenzen"[1196] durch eine extensive Auslegung von § 266a StGB kritisch betrachtet werden.

l) Präzisierungsgebot

Des Weiteren kommt weder die Auslegung der herrschenden Ansichten noch die Auslegung der Rechtsprechung den Vorgaben des BVerfG nach, bei weiten oder unscharfen Tatbeständen Unklarheiten durch Präzisierungen auszuräumen.[1197] Vielmehr wird entgegen des „Präzisierungsgebots"[1198] die Auslegung

---

1193 Denn der Gesetzgeber formuliert auch Sonderdelikte ohne ausdrückliche Personenbegrenzungen durch Statusbegriffe wie bspw. § 204 StGB, der als Sonderdelikt an die Pflicht aus § 203 StGB anknüpft, vgl. BeckOK-StGB/*Weidemann*, § 204 Rn. 4.

1194 Siehe S. 46 f.

1195 *Jahn*, JuS 2009, 859, 860 m. w. N.

1196 MüKo-StGB/*Dierlamm*, § 266 Rn. 3 in Bezug auf § 266 StGB.

1197 BVerfG, NJW 2010, 3209, 3211 Rn. 81; *Saliger*, NJW 2010, 3195, 3196; so auch *Ziehm*, NZWiSt 2016, 387, 389 f., der „die derzeitige Handhabung des § 266a StGB durch Ermittlungsbehörden und Rechtsprechung [als] nicht vertretbar" ansieht.

1198 Dazu ausführlich *Krell*, ZStW 126 (2014), 902, 907 f.; *Neumann*, FS Beulke, 197, 205 ff.

nicht präzisiert: Durch den Import von Unbestimmtheiten des Sozialversicherungsrechts als Primärmaterie – wiederum eine Parallele[1199] zu § 266 StGB in Bezug auf das Zivil- bzw. Gesellschaftsrecht – wird der Tatbestand verwässert und durch die dargestellte „Doppel-Akzessorietät" für weitere Unklarheiten gesorgt.

m) Rechtsunsicherheitsminimierungsgebot

Zudem besteht aufgrund der von der Rechtsprechung und der herrschenden Literatur befürworteten Auslegung Rechtsunsicherheit. Die Auslegung des BGH lässt, wie kritisiert, nicht erkennen, welche Person nunmehr die Tätereigenschaft erfüllt und die Auslegung der Autoren der herrschenden Meinung überträgt die Unbestimmtheiten des Sozialversicherungsrechts in das Strafrecht. Dies führt zu einer Maximierung statt einer Minimierung der Rechtsunsicherheit.

n) Zwischenergebnis: Verschleifung des Tatbestandsmerkmals Arbeitgeber

Bei Anwendung der Vorgaben des BVerfG auf § 266a Abs. 1 StGB führt die Anknüpfung an das Sozialversicherungsrecht bei der Auslegung des Begriffs „Arbeitgeber" zu einer Verschleifung des Tatbestandsmerkmals „Arbeitgeber" mit dem Tatbestandsmerkmal „Beiträge" bzw. der Beitragsabführungspflicht. Denn sobald die Beitragsabführungspflicht besteht, soll nach der herrschenden Ansicht auch die Arbeitgebereigenschaft begründet sein. Daher steht mit dem Vorliegen des einen auch zugleich das Vorliegen eines anderen Tatbestandsmerkmals fest. Da dies außerdem zu einer Strafbarkeitsausweitung führt, liegt eine Verschleifung und somit eine unzulässige Auslegung vor, was in eine verfassungswidrige Auslegung von § 266a StGB mündet. Daher ist diese Auslegung nach dem Sozialversicherungsrecht im Wege der verfassungskonformen Auslegung[1200] auszuschließen.

Somit muss im Falle des Arbeitgeberbegriffs jede Rechtsansicht den Willen des Gesetzgebers beachten, welcher dieses Merkmal neben dem der Pflichtverletzung als selbstständiges statuiert hat. Die Auslegung darf dieses Tatbestandsmerkmal nicht mit der Beitragsabführungspflicht verschleifen, d. h. es in diesem Merkmal aufgehen lassen. Dies gilt umso mehr, als das betroffene Merkmal „Arbeitgeber" einen eigenständigen Beitrag zur Eingrenzung des strafrechtlich relevanten Verhaltens darstellt und elementares Merkmal von § 266a StGB ist.

1199 Vgl. *Bräunig*, S. 89 f.

1200 Dazu ausführlich *Kuhlen*, Auslegung von Strafgesetzen, S. 1 ff.; *Lüdemann*, JuS 2004, 27 ff.

3. *Eigenständige Bedeutung des Tatbestandsmerkmals Arbeitgeber*

Weil die Formulierung von § 266a StGB ohne das Merkmal „als Arbeitgeber“ aber nicht derjenigen des Gesetzgebers entspricht, wird umso deutlicher, dass der Gesetzgeber diesem Merkmal eine eigene Funktion bzw. eigene Bedeutung zugedacht hat. Diese Funktion muss weitgehender sein als eine deklaratorische Wiederholung der sozialversicherungsrechtlichen Abführungspflicht, da dies zu einer Verschleifung führen würde. Möglicherweise können aus der Formulierung von anderen Sonderdelikten weitere Schlüsse für die richtige Auslegung des Arbeitgeberbegriffs gezogen werden.

a) *Die Formulierung von Sonderdelikten – insbesondere § 370 Abs. 1 AO*

Charakterisiert werden Sonderdelikte[1201] dadurch, dass der Tatbestand eines Sonderdelikts nicht von jedermann, sondern nur von bestimmten Tätern verwirklicht werden kann.[1202] § 266a StGB wurde vom Gesetzgeber als Sonderdelikt zumindest teilweise – in Bezug auf Absatz 2 – angelehnt an § 370 AO geschaffen.[1203] Ein Blick auf § 370 Abs. 1 AO zeigt, dass der Gesetzgeber bei Sonderdelikten verschiedene Formulierungen wählt, um die Sonderdeliktseigenschaft zu verdeutlichen. Bei der Steuerhinterziehung durch aktives Tun – § 370 Abs. 1 Nr. 1 AO, „wer … unrichtige Angaben macht“ – kann nach nahezu unbestrittener Auffassung „jedermann“ Täter sein. Es handelt sich insoweit um ein Allgemeindelikt.[1204] Bei der Steuerhinterziehung durch Unterlassen[1205] nach § 370 Abs. 1 Nr. 2 AO wird hingegen nur derjenige bestraft, der „die Finanzbehörden *pflichtwidrig* über steuerlich erhebliche Tatsachen in Unkenntnis lässt.“

§ 370 Abs. 1 AO enthält nach seinem Wortlaut keine Beschränkung auf eine bestimmte Tätergruppe, wie sie sonst häufig bei der Beschreibung tauglicher

---

1201 Ausführlich zu Sonderdelikten Schönke/Schröder/*Heine*/*Weißer*, vor §§ 25 ff. Rn. 82 f.; *Langer*, S. 207 ff.

1202 Lackner/Kühl/*Kühl*, Vorbemerkung, Rn. 33.

1203 BT-Drucks. 15/2573, S. 28 f.; *Fischer*, § 266a Rn. 20 f.; *Laitenberger*, NJW 2004, 2703, 2703; *Rönnau*/*Kirch-Heim*, wistra 2005, 321, 321.

1204 BGHSt 23, 319, 322 = NJW 1970, 2034, 2035; BGHSt 51, 356, 359 = wistra 2007, 388, 389; HK-SteuerStR-*Schott*, § 370 AO Rn. 19 f.; Klein/*Jäger*, § 370 AO Rn. 25; Graf/Jäger/Wittig/*Rolletschke*, § 370 AO Rn. 12; *Reichling*/*Lange*, NStZ 2014, 311, 311 m. w. N.; *Gehm*, NZWiSt 2013, 319, 319; *Satzger*, Jura 2011, 103, 104.

1205 Ausführlich zum Täterkreis bei der Steuerhinterziehung durch Unterlassen *Reichling*/*Lange*, NStZ 2014, 311 ff.; siehe zur Tatherrschaft im Rahmen der Steuerhinterziehung *Wietfeld*, S. 47 ff.; siehe zum steuernden Hintermann als Mittäter oder Teilnehmer *Madauß*, NZWiSt 2016, 268 ff.

Täter von Sonderdelikten mittels einer Art „Statusbegriff“ zu finden ist. So knüpfen § 266a Abs. 2 Nr. 2 StGB oder auch § 356 StGB an das Merkmal „pflichtwidrig“ an und beschreiben den Täterkreis auf diese Art. Der taugliche Täter dieser Straftatbestände muss zusätzlich aber eine personale Eigenschaft erfüllen – „als Arbeitgeber“ oder „als Anwalt.“[1206] Mit Blick hierauf geht der BGH auch in Bezug auf § 370 Abs. 1 Nr. 2 AO in seiner aktuellen Rechtsprechung davon aus, dass Täter einer Steuerhinterziehung durch Unterlassen nur derjenige sein könne, der selbst zur Aufklärung steuerlich erheblicher Tatsachen besonders verpflichtet sei. Vor allem der Wortlaut, so die Argumentation des BGH, lasse eine andere Auslegung im Hinblick auf Art. 103 Abs. 2 GG nicht zu.[1207]

b) Hinweis für das Merkmal „Arbeitgeber“ in § 266a StGB durch die Einführung von § 266a Abs. 2 Nr. 2 StGB

Einhellig ist anerkannt, dass § 266a StGB ein Sonderdelikt ist.[1208] Diese Qualifizierung als Sonderdelikt gilt für alle Absätze von § 266a StGB.[1209] Ein Indiz für die Auslegung des Arbeitgeberbegriffs, der die Sonderdeliktseigenschaft des Tatbestands ausdrückt, kann zudem in dem Wortlaut von § 266a Abs. 2 Nr. 2 StGB[1210] gesehen werden, der vom Gesetzgeber an § 370 AO angelehnt wurde. Nach § 266a Abs. 2 Nr. 2 StGB macht sich strafbar,

> „wer als *Arbeitgeber* die für den Einzug der Beiträge zuständige Stelle *pflichtwidrig* über sozialversicherungsrechtlich erhebliche Tatsachen in Unkenntnis lässt und dadurch dieser Stelle *vom Arbeitgeber* zu tragende Beiträge zur Sozialversicherung einschließlich der Arbeitsförderung, unabhängig davon, ob Arbeitsentgelt gezahlt wird, vorenthält.“[1211]

Somit verlangt § 266a Abs. 2 Nr. 2 StGB neben der Erfassung des Statusbegriffs „Arbeitgeber“, dass die unterlassene Handlung *pflichtwidrig* erfolgt. Der Täter handelt dann vorsätzlich pflichtwidrig im Sinne von § 266a Abs. 2 Nr. 2 StGB, wenn eine unzureichende Erfüllung der sozialversicherungsrechtlichen

1206 BGHSt 58, 218, 229 = NJW 2013, 2449, 2452.

1207 BGHSt 58, 218, 229 = NJW 2013, 2449, 2452; *Gehm*, NZWiSt 2013, 319, 319: „keine Trendwende eingeleitet“.

1208 Siehe S. 40.

1209 *Rönnau/Kirch-Heim*, wistra 2005, 321, 321 Fn. 7.

1210 Vgl. ausführlich zu § 266a Abs. 2 StGB *Rönnau/Kirch-Heim*, wistra 2005, 321 ff.

1211 Hervorhebungen nur hier.

Pflichten gegeben ist[1212] und er der Arbeitgeber ist, der gemäß § 28a SGB IV[1213] die Pflicht hat, den vollständigen Betrag anzumelden.[1214]

Wenn der Arbeitgeber nur derjenige sein kann, der nach dem Sozialversicherungsrecht die Pflicht hat, die Beiträge zu entrichten, wie es die herrschende Meinung vertritt, stellt sich die Frage, weshalb der Gesetzgeber im Jahr 2004 Absatz 2 eingeführt hat, und zwar nach § 266a Abs. 2 Nr. 2 StGB in der Form, dass das In-Unkenntnis-Lassen der zuständigen Stelle über sozialversicherungsrechtlich erhebliche Tatsachen des Arbeitgebers pflichtwidrig sein muss. Denn die Meldepflicht aus § 28a SGB IV korreliert mit der Beitragsabführungspflicht nach § 28e SGB IV.[1215] Dies bestätigt sich auch in der Systematik des SGB IV, weil § 28a und § 28e SGB IV gemeinsam im dritten Abschnitt des SGB IV „Meldepflichten des Arbeitgebers, Gesamtsozialversicherungsbeitrag" verortet sind.

Daher ist das zusätzliche Merkmal der Pflichtwidrigkeit ein Indiz dafür, dass nach Ansicht des Gesetzgebers die Meldepflicht und die gleichlaufende Beitragsabführungspflicht nicht inzident in der Arbeitgebereigenschaft vorhanden sind. Sonst würde dem Merkmal „pflichtwidrig" bzw. dem Merkmal „Arbeitgeber", wie bereits dargestellt, keine originäre Bedeutung zukommen. Denn folgender Wortlaut von § 266a Abs. 2 Nr. 2 StGB würde dann zu derselben Rechtsfolge führen:

> „Ebenso wird bestraft, wer als Arbeitgeber
>
> 1. […]

1212 Vgl. BGHSt 47, 318, 325 = NJW 2002, 2480, 2482.

1213 Dabei lautete § 28a SGB IV bei Einführung des § 266a Abs. 2 Nr. 2 StGB: „Der Arbeitgeber hat der Einzugsstelle für jeden in der Kranken-, Pflege-, Rentenversicherung oder nach dem Recht der Arbeitsförderung kraft Gesetzes versicherten Beschäftigten … eine Meldung … zu erstatten." Erst durch das Gesetz zur Änderung des Vierten Buches Sozialgesetzbuch und anderer Gesetze v. 19.12.2007 BGBl. I 2007, 3024 ff. wurde im einleitenden Satzteil nach den Wörtern „Der Arbeitgeber" der Zusatz „oder ein anderer Meldepflichtiger" eingefügt. Diese Änderung geht – entgegen der Gesetzesbegründung nach BT-Drucks. 16/6540, S. 24 – über eine einfache Klarstellung hinaus, denn sie umfasst Meldepflichtige, die zuvor nach anderen Vorschriften meldepflichtig waren. Daher wird dies kritisiert, vgl. Krauskopf/*Baier*, SGB IV, § 28a Rn. 3 ff.

1214 Siehe ausführlich *Rönnau/Kirch-Heim*, wistra 2005, 321, 322 f.

1215 BGH, NStZ-RR 2010, 376, 376: „Feststellungen zu treffen, aus denen sich die Arbeitgeberstellung des Täters und – daraus folgend – die diesem obliegenden Meldepflichten gegenüber den Sozialversicherungsträgern ergeben"; *Krumm*, wistra 2012, 211, 211; Krauskopf/*Baier*, SGB IV, § 28e Rn. 8 mit Verweis auf § 28a SGB IV.

2. die für den Einzug der Beiträge zuständige Stelle über sozialversicherungsrechtlich erhebliche Tatsachen in Unkenntnis lässt und dadurch dieser Stelle vom Arbeitgeber zu tragende Beiträge zur Sozialversicherung einschließlich der Arbeitsförderung, unabhängig davon, ob Arbeitsentgelt gezahlt wird, vorenthält."

c) Vergleich des § 266a StGB mit dem Bußgeldtatbestand von § 111 SGB IV

Dass der Gesetzgeber das Merkmal Arbeitgeber bewusst im Rahmen von § 266a StGB eingefügt bzw. aus der Vorgängervorschrift übernommen hat, zeigt sich auch an dem als Vergleichsbeispiel heranzuziehenden Bußgeldtatbestand von § 111 Abs. 1 Nr. 2, 2a SGB IV. Darin ist geregelt, dass die Zuwiderhandlung gegen die Meldepflichten des Arbeitgebers – § 28a SGB IV – mit einer Geldbuße geahndet werden kann. Täter dieser Ordnungswidrigkeiten kann nur der Arbeitgeber sein, da ihm diese genannten Pflichten obliegen.[1216] Selbiges gilt für § 111 Abs. 1 Nr. 3 SGB IV, der Verstöße gegen die Aufzeichnungs- und Aufbewahrungspflicht des Arbeitgebers nach § 28f SGB IV sanktioniert.[1217] Hier wurde im Gegensatz zu § 266a StGB in den Bußgeldtatbestand nicht das Merkmal „als Arbeitgeber" eingefügt:

„§ 111 SGB IV [Bußgeldvorschriften]

(1) Ordnungswidrig handelt, wer vorsätzlich oder leichtfertig
[…]
3. entgegen § 28f Absatz 1 Satz 1 Lohnunterlagen nicht führt oder nicht aufbewahrt, …

(2) Ordnungswidrig handelt, wer als Arbeitgeber einem Beschäftigten oder Hausgewerbetreibenden einen höheren Betrag von dessen Arbeitsentgelt abzieht, als den Teil, den der Beschäftigte oder Hausgewerbetreibende vom Gesamtsozialversicherungsbeitrag zu tragen hat."

Dennoch kann Täter nur derjenige sein, dem die Meldepflicht obliegt. Dass diese Formulierung nicht zufällig gewählt wurde, ist auch an § 111 Abs. 2 SGB IV erkennbar, der wiederum bestimmt, dass ordnungswidrig handelt, *wer als Arbeitgeber* einem Beschäftigten einen höheren Betrag von dessen Arbeitsentgelt abzieht, als der Beschäftigte zu tragen hat. Diese Bestimmung hat – wie auch § 266a StGB – ein historisches Vorbild: § 82b KVG.[1218]

1216 Brüssow/Petri/*Brüssow/Petri*², Kap. D Rn. 332; Krauskopf/*Baier*, SGB IV, § 111 Rn. 5; *Schmitt*, S. 25 f.

1217 Kreikebohm/*Zabre*, SGB IV, § 111 Rn. 6.

1218 Siehe S. 162 f.

Folglich spricht dieser Vergleich der Formulierung des aus dem Sozialversicherungsrecht in das StGB „importierten" § 266a StGB und von § 111 SGB IV für die genannte eigenständige Bedeutung des Merkmals „Arbeitgeber" in § 266a StGB, weil selbst in den heutigen Bußgeldtatbeständen des SGB IV das Merkmal „als Arbeitgeber" verwandt wird. Dies wäre überflüssig, wenn der Arbeitgeber in den Normen des SGB IV nach dem Sozialversicherungsrecht ausgelegt wird.

4. Der Arbeitgeberbegriff innerhalb von § 266a Abs. 1 bis 5 StGB

Der Begriff „Arbeitgeber" wird innerhalb von § 266a StGB sechsmal verwendet. Daher sollen diese Nennungen über § 266a Abs. 1 StGB hinaus in den Absätzen 2, 3 und 5 betrachtet und anschließend die umstrittene Frage diskutiert werden, ob der Begriff des Arbeitgebers in § 266a StGB in allen Absätzen einheitlich[1219] oder differenziert auszulegen ist.[1220]

a) Der Arbeitgeber nach § 266a Abs. 2 StGB

Bei § 266a Abs. 2 StGB ergibt sich mit Blick auf die Formulierung und Systematik die Sonderdeliktseigenschaft aus den einleitenden Worten: „wer als Arbeitgeber." Dies für sich genommen, hilft – wie bei Absatz 1 gesehen – nur bedingt weiter. Allerdings wird der Begriff „Arbeitgeber" noch einmal im zweiten Halbsatz verwendet. Dort wird von den „vom Arbeitgeber zu tragenden Beiträgen" gesprochen. Aus dieser Formulierung lässt sich möglicherweise ein Ansinnen des Gesetzgebers ableiten.

Die heute nach Absatz 2 bestehende und später eingeführte Strafbarkeit der Nichtabführung der Arbeitgeberanteile zur Sozialversicherung wurde zusätzlich zu den einleitenden, der Norm den Sonderdeliktscharakter gebenden Worten „als Arbeitgeber" noch dahingehend formuliert, dass „vom Arbeitgeber zu tragende Beiträge" vorenthalten werden müssen. Wird daher von der unbestrittenen These ausgegangen, dass diese „Beiträge" nur Beiträge sein können, die nach den Vorgaben des Sozialversicherungsrechts abzuführen sind,[1221] wird durch die Verbindung der weiteren Bestimmung der Beiträge als denjenigen, welche „vom Arbeitgeber zu tragen" sind, deutlich, dass der Gesetzgeber an dieser Stelle von

1219 Für eine einheitliche Auslegung bspw. MüKo-StGB/*Radtke*, § 266a Rn. 12; SK-StGB/*Hoyer*, § 266a Rn. 19; *Kudlich/Oğlakcıoğlu*, Rn. 555.

1220 Für eine nach Absätzen differenzierende Auslegung bspw. NK-StGB/*Tag*, § 266a Rn. 104; Schönke/Schröder/*Perron*, § 266a Rn. 11 und Rn. 15/16; NK-WSS/*Fuchs*, § 266a Rn. 60; Bittmann/*Weiß*, Insolvenzstrafrecht², § 21 Rn. 197.

1221 Statt vieler *Fischer*, § 266a Rn. 9a.

§ 266a Abs. 2 Hs. 2 StGB denjenigen als Arbeitgeber sieht, der auch die Beiträge nach dem Sozialversicherungsrecht schuldet.

Nach dem Sozialversicherungsrecht schuldet gemäß § 28e Abs. 1 SGB IV diese Beiträge der Arbeitgeber. Mangels Legaldefinition im Sozialversicherungsrecht kann dieser nach ständiger Rechtsprechung des BSG nur derjenige sein, welcher einen anderen beschäftigt, zu dem der Beschäftigte also in persönlicher Abhängigkeit steht.[1222] Nach § 7 Absatz 1 S. 1 SGB IV ist die Beschäftigung die „nichtselbstständige Arbeit, insbesondere in einem Arbeitsverhältnis." Eine – nicht auf Arbeitsverhältnisse in einem engen arbeitsrechtlichen Sinne beschränkte – Beschäftigung setzt nach ständiger Rechtsprechung des BSG des Weiteren voraus, dass der Beschäftigte von seinem „Arbeitgeber"[1223] persönlich abhängig ist.[1224] Aus diesen Gründen müsste der Gesetzgeber bei Schaffung von § 266a Abs. 2 StGB einen Arbeitgeber als Täter im Sinn gehabt haben, der die Beiträge nach dem Sozialversicherungsrecht zu tragen hat. Denn auch ohne den Zusatz „vom Arbeitgeber zu tragende" können Beiträge nur solche des Sozialversicherungsrechts sein. Dies wäre ein Hinweis auf eine sozialversicherungsrechtliche Anknüpfung.

Gegen diesen Gedankengang könnte sprechen, dass der Gesetzgeber an dieser Stelle im Gegensatz zu § 266a Abs. 1 StGB betonen wollte, dass es sich nicht um Beiträge des Arbeitnehmers, sondern um Beiträge des Arbeitgebers handelt. Allerdings wäre dies auch ohne den Zusatz in Absatz 2 durch die Formulierung des Absatzes 1 verständlich gewesen, weil dieser eindeutig bereits umfassend auf die Beiträge des Arbeitnehmers Bezug nimmt. Diese Betonung könnte als Verdeutlichung dafür beabsichtigt gewesen sein, dass zwischen der Nichtabführung der Arbeitnehmeranteile nach § 266a Abs. 1 StGB und der Nichtabführung nach § 266a Abs. 2 StGB ein wesentlicher Unterschied besteht: Für die Nichtabführung von Arbeitgeberanteilen gilt der strafrechtliche Grundsatz, dass die Nichterfüllung einer eigenen Schuld im Grunde nicht strafbar ist,[1225] wenn nicht weitere Umstände, wie in § 266a Abs. 2 Nr. 1 und Nr. 2 StGB benannt, hinzukommen

1222 BSG, NJOZ 2012, 827, 828.

1223 Dabei schreibt das BSG richtigerweise „Arbeitgeber" in Anführungszeichen, weil dieser Begriff nicht in § 7 SGB IV definiert wird. Der Begriff des Beschäftigenden wäre passender.

1224 BSG, NJOZ 2012, 827, 828.

1225 BT-Drucks. 15/2573, S. 28; MüKo-StGB/*Radtke*, § 266a Rn. 4; *Laitenberger*, NJW 2004, 2703, 2703.

und die Strafwürdigkeit der Handlung begründen. So wird § 266a Abs. 2 Nr. 2 StGB teilweise sogar ein „erhöhtes Unrecht“[1226] bescheinigt.

Somit deutet die Formulierung von § 266a Abs. 2 StGB bzgl. der zweimaligen Erwähnung des Arbeitgeberbegriffs und die ratio legis des Absatzes 2 nur einschränkend auf eine vom Gesetzgeber gewollte sozialversicherungsrechtliche Auslegung des Arbeitgeberbegriffs hin. Denn es liegt nahe, dass die Formulierung des Absatzes 2 dem besonderen Umstand geschuldet ist, dass die Nichterfüllung einer eigenen Schuld in der Regel nicht strafbar ist, wenn nicht besondere Umstände hinzutreten.

b) *Der Arbeitgeber nach § 266a Abs. 3 StGB*

In Rahmen des Absatzes 3 wird der Begriff „Arbeitgeber“ wiederum nur zu Beginn des Absatzes als Statusbegriff „wer als Arbeitgeber“ verwendet. Nach Absatz 3 wird mit Freiheitsstrafe bis zu fünf Jahren oder mit Geldstrafe bestraft,

> „wer als Arbeitgeber sonst Teile des Arbeitsentgelts, die er für den Arbeitnehmer an einen anderen zu zahlen hat, dem Arbeitnehmer einbehält, sie jedoch an den anderen nicht zahlt und es unterlässt, den Arbeitnehmer spätestens im Zeitpunkt der Fälligkeit oder unverzüglich danach über das Unterlassen der Zahlung an den anderen zu unterrichten.“

Bei der Einführung lautete der Beginn des damaligen Absatzes 2[1227] noch: „Ebenso wird bestraft, wer als Arbeitgeber …“ Somit bestand die Verknüpfung des heutigen Absatzes 2 durch „ebenso“ früher bereits mit Absatz 2 a. F., der nunmehr Absatz 3 ist.

Aus der weiteren Formulierung des Absatzes lässt sich ersehen, dass nur Teile des Arbeitsentgelts erfasst werden, zu deren Abführung an einen Dritten der Arbeitgeber gegenüber dem Arbeitnehmer privat- oder öffentlich-rechtlich verpflichtet ist.[1228] Hier wird im Gegensatz zu Absatz 1 und dem heutigen Absatz 2 vertreten, dass kein Beschäftigungsverhältnis im Sinne des Sozialversicherungsrechts und keine tatsächliche Lohnzahlung erforderlich seien. Vielmehr müsse eine rechtlich wirksame Verpflichtung des Arbeitgebers zur Zahlung des

1226 Graf/Jäger/Wittig/*Wiedner*, § 266a StGB Rn. 64.

1227 Bei Einführung des § 266a StGB war dies Absatz 2, vgl. BGBl. I 1986, 721, 723; der Wortlaut wurde im Gegensatz zur Satzstellung durch das Gesetz zur Intensivierung der Bekämpfung der Schwarzarbeit vom 01.08.2004 nicht verändert, vgl. BT-Drucks. 15/2573, S. 29; BGBl. I 2004, 1842, 1849.

1228 Satzger/Schluckebier/Widmaier/*Saliger*, StGB, § 266a Rn. 26.

Arbeitsentgelts bestehen, weil dem Arbeitgeber „vom Strafrecht keine Lohnzahlungspflicht auferlegt werden könne, die er zivilrechtlich nicht habe."[1229]

Die Gegenansicht führt aus, dass es unerheblich sei, ob ein Arbeitsverhältnis tatsächlich geschlossen worden sei, da für das Bestehen eines Arbeitsverhältnisses nach den arbeitsrechtlichen Grundsätzen auch ein faktisches Arbeitsverhältnis ausreichend sei, weil es bei der Betrachtung des Arbeitsverhältnisses auf die tatsächlichen Begebenheiten ankomme.[1230]

Historisch gesehen spricht wenig dafür, dass der Gesetzgeber bei Einführung des Absatzes 1 und des Absatzes 2 – heute Absatz 3 – im Jahr 1986 eine unterschiedliche Auslegung des Begriffs „Arbeitgeber" vornehmen wollte. Denn zur Zeit der Einführung von § 266a StGB war es die einzige Auffassung in Rechtsprechung und Literatur, dass der Arbeitgeberbegriff nach dem Arbeitsrecht bzw. §§ 611 ff. BGB auszulegen sei.[1231] Zudem wurde der Wortlaut der Norm im Jahr 2004 nur redaktionell und nicht inhaltlich geändert. Daher ist überzeugend, dass beide Begriffe weiterhin gleich zu bestimmen sind. Auch wurde die Lehre vom faktischen Arbeitsverhältnis bereits vor Einführung von § 266a StGB im Arbeitsrecht vertreten,[1232] sodass die Anknüpfung an das Arbeitsrecht, wie sie bei Einführung von § 266a StGB bestand, nicht fernliegend ist. Dies bestätigt sich auch bei einem Blick auf Sachverhalte, in denen das Strafrecht die faktische Betrachtungsweise anerkennt.[1233]

Allerdings ist auch aus sozialversicherungsrechtlicher Perspektive das faktische Arbeitsverhältnis ein „Arbeits-" bzw. – richtig formuliert – ein „Beschäftigungsverhältnis" nach § 7 Abs. 1 SGB IV. Denn nach dem Willen des Gesetzgebers ist „eine Beschäftigung stets dann anzunehmen, wenn nach arbeitsrechtlichen Grundsätzen ein Arbeitsverhältnis besteht."[1234] Daher fallen Beschäftigungsverhältnis und Arbeitsverhältnis an dieser Stelle nicht auseinander[1235] und auch im Falle eines faktischen Arbeitsverhältnisses besteht ein Beschäftigungsverhältnis.

1229 Schönke/Schröder/*Perron*, § 266a Rn. 15/16.

1230 BGH, wistra 2010, 29, 29 f.; BGHSt 53, 71, 77 = NJW 2009, 528, 530; BGH, NStZ 2001, 599, 600; *Thum*/*Selzer*, wistra 2011, 290, 291; LK/*Möhrenschlager*, § 266a Rn. 15; Satzger/Schluckebier/Widmaier/*Saliger*, StGB, § 266a Rn. 6; SK-StGB/*Hoyer*, § 266 Rn. 23; MüKo-StGB/*Radtke* § 266a Rn. 12; Leipold/Tsambikakis/Zöller/*Esser*, § 266a Rn. 17.

1231 Siehe S. 174 ff.

1232 ErfK[17]/*Preis*, BGB, § 611 Rn. 145 ff. m. w. N.

1233 Vgl. ausführlich *Groß*, S. 57 ff. zu der Strafbarkeit faktischer Organe; *Cadus*, S. 18 ff. insgesamt zur faktischen Betrachtungsweise im Strafrecht.

1234 BT-Drucks. 7/4122, S. 31; vgl. auch KassKomm/*Seewald*, § 7 SGB IV Rn. 126.

1235 KassKomm/*Seewald*, § 7 SGB IV Rn. 142 f.

Arbeitsrechtlich ist auch bei einem faktischen Arbeitsverhältnis eine Lohnzahlungspflicht gegeben, weil den Parteien für die Dauer des vollzogenen fehlerhaften Vertragsverhältnisses die gleichen Rechte und Pflichten wie im wirksam begründeten Arbeitsverhältnis zustehen.[1236] Somit bleiben als Schnittmenge, die nicht von diesen beiden Ansichten erfasst wird, „nur" die anfangs genannten Fälle, in denen kein Arbeitsverhältnis, aber ein Beschäftigungsverhältnis vorliegt. Folglich bietet § 266a Abs. 3 StGB keinen zwingenden Hinweis darauf, dass der Arbeitgeberbegriff nach Absatz 3 – bei Einführung von Absatz 2 – mittels arbeitsrechtsrechtlicher Anknüpfung auszulegen ist.

c) Der Arbeitgeber nach § 266a Abs. 5 StGB

Ein weiteres Indiz bietet möglicherweise der Wortlaut von § 266a Abs. 5 StGB. Nach § 266a Abs. 5 StGB, der bei Einführung der Norm der wortgleiche Absatz 4 war,[1237] stehen dem „Arbeitgeber der Auftraggeber eines Heimarbeiters, Hausgewerbetreibenden oder einer Person, die im Sinne des Heimarbeitsgesetzes diesen gleichgestellt ist, sowie der Zwischenmeister gleich." Hieraus wird teilweise fehlerhaft geschlossen, dass sich die „Zahlungspflicht" durch § 266a Abs. 5 StGB erweitere.[1238] Dies ist aus den genannten Gründen abzulehnen. Die Zahlungspflicht stammt vielmehr aus den Sozialversicherungsgesetzen und kann nur von diesen „erweitert" werden. Dies geschieht vorliegend eindeutig durch § 12 SGB IV.

Unabhängig von dieser Ungenauigkeit ist aus den Gesetzgebungsmaterialien von § 266a Abs. 5 StGB zu ersehen, dass nach Vorstellung des Gesetzgebers bei der Bestimmung des Arbeitgebers im Sinne von § 266a Abs. 1 StGB auf die Begriffsbestimmungen von § 12 SGB IV zurückzugreifen ist. Denn in der Bundestagsdrucksache zu dem damaligen Absatz 4 heißt es:

1236 ErfK[17]/*Preis*, BGB, § 611 Rn. 145 ff.

1237 Vgl. BT-Drucks. 10/318, S. 5; zur Einführung war dies § 266a Abs. 4 StGB, da § 266a Abs. 2 StGB nachträglich „ohne Vorbild im früheren Recht" – vgl. *Branz*, S. 4 – geschaffen wurde; vgl. dazu Gesetz zur Intensivierung der Bekämpfung der Schwarzarbeit v. 01.08.2004, BGBl. I 2004, 1842, 1849; ausführlich zu den Änderungen Ignor/Mosbacher/*Pananis*, Arbeitsstrafrecht[3], § 6 Rn. 3; Volk/*Greeve*, MAH Wirtschafts- und Steuerstrafsachen, § 28 Rn. 153 f.; *Steinberg*, wistra 2009, 55, 56; *Rönnau/Kirch-Heim*, wistra 2005, 321 ff.; *Laitenberger*, NJW 2004, 2703 ff.; *Joecks*, wistra 2004, 441 ff.; *Ignor/Rixen*, NStZ 2002, 510, 512 f.; zum vorherigen § 266a Abs. 5 StGB – nunmehr § 266a Abs. 6 StGB – siehe *Fritz*, S. 1 ff.

1238 Müller-Gugenberger/*Thul*, § 38 Rn. 81.

> „Dem Arbeitgeber stehen nach Absatz 4 der Auftraggeber eines Heimarbeiters, Hausgewerbetreibenden oder einer Person, die im Sinne des Heimarbeitsgesetzes diesen gleichgestellt ist, sowie der Zwischenmeister gleich. Hierbei sind für Absatz 1 die Begriffsbestimmungen des § 12 des Vierten Buches Sozialgesetzbuch und für Absatz 2 die Begriffsbestimmungen der §§ 1, 2 des Heimarbeitsgesetzes maßgebend."[1239]

Allerdings ist die Formulierung des Gesetzgebers in Bezug auf die Auslegung des Begriffs „Arbeitgeber" nach § 266a Abs. 1 StGB zweideutig. Es bleibt unklar, ob der Gesetzgeber die Begriffe des Absatzes 1 insgesamt nach dem Sozialversicherungsrecht auslegen wollte, dies aber nur zurückhaltend formuliert hat oder ob der Gesetzgeber die Sozialversicherungsrechtsakzessorietät nur limitiert auf die in Absatz 4 genannten Begriffe herstellen wollte.

Grundsätzlich wurde die genannte Passage in die Gesetzesbegründung eingefügt, weil Hausgewerbetreibende und Heimarbeiter persönlich weitestgehend unabhängig sind und in keinem abhängigen Beschäftigungsverhältnis im Sinne von § 7 Abs. 1 SGB IV stehen. Aufgrund der wirtschaftlichen Abhängigkeit vom Auftraggeber sind sie sozialversicherungsrechtlich zwischen Arbeitnehmern und Selbstständigen einzusortieren.[1240] Nach § 12 Abs. 3 SGB IV wird ebenfalls wie im Strafrecht in § 266a Abs. 5 StGB dann dennoch eine Arbeitgebereigenschaft des Auftraggebers fingiert. Für die Begriffsbestimmung im Rahmen dieser Fiktion ist daher § 12 SGB IV „maßgebend."[1241]

Der Gesetzgeber ging bei Einführung von § 266a Abs. 5 StGB zumindest davon aus, dass in Bezug auf die Begriffe des Absatzes 5 eine sozialversicherungsrechtliche Anknüpfung bestehen soll, damit es zu einer einheitlichen Begriffsauslegung kommt. Dies spricht auf den ersten Blick für eine sozialversicherungsrechtliche Auslegung der Begriffe von § 266a StGB. Allerdings ist diese eindeutig auf die Begriffe des Auftraggebers eines Heimarbeiters, eines Hausgewerbetreibenden oder einer Person, die im Sinne des Heimarbeitsgesetzes gleichgestellt ist, beschränkt. Denn nur diese Begriffe sind gemäß dem Verweis in den Gesetzgebungsmaterialien nach § 12 SGB IV zu bestimmen, sodass der Auftraggeber dem Arbeitgeber nach § 266a Abs. 1 StGB gleichgestellt wird.

Demgegenüber spricht gegen eine insgesamt sozialversicherungsrechtliche Auslegung des Arbeitgeberbegriffs in § 266a StGB, dass in den Gesetzgebungsmaterialien nicht davon die Rede ist, den Arbeitgeberbegriff selbst nach dem Sozialversicherungsrecht auszulegen. Dies wäre, wenn bereits für Absatz 5 eine solche Verknüpfung niedergeschrieben wurde, für Absatz 1 – möglicherweise zu

---

1239 BT-Drucks. 9/2008, S. 30.

1240 Krauskopf/*Baier*, SGB IV, § 12 Rn. 2; KassKomm/*Seewald*, § 12 SGB IV Rn. 15.

1241 BT-Drucks. 9/2008, S. 30.

§ 7 SGB IV – ebenfalls naheliegend gewesen. Aber in den Gesetzgebungsmaterialien von § 266a Abs. 1 StGB wird eine Bestimmung des Begriffs „Arbeitgeber" nicht vorgenommen und somit auch nicht auf das Sozialversicherungsrecht oder § 7 SGB IV Bezug genommen.[1242]

Zudem könnte der Text der Bundestagsdrucksache ungenau formuliert worden sein. Dass sich der Begriff des Arbeitgebers gemäß Absatz 5 nach dem Sozialversicherungsrecht richten soll, wurde ausdrücklich in dessen Normtext niedergelegt. Somit ist die Verweisung in den zitierten Ausführungen der Bundestagsdrucksache überflüssig. Es hätte in dem Text der Bundestagsdrucksache auch heißen können bzw. – vielleicht sogar – heißen müssen:

> „Dem Arbeitgeber stehen nach Absatz 4 der Auftraggeber eines Heimarbeiters, Hausgewerbetreibenden oder einer Person, die im Sinne des Heimarbeitsgesetzes diesen gleichgestellt ist, sowie der Zwischenmeister gleich. Hierbei sind für *Absatz 4*[1243] die Begriffsbestimmungen des § 12 des Vierten Buches Sozialgesetzbuch und für Absatz 2 die Begriffsbestimmungen der §§ 1, 2 des Heimarbeitsgesetzes maßgebend …"

oder

> „Dem Arbeitgeber stehen nach Absatz 4 der Auftraggeber eines Heimarbeiters, Hausgewerbetreibenden oder einer Person, die im Sinne des Heimarbeitsgesetzes diesen gleichgestellt ist, sowie der Zwischenmeister gleich. Hierbei sind für Absatz 1 *gemäß Absatz 4*[1244] die Begriffsbestimmungen des § 12 des Vierten Buches Sozialgesetzbuch und für Absatz 2 die Begriffsbestimmungen der §§ 1, 2 des Heimarbeitsgesetzes maßgebend."

Somit zeigt sich, dass der Gesetzgeber bei § 266a Abs. 5 StGB, der zuvor Absatz 4 war, davon ausging, betonen zu müssen, dass die Begriffe des Absatzes 5 akzessorisch zu § 12 SGB IV auszulegen seien. Denn die Erweiterung nach § 266a Abs. 5 StGB wäre sonst „hier ohne Bedeutung."[1245] Diesen Hinweis hielt der Gesetzgeber für notwendig, obwohl die Begrifflichkeiten vom Wortlaut her identisch sind.

Zudem gelten die im Arbeitsrecht als „arbeitnehmerähnlich" bezeichneten Heimarbeiter trotz ihrer Selbstständigkeit sozialversicherungsrechtlich als Beschäftigte.[1246] Daher wäre die Klarstellung von § 266a Abs. 5 StGB sowie der Verweis auf § 12 SGB IV nur deklaratorisch, wenn der Gesetzgeber von einer

1242 Vgl. BT-Drucks. 9/2008, S. 28 f.

1243 Kursivzusatz nur hier.

1244 Kursivzusatz nur hier.

1245 Müller-Gugenberger/*Thul*, § 38 Rn. 82.

1246 ErfK[17]/*Preis*, BGB, § 611 Rn. 114; ErfK/*Preis*, BGB, § 611a Rn. 80 f. Vgl. auch Gagel/*Rolfs*, SGB III, § 346 Rn. 11, der an dieser Stelle sogar von einem „beitragsrechtlichen Arbeitgeberbegriff" spricht.

sozialversicherungsrechtlichen Auslegung des Arbeitgeberbegriffs in § 266a StGB ausginge. Denn nach Ansicht der Autoren der herrschenden Meinung, die an das Sozialversicherungsrecht anknüpfen, reicht ein Beschäftigungsverhältnis zur Begründung der Arbeitgebereigenschaft aus.

Würde der Arbeitgeber nach dem Sozialversicherungsrecht bestimmt werden, wäre demzufolge dieser Hinweis des Gesetzgebers überflüssig, weil das Sozialversicherungsrecht den Heimarbeiter bereits als Beschäftigten einordnet. Vielmehr spricht dies für eine Auslegung des Arbeitgeberbegriffs nach dem Arbeitsrecht, das den Heimarbeiter nur als Selbstständigen kennt und daher diesem kein Arbeitgeber gegenübersteht.

d) Zwischenergebnis

Hätte der Gesetzgeber somit den Arbeitgeberbegriff nach dem Sozialversicherungsrecht bestimmen wollen, wäre Absatz 5 überflüssig. Zudem verweist der Gesetzgeber in der Gesetzesbegründung von § 266a Abs. 1 StGB an keiner Stelle auf das Sozialversicherungsrecht. Dies spricht dafür, dass der Gesetzgeber, wie es auch vor der Einführung des SGB IV und auch vor der Einführung von § 266a StGB herrschende Meinung war, davon ausging, dass der Begriff „Arbeitgeber" arbeitsrechtlich auszulegen sei. Andernfalls wäre möglicherweise eine Verweisung in der Norm selbst oder zumindest – wie bei § 266a Abs. 4 StGB – ein Hinweis in den Gesetzgebungsmaterialien zu finden, der einen Bezug zum Sozialversicherungsrecht herstellt. Folglich spricht die Systematik des Absatzes 5 und die Gesetzesbegründung bei seiner Einführung teilweise – aufgrund des Textes der Bundestagsdrucksache – für, aber überwiegend – aufgrund der fehlenden Anknüpfung in den Materialien zu Absatz 1 sowie der ansonsten deklaratorischen Regelung von § 266a Abs. 5 StGB – gegen eine sozialversicherungsrechtliche Auslegung des Arbeitgeberbegriffs in § 266a StGB.

e) Unterschiedliche Auslegung des Arbeitgeberbegriffs in den verschiedenen Absätzen von § 266a StGB

Die vorgenannten Ausführungen bzgl. der Systematik zwischen den Absätzen 1 bis 5 des § 266a StGB machen deutlich, dass die besseren Argumente dafür sprechen, den Arbeitgeberbegriff nicht nach dem Sozialversicherungsrecht auszulegen. Die bestehende Kontroverse, ob der Begriff des Arbeitgebers in § 266a StGB in allen Absätzen der Norm einheitlich[1247] oder differenziert nach Absätzen

---

1247 Für eine einheitliche Auslegung bspw. MüKo-StGB/*Radtke*, § 266a Rn. 12; SK-StGB/*Hoyer*, § 266a Rn. 19; *Kudlich/Oğlakcıoğlu*, Rn. 555.

auszulegen ist,[1248] wird ohne Nennung von Argumenten ausgetragen. Es wird für die eine oder die andere Ansicht eingetreten, ohne überzeugend darzustellen, weshalb die jeweilige Ansicht richtig sein soll. Es wird lediglich teilweise ausgeführt, dass in Absatz 1 sozialversicherungsrechtliche und in Absatz 3 arbeitsrechtliche Pflichten verletzt werden müssten.[1249] Die Gegenansicht tritt dagegen für eine einheitliche Auslegung ein.[1250]

Angesichts der dargestellten unterschiedlichen Auslegung des Arbeitgeberbegriffs folgt ein wichtiges Argument für eine einheitliche Auslegung des Begriffs „Arbeitgeber": die ansonsten entstehende Rechtsunsicherheit, die nicht vom Gesetzgeber gewollt sein kann.[1251] Denn unabhängig von der – schwierigen – Bestimmbarkeit des Arbeitgeberbegriffs an sich wäre eine weitere Aufspaltung in unterschiedliche Auslegungen innerhalb eines Normtextes vom Gesetzgeber deutlich(er) gemacht worden. Zumindest in den Gesetzgebungsmaterialien hätte diese Aufspaltung – gerade vor dem Hintergrund, dass bei Einführung von § 266a StGB die Vorgängervorschriften nach dem Arbeitsrecht ausgelegt wurden und zumindest bei Einführung des „neuen" § 266a Abs. 2 StGB im Jahr 2004 bereits Rechtsprechung vorlag, die eine sozialversicherungsrechtliche Anknüpfung befürwortete[1252] – erwähnt werden müssen. Ein einheitliches Verständnis des Begriffs „Arbeitgeber" beseitigt Unsicherheiten hinsichtlich einer etwaigen Strafbarkeit und ist daher zu bevorzugen.

5. *Änderung der Rechtslage ohne Änderung von § 266a StGB*

Ein weiterer Hinweis könnte die bereits angesprochene Änderung des Sozialversicherungsrechts vor der Einführung von § 266a StGB sein. Diese im Jahr 1977 vollzogene Änderung hätte den Gesetzgeber veranlassen können, klarstellende Ausführungen für die Anknüpfung der Begriffsauslegung in diesem Kontext zu machen. Eine solche Klarstellung erfolgte aber, wie bereits anhand der Gesetzesmaterialien gesehen, nicht. Ob daraus ein Indiz zur Auslegung gefolgert werden kann, ist fraglich. Der BGH führte bereits aus, dass das Schweigen

1248 Für eine nach Absätzen differenzierende Auslegung bspw. NK-StGB/*Tag*, § 266a Rn. 104; Schönke/Schröder/*Perron*, § 266a Rn. 11 bzw. 15/16; Bittmann/*Weiß*, Insolvenzstrafrecht[2], § 21 Rn. 197.

1249 NK-StGB/*Tag*, § 266a Rn. 104.

1250 Vgl. SK-StGB/*Hoyer*, § 266a Rn. 19.

1251 *Rönnau/Kirch-Heim*, wistra 2005, 321, 326 in Bezug auf die einheitliche Auslegung des „Vorenthaltens" in § 266a Abs. 1 und Abs. 2 StGB.

1252 OLG Zweibrücken, wistra 1995, 319, 320; siehe S. 100 f.

des Gesetzgebers nicht gleichbedeutend mit einer Nichtentscheidung sein muss. „Auch ohne Änderung des Gesetzeswortlautes kann der Gesetzgeber über eine bestimmte, rechtlich zu regelnde Frage eine Entscheidung treffen." [1253]

Hier wurde ein laut heute herrschender Meinung sachlich eng zusammenhängendes Rechtsgebiet – das Primärrecht nach SGB IV – geändert. Dennoch nahm der Gesetzgeber dies bei Einführung von § 266a StGB nicht zum Anlass, eine Klarstellung vorzunehmen, obwohl dies naheliegend gewesen wäre. Denn die Beurteilung des strafrechtlichen Arbeitgeberbegriffs erfolgte auch vor Einführung des SGB IV und vor Einführung von § 266a StGB nicht nach dem Sozialversicherungsrecht. Ob daraus aber grundsätzlich auf eine „stillschweigende Billigung"[1254] der Rechtspraxis geschlossen werden kann, ist mit Vorsicht zu beurteilen. Denn dass die Legislative diese Kontroverse tatsächlich erkannt und bewusst darüber entschieden hat, ist mehr als fraglich. Möglicherweise sah der Gesetzgeber das Problem aufgrund der einhelligen Auffassung zur Zeit der Einführung des 2. WiKG nicht oder war davon überzeugt, dass kein Handlungsbedarf für eine Änderung von § 266a StGB bestehe.

Im Jahr 2002 nahm der Gesetzgeber allerdings im „Entwurf eines Gesetzes zur Erleichterung der Bekämpfung von illegaler Beschäftigung und Schwarzarbeit"[1255] im Rahmen der „Änderungen des Absatzes 1 und des nur noch begrenzt anwendbaren Absatzes 3 … in Anlehnung an die Fortentwicklung des Sozialversicherungsrechts"[1256] eine Klarstellung vor. Bei dieser Gelegenheit, bei welcher der Gesetzgeber ausdrücklich das Sozialversicherungsrecht einbezogen hat, hätte er auch weitere Unstimmigkeiten bei der Auslegung des Arbeitgeberbegriffs aufnehmen können. Jedoch waren auch im Jahr 2002 die heute bestehenden verschiedenen Ansichten noch nicht in der Weise ausgeprägt, wie die Aufarbeitung der Entwicklung der verschiedenen Ansichten zu Beginn zeigte.

6. *„Unabhängig davon, ob Arbeitsentgelt gezahlt wird"*

Im Hinblick auf die Formulierung von § 266a Abs. 1 StGB „unabhängig davon, ob Arbeitsentgelt gezahlt wird" und das sozialversicherungsrechtliche Beschäftigungsverhältnis, das kein Entgeltzahlung voraussetzt,[1257] könnte die

1253 BGHSt 33, 394, 397 = NJW 1986, 1946, 1947.

1254 Vgl. dazu *Simon*, S. 337.

1255 BT-Drucks. 14/8221, S. 1 ff.

1256 BT-Drucks. 14/8221, S. 14.

1257 *Wilke*, S. 125.

Schlussfolgerung gezogen werden, dass der Gesetzgeber sich mit der Formulierung von § 266a Abs. 1 StGB an das Sozialversicherungsrecht angelehnt habe. Allerdings ist dieser Gedanke nicht zielführend. Denn im Sozialversicherungsrecht gilt nach § 22 Abs. 1 S. 1 SGB IV das „Entstehungsprinzip" – nach diesem entstehen die Beitragsansprüche der Versicherungsträger, sobald ihre im Gesetz oder aufgrund eines Gesetzes bestimmten Voraussetzungen vorliegen – weshalb es irrelevant ist, ob Arbeitsentgelt gezahlt wird.[1258] Nur dies sollte durch den zitierten Teil von § 266a Abs. 1 StGB zum Ausdruck gebracht werden.

Zudem formulierte der Gesetzeber nicht, dass generell ein „Arbeitsentgelt nicht bezahlt", sondern nicht „gezahlt" wird. Er wollte „in Anlehnung an die überwiegende Rechtsprechung (vgl. z. B. BGHZ 144, 311)" zum Ausdruck bringen, „dass die Absätze 1 und 3 anwendbar sind, wenn seitens des Arbeitgebers Beiträge nach Fälligkeit nicht abgeführt werden."[1259] Dazu wird „eine vollständige oder teilweise Lohnzahlung … nicht vorausgesetzt"[1260], so die Gesetzesbegründung. Folglich kann aus dieser Formulierung keine Ausrichtung der Auslegung nach dem Sozialversicherungsrecht geschlossen werden.

7. Ergebnis der systematischen Auslegung

Die systematische Auslegung hat einige wertvolle Erkenntnisse für die Auslegung des Arbeitgeberbegriffs geliefert. Zwar konnte aus der Stellung von § 266a StGB im StGB selbst keine Nähe zur Untreue hergeleitet werden. Aber die anhand der für die Untreue vom BVerfG gebildeten verfassungsrechtlichen Vorgaben haben bei deren Übertragung auf die Auslegung des Tatbestandsmerkmals „Arbeitgeber" ergeben, dass die Auslegung nach dem Sozialversicherungsrecht gegen das Verschleifungsverbot verstößt. Dem Merkmal „Arbeitgeber" wird durch eine solche Auslegung die eigene Bedeutung genommen, in dem die Täterstellung bereits in die Prüfung des Merkmals „Beiträge" bzw. der Beitragsabführungspflicht automatisch eingeht. Dies überzeugt mit Blick auf Art. 103 Abs. 2 GG nicht. Ebenso führt diese Meinung nicht zu einer präzisierenden und Rechtsunsicherheiten minimierenden Begriffsbestimmung, was jedoch nach dem BVerfG Ziel sein muss. Auch die systematische Ausgestaltung der Absätze 1 bis 5 von § 266a StGB stützt die erarbeitete These, indem deren Systematik bei ihrer jeweiligen Einführung gegen eine Auslegung nach dem Sozialversicherungsrecht spricht.

1258 Kreikebohm/*Kreikebohm*, SGB IV, § 22 Rn. 4; *Bachmann*, FS Samson, 233, 237.
1259 BT-Drucks. 14/8221, S. 18.
1260 BT-Drucks. 14/8221, S. 18.

IV. Teleologische Auslegung – Sinn und Zweck des § 266a StGB

Vermittels teleologischer Auslegung wird nun versucht, durch die Betrachtung von Sinn und Zweck der Regelung des § 266a StGB weitere Erkenntnisse zu gewinnen. Denn jede Bildung von Begriffen erfolgt auch teleologisch, weil Begriffsbildungen immer in Bezug auf den Hintergrund der einzelnen Fragestellung zu betrachten sind.[1261] Meist ergibt sich die ratio legis[1262] der Norm nicht aus dem auszulegenden Tatbestandsmerkmal selbst, sondern erst durch einen Blick über die Einzelnorm hinaus. Ist der Grundgedanke einmal erkannt, kann dieser als Leitfaden für die Auslegung der einzelnen Tatbestandsmerkmale dienen und die Reichweite der Norm bestimmen.[1263] Allerdings ist dies im Rahmen von § 266a StGB nicht einfach.

1. Rechtsgut von § 266a Abs. 1 und Abs. 2 StGB

Die Vorschrift § 266a StGB weist kein einheitliches Schutzgut auf.[1264] Es wird zwischen dem Rechtsgut in Absatz 1 und 2 sowie Absatz 3 unterschieden. Wie bereits kurz angedeutet, ist das von § 266a StGB geschützte Rechtsgut umstritten. Absatz 1 und Absatz 2 schützen nach überwiegender Ansicht das Interesse der Solidargemeinschaft der Versicherten an der Sicherstellung des Sozialversicherungsaufkommens.[1265] Teilweise wird auch vertreten, dass ein dualistischer Schutzzweck bestehe, der auch die individuellen Vermögensrechte der Arbeitnehmer umfasse.[1266] Dieser doppelte Schutzzweck wird damit begründet, dass die Arbeitnehmeranteile an den Beiträgen der Sozialversicherung dem Vermögen des Arbeitnehmers nach § 28e Abs. 1 S. 2 SGB IV zugewiesen seien und

---

1261 *Wank*, Die juristische Begriffsbildung, S. 151.

1262 Vgl. bspw. BGHSt 46, 212, 220 = NJW 2001, 624, 627: Die Auslegung des Tatbestandsmerkmals „muss sich an der ratio legis … ausrichten."

1263 *Simon*, S. 472.

1264 SK-StGB/*Hoyer*, § 266a Rn. 1; MüKo-StGB/*Radtke*, § 266a Rn. 3.

1265 BT-Drucks. 15/2573, S. 28; BT-Drucks. 10/5058, S. 31; BVerfG, NJW 2003, 961, 961; BGH, NStZ 2006, 227, 228; Graf/Jäger/Wittig/*Wiedner*, § 266a StGB Rn. 3; Satzger/Schluckebier/Widmaier/*Saliger*, StGB, § 266a Rn. 2; Schönke/Schröder/*Perron*, § 266a Rn. 2; Lackner/Kühl/*Heger*, § 266a Rn. 1; *Fischer*, § 266a Rn. 2; SK-StGB/*Hoyer*, § 266a Rn. 4; MüKo-StGB/*Radtke*, § 266a Rn. 4; vgl. auch *Loose*, wistra 2016, 204, 205.

1266 BSG, DB 1996, 2503, 2503 f.; NK-StGB/*Tag*, § 266a Rn. 8 ff.; ebenso *Tag*, S. 34 ff.; LK[11]/*Gribbohm*, § 266a Rn. 2 f.; *Ranft*, DStR 2001, 132, 134; *Tiedemann*, JZ 1986, 865, 874.

bei dem Vorenthalten der Beiträge des Arbeitnehmers durch den Arbeitgeber wirtschaftliche Schäden bei den Arbeitnehmern zu beklagen wären.[1267]

Richtig ist, dass § 28e Abs. 1 S. 2 SGB IV seit seiner Einführung zum Jahr 2008 bestimmt, dass „die Zahlung des vom Beschäftigten zu tragenden Teils des Gesamtsozialversicherungsbeitrags … als aus dem Vermögen des Beschäftigten erbracht [gilt]." Auch die Überschrift von § 266a StGB spricht vom „Vorenthalten von Arbeitsentgelt." Allerdings hat der Arbeitnehmer keinen Anspruch auf dessen Auszahlung[1268] und erleidet keinen Schaden oder sonstige Nachteile durch eine etwaige Nichtabführung der Beiträge. Der Arbeitnehmer hat aufgrund des Ablaufs des Einzugsverfahrens keine Einwirkungsmöglichkeit auf die Beitragsabführung. Der Leistungsanspruch des Arbeitnehmers besteht bereits mit Aufnahme der versicherungspflichtigen Beschäftigung und unabhängig von der Beitragszahlung.[1269] Besonderheiten können sich ausschließlich bei der Erfüllung der Beitragsabführungspflicht zur gesetzlichen Rentenversicherung ergeben, weil diese nach §§ 54 f. SGB VI von der tatsächlichen Beitragsabführung abhängig ist. Macht der Arbeitnehmer aber glaubhaft, dass der Arbeitgeber die auf ihn entfallenen Beiträge abgeführt hat, gelten diese nach §§ 203, 286 SGB VI als abgeführt.[1270]

Anders verhält es sich hingegen bei § 266a Abs. 3 StGB. Hier wird das Vermögen des Arbeitnehmers geschützt. Dies folgt zum einen aus der Entstehungsgeschichte, denn vor dessen Einführung war dieses Tatverhalten nicht strafbewehrt. Zudem entfällt der Tatbestand bei rechtzeitiger Unterrichtung des Arbeitnehmers.[1271]

Somit lässt sich festhalten, dass der Gesetzgeber bei der Einführung von § 266a Abs. 1 und Abs. 2 StGB im Sinn hatte, das Sozialversicherungsaufkommen sicherzustellen. Durch § 266a Abs. 3 StGB sollte das Vermögen des Arbeitnehmers geschützt werden. Um dieses Ziel zu erreichen, müsste der Gesetzgeber auch die genannten streitigen Fallkonstellationen in den Strafrechtsschutz

---

1267 NK-StGB/*Tag*, § 266a Rn. 8 ff.; *Tag*, S. 34 ff.; LK[11]/*Gribbohm*, § 266a Rn. 7: Der Arbeitnehmer erleide keinen Schaden, aber Nachteile.

1268 Vgl. § 28g SGB IV; auch *Schmitz*, S. 125.

1269 Bross/*Graf*/*Sartorius*, Arbeitsstrafrecht, Kap. 4 Rn. 10 f.; Ignor/Mosbacher/*Pananis*, Arbeitsstrafrecht[3], § 6 Rn. 9, der als Beispiel §§ 186 Abs. 1, 19 SGB V heranzieht; MüKo-StGB/*Radtke*, § 266a Rn. 4; ausführlich SK-StGB/*Hoyer*, § 266a Rn. 5 ff.

1270 SK-StGB/*Hoyer*, § 266a Rn. 8; MüKo-StGB/*Radtke*, § 266a Rn. 4; Ignor/Mosbacher/*Pananis*, Arbeitsstrafrecht[3], § 6 Rn. 9.

1271 BT-Drucks. 10/5058, S. 31; MüKo-StGB/*Radtke*, § 266a Rn. 6; SK-StGB/*Hoyer*, § 266a Rn. 12; Schönke/Schröder/*Perron*, § 266a Rn. 2 m. w. N.

einbeziehen, also die Fälle der unentgeltlich Beschäftigten und der im Rahmen eines Kündigungsschutzprozesses nach einer wirksamen Kündigung Weiterbeschäftigten. Dasselbe gilt für die Konstellationen von Behinderten, die im Rahmen einer stufenweise erfolgenden Wiederaufnahme ihrer Tätigkeit rehabilitiert werden, die Wiedereingliederung von arbeitsunfähigen Versicherten und Kreditgebern.

2. *Zielvorstellung des Gesetzgebers anhand von klar erfassten Fällen*

Somit ist die Zielvorstellung des Gesetzgebers eindeutig. Nunmehr soll aber untersucht werden, welche Fälle der Gesetzgeber bei Einführung der Norm vor Augen hatte. Dazu kann auf die erarbeiteten Erkenntnisse zurückgegriffen werden: Festgestellt wurde bereits im Rahmen der historischen Auslegung, dass vor der Einführung von § 266a StGB von Rechtsprechung und Literatur gleichermaßen zur Auslegung des Arbeitgeberbegriffs nur auf die Definition aus dem Zivilrecht nach §§ 611 ff. BGB zurückgegriffen wurde. Daher hatte der Gesetzgeber – wahrscheinlich – bei Einführung nur die Fälle im Blick, die von dieser seinerzeit herrschenden – einzigen – Ansicht erfasst waren. Dies sind eindeutig nur die Fälle, in denen nach den Vorgaben des Arbeitsrechts eine Arbeitgebereigenschaft angenommen wurde.

3. *Erfassung zusätzlicher Fallgestaltungen*

Dass der Gesetzgeber entgegen der bisherigen Rechtslage zusätzliche Fallgestaltungen erfassen wollte, ist überaus fraglich und kann nicht ohne weiteres anhand der genannten, im Grunde ähnlichen Konstellationen gefolgert werden. Es bedarf grundsätzlich[1272] näherer Darlegung, ob unter Berücksichtigung des Normzwecks die dargestellten streitigen Fallkonstellationen den vom Gesetzgeber zugrunde gelegten Fallkonstellationen entsprechen.

Wenn angenommen wird, dass der Gesetzgeber bei der Einführung von § 266a StGB alle denkbaren Konstellationen im Auge hatte, ist eindeutig, dass die umstrittenen Fälle bei Nichtzahlung der Beiträge zur Sozialversicherung nicht unter den Tatbestand von § 266a StGB fallen können. Denn mangels arbeitsrechtlichen Arbeitsverhältnisses waren diese Fälle zu keiner Zeit erfasst. Dafür spricht auch, dass das SGB IV zur Zeit der Einführung von § 266a StGB schon bestand, die genannten Fälle folglich bereits zu dieser Zeit unter § 7 Abs. 1 SGB IV subsumiert worden sein müssten.

1272 Vgl. *Simon*, S. 478 m. w. N.

4. *Schutzrichtung von § 266a StGB als „Allheilmittel"*

Wird diese Erkenntnis nicht anerkannt, könnte und wird mittels der Schutzrichtung von § 266a StGB als „Allheilmittel" gegen diese Erkenntnis Folgendes angeführt: Schutzrichtung von § 266a StGB sei es, das Beitragsaufkommen umfassend zu schützen. Dass der Gesetzgeber die genannten streitigen Fälle wissentlich nicht einbeziehen wollte, scheine nicht überzeugend zu sein. Vielmehr habe zur Zeit der Einführung von § 266a StGB keine Notwendigkeit bestanden, diese zu erörtern, weil keine Rechtsaufassung vertreten wurde, welche diese Fälle unter den Tatbestand von § 266a StGB subsumiert habe. Dennoch führe dies dazu, dass in diesen Fällen das Beitragsaufkommen der Solidargemeinschaft nicht strafrechtlich geschützt werde. Daher argumentieren die Vertreter der herrschenden Ansicht, die für eine sozialversicherungsrechtliche Anknüpfung plädieren, mit dem umfassenden Schutzzweck von § 266a StGB. Dieser gebiete es, auch die streitigen Fälle zu erfassen.[1273] Diesem Ansatz ist allerdings aufgrund der nachstehenden Argumente nicht zu folgen.

5. *Konkrete Ausgestaltung des § 266a StGB*

Die bisherigen Ausführungen zeigen, dass von den Vertretern dieser Argumentation ein abstrakter Normzweck erkannt wird, aus dem eine Ausweitung der Strafbarkeit nach § 266a StGB folgt. Jedoch geschieht diese Ausweitung vorschnell, weil die konkrete Ausgestaltung der Norm aus dem Blick gerät. Durch diese konkrete Ausgestaltung der Norm kann der Gesetzgeber nämlich seine Ziele eingeschränkt haben.[1274] So darf das offensichtliche Schutzziel der Norm nicht zu einem Anwendungsbereich führen, der gegen die tatsächliche Ausgestaltung der Norm durch deren Tatbestandsmerkmale spricht.[1275]

Genau dies passiert aber im Rahmen von § 266a StGB, wenn der vorgenannten Ansicht gefolgt wird: Durch das – unbestritten – klare Schutzziel des Gesetzgebers wird entgegen der Ausgestaltung der Norm und unter Außerachtlassung des Wortlauts[1276] die Strafbarkeit nach § 266a StGB ausgeweitet. Denn, wie festgestellt, ist der Begriff des Beschäftigten, der dem Sozialversicherungsrecht eigen ist, weiter als der des Arbeitnehmers und so auch des Arbeitgebers. Außerdem

---

1273 Vgl. bspw. *Tag*, S. 42; *Lanzinner*, S. 47 f.

1274 Vgl. generell *Simon*, S. 473 auch S. 477.

1275 *Simon*, S. 482.

1276 Vgl. bspw. *Lanzinner*, S. 49, der das Wortlautproblem erkennt, aber argumentiert, der Begriff „Arbeitgeber" entstamme dem Sozialversicherungsrecht.

stellt, wie ausführlich dargelegt, der Begriff „Arbeitgeber“ gegenüber der „Vorenthaltung der Beiträge“ ein selbstständiges Tatbestandsmerkmal dar.

6. *Das Problem der Generalisierung des Normzwecks*

Diese Ausweitung verwundert nicht. Denn die teleologische Auslegung hat häufig eine Tendenz zur Ausweitung des Anwendungsbereiches der Norm inne.[1277] Normen wird dabei eine Funktion zugedacht, die sich aus Wortlaut oder Historie nicht auf den ersten Blick erschließt.[1278] Dabei kommen Generalisierungen des Normzweckes wiederholt bei der Bekämpfung eines besonders anstößigen Verhaltens vor.[1279]

Eine solche Generalisierung des Zieles des Gesetzgebers ist bereits bei der Betrachtung von Sinn und Zweck des Tatbestands problematisch. Durch ein solches Vorgehen wird die konkrete Prüfung des Tatbestandsmerkmals im Einzelfall aufgrund eines eindeutig belegten Falls, dessen Beurteilung aufgrund des passenden Schutzzwecks auch auf einen möglicherweise differenziert zu betrachtenden Fall übertragen wird, aus dem Blick verloren.[1280] Damit wird sich dem Zivilrecht angenähert, für dessen Auslegung teilweise vertreten wird, dass „höher als der Wortlaut des Gesetzes … der Sinn und Zweck“ stehe.[1281] Daher wird oft „der Eindruck erweckt, als könnte die ausgiebige Betonung des umfassenden Normzwecks die Probleme der Wortlautgrenze kompensieren“,[1282] indem bspw. darauf verwiesen wird, dass durch die teleologische Interpretation der Rechtsanwender „nicht starr und wertungsblind am Wortlaut festhält.“[1283] Dies wird mustergültig im Rahmen der sozialversicherungsrechtlichen Ansicht durch deren Befürworter vorgetragen: Zwar kommt die herrschende Meinung einerseits nicht um eine Nennung des eindeutigen Wortlauts herum, geht aber dennoch davon aus, dass aufgrund des Normzwecks dieser zu vernachlässigen

---

1277 *Tiedemann*, Anfängerübung im Strafrecht, S. 80; ebenfalls kritisch zur Überbetonung der teleologischen Auslegung *Walz*, ZJS 2010, 482, 488 f.

1278 Vgl. *Kudlich/Christensen*, JuS 2002, 144, 147.

1279 *Simon*, S. 479 f. m. w. N.

1280 *Simon*, S. 480; ebenso kritisch *Kudlich/Christensen*, Methodik des BGH, S. 28.

1281 BGH, NJW 1955, 1276, 1278; kritisch dazu *Walz*, ZJS 2010, 482, 488; vgl. ausführlich *Drüen*, JuS L11/1997, L 81 ff.

1282 *Simon*, S. 480.

1283 *Steinrötter*, AL 2011, 411, 416; *Kramer*, Methodenlehre, S. 110 f.

und daher die Norm entgegen dem Wortlaut nach dem Sozialversicherungsrecht auszulegen sei.[1284]

Durch diese Argumentation wird die Strafbarkeit auf die Fälle ausgeweitet, die bei Beachtung der jeweils eigenen Bedeutung der Tatbestandsmerkmale nicht von der Strafbarkeit erfasst wären. Diese Auslegung zugunsten des Normzwecks und zulasten des Wortlauts ist, wie bereits unter dem Verschleifungsverbot[1285] dargestellt, abzulehnen.

7. *Kriminalpolitische Gründe*

Auch dürfen gegen dieses hier befürwortete Ergebnis die unbestritten bestehenden kriminalpolitischen Gründe, die sich im Fall von § 266a StGB aus den zu Beginn dargestellten Schadens- und Verwirklichungszahlen sowie dem Schutzbedürfnis des Beitragsaufkommens ergeben, nicht zur Korrektur von § 266a StGB herangezogen werden. Zwar indiziert ein kriminalpolitisches Bedürfnis möglicherweise auch die Erfassung der zuvor[1286] als streitig bezeichneten Konstellationen. Dennoch entbindet dies nicht den Gesetzgeber,[1287] der im Rahmen von § 266a StGB in den letzten 30 Jahren mehrmals aktiv geworden ist, eine Gesetzeskorrektur vorzunehmen. Eine weitere Klarstellung erscheint durchaus zumutbar.

8. *Strafbarkeitslücken als Gegenargument*

Aus diesem Grund führt eine andere Auslegung als die nach dem Sozialversicherungsrecht dazu, dass aus Sicht der Vertreter der herrschenden Ansicht Strafbarkeitslücken in Bezug auf die uneinheitlich gelösten Fallkonstellationen entstehen. Allerdings ist hinsichtlich dieser Einordnung fraglich, ob die Unterscheidung in eine Kategorie „Strafbarkeitslücke" zielführend ist. Möglichweise ist diese fehlende Strafbarkeit dieser Fälle auch bewusst und sinnvoll gewählt.

Diesem Gedanken spricht jedoch entgegen, dass kein ersichtlicher Grund besteht, dass die genannten Konstellationen nicht in die Strafbarkeit einbezogen

---

1284 *Bollacher*, S. 83; *Lanzinner*, S. 49; vgl. auch Brüssow/Petri/*Brüssow/Petri*², Kap. A Rn. 24, die in umstrittenen Fällen die enge Auslegung des Arbeitgeberbegriffs befürworten, obwohl sie den am Sozialversicherungsrecht anknüpfenden Arbeitgeberbegriff vertreten, vgl. Brüssow/Petri/*Brüssow/Petri*², Kap. C Rn. 6.

1285 Siehe S. 184 f.

1286 Siehe S. 90 f.

1287 So auch der BGH in Bezug auf die Beschlagnahme im Auslieferungsverkehr, BGHSt 20, 170, 174 ff.; vgl. abstrakt dazu *Simon*, S. 511 m. w. N.

werden sollten. Jedoch müsste dazu der Gesetzgeber tätig werden. Denn diese Fallkonstellationen sind nicht von dem Begriff „Arbeitgeber" im Sinne des § 266a StGB erfasst und diese Kategorisierung der Fälle als „Strafbarkeitslücke" rechtfertigt allein keine ausweitende Auslegung des Begriffs „Arbeitgeber". Diesbezüglich ist nochmals anzumerken, dass bei Einführung von § 266a StGB vor über 30 Jahren keine Meinung in der Literatur und auch keine Entscheidung der Rechtsprechung vorhanden waren, welche die heute von dieser „neuen" herrschenden Meinung erkannten „Strafbarkeitslücken" angenommen haben. Wie festgestellt, wurde der Arbeitgeberbegriff einheitlich nach §§ 611 ff. BGB ausgelegt.

Des Weiteren ist ein oft vorgebrachtes Argument der heute vertretenen Auffassungen zur Auslegung des Arbeitgeberbegriffs, dass die streitigen Fallkonstellationen keiner Entscheidung bedürften. Dies kann an dieser Stelle aufgegriffen werden, um etwaigen Kritikern durch die zu Beginn dargestellten Statistiken vor Augen zu halten, dass „Strafbarkeitslücken" in maximal 5 % der Fälle auftreten könnten. Dies ist nicht als gravierend oder erheblich zu bezeichnen. Denn unabhängig davon, dass 5 % von jährlich über 12.000 erfassten Fällen und von über 5.600 Verurteilungen[1288] im Jahr 2014 die beträchtliche Zahl von theoretisch 300 Fällen[1289] pro Jahr ergibt, führt dies dazu, dass „nur" in diesen Fällen eine Strafbarkeitslücke entstehen würde, welche aufgrund der Geringfügigkeit hinnehmbar ist. Die (Nach-)Zahlungspflicht der Beiträge entfällt durch diese Nicht-Strafbarkeit zudem natürlich nicht. Außerdem wird in der Rechtsprechung des BGH regelmäßig im Hinblick auf Art. 103 GG betont, dass rechtspolitische Bedürfnisse oder etwaig entstehende Strafbarkeitslücken es nicht rechtfertigen, die Strafbarkeit durch Überschreitung des Wortlauts zu begründen.[1290]

1288 Im Jahr 2014 wurden ca. 1.100 Verfahren nach erhobener Anklage eingestellt und 170 Angeklagte freigesprochen, vgl. *Statistisches Bundesamt*, Rechtspflege – Strafverfolgung 2014, Fachserie 10 Reihe 3, S. 72 f.

1289 Dabei handelt es sich um eine theoretische Zahl – weil die hier in Frage stehenden Fälle wahrscheinlich meistens nach §§ 153 ff. StPO eingestellt und daher nicht Teil von den genannten Kriminalstatistiken werden – die sich an den erfassten Fällen und der Verurteilungsstatistik aus dem Jahr 2014 bzw. 2015 orientiert. Die hohe Zahl der erfassten Fälle im Rahmen der PKS und die weitaus niedriger liegenden Verurteilungsquoten deuten auf eine hohe Anwendung der Einstellungsmöglichkeiten nach §§ 153 StPO ff. im Rahmen des Ermittlungsverfahrens hin.

1290 BGHSt 8, 343, 345; 9, 173, 175; 13, 287, 289; 24, 54, 62 = NJW 1971, 521, 524; 41, 285, 286 = NJW 1996, 1068 f. jeweils in Bezug auf rechtspolitische Erwägungen und in Bezug auf die Schließung von Strafbarkeitslücken: BGHSt 19, 158, 162; 31, 348, 353 = NJW 1983, 2097, 2098; 42, 30, 34 = NJW 1996, 1906, 1907; 44, 233, 240 = NJW 1999, 1196, 1197 f.

9. Rechtssicherheit

Schließlich trägt eine Auslegung nach dem Sozialversicherungsrecht nicht zur Rechtssicherheit des Bürgers bei. Wie dargestellt, ist das System des Sozialversicherungsrechts hochkomplex. Darüber hinaus bietet es keine rechtssichere Einordnung eines Beschäftigten nach § 7 Abs. 1 SGB IV an, weil das Sozialversicherungsrecht in sich nicht stimmig ist. Vor dem Hintergrund der bereits angesprochenen Vorgaben des BVerfG in Bezug auf § 266 StGB und angesichts des Gebots der allgemeinen Rechtsunsicherheitsminimierung, wonach bestehende Unsicherheiten über den Anwendungsbereich einer Norm nicht durch fernliegende Interpretation oder ein Normverständnis ohne Konturen erhöht werden dürfen,[1291] ist auch im Fall des Arbeitgeberbegriffs von § 266a StGB eine Auslegung zu fordern, die Rechtssicherheit bringt.

10. Zwischenergebnis

Die teleologische Auslegung zeigt auf, dass zwar das Rechtsgut und der Schutzgedanke von § 266a StGB dafür sprechen, alle in Betracht kommenden „Arbeitgeber" im Sinne des Sozialversicherungs- und Arbeitsrechts unter den Begriff zu subsumieren. Allerdings konnte herausgearbeitet werden, dass der Gesetzgeber bei Einführung von § 266a StGB vor über 30 Jahren diese heutigen Streitfälle nicht erfasst hat. Daher darf die Schutzrichtung von § 266a StGB nicht als „Allheilmittel" für die Ausweitung der Strafbarkeit durch die interpretatorische Erweiterung des Begriffs „Arbeitgeber" erfolgen. Vielmehr zeigt die im Rahmen dieser Untersuchung erfolgte Auslegung, dass die konkrete Ausgestaltung der Norm Grenze der Generalisierung des Normzwecks sein muss.

V. Zwischenergebnis der Auslegung des Begriffs „Arbeitgeber"

Die dargestellte Auslegung hat deutlich gemacht, dass die grammatikalische Bestimmung des Begriffs „Arbeitgeber" nicht ohne Wertung eines anderen Rechtsgebiets vorgenommen wird. Der Wortlaut des Begriffs „Arbeitgeber" selbst hilft allein nicht weiter, um diesen zu bestimmen. Dies gilt ebenso für Lexika und Wörterbücher, weil die dort verzeichneten Bestimmungen auch – obwohl nicht deutlich gemacht – an Vorgaben aus dem Arbeits- oder Sozialversicherungsrecht anknüpfen. Deutlich ist durch die negative Abgrenzung geworden, dass der Begriff „Arbeitgeber" im Sozialversicherungsrecht nicht einheitlich ausgelegt und verwendet wird. § 7 Abs. 1 SGB IV wird offensichtlich

1291 BVerfG, NJW 2010, 3209, 3211 Rn. 81; *Saliger*, NJW 2010, 3195, 3196.

nicht herangezogen, um den Begriff „Arbeitgeber" auszulegen. Hinzu kommt, dass § 7 Abs. 1 SGB IV selbst im Sozialversicherungsrecht großer Kritik in Bezug auf die Bestimmtheit und den Normgehalt ausgesetzt ist.

Im Rahmen der historische Auslegung konnte nachdrücklich belegt werden, dass die Bestimmung des Arbeitgeberbegriffs im Rahmen des strafrechtlichen Verhaltens nach §§ 529, 1428 RVO, § 225 AFG, § 150 AVG, § 234 RKG, das im Jahr 1986 in § 266a StGB überführt wurde, trotz der Normierung in den verschiedenen Sozialversicherungsgesetzen nach den §§ 611 ff. BGB, also dem Dienstvertrags- bzw. Arbeitsrecht, bestimmt wurde. Die fast wortgleichen Vorgängervorschriften aus dem Sozialversicherungsrecht können demzufolge gerade nicht herangezogen werden, um eine Auslegung nach dem Sozialversicherungsrecht zu begründen. Zudem wurde auch nach Normierung von § 266a StGB von der herrschenden Meinung bis zu Beginn der 1990er Jahre der Arbeitgeberbegriff nach den §§ 611 ff. BGB bestimmt.

Im Rahmen der systematischen Auslegung wurde mit Blick auf die Systematik und Formulierung von § 266a StGB und § 111 SGB IV festgestellt, dass die heutige herrschende Meinung nicht zwischen den einzelnen Tatbestandsmerkmalen von § 266a StGB bei Bestimmung des Arbeitgebers unterscheidet. Vielmehr wird vorschnell durch die Beitragsabführungspflicht des Sozialversicherungsrechts auf die Arbeitgebereigenschaft geschlossen. Dies stellt eine unzulässige Verschleifung von § 266a Abs. 1 StGB dar, welche zu einer unzulässigen Entgrenzung und damit Ausweitung der Strafbarkeit nach § 266a StGB führt. Vor allem die Gegenprobe, welche den Begriff „Arbeitgeber" fiktiv entfallen ließ, zeigte deutlich, dass dem Begriff eine eigenständige Bedeutung zu kommen muss, welche ihm durch die Auslegung nach dem Sozialversicherungsrecht genommen wird.

Schließlich wurden diese Erkenntnisse durch die teleologische Auslegung abgerundet, in deren Rahmen nicht zu vernachlässigen ist, dass der Schutzzweck von § 266a StGB dafür spricht, die weiteste Auslegung des Begriffs „Arbeitgeber" zu wählen, um dem umfassenden Schutz des Sozialversicherungsaufkommens Rechnung zu tragen. Allerdings darf der Schutzzweck nicht die konkrete Ausgestaltung der Norm außer Acht lassen und durch eine Generalisierung des Normzwecks alle Zweifelsfälle unter die Strafbarkeit fallen lassen. Dies ist vor dem Hintergrund des Ultima-Ratio-Grundsatzes nicht hinnehmbar.

Somit hat die Auslegung bekräftigt, was bereits im Rahmen der Kritik an den bestehen Meinungen ersichtlich wurde: Den heute vertretenen Ansichten ist mit guten Gründen nicht zu folgen. Weder eine Anknüpfung an das Sozialversicherungs- noch an das Arbeitsrecht kann vollends überzeugen.

B. Strafrechtliche Begriffsbildung

Aufgrund der vorgebrachten Erkenntnisse wird deutlich, dass die Anknüpfung an das Sozialversicherungsrecht zur Auslegung des Begriffs „Arbeitgeber" verfehlt ist. Die Anknüpfung an das Arbeitsrecht zur Auslegung des Begriffs „Arbeitgeber" findet keine vollends überzeugende Begründung. Daher ist an dieser Stelle die Möglichkeit einer strafrechtlichen Begriffsbildung zu untersuchen.

I. Bisher keine strafrechtliche Auslegung des Arbeitgeberbegriffs

Die grundsätzliche Notwendigkeit einer eigenständigen strafrechtlichen Begriffsbestimmung des Arbeitgebers wird in der Literatur nicht in Abrede gestellt.[1292] Teils wird sich zurückhaltend dafür ausgesprochen.[1293] *Gribbohm* und *Kudlich* deuten in ihren jeweiligen Ausführungen nur an, dass der Begriff „Arbeitgeber" ein strafrechtlicher Rechtsbegriff sei, der erst in einem zweiten Schritt an die Besonderheiten des Sozialversicherungsrechts bzw. des Arbeitsrechts anzupassen sei.[1294] Dass dies, wie behauptet[1295] wird, bereits die Bestimmung eines eigenen strafrechtlichen Arbeitgeberbegriffs darstellt, ist zurückhaltend zu betrachten. Denn in der herrschenden Literatur und der Rechtsprechung wird eine solche eigene strafrechtliche Begriffsbestimmung nicht vorgenommen, sondern meist direkt auf bereits vorhandene Begriffsbestimmungen anderer Rechtsgebiete Bezug genommen.[1296]

Ausdrücklich abgelehnt wird eine strafrechtliche Begriffsbildung – soweit ersichtlich – nur von *Radtke*[1297] mit der Begründung, dass das Strafrecht nicht über eigene Kriterien verfüge, die Arbeitgebereigenschaft zu definieren.[1298] Oft wird auch *Schulz*[1299] als Vertreter einer solchen Ablehnung genannt.[1300] Sein

---

1292 *Bollacher*, S. 79.

1293 *Kudlich*, ZIS 2011, 482, 483.

1294 LK[11]/*Gribbohm*, § 266a Rn. 15; *Kudlich*, ZIS 2011, 482, 483.

1295 *Brüssow/Petri*, FS Mehle, 103, 106 in Bezug auf LK[11]/*Gribbohm*, § 266a Rn. 15.

1296 *Bollacher*, S. 79.

1297 MüKo-StGB/*Radtke*, § 266a Rn. 10: „Eine strafrechtsautonome Auslegung des Arbeitgeberbegriffs kommt nicht in Betracht".

1298 MüKo-StGB/*Radtke*, § 266a Rn. 10.

1299 *Schulz*, NJW 2006, 183, 183 f.

1300 Vgl. bspw. *Kudlich*, ZIS 2011, 482, 483: „Ausdrücklich gegen einen eigenständigen strafrechtlichen Arbeitgeberbegriff aber etwa Schulz"; auch *Borchardt*, StRR 2007, 84, 84.

entsprechend zitierter Beitrag spricht sich aber nicht gegen eine eigenständige Begriffsbildung aus,[1301] sondern stellt – wie viele[1302] – lediglich fest, dass eine eigenständige strafrechtliche Begriffsauslegung schlicht nicht vorhanden ist.

Auch *Popp* vertritt, dass „erst das Strafrecht mit seiner gegenüber dem Sozialversicherungsrecht eigenständigen Bestimmung des Normadressaten"[1303] die Täterqualifizierung vornimmt. Daher stimmt *Popp* einer arbeitsrechtlichen Auslegung der Begriffe des § 266a StGB aufgrund des „vorrangig durch das Arbeitsrecht geprägten Sprachgebrauch[s]"[1304] zu. Eine eigenständige strafrechtliche Auslegung, die auf die Anknüpfung an andere Rechtsgebiete vollkommen verzichtet, wird – soweit ersichtlich – nicht vertreten.[1305]

II. Angeblich fehlende Grundlagen für einen strafrechtlichen Arbeitgeberbegriff

Eine strafrechtsautonome Begriffsbildung wird von *Radtke*[1306] ausdrücklich abgelehnt, weil das Strafrecht nicht über eigene Kriterien verfüge, die Arbeitgebereigenschaft zu definieren.[1307] Die Begriffsbildung ohne eine Anknüpfung an andere Rechtsgebiete wird für schwer vorstellbar gehalten, da es an Vorgaben für eine Anknüpfung im StGB fehle. Daher wird für Anhaltspunkte zur Auslegung des Begriffs auf die bestehenden Begriffe anderer Rechtsgebiete zurückgegriffen, in denen der Begriff „Arbeitgeber" ebenfalls eine wichtige Rolle spielt.[1308] Allerdings ist nach den bisherigen Erkenntnissen deutlich geworden, dass die bisher herangezogenen Vorgaben zur Auslegung des Begriffs „Arbeitgeber" nicht überzeugend sind.

1301 *Schulz*, NJW 2006, 183, 184.

1302 *Kudlich*, ZIS 2011, 482, 490; *Floeth*, NZS 2015, 60, 61; *Gosch*, S. 123; *Wüchner*, S. 23; *Bollacher*, S. 78; *Steenfatt*, S. 5.

1303 Steinberg/Valerius/*Popp*, Wirtschaftsstrafrecht, S. 113, 119 Fn. 21.

1304 Steinberg/Valerius/*Popp*, Wirtschaftsstrafrecht, S. 113, 118.

1305 So auch *Lanzinner*, S. 46; Brüssow/Petri/*Brüssow/Petri*², Kap. C Rn. 9 Fn. 294 deuten zwar an, dass Momsen/Grützner/*Rinjes*, Kap. 8 Rn. 310 bezweifeln würde, dass es an einem eigenständigen strafrechtlichen Arbeitgeberbegriff fehle. Bei genauer Lektüre der Ausführungen von *Rinjes* zeigt sich aber, dass dieser ebenfalls nicht von einem eigenen strafrechtlichen Arbeitgeberbegriff ausgeht.

1306 MüKo-StGB/*Radtke*, § 266a Rn. 10: „Eine strafrechtsautonome Auslegung des Arbeitgeberbegriffs kommt nicht in Betracht".

1307 MüKo-StGB/*Radtke*, § 266a Rn. 10.

1308 *Wüchner*, S. 23; *Lanzinner*, S. 46; *Bollacher*, S. 79 f.

Einige Autoren geben zu bedenken, dass das Strafrecht nicht die Dogmatik anderer Rechtgebiete kontrollieren könne und die Referenzgebiete, an welche das Strafrecht anknüpfe, „durchdacht“ seien. Daher sei eine eigene Begriffsbestimmung abzulehnen, um keine Durchbrechung der „durchdachte[n] Rationalität der Referenzgebiete [zu] bewirken.“[1309] Dem ist allerdings mit den in dieser Untersuchung erarbeiteten Erkenntnissen zu widersprechen. Dass das Sozialversicherungsrecht in Bezug auf die Bestimmung des Begriffs „Arbeitgeber“ durchdacht ist, ist ebenso wie die sinnvolle Anknüpfung an das Arbeitsrecht als „Annex“ zum „Arbeitsstrafrecht“ nicht überzeugend. Es überzeugt nicht, Regelungen aus dem Primärrechtsgebiet ohne Prüfung zu übernehmen und so strafrechtliche Auslegungen und Begriffsbestimmungen vorzunehmen, die zu verfassungsrechtlich nicht haltbarer Verschleifung und Entgrenzung von Tatbestandsmerkmalen von § 266a StGB führen.

III. Möglichkeit einer strafrechtlichen Auslegung des Arbeitgeberbegriffs

Diskutiert wird aber in der Literatur, ob eine solche strafrechtliche Auslegung vor dem Hintergrund der Anlehnung an das Arbeits- oder Sozialversicherungsrecht überhaupt möglich ist.[1310] Ein strafrechtlicher Arbeitgeberbegriff müsse in jedem Fall enger sein als der Arbeitgeberbegriff im Arbeits- oder Sozialversicherungsrecht, um der Ultima-Ratio-Funktion des Strafrechts[1311] gerecht zu werden.[1312] Dazu wird eine Anknüpfung an bereits bestehende Begriffsdefinitionen allerdings auch teilweise für zulässig gehalten.[1313]

Es wird sodann eine Anknüpfung an die Voraussetzungen der Arbeitgebereigenschaft nach dem Sozialversicherungsrecht vorgeschlagen, da es „unsinnig“ sei, an einen strafrechtlichen Arbeitgeberbegriff anzuknüpfen, wenn der objektive Tatbestand mangels geschuldeter Beiträge nicht erfüllt sein könne.[1314] Neben diesen Ansätzen, die im Endeffekt immer abgelehnt werden, findet sich kein Autor in der Literatur, der den Arbeitgeberbegriff strafrechtlich autonom bestimmt.

1309 Ignor/Mosbacher/*Brettschneider*, Arbeitsstrafrecht[3], § 2 Rn. 8.

1310 *Kudlich*, ZIS 2011, 482, 483 f.; *Lanzinner*, S. 46.

1311 *Ransiek/Hüls*, ZGR 2009, 157, 184 f. m. w. N.

1312 *Kudlich*, ZIS 2011, 482, 483 und 488; *Lüderssen*, FS Hanack, 487, 487.

1313 *Schulz*, NJW 2006, 183, 184 mit Verweis auf LK[11]/*Gribbohm*, § 1 Rn. 45 ff. und Rn. 69 ff., der ebenfalls in diese Richtung tendiert.

1314 *Lanzinner*, S. 46.

IV. Argumente für eine strafrechtliche Bestimmung des Arbeitgeberbegriffs im Sinne von § 266a StGB

Diese Ausführungen überzeugen jedoch nur zum Teil. Zwar ist § 266a StGB die einzige Norm im StGB, die den Begriff „Arbeitgeber" beinhaltet. Auch § 11 StGB enthält keinen möglichen Anknüpfungspunkt für eine strafrechtliche Auslegung.[1315] Dadurch ist eine eigenständige Begriffsbildung aber nicht ausgeschlossen.

1. Zu frühe Anknüpfung an andere Rechtsgebiete

Dem Argument, dass es „unsinnig"[1316] sei, an einen eigenen strafrechtlichen Arbeitgeberbegriff anzuknüpfen, wenn der objektive Tatbestand mangels geschuldeter Beiträge nicht erfüllt sein könnte, ist entgegenzuhalten, dass auch mit dieser Argumentation vorschnell an ein anderes Rechtsgebiet – nämlich das Sozialversicherungsrecht – angeknüpft wird. Viele Autoren[1317] stellen übereilt darauf ab, dass Tatbestandsvoraussetzung von § 266a StGB „das Vorliegen einer Beschäftigung im Sinne des § 7 Abs. 1 SGB IV [ist], da davon die Sozialversicherungspflicht … abhängt."[1318]

Jedoch ist strikt zwischen dem Tatbestandsmerkmal „Arbeitgeber" und den Beiträgen bzw. der Beitragsabführungspflicht zu unterscheiden.[1319] Denn die theoretische Möglichkeit, dass ein „Täter" ein besonderes persönliches Merkmal eines Straftatbestands des StGB verwirklicht und dennoch eine weitere Voraussetzung des objektiven Tatbestands nicht erfüllt – wie z. B. bei § 266a StGB: „Beiträge vorenthält" –, ist keine Besonderheit. Im Rahmen des „fehlgeschlagenen Contractings" werden bspw. die Sozialversicherungsbeiträge von einem Personaldienstleister gezahlt, obwohl dieser nicht Arbeitgeber ist. Der Arbeitgeber hingegen hat keine Beiträge gezahlt und ist dennoch nicht strafbar, weil keine Beiträge vorenthalten wurden.[1320] Sobald also ein Dritter die Zahlung der Sozialversicherungsbeiträge vornimmt – auch wenn diese nicht vom Arbeitgeber veranlasst ist – scheidet eine Strafbarkeit nach § 266a StGB aus.[1321]

1315 So auch *Lanzinner*, S. 46.

1316 *Lanzinner*, S. 46 f.

1317 Vgl. nur Müller-Gugenberger/*Thul*, § 38 Rn. 14; *Park/Riederer Freifrau von Paar/Schüren*, NJW 2008, 3670, 3674.

1318 *Schmuck/Wiehe*, NJW 2010, 481, 481.

1319 Siehe S. 64 f.

1320 Vgl. ausführlich Bross/*Graf/Sartorius*, Arbeitsstrafrecht, Kap. 12 Rn. 106 ff.; *Lanzinner/Nath*, NZS 2015, 210 ff.; *Lange*, NZWiSt 2015, 248, 252 f.

1321 Ebenso NK-WSS/*Fuchs*, § 266a Rn. 45.

Darüber hinaus erfordern auch andere Sonderdelikte neben dem besonderen persönlichen Merkmal das Vorliegen weiterer objektiver Voraussetzungen des Tatbestands, ohne die das Verhalten trotz des besonderen persönlichen Merkmals nicht zur Strafbarkeit führt.

Theoretisch trifft – auf § 266a StGB bezogen – den noch fiktiven strafrechtlich bestimmten „Arbeitgeber“ die Pflicht der Abführung von Beiträgen nicht notwendigerweise, weil dieser Begriff nicht an das Sozialversicherungsrecht und nicht an das Arbeitsrecht, aber – aufgrund des Ultima-Ratio-Prinzips – an engere Voraussetzungen angeknüpft wird, die unter dem Arbeitsrecht einen noch engeren Anwendungsfall darstellen würden. Es sind dann im Rahmen eines autonomen Ansatzes Fälle denkbar, in denen strafrechtlich der Täter nicht als Arbeitgeber einzuordnen ist, obwohl er möglichweise sozialversicherungsrechtlich Beiträge abführen muss.[1322] Denn der arbeitsrechtliche Arbeitgeberbegriff ist enger auszulegen als der sozialversicherungsrechtliche. Somit müsste der strafrechtlich autonome Arbeitgeberbegriff wiederum enger gefasst sein[1323] als der arbeitsrechtliche, was die genannte Folge herbeiführen würde.

Ob dieser Fall nach arbeits- und sozialversicherungsrechtlichen Maßstäben eine Arbeitgebereigenschaft zur Folge hätte und nach dem strafrechtlichen Maßstab nicht, ist letztendlich fraglich. Dennoch wird eine solche „asymmetrische Akzessorietät“[1324] im Wirtschaftsstrafrecht anerkannt.[1325] Daher ist diese Diskrepanz zwischen Strafrecht und Sozialversicherungsrecht nicht ausgeschlossen. Denn das Strafrecht ist letztendlich nicht dafür geschaffen, sozialversicherungsrechtliche Ansprüche durchzusetzen, welche weiterhin nach §§ 28d ff. SGB IV bestünden.[1326]

2. *Strafrechtliche Bestimmung des Arbeitgeberbegriffs – Vergleich zum Steuerrecht*

Im Sozialversicherungsrecht besteht das Interesse, das Sozialversicherungssystem leistungsfähig und finanzierbar zu erhalten, um möglichst viele Bürger umfassend zu schützen. Daher liegt es im Interesse des Sozialversicherungsrechts,

---

1322 In diese Richtung auch *Kudlich*, ZIS 2011, 482, 483.

1323 So auch *Lanzinner*, S. 46 mit Verweis auf *Kudlich*, ZIS 2011, 482, 488.

1324 *Dierlamm*, StraFo 2005, 397, 398; *Krell*, S. 42; siehe auch S. 116 f.

1325 *Loos*, FS Wessing, 276, 281 f.; *Kudlich*, ZIS 2011, 482, 483; *Trendelenburg*, S. 53 f.

1326 Vgl. grds. zum Strafrecht in wirtschaftlichem Kontext *Ransiek/Hüls*, ZGR 2009, 157, 163.

das Beitragsvolumen zu steigern.[1327] Das Steuerrecht hingegen ist nicht an einen „Schutzgedanken" des Erwerbstätigen gekoppelt, weil dieser „Schutzgedanke" dem Steuerrecht fremd ist.[1328] Denn auch im Fall nicht einer selbstständigen Tätigkeit sind Steuern an den Staat zu entrichten. Somit beurteilt das Steuerrecht die Frage der Arbeitgeber- bzw. Arbeitnehmereigenschaft unabhängig von der Frage, ob dem Grunde nach eine Steuerpflicht der Tätigkeit gegeben ist. Vielmehr gilt es zu entscheiden, ob die Tätigkeit selbstständig und dann nach § 18 EStG steuerpflichtig oder nichtselbstständig und demnach gemäß § 19 EStG steuerpflichtig ist. Dies führt – wie zu Beginn[1329] gesehen – dazu, dass im Steuerrecht eine steuerrechtsautonome Bestimmung des Arbeitgeberbegriffs erfolgt.

a) Unterschiedliche Bestimmung des Arbeitgeberbegriffs in einem Sachverhalt

Die steuerrechtliche Bestimmung des Arbeitgeberbegriffs führt dazu, dass bereits heute – unabhängig davon, welcher in dieser Untersuchung dargestellten Ansicht zur Bestimmung des Arbeitgeberbegriffs gefolgt wird – in verschiedenen Rechtsgebieten unterschiedliche Begriffsbestimmungen bestehen. Diese unterschiedlichen Begriffsbestimmungen werden dabei sogar häufig nebeneinander angewandt: In den Fällen der Verwirklichung von Straftaten nach § 266a StGB ist regelmäßig auch die Lohnsteuerhinterziehung gegeben.[1330] Zur Bestimmung, wer derjenige ist, der nach §§ 39b, 41a EStG als Arbeitgeber die Lohnsteuer einzubehalten und abzuführen hat – oder gehabt hätte –, greift das Steuerrecht sodann auf seine eigene Begriffsbestimmung zurück. Im Strafrecht wird dann der Täter der Steuerhinterziehung nach § 370 Abs. 1 AO auch anhand dieser Bestimmung ermittelt. Weil der Arbeitgeberbegriff im Arbeits- bzw. Sozialversicherungsrecht unabhängig vom Steuerrecht zu bestimmen ist, wird deutlich, dass bereits heute in einem Sachverhalt der Arbeitgeberbegriff einerseits nach dem Steuerrecht – im Rahmen der Steuerhinterziehung – und andererseits nach dem Arbeits- bzw. Sozialversicherungsrecht – im Rahmen von § 266a StGB – bestimmt wird.

1327 *Segebrecht*, jurisPK-SGB IV, § 7 Abs. 1 Rn. 43; *Greiner*, SDSRV Nr. 62 (2012), 9, 9 f. m. w. N.; *Mette*, NZS 2015, 721, 723 f.

1328 Vgl. BFH, DStR 2009, 1355, 1357.

1329 Siehe S. 50 f.

1330 Adick/Bülte/*Adick*, Kap. 17 Rn. 99; Gercke/Kraft/Richter/*Gercke*, Arbeitsstrafrecht, Kap. 2 Rn. 114 f.; Klein/*Jäger*, § 370 AO Rn. 410 f.; *Zimmermann*/*Smok*, ArbRAktuell 2015, 394, 395; vgl. auch *Stuckert*, wistra 2014, 289 ff.

b) Bestehende, unterschiedliche Bestimmung des Arbeitgeberbegriffs

Diese bereits bestehende, unterschiedliche Bestimmung des Arbeitgeberbegriffs in demselben Sachverhalt spricht somit dafür, den Arbeitgeberbegriff nach dem Strafrecht zu bestimmen. Denn es existieren bereits verschiedene Begriffsbestimmungen des Arbeitgeberbegriffs, welche die jeweiligen Eigenheiten des Rechtsgebiets berücksichtigen und die gemeinsam zur Anwendung kommen. Vor diesem Hintergrund kann eine strafrechtliche Begriffsbestimmung zur Rechtssicherheit beitragen. Auf diese Weise wäre die Frage, wer als Arbeitgeber die Lohnsteuer einzubehalten und abzuführen hat, wer als Arbeitgeber die Beiträge zur Sozialversicherung einzubehalten und abzuführen hat sowie die Strafbarkeit des Arbeitsgebers im Falle der Zuwiderhandlung je nach Rechtsgebiet mit den dort bestehenden Grundsätzen zu bestimmen. Es ist nicht ersichtlich, weshalb allein im Steuerrecht eine eigene Bestimmung des Begriffs „Arbeitgeber" für sinnvoll zu erachten ist. Vielmehr müssen auch im Strafrecht die dort herrschenden Grundsätze beachtet werden, die nicht mit dem Ausweitungsinteresse und dem Schutzgedanken des Sozialversicherungsrecht übereinstimmen.

c) Unabhängigkeit von der Arbeits- und Sozialgerichtsbarkeit

Hinzukommt, dass durch eine strafrechtliche Bestimmung des Arbeitgeberbegriffes keine Abhängigkeit mehr zu den Entscheidungen der Arbeits- und Sozialgerichtsbarkeit mehr besteht. Weil im Arbeits- wie im Sozialversicherungsrecht keine Definition des Arbeitgeberbegriffs besteht und auch in diesen Rechtsgebieten der Begriff nicht abschließend definiert ist, führen Änderungen in diesen Rechtsgebieten aufgrund der bisher vertretenen Akzessorietät zu diesen Rechtsgebieten auch zu Änderungen bei der Beurteilung der Strafbarkeit nach § 266a StGB. Durch eine strafrechtliche Begriffsbestimmung würde – im Rahmen der prozessualen Entscheidungsverantwortung im Sinne von § 262 Abs. 1 StPO – eine ständige Berücksichtigung der Entwicklungen und der Rechtsprechung im Arbeits- und Sozialversicherungsrecht samt der dort befürworteten Ermittlung der Arbeitgebereigenschaft im Strafrecht entfallen. Diese trägt wiederum zu mehr Rechtssicherheit bei. Daher ist nicht nur vor dem aktuellen Hintergrund der – in der Literatur heftig kritisierten – Einführung eines Arbeitnehmerbegriffs in § 611a BGB, sondern auch bei Betrachtung der uneinheitlichen Rechtsprechung im Sozialversicherungsrecht bei gleichgelagerten Sachverhalten, eine Loslösung von diesen Rechtsgebieten und eine strafrechtliche Begriffsbestimmung zu befürworten.

d) Dogmatisch überzeugendere Herleitung eines strafrechtlichen Arbeitgeberbegriffs

Wie im Rahmen der Beurteilung der bisher bestehenden Ansichten und im Rahmen der Auslegung des Arbeitgeberbegriffs gesehen, überzeugen die heute bestehenden Ansichten in ihrer Herleitung nicht. Zudem ist – wie im Steuerrecht – der Schutzgedanke des Arbeits- und Sozialversicherungsrechts dem Strafrecht fremd. Das Strafrecht soll Ultima-Ratio sein. Daher darf nicht jede Missachtung von arbeitsrechtlichen oder sozialversicherungsrechtlichen Vorgaben durch das Strafrecht sanktioniert werden, wenn dies Sanktionierung nicht mit den strafrechtlichen Grundsätzen vereinbar ist. Auch dies spricht für eine eigene Bestimmung des Arbeitgeberbegriffs im Strafrecht. Unter Berücksichtigung strafrechtlicher Grundsätze kann eine überzeugendere, eigenständige Begriffsbestimmung erfolgen.

3. Fehlende Anknüpfungspunkte im StGB

Dennoch ist nicht einfach zu bestimmen, nach welchem Maßstab sich eine strafrechtliche Auslegung des Arbeitgeberbegriffs richten soll. Es fehlt an unmittelbaren Anknüpfungspunkten im StGB, die bei einer Bestimmung der Kriterien herangezogen werden können. Nur eine Begriffsbestimmung des Gesetzgebers würde Klarheit bringen. Somit wird mangels Anknüpfungspunkt im StGB regelmäßig eine strafrechtliche Anknüpfung abgelehnt, weil diese ohne Anhaltspunkte aus anderen Rechtsgebieten nicht durchführbar sei.[1331] Die enge Beziehung zwischen § 266a StGB und dem Arbeits- und Sozialversicherungsrecht lege vielmehr eine an diesen Rechtsgebieten orientierte Auslegung und damit keine strafrechtliche Begriffsbildung nahe.[1332]

4. Relativität der Begriffsbildung in unterschiedlichen Rechtsgebieten

Wie bereits erörtert, schließt die „Einheit der Rechtsordnung" die Herausbildung eigener Begriffe des Strafrechts nicht aus.[1333] Daher überrascht beim Blick auf die Methodik der juristischen Begriffsbildung[1334] schlüssiger Weise nicht,

1331 MüKo-StGB/*Radtke*, § 266a Rn. 10; Ignor/Mosbacher/*Brettschneider*, Arbeitsstrafrecht³, § 2 Rn. 8; so schon *Ignor/Rixen*, Arbeitsstrafrecht², § 2 Rn. 8; *Lanzinner*, S. 47; *Kudlich*, ZIS 2011, 482, 488, 490.

1332 So auch *Kudlich*, ZIS 2011, 482, 488.

1333 So auch *Tiedemann*, Tatbestandsfunktionen im Nebenstrafrecht, S. 41; *Borrmann*, S. 121.

1334 Dazu ausführlich *Wank*, Die juristische Begriffsbildung, S. 35 ff.

dass ein Begriff je nach Normzweck in mehreren unterschiedlichen Rechtsgebieten zu finden ist und jeweils eine eigene Bedeutung haben kann.[1335] Dies wird als Problem der „Relativität der Begriffsbildung" diskutiert,[1336] welches auch am viel besprochenen Beispiel von § 242 StGB deutlich wird: Zwar richtet sich die Fremdheit der Sache im Sinne von § 242 Abs. 1 StGB ausschließlich nach dem Eigentumsbegriff des Zivilrechts,[1337] anstatt aber auf den zivilrechtlichen Besitz zurückzugreifen hat das Strafrecht bspw. seine eigene Form, nämlich die des Gewahrsams geschaffen, der mit dem sachenrechtlichen Besitzbegriff aber weitestgehend gleich ist.[1338] Da jedes Rechtsgebiet oder auch jedes Gesetz seiner eigenen Teleologie folgt und daher jeder Begriff in verschiedenen Verwendungen Unterschiedliches bedeuten kann,[1339] ist im Folgenden die strafrechtliche Auslegung des Begriffs „Arbeitgeber" im Sinne von § 266a StGB zu überprüfen.

V. Strafrechtliche Auslegung des Begriffs „Arbeitgeber"

Die strafrechtliche Auslegung des Begriffs „Arbeitgeber" muss sich an den im Rahmen der Begriffsauslegung ermittelten Ergebnissen orientieren. Allein der Wortlaut des Begriffs „Arbeitgeber" und dessen Verwendung hilft, wie gesehen, nicht bei dessen Auslegung weiter. Jedoch ergibt sich aus der Historie von § 266a StGB bzw. den fast wortwörtlich identisch formulierten Vorgängernormen §§ 529, 1428 RVO, § 225 AFG, § 150 AVG und § 234 RKG, dass als Arbeitgeber über fast 100 Jahre derjenige angesehen wurde, welcher in einer Vertragsbeziehung zu dem die Arbeit Ausführenden, also dem Arbeitnehmer stand.

Systematisch gesehen, muss die Arbeitgebereigenschaft im Rahmen von § 266a StGB von der Beitragsabführungspflicht unterschieden werden. Denn wie ausführlich dargelegt, stellt die schlichte Gleichsetzung des Arbeitgebers mit dem Beitragsabführungspflichtigen eine Verschleifung des Tatbestandsmerkmals „Arbeitgeber" dar, welche zu einer unzulässigen Strafbarkeitserweiterung führt.

1335 *Simon*, S. 67.

1336 *Wank*, Auslegung von Gesetzen, S. 47 f.; siehe bspw. *Sack*, BB 1984, 1195, 1199 in Bezug auf das UWG; oder als aktuelles Beispiel *Beck*, NJW 2015, 580 ff. zu „Bitcoins als Geld im Rechtssinne"; weitere Beispiele bei *Simon*, S. 66 f.

1337 Vgl. zur Schwierigkeit des Strafrechts mit dem Eigentumsvorbehalt, *Baumann*, ZStW 68 (1956), 522 ff.; nicht mehr unstreitig ist dieser Rückgriff des Strafrechts auf das Zivilrecht bei der Unterschlagung nach § 246 StGB in Fällen der unbestellten Leistung nach § 241a BGB, vgl. dazu ausführlich *Reichling*, JuS 2009, 111, 112 f.; auch *Tachau*, S. 140 ff.

1338 *Wank*, Die juristische Begriffsbildung, S. 113 f. m. w. N.

1339 *Wank*, Die juristische Begriffsbildung, S. 122.

Diese Erkenntnis darf auch nicht vom Sinn und Zweck von § 266a StGB überlagert werden. Denn im Sozialversicherungsrecht ist elementar, Grenzfälle des Anwendungsbereiches des SGB IV zugunsten des Beschäftigten zu bewerten, um ihn sozialversicherungsrechtlich zu schützen. Das Strafrecht darf aber keine Erweiterung der Strafbarkeit entgegen des Wortlauts, der Historie und der Systematik zugunsten des Sinns und Zwecks hinnehmen. Vielmehr können diese nur in kleiner Zahl auftretenden Grenzfälle im Hinblick auf den Schutz des Beitragsaufkommens als nebensächlich angesehen werden.[1340] Daher muss die Definition des Arbeitgeberbegriffs sich an den Vertragsverhältnissen orientieren sowie berücksichtigen, wer eine Leistung fordern und wer für diese ein Entgelt verlangen kann.

VI. Vorschlag zur Definition des strafrechtlichen Arbeitgeberbegriffs

Es gibt in der jüngeren Vergangenheit bereits einige Vorschläge, § 266a StGB zu ändern, um verschiedene kritisierte Aspekte dieser Norm zu verbessern.[1341] Es liegt bislang aber kein Vorschlag für die strafrechtliche Definition des Arbeitgeberbegriffs in § 266a StGB vor. Deshalb wird folgende Definition des Begriffs „Arbeitgeber" im StGB vorgeschlagen.

1. Änderung von § 266a StGB

Wie herausgearbeitet wurde, muss der strafrechtliche Begriff „Arbeitgeber" einen engeren Anwendungsbereich als derselbe Begriff des Arbeits- und Sozialversicherungsrechts haben, um den Vorgaben des Strafrechts Rechnung zu tragen. Da bisher die Rechtsprechung, wie bereits ausführlich diskutiert, die Auslegung des Arbeitgeberbegriffs nicht zufriedenstellend und ohne tiefere Begründung vornimmt, soll ein Vorschlag für die Einführung einer Definition des strafrechtlichen Arbeitgeberbegriffs erfolgen. Dazu sollte § 266a StGB um einen Absatz ergänzt werden:

> „(7) Im Sinne des Absatzes 1 bis 3 ist Arbeitgeber, wer die Arbeitsleistung von einem Arbeitnehmer kraft Arbeitsvertrags verlangen kann und zugleich Schuldner des Vergütungsanspruchs ist. § 10 AÜG bleibt unberührt."

1340 So auch *Kudlich*, ZIS 2011, 482, 484.

1341 Vgl. *Lanzinner*, S. 209 f., der bspw. die Einführung einer Leichtfertigkeitsstrafbarkeit im Rahmen des § 266a StGB, die Schaffung einer neuen Selbstanzeigemöglichkeit für Taten nach § 266a StGB und die Änderung von § 14 Abs. 2 SGB IV fordert.

Dann würde auch bei der rechtlichen Konstruktion eines Strohmanns oder anderen Konstruktionen die faktische Betrachtungsweise im Strafrecht zum Tragen kommen. Durch die Normierung des Arbeitgeberbegriffs in der Norm selbst würde diese Definition nur in § 266a StGB Anwendung finden.[1342] Ein Rückgriff auf die neue Definition des Begriffs „Arbeitsvertrag" in § 611a BGB empfiehlt sich aufgrund der oben genannten Auslegungsprobleme des Arbeitsrechts nicht. Vielmehr soll das Strafrecht in die Lage versetzt werden, die maßgeblichen Voraussetzungen selbst zu bestimmen. Der zweite Satz der vorgeschlagenen Definition bringt dabei allein zum Ausdruck, dass die Fiktion der Arbeitgebereigenschaft im Rahmen des AÜG durch diese Definition nicht berührt werden soll.

2. *Definition des Arbeitgeberbegriffs innerhalb von § 11 StGB*

Zur Schaffung einer Definition für das gesamte Strafrecht könnte die genannte Definition in § 11 StGB verortet werden. Dort wäre es möglich, § 11 Abs. 1 Nr. 11 StGB einzufügen. Allerdings sind die in § 11 Abs. 1 StGB genannten Definitionen gemäß § 11 Nr. 1-4 StGB nach Personen- und nach Sachbegriffen gemäß § 11 Nr. 5-9 StGB unterteilt. Der Begriff „Arbeitgeber" müsste bei den Personenbegriffen verortet werden, was zu einer Verschiebung der gesamten Nummerierung von § 11 Abs. 1 StGB führen würde.

Jedoch gelten die in § 11 StGB genannten Legaldefinitionen entgegen dem einleitenden Wortlaut von § 11 Abs. 1 StGB nicht nur im StGB, sondern nach § 1 EGStGB auch für strafrechtliche Vorschriften außerhalb des StGB. Im Nebenstrafrecht wird an vielen Stellen auf § 11 StGB verwiesen.[1343] Generell ist bei der Anwendung von § 11 StGB außerhalb des StGB allerdings in besonderem Maße der Normzweck und Normzusammenhang zu beachten, in dem die Legaldefinition herangezogen werden soll.[1344] Da aber die Zusammenstellung von Legaldefinitionen in den §§ 11, 12 StGB nicht abschließend ist, sondern diese im gesamten StGB verteilt sind,[1345] ist eine Kodifizierung des Arbeitgeberbegriffs in § 266a StGB selbst ebenfalls vertretbar. Vor dem Hintergrund, dass der Begriff „Arbeitgeber" im StGB nur in § 266a StGB verwendet wird, ist dies auch sinnvoller.

1342 Wie bspw. auch bei §§ 202a Abs. 2, 248b Abs. 4, 264 Abs. 7 und 8, 265b Abs. 3, 268 Abs. 2 StGB.

1343 Vgl. bspw. § 29 Abs. 1 S. 1 Nr. 12 BtMG, § 40 WStG, § 84 Abs. 6 AsylG.

1344 LK/*Hilgendorf*, § 11 Rn. 1; Lackner/Kühl/*Heger*, § 11 Rn. 1; MüKo-StGB/*Radtke*, § 11 Rn. 2; Schönke/Schröder/*Eser*/*Hecker*, vor §§ 11, 12 Rn. 2.

1345 Schönke/Schröder/*Eser*/*Hecker*, vor §§ 11, 12 Rn. 2.

VII. Folgen der strafrechtlichen Definition des Arbeitgeberbegriffs im Sinne von § 266a StGB

Folge dieser strafrechtlichen Definition im Rahmen von § 11 StGB ist nach § 1 EGStGB, dass der Begriff „Arbeitgeber" für das gesamte Strafrecht des Bundes und der Länder gelten würde, aber sonstiges Recht unberührt ließe. Da im StGB der Begriff des Arbeitgebers nicht vorhanden ist, würde diese Änderung zu keiner weiteren Folge für StGB-Normen führen.

Mit Blick auf Bußgeldvorschriften im Sozialversicherungsrecht hätte diese Änderung Folgen für § 111 Abs. 2 SGB IV. Dort ist der Arbeitgeber explizit genannt. Folglich müsste an dieser Stelle der Begriff nach dem strafrechtlichen Begriff bestimmt werden, was mit Blick auf den Wortlaut, die Systematik und die Historie auch sinnvoll ist.

Im Gegensatz dazu enthalten die in § 111 Abs. 1 Nr. 2, 2a SGB IV aufgenommenen Vorschriften Meldepflichten des Arbeitgebers und des Entleihers für die in der Kranken- oder Rentenversicherung kraft Gesetzes Versicherten oder nach dem SGB III beitragspflichtigen Arbeitnehmer, nennen aber das Wort „Arbeitgeber" nicht.[1346] Selbiges gilt für die in § 111 Abs. 1 Nr. 2b SGB IV genannten Vorschriften, die Meldepflichten der Arbeitgeber gegenüber der Annahmestelle der berufsständigen Versorgungseinrichtungen enthalten[1347] und die in § 111 Abs. 1 Nr. 12 SGB IV in Bezug genommene Regelung, die sich auf Meldepflichten des Arbeitgebers für Beschäftigte bezieht, die ausschließlich nach § 2 Abs. 1 Nr. 1 des SGB VII als Beschäftigte gelten.[1348] Auch § 111 Abs. 3a SGB IV gehört zu diesen Regelungen, der durch den Verweis auf § 55 SGB IV Bezug auf den Arbeitgeberbegriff nimmt.[1349] Sämtliche Vorschriften sind als Blanketttatbestände vollkommen akzessorisch zu der in Bezug genommenen Norm und die strafrechtliche Definition des StGB hätte aufgrund der fehlenden Nennung des Arbeitgeberbegriffs in diesen Normen zudem keine Bedeutung.

VIII. Gegenprüfung des vorgeschlagenen Arbeitgeberbegriffs

Einer Überprüfung dieser strafrechtlichen Auslegung anhand der bisherigen Erkenntnisse dieser Untersuchung ergibt Folgendes: Die vorgeschlagene Begriffsbestimmung, die Ansicht des Reichsgerichts und die Auslegung nach

---

1346 § 28a Abs. 1 bis 3, 4 S. 1, Abs. 9, Abs. 7 S. 1 und 2 SGB IV.

1347 § 28a Abs. 10, 11 SGB IV.

1348 § 28a Abs. 12 SGB IV.

1349 Vgl. Erbs/Kohlhaas/*Wache*/*Lutz*, § 111 SGB IV Rn. 3 ff.

dem Arbeitsrecht führen aufgrund des gleichen Ansatzes, den Begriff nach den Vertragsbeziehungen auszulegen, zu übereinstimmenden Ergebnissen.

Auch die Ansicht des BGH könnte mit dem strafrechtlichen Begriff übereinstimmen, weil der BGH über das Sozialversicherungsrecht auf das Arbeitsrecht zurückgreift. Dieses stellt ebenfalls auf die Vertragsverhältnisse ab, wie durch den neu beschlossenen § 611a BGB nochmals verdeutlicht wurde. Ob allerdings die hier dargestellten Streitfälle dennoch darunter fallen würden, vermag aufgrund der mangelnden Begründung des BGH nicht vorhergesehen werden. Sollte der BGH wie die herrschende Meinung in diesen Streitfällen auf das Sozialversicherungsrecht – nach Verweisung auf das Arbeitsrecht – wieder zurückgreifen, ergäben sich in den Streitfällen unterschiedliche Rechtsfolgen.

Unterschiedliche Rechtsfolgen bestehen zu der Auffassung der herrschenden Meinung, welche bei Vorliegen eines Beschäftigungsverhältnisses alle „Beschäftigenden" unter den Begriff „Arbeitgeber" subsumiert. Im Vergleich zu diesem hat der strafrechtliche Begriff einen eingeschränkteren Anwendungsbereich inne. Selbiges gilt für die Ansicht, welche – wie der BGH – auf beide Rechtsgebiete abstellt, um alle Konstellationen erfassen zu können.

IX. Zwischenergebnis

Die strafrechtliche Begriffsbestimmung des Arbeitgebers im Sinne von § 266a StGB muss sich nach den Vertragsverhältnissen und den Pflichten der Vertragsparteien richten. Die strafrechtliche Begriffsbildung nähert sich daher stark derjenigen des Arbeitsrechts an, wobei deren Begriffsherleitung als „Annex" nicht überzeugend ist. Der genannte strafrechtliche Begriff führt zu demselben Ergebnis der arbeitsrechtsakzessorischen Auslegung, des Reichsgerichts und des Gesetzgebers bei Kodifikation von § 266a StGB. Jedoch werden die im Rahmen der arbeitsrechts- und sozialversicherungsrechtsakzessorischen Auslegung auftretenden und in dieser Untersuchung analysierten Probleme und Ungenauigkeiten beseitigt.

C. Ergebnis: Strafrechtlicher Arbeitgeberbegriff als Lösungsvorschlag

§ 266a StGB ist seit mehr als 30 Jahren Teil des StGB. Allerdings bestehen die Ursprungstatbestände der Beitragsvorenthaltung mit fast identischem Wortlaut bereits seit dem Jahr 1892. Dennoch ist bis heute eine überzeugende Auslegung des seit jeher vorhandenen Begriffs „Arbeitgeber" im Strafrecht nicht gefunden worden. Dieses Problem besteht nicht nur im Straf- sondern auch im

Arbeits- und Sozialversicherungsrecht. Daher werden durch die heute allgemein vertretene Akzessorietät des Strafrechts zum Primärrecht die dort bestehenden Unstimmigkeiten – teilweise ungeprüft – in das Strafrecht übertragen. Dies ist in Anbetracht des strafrechtlichen Ultima-Ratio-Grundsatzes nicht hinzunehmen.

Zu Beginn der Untersuchung wurde die praktische Bedeutung von § 266a StGB in den letzten 30 Jahren aufgezeigt, durch die auch ersichtlich wurde, dass die vorliegend behandelte Frage zwar nicht die in der Praxis häufigste Fallkonstellation betrifft – vielmehr ist das Gegenteil der Fall. Dennoch sind die hier behandelten Konstellationen nicht – wie in der Literatur vertreten – zu vernachlässigen, weil die Verwirklichungs- und Verurteilungsstatistiken zu § 266a StGB weiterhin eine hohe Bedeutung der Norm insgesamt offenbaren.

Bezüglich der wesentlichen Frage der Auslegung des Arbeitgeberbegriffs konnte in dieser Untersuchung nach dem Hinweis auf die Problemdarstellung durch die Darstellung der heute vertretenen Ansichten zur Auslegung des Begriffs und der gegen diese erarbeitete Kritik eine Arbeitsgrundlage geschaffen werden. Auf deren Basis wurde im Rahmen der Begriffsauslegung dargelegt, dass keine der heute vertretenen Ansichten vollends überzeugt. Dabei ist zu betonen, dass der Auffassung der herrschenden Meinung nicht zu folgen ist. Eine „blinde" Akzessorietät aller Tatbestandsmerkmale stellt sich als vorschnelle Lösung dar. Denn das Bestehen der Beitragsabführungspflicht macht weder aus der juristischen noch aus der natürlichen Person ohne weiteres einen Täter nach § 266a StGB.

Abschließend ist es am überzeugendsten, den Täter von § 266a StGB nach dem Strafrecht zu definieren. Dazu sollte auf die Vertragsbeziehungen und Leistungsverhältnisse zurückgegriffen werden. Dies entspricht dem Wortlaut, der Historie, der Systematik sowie dem Sinn und Zweck von § 266a StGB. Dies wurde bisher in der Literatur auch nicht ausgeschlossen, sodass im Rahmen dieser Untersuchung eine Diskussionsgrundlage für eine strafrechtliche Begriffsbestimmung – wie sie bereits im Steuerrecht hinsichtlich des Arbeitgeberbegriffs besteht – geschaffen wurde.

D. Ausblick

Das Verhalten des Gesetzgebers in Bezug auf § 266a StGB in den vergangenen 30 Jahren zeigt, dass diese wichtige Norm stiefmütterlich behandelt wurde. Korrekturen und „Verbesserungen" wurden nur vorgenommen, wenn sie unabdingbar erschienen. Die Bestimmung des Arbeitgeberbegriffs wurde lange nicht diskutiert. Erst in den letzten 15 Jahren wurden vermehrt unterschiedliche Ansichten geäußert, die dazu führten, dass sich auch die höchstrichterliche Rechtsprechung mit dieser Frage auseinandersetzte. Allerdings erfolgte dies, wie gesehen, nicht tiefgehend.

Folglich ist es im Vergleich zum Tätigwerden des Gesetzgebers wahrscheinlicher, dass der BGH im Rahmen einer höchstrichterlichen Entscheidung genauer bestimmt, wer Arbeitgeber im Rahmen von § 266a StGB ist. Allerdings ist diese Wahrscheinlichkeit nicht als „hoch" einzuschätzen, weil die praktische Bedeutung dieser Frage nur in wenigen Fällen zu entscheidungserheblichen Unterschieden führt. Diese werden im Zweifel auf dem Weg zu einer höchstrichterlichen Entscheidung durch die Opportunitätsgrundsätze ausgeschieden. Dennoch kann vor dem Hintergrund dieser Untersuchung die wissenschaftliche Bestimmung des Arbeitgeberbegriffs einen neuen Diskussionsanstoß erhalten.

Abschnitt 4: Schlussfolgerungen aus der Untersuchung

Die vorliegende Untersuchung hat folgende Schlussfolgerungen hervorgebracht:

Die bestehenden Ansichten in Literatur und Rechtsprechung zur Auslegung des Begriffs „Arbeitgeber“ im Rahmen von § 266a StGB überzeugen nicht. Der Begriff „Arbeitgeber“ ist aufgrund mangelnder Vorgaben des Sozialversicherungsrechts und einer nicht überzeugenden Anknüpfung an das Arbeitsrecht nicht akzessorisch auszulegen. Auch dem teilweise befürworteten Verweis von dem Sozialversicherungsrecht in das Arbeitsrecht ist nicht zu folgen.

Stattdessen sollte der Arbeitgeberbegriff im Sinne des § 266a StGB strafrechtlich ausgelegt werden, um dogmatisch nachvollziehbar zu sein. Auf diese Weise ist zudem eine Bestimmung des Begriffs ohne Verstoß gegen strafrechtliche Grundsätze zu erreichen.

Daher ist grundlegend festzuhalten: Die akzessorische Übernahme von uneindeutigen Vorgaben aus einer Primärrechtsordnung sollte gerade vor dem Ultima-Ratio-Grundsatz nur erfolgen, wenn die besonderen Erfordernisse des Strafrechts berücksichtigt werden.

Literaturverzeichnis

Achenbach, Hans Das Zweite Gesetz zur Bekämpfung der Wirtschaftskriminalität, NJW 1986, 1835-1841

ders. Zivilrechtsakzessorietät der insolvenzstrafrechtlichen Krisenmerkmale?, Gedächtnisschrift für Ellen Schlüchter, 2002, S. 257-273 (zitiert: *Achenbach*, GS Schlüchter)

ders. Aus der 2015/2016 veröffentlichten Rechtsprechung zum Wirtschaftsstrafrecht, NStZ 2016, 715-719

ders. / Ransiek, Andreas Handbuch Wirtschaftsstrafrecht, 3. Auflage 2012 (zitiert: Bearbeiter, HWSt.[3])

dies. / Rönnau, Thomas Handbuch Wirtschaftsstrafrecht, 4. Auflage 2015 (zitiert: Bearbeiter, HWSt.[4])

Adick, Markus / Bülte, Jens Fiskalstrafrecht – Straftaten gegen staatliche Vermögenswerte, 2015 (zitiert: Adick/Bülte/Bearbeiter)

Albrecht, Peter-Alexis In Treue gegen die Untreue – Rainer Hamm und sein stetter Versuch, die Rechtsprechung zur verfassungsrechtlichen Präzisierung des § 266 StGB anzuhalten –, Festschrift für Rainer Hamm zum 65. Geburtstag am 24. Februar 2008, S. 1-19 (zitiert: Albrecht, FS Hamm)

Alpmann, Josef A. / Krüger, Rolf / Wüstenbecker, Horst Studienlexikon Recht, 4. Auflage 2014 (zitiert: Alpmann/Krüger/Wüstenbecker, Studienlexikon)

Arzt, Gunther Strafrecht – Besonderer Teil, LH 4: Wirtschaftsstraftaten, Vermögensdelikte (Randbereich), Fälschungsdelikte, 2. Auflage 1989 (zitiert: Arzt/Bearbeiter[2], Strafrecht BT, LH 4)

ders. / Weber, Ulrich / Heinrich, Bernd / Hilgendorf, Eric Strafrecht – Besonderer Teil, 3. Auflage 2015 (zitiert: Arzt/Weber/Bearbeiter, Strafrecht-BT)

Ast, Stephan / Klocke, Daniel Die Sanktionierung der Mindestlohnunterschreitung durch § 23 Abs. 1 Nr. 1 AEntG und § 266a StGB, wistra 2014, 206-212

Bachmann, Jochen Zur Strafverfolgungsverjährung der Beitragsvorenthaltung gemäß § 266a Abs. 1 StGB, Festschrift für Erich Samson, 2010, S. 233-240 (zitiert: Bachmann, FS Samson)

Bader, Simone Schadensermittlung im Beitragsstrafrecht (§ 266a StGB), wistra 2010, 121-124

Baeck, Ulrich / Winzer, Thomas / Kramer, Nadine Neuere Entwicklungen im Arbeitsrecht – Referentenentwurf zur Änderung des Arbeitnehmerüberlassungsgesetzes und anderer Gesetze, NZG 2016, 20-24

Baeck, Ulrich / Winzer, Thomas / Hies, Dominic Neuere Entwicklungen im Arbeitsrecht – Zweiter Referentenentwurf zur Änderung des Arbeitnehmerüberlassungsgesetzes und anderer Gesetze, NZG 2016, 415-419

Baumann, Jürgen Pönalisierung von Kaufverträgen durch Eigentumsvorbehalt, ZStW 68 (1956), 522-542

Baumgarten, Kai Strafbarkeit wegen Gewässerverunreinigung nach § 324 StGB und Konkretisierung der wasserrechtlichen Erlaubnis, 2005

Bauschke, Hans-Joachim Arbeitnehmer und andere – Bewertung der neuesten Gesetzesinitiativen, öAT 2016, 69-71

Beck, Benjamin Bitcoins als Geld im Rechtssinne, NJW 2015, 580-586

Becker, Christian Das Bundesverfassungsgericht und die Untreue: Weißer Ritter oder feindliche Übernahme?, HRRS 2010, 383-392

Bengelsdorf, Peter Die (neue) Scheinselbständigkeit – zur schwierigen Handhabung des § 7 IV SGB IV, NJW 1999, 1817-1825

Bente, Ulrich Die Strafbarkeit des Arbeitgebers wegen Beitragsvorenthaltung und Veruntreuung von Arbeitsentgelt (§ 266a StGB), 1992 (zitiert: Bente)

ders. Strafbarkeit des Arbeitgebers gem. § 266a StGB auch bei unterbliebener Lohnauszahlung?, wistra 1992, 177-179

Berchtold, Josef Neuere Entwicklung im Beitragsrecht der Sozialversicherung, ASR 2013, 255-259

Beukelmann, Stephan Schnittstellen zwischen Strafrecht und Insolvenzrecht, NJW-Spezial 2007, 584-585

Binding, Karl Die Ungerechtigkeit des Eigentums-Erwerbs vom Nicht-Eigentümer nach BGB § 932 und § 935 und ihre Reduktion auf das kleinstmögliche Maß, 1908 (zitiert: *Binding*, Ungerechtigkeit des Eigentumserwerbs)

ders. Handbuch des Strafrechts I. (einziger) Band, 1885, Neudruck 1991 (zitiert: Binding)

Bissels, Alexander / Falter, Kira Reform des Fremdpersonaleinsatzes: Ein neuer Versuch aus dem BMAS, DB 2016, 534-535

dies. Reform des Fremdpersonaleinsatzes: Der Regierungsentwurf ist da, DB 2016, 1444-1445

Bisson, Frank / Schwab, Rouven Beschäftigung Scheinselbstständiger * arbeits-, sozialversicherungs- und strafrechtliche Folgen, AuA 2005, 276-280

Bittmann, Folker Die Strafbarkeit nach § 266a Abs. 1 StGB ohne Lohnzahlung, wistra 1999, 441-451

ders. Insolvenzstrafrecht – Handbuch für die Praxis, 2004 (zitiert: Bittmann/Bearbeiter, Insolvenzstrafrecht) *ders.* Insolvenzstrafrecht – Praxishandbuch, 2. Aufl. 2017 (zitiert: Bittmann/Bearbeiter, Insolvenzstrafrecht[2])

ders. Anmerkung zu BGH, Beschluss v. 11.8.2011 – 1 StR 295/11, NJW 2011, 3048-3049

ders. Betrug und Untreue, wistra 2012, 98-101

ders. Verschleifungsverbot, Quantifizierungsgebot (§§ 263, 266 StGB) und Pflichtwidrigkeit (§ 266 StGB), wistra 2013, 1-8

ders. Erneut das BVerfG und dreimal Strafjustiz – Untreue oder auch nicht, ZWH 2013, 55-60

ders. Arbeitsstrafrecht – Ergebnisse der Vorträge und Diskussionen zum Thema „Die Sozialrechts-Akzessorietät des § 266a StGB" im Rahmen der WisteV-wistra-Neujahrstagung im Januar 2014, WiJ 2014, 101-104

ders. Selbstbedienung als Vergütungs-Untreue, NZWiSt 2014, 129-135

ders. Brennpunkte des (nicht nur: Wirtschafts-) Strafrechts, Schwerpunkt: Schaden, HRRS 2016, 38-54

Bley, Helmar Die Gemeinsamen Vorschriften für die Sozialversicherung, NJW 1977, 363-366

Blümich – EStG · KStG · GewStG Einkommensteuergesetz, Körperschaftsteuergesetz, Gewerbesteuergesetz – Kommentar, 139. Auflage 2017 (zitiert: Blümich/Bearbeiter)

Bockelmann, Paul Rezension des Werkes von Bruns – Die Befreiung des Strafrechts vom zivilistischen Denken, DRWiss 1939, 286-288

ders. Literaturbericht, Strafrecht Besonderer Teil, ZStW 69 (1957), 269-286

Bode, Thomas / Seiterle, Stefan Affenpinscher in Aspik – Teil 1* Zur Blankettstrafgesetzgebung im Nebenstrafrecht, ZIS 2016, 91-105

dies. Affenpinscher in Aspik – Teil 2* Zur Blankettstrafgesetzgebung im Nebenstrafrecht, ZIS 2016, 173-182

Boecken, Winfried Arbeitsrecht und Sozialrecht, RdA 2000, 7-16

Böttger, Marcus Wirtschaftsstrafrecht in der Praxis, 1. Auflage 2011 (zitiert: Böttger/Bearbeiter, Wirtschaftsstrafrecht[1])

ders. Wirtschaftsstrafrecht in der Praxis, 2. Auflage 2015 (zitiert: Böttger/Bearbeiter, Wirtschaftsstrafrecht[2])

Bollacher, Florian Das Vorenthalten von Sozialversicherungsbeiträgen, 2006 (zitiert: Bollacher)

Borchardt, Peter-Alexander Problembereiche des § 266a StGB in der Verteidigung, StRR 2007, 84-89

Borrmann, Lisa Akzessorietät des Strafrechts zu den betreuungsrechtlichen (Verfahrens-)Regelungen die Patientenverfügung betreffend (§§ 1901a ff. BGB), 2016 (zitiert: Borrmann)

Bottke, Wilfried Das Wirtschaftsstrafrecht in der Bundesrepublik Deutschland – Lösungen und Defizite, wistra 1991, 1-10

ders. Das Wirtschaftsstrafrecht in der Bundesrepublik Deutschland – Lösungen und Defizite (2. Teil), wistra 1991, 52-56

Bräunig, Alexander Untreue in der Wirtschaft – Eine funktionale Interpretation des Untreuestrafrechts, 2011 (zitiert: Bräunig)

Brand, Jürgen Sozialgesetzbuch Arbeitsförderung – SGB III – Kommentar, 7. Auflage 2015 (zitiert: Brand/Bearbeiter, SGB III)

Brandts, Ricarda Strafrecht – BT und NebenG: Nichtabführung von Sozialversicherungsbeiträgen, JA 1985, 117-119

Branz, Anja Das Vorenthalten von Arbeitnehmerbeiträgen zur Sozialversicherung (§ 266a Abs. 1 StGB) in der Unternehmenskrise, 2002 (zitiert: Branz)

Breitkreuz, Tilman Das SGB IV im Überblick, SRa 2009, 41-46

Brenner, Sven Die strafrechtliche Bekämpfung der Schwarzarbeit unter besonderer Berücksichtigung wirtschaftlicher Aspekte, 2008 (zitiert: Brenner)

Brockhaus Das Lexikon in einem Band, 6. Auflage 2013 (zitiert: Brockhaus, Das Lexikon)

Brors, Christiane AÜG-Reform: Ist das geplante Widerspruchsrecht des Leiharbeitnehmers verfassungsrechtlich geboten?, NZA 2016, 672-675

Bross, Nikolaus Handbuch Arbeitsstrafrecht, 1. Auflage 2017 (zitiert: Bross/Bearbeiter, Arbeitsstrafrecht)

Bruns, Hans-Jürgen Die Befreiung des Strafrechts vom zivilistischen Denken, 1938 (zitiert: Bruns)

ders. Zur Frage der Autonomie der strafrechtlichen Begriffsbildung, DRWiss 1940, 300-329

ders. Untreue im Rahmen rechts- oder sittenwidriger Geschäfte?, NJW 1954, 857-861

ders. Die sog. Tatsächliche Betrachtungsweise im Strafrecht, JR 1984, 133-141

Brüning, Christoph Widerspruchsfreiheit der Rechtsordnung – Ein Topos mit verfassungsrechtlichen Konsequenzen?, NVwZ 2002, 33-37

Brüssow, Rainer / Petri, Dirk Das Dilemma der Entsendebescheinigungen unter Berücksichtigung der Rechtsprechung des BGH und des überstaatlichen Rechts, Festschrift für Volkmar Mehle zum 65. Geburtstag, 2009, S. 103–113 (zitiert: Brüssow/Petri, FS Mehle) *dies.* Arbeitsstrafrecht, 2. Auflage 2016 (zitiert: Brüssow/Petri²/Bearbeiter)

Brutscher, Anna-Maria Zivilrechtsakzessorietät des Strafrechts bei Sachverhalten mit Auslandsbezug – am Beispiel des § 242 StGB, 2014 (zitiert: Brutscher)

Bühler, Christoph Sozialversicherung und Strafrecht nach Inkrafttreten des Zweiten Gesetzes zur Bekämpfung der Wirtschaftskriminalität (2. WiKG), rv 1988, 86-89

ders. Strafrechtliche Haftung des GmbH-Geschäftsführers – Änderung in der Rechtsprechung?, NStZ 1998, 284-286

Bülte, Jens Der Irrtum über das Verbot im Wirtschaftsstrafrecht, NStZ 2013, 65-72

ders. Blankette und normative Tatbestandsmerkmale: Zur Bedeutung von Verweisungen in Strafgesetzen, JuS 2015, 769-777

Bürger, Sebastian Anmerkung zu OLG Celle, Beschluss v. 03.07.2013 – 1 Ws 123/13, NZWiSt 2015, 437-440

ders. Der Arbeitgeberbegriff in § 266a StGB – ein komplexes normatives Tatbestandsmerkmal: Voraussetzungen und Irrtumsfolgen, wistra 2016, 169-174

Bundesrechtsanwaltskammer Stellungnahme zum Vorlagebeschluss des LG Berlin vom 16. April 2015 – (572) 242 AR 27/12 Ns (82/12) – (Rindfleischetikettierungsgesetz) – 2 BvL 1/15, Stellungnahme Nr. 03/2016, Februar 2016

dies. Stellungnahme zum Regierungsentwurf eines Gesetzes zur Änderung des Arbeitnehmerüberlassungsgesetzes und anderer Gesetze (BR-Drucks. 294/16 v. 02.06.2016), Stellungnahme Nr. 14/2016, Juni 2016

Bydlinski, Franz Juristische Methodenlehre und Rechtsbegriff, 2. Auflage 1991 (zitiert: Bydlinski, Methodenlehre)

Cadus, Joachim-M. Die faktische Betrachtungsweise – Ein Beitrag zur Auslegung im Strafrecht, 1984 (zitiert: Cadus)

Cornils, Karin Die Fremdrechtsanwendung im Strafrecht, 1978 (zitiert: Cornils)

Corsten, Johannes Pflichtverletzung und Vermögensnachteil bei der Untreue, wistra 2010, 206-210

Danckert, Peter Die Grenze zwischen der extensiven Auslegung und der Analogie im Strafrecht, 1967 (zitiert: Danckert)

Dannecker, Gerhard / Knierim, Thomas C. / Hagemeier, Andrea Insolvenzstrafecht, 2. Auflage 2012 (zitiert: Dannecker/Knierim/Hagemeier/Bearbeiter, Insolvenzstrafrecht²)

Dannecker, Gerhard / Knierim, Thomas C. / Smok, Robin Insolvenzstrafecht, 3. Auflage 2018 (zitiert: Dannecker/Knierim/Smok/Bearbeiter, Insolvenzstrafrecht)

Dau, Dirk H. / Düwell, Franz Josef / Joussen, Jacob Sozialgesetzbuch IX – Rehabilitation und Teilhabe behinderter Menschen – Lehr- und Praxiskommentar, 4. Auflage 2014 (zitiert: LPK-SGB IX/Bearbeiter)

Deinert, Olaf Das sozialversicherungsrechtliche Beschäftigungsverhältnis, AiB 2011, 254-258

Dersch, Hermann Wechselwirkungen zwischen Arbeitsrecht und Sozialversicherung in der neueren Entwicklung, RdA 1950, 321-328

Deter, Gerhard Bericht aus Berlin (Dezember 2015), AuR 2016, 65-67

ders. Bericht aus Berlin (Januar 2016), AuR 2016, 108-109

ders. Bericht aus Berlin (Februar 2016), AuR 2016, 148-151

ders. Bericht aus Berlin (März 2016), AuR 2016, 190-192

ders. Bericht aus Berlin (Mai 2016), AuR 2016, 286-288

ders. Bericht aus Berlin (Juni 2016), AuR 2016, 353-355

Deutscher, Axel Anmerkung zu OLG Braunschweig, Beschluss v. 27.05.2015, 1 Ss 14/15, StRR 2015, 351

Ditt, Thomas „Stoßtruppfakultät Breslau" – Rechtswissenschaften im „Grenzland Schlesien" 1933-1945, 2011 (zitiert: Ditt)

Dierlamm, Alfred Neue Entwicklungen bei der Untreue – Loslösung des Tatbestandes von zivilrechtlichen Kategorien?, StraFo 2005, 397-404

Dietmeier, Frank Blankettstrafrecht – Ein Beitrag zur Lehre vom Tatbestand, 2002 (zitiert: Dietmeier)

Diepenbrock, Thorsten Selbstständigkeit und Arbeitnehmereigenschaft im Sozialrecht, NZS 2016, 127-132

Dölling, Dieter / Duttge, Gunnar / König, Stefan / Rössner, Dieter Gesamtes Strafrecht – Handkommentar 4. Auflage 2017 (zitiert: Dölling/Duttge/König/Rössner/Bearbeiter)

Dreher, Eduard Das Strafrecht hat seine eigene Methode, GA 1969, 56-61

ders. / Tröndle, Herbert Strafgesetzbuch und Nebengesetze, 43. Auflage 1986 (zitiert: Dreher/Tröndle[43]/Dreher/Tröndle)

dies. Strafgesetzbuch und Nebengesetze, 45. Auflage 1991 (zitiert: Dreher/Tröndle[45]/Dreher/Tröndle)

Drüen, Klaus-Dieter Über „Sinn und Zweck" des Gesetzes – Die Struktur der teleologischen Auslegung, JuS Lernbogen 11/1997, L 81-88

Duden Deutsches Universalwörterbuch, 8. Auflage 2015 (zitiert: Duden, Deutsches Universalwörterbuch)

Ebner von Eschenbach, Marie-Alix Risikofaktor werkvertragliche Zusammenarbeit, NJW-aktuell 46/2016, 17

Eichenhofer, Eberhard Ist die Abgrenzung des versicherten Personenkreises im deutschen Sozialversicherungsrecht zeitgemäß?, DRV 2009, 293-308

ders. Sozialrecht, 10. Auflage 2017 (zitiert: Eichenhofer, Sozialrecht)

Enderle, Bettina Blankettstrafgesetze – Verfassungs- und strafrechtliche Probleme von Wirtschaftsstraftatbeständen, 2000 (zitiert: Enderle)

Erbs, Georg / Kohlhaas, Max Strafrechtliche Nebengesetze, EL Dezember 1954 (zitiert: Erbs/Kohlhaas$^{\text{EL Dez. 1954}}$/Bearbeiter)

dies. Strafrechtliche Nebengesetze 217. EL Oktober 2017 (zitiert: Erbs/Kohlhaas/Bearbeiter)

Eser, Albin Zum Eigentumsbegriff im Einziehungsrecht, JZ 1972, 146-149

Esser, Robert / Keuten, Nils Christian Strafbarkeit nach § 266a Abs. 1 StGB und zivilrechtliche Haftung des GmbH Geschäftsführers bei Teilzahlungen von Gesamtsozialversicherungsbeiträgen, wistra 2010, 161-164

Feigen, Hanns W. / Livonius, Barbara Gefahren des § 266a StGB für den Arbeitgeber, Festschrift für Wolf Schiller, 2014, S. 147–160 (zitiert: Feigen/Livonius, FS Schiller)

Felix, Dagmar Einheit der Rechtsordnung, 1998 (zitiert: Felix)

dies. Die Wertneutralität des Sozialrechts – Zum Bestehen eines Beschäftigungsverhältnisses bei sittenwidrigem oder verbotenem Tun –, NZS 2002, 225-230

Figge, Gustav Änderungen des Sozialversicherungsrechts durch Haushaltsbegleitgesetz 2006 und Gesetz zum Abbau bürokratischer Hemmnisse, DB 2006, 1563-1564

Fikentscher, Wolfgang Methoden des Rechts in vergleichender Darstellung, Band IV – Dogmatischer Teil, 1977 (zitiert: Fikentscher, Methoden des Rechts, Bd. 4)

Fischer, Thomas Strafgesetzbuch mit Nebengesetzen, 60. Auflage 2013 (zitiert: Fischer^{60})

ders. Strafgesetzbuch mit Nebengesetzen, 61. Auflage 2014 (zitiert: Fischer^{61})

ders. Strafgesetzbuch mit Nebengesetzen, 65. Auflage 2018 (zitiert: Fischer)

Fischer, Ulrich Arbeitsstrafrecht, NZA 2016, 677-678

Fisseler, Markus Die Strafbarkeit der Nichtzahlung von Beiträgen zur sozialen Sicherung, 1985 (zitiert: Fisseler)

ders. Die Beitragsvorenthaltung nach § 266a StGB, ZfS 1987, 321-327

Floeth, Michael Strafbarkeit wegen Vorenthaltens und Veruntreuens von Arbeitsentgelt (§ 266 a StGB) in Fällen sog. Scheinselbständigkeit – Feststellung des Beschäftigungsverhältnisses, Abgrenzung zur Arbeitnehmerüberlassung sowie Ermittlung der vorenthaltenen Beiträge – Zugleich Besprechung des

Urteils des BGH vom 16.4.2014 – BGH Aktenzeichen 1 StR 516/13, NZS 2015, 60-63

Freund, Georg Strafrecht, Allgemeiner Teil: personale Straftatlehre, 2. Auflage 2008 (zitiert: Freund, AT)

Fries, Rainer Strafrechtliche Probleme im Zusammenhang mit illegaler Arbeitnehmerüberlassung, insbesondere Strafbarkeit des Ver- und Entleihers nach § 266a I StGB, 1987 (zitiert: Fries)

Frisch, Wolfgang Tatbestandsmäßiges Verhalten und Zurechnung des Erfolgs, 1988 (zitiert: Frisch)

ders. Voraussetzungen und Grenzen staatlichen Strafens, NStZ 2016, 16-25

Fritz, Hans-Joachim Die Selbstanzeige im Beitragsstrafrecht gemäß § 266a Abs. 5 StGB, 1997 (zitiert: Fritz)

Fröba, Christian / Straube, Sascha Verschleifungsverbot und Zweckverfehlungslehre beim Spenden- und Bettelbetrug – Zugleich Anmerkung zu OLG München, Beschl. v. 11.11.2013, Az. 4 StRR 184/13, StraFo 2014, 500-504

Gagel, Alexander SGB II/SGB III Grundsicherung und Arbeitsförderung – Kommentar, 68. EL, Dezember 2017 (zitiert: Gagel/Bearbeiter, SGB III)

Gaul, Björn / Hahne, Tobias C. Der Versuch des Gesetzgebers zur Kennzeichnung von Arbeitnehmern, Leiharbeitnehmern und sonstigem Fremdpersonal durch § 611a BGB, BB 2016, 58-63

Gehm, Matthias Anmerkung zu BGH, Urteil v. 09.04.2013 – 1 StR 586/12 zur Frage der Tatbegehung einer Steuerhinterziehung durch Unterlassen und die eigene Aufklärungspflicht des Täters über steuerlich erhebliche Tatsachen, NZWiSt 2013, 319-320

ders. Anmerkung zu BGH, Urteil v. 07.12.2016 – 1 StR 185/16, NZWiSt 2017, 233-234

Gehrmann, Philipp / Travers, Daniel Untreue durch satzungswidrige Aufnahme eines Kassenkredits, GWR 2013, 84

Geisseler, Günter Arbeitsstrafrecht, 1933 (zitiert: Geisseler, Arbeitsstrafrecht)

Gercke, Björn / Leimenstoll, Ulrich Vorenthalten von Sozialversicherungsbeiträgen (§ 266a StGB) – Ein Leitfaden für die Praxis, HRRS 2009, 442-451

dies. Grundzüge des Arbeitsstrafrechts (I), WiJ 2012, 246-259

dies. Aktuelle Entwicklungen in der Rechtsprechung zum Arbeitsstrafrecht, WiJ 2014, 1-7

Gercke, Björn / Kraft, Oliver / Richter, Marcus Arbeitsstrafrecht, 2. Auflage 2015 (zitiert: Gercke/Kraft/Richter/Bearbeiter, Arbeitsstrafrecht)

Giesen, Richard Leiharbeit: Nach der Reform ist vor der Reform, ZRP 2016, 65

Gitter, Wolfgang Beschäftigungsverhältnis und Arbeitsverhältnis, Festschrift für Georg Wannagat, 1981, S. 141–154 (zitiert: Gitter, FS Wannagat)

Göhler, Erich / Buddendiek, Hans / Lenzen, Karl Lexikon des Nebenstrafrechts, 40. EL 2017, (zitiert: Buddendiek/Bearbeiter, Lexikon des Nebenstrafrechts)

Gosch, Wolfgang Sebastian Strafbarkeit trotz finanziellen Unvermögens, 2013 (zitiert: Gosch)

Graf, Jürgen-Peter / Jäger, Markus / Wittig, Petra Wirtschafts- und Steuerstrafrecht Kommentar, 2. Aufl. 2017 (zitiert: Graf/Jäger/Wittig/Bearbeiter)

Granderath, Peter Das Zweite Gesetz zur Bekämpfung der Wirtschaftskriminalität, DB 1986, Beilage 18, 1-12

Greeve, Gina Praxiskommentar zu BGH, Beschluss v. 05.06.2013 - 1 StR 626/12, NStZ 2013, 588

Greiner, Stefan Statusbegriff und Vertragsfreiheit im Arbeits- und Sozialversicherungsrecht, insbesondere im Falle der Freistellung von der Arbeitsleistung, NZS 2009, 657-665

ders. Das Beschäftigungsverhältnis im Sozial- und Arbeitsrecht, SDSRV Nr. 62 (2012), 9-28

Gribbohm, Günter Anmerkung zu OLG Celle, Urteil v. 04.06.1997 - 2 Ss 68/97, JR 1997, 479-482

Griebeling, Gert Die Merkmale des Arbeitsverhältnisses, NZA 1998, 1137-1144

Grötsch, Andreas Strafrechtliche Verjährung der Hinterziehung von Ertragsteuern, wistra 2015, 249-257

Groß, Bernd Die strafrechtliche Verantwortlichkeit faktischer Vertretungsorgane bei Kapitalgesellschaften, 2007 (zitiert: Groß)

Großfeld, Bernhard Sprache und Recht, JZ 1984, 1-6

Grützner, Thomas / Jakob, Alexander Compliance von A bis Z, 2. Auflage 2015 (zitiert: Grützner/Jakob, Compliance)

Günther, Hans-Ludwig Die Untreue im Wirtschaftsstrafrecht, Festschrift für Ullrich Weber zum 70. Geburtstag am 18. September 2004, S. 311-317 (zitiert: Günther, FS Weber)

Hahn, Volker Arbeitsstrafrecht, 1992 (zitiert: Hahn)

Hamann, Wolfgang Entwurf eines Gesetzes zur Änderung des AÜG und anderer Gesetze vom 17.2.2016, AuR 2016, 136-141

ders. / Rudnik, Tanja Vermeidung von Branchenzuschlägen in der Zeitarbeit durch Zwischenschaltung eines Industriedienstleisters?, NZA 2016, 455-459

Hans, W. Ist die Strafbestimmung des § 533 RVO noch zeitgemäß?, ZfSH 1970, 165-168

Hanau, Peter / Peters-Lange, Susanne Schnittstellen von Arbeits- und Sozialrecht, NZA 1998, 785-791

Hassemer, Winfried Die Basis des Wirtschaftsstrafrechts, wistra 2009, 169-174

ders. Die Basis des Wirtschaftsstrafrechts, in: Die Handlungsfreiheit des Unternehmers – Wirtschaftliche Perspektiven, strafrechtliche und ethische Schranken, 2009, 29-43 (zitiert: Hassemer, Handlungsfreiheit des Unternehmers)

Heger, Martin § 266a StGB: Strafrecht im Gewande zivilgerichtlicher Judikatur, JuS 1998, 1090-1095

Heintschel-Heinegg, Bernd von Beck'scher Online-Kommentar, Strafgesetzbuch, Stand: 1.2.2018, Edition: 37 (zitiert: BeckOK-StGB/Bearbeiter)

ders. Beck'scher Online-Kommentar, Strafgesetzbuch, Stand: 10.9.2015, Edition: 28 (zitiert: BeckOK-StGB $^{\text{Ed. 28}}$/Bearbeiter)

Heinze, Meinhard Einwirkung des Sozialrechts ins Arbeitsrecht?, NZA 2000, 5-7

ders. Das Verhältnis des öffentlich-rechtlichen Sozialrechts zum privatrechtlichen Arbeitsrecht, SGb 2000, 241-247

Hefendehl, Roland / von Hirsch, Andrew / Wohlers, Wolfgang Die Rechtsgutstheorie, 2003 (zitiert: Hefendehl/von Hirsch/Wohlers (Hrsg.), Die Rechtsgutstheorie)

Henning, Jörg / Bödeker, Ole-Jonas Neues zur Arbeitnehmerüberlassung, AuA 2016, 201-203

Henssler, Martin Überregulierung statt Rechtssicherheit – der Referentenentwurf des BMAS zur Reglementierung von Leiharbeit und Werkverträgen, RdA 2016, 16-24

Heuking, Christian BGH: Strafrechtliche Verantwortlichkeit des Strohmann-Geschäftsführers, BB 2016, 3089

Herrmann, Carl / Heuer, Gerhard / Raupach, Arndt Einkommensteuer- und Körperschaftsteuergesetz, 283. Lieferung, Dezember 2017 (zitiert: Herrmann/Heuer/Raupach/Bearbeiter, EStG)

Herzig, Peter Künftige Neuordnung der Beitragsvergehen?, DOK 1969, 220-221

Hippel, Robert von Deutsches Strafrecht Band 1, Allgemeine Grundlagen, 1925, Nachdruck 1971 (zitiert: von Hippel)

Höfling, Wolfram / Rixen, Stephan Vormundschaftsgerichtliche Sterbeherrschaft?, JZ 2003, 884-894

Höll, Christian Vorsatz bei der Steuerhinterziehung – Kognitive und voluntative Anforderungen bei akzessorischen Tatbeständen, 2012 (zitiert: Höll)

Hörtz, Martin / Tacou, Theofanis Kopf oder Zahl? – Von der Einzelfall(un)gerechtigkeit der aktuellen oberinstanzlichen Rechtsprechung zum sozialversicherungsrechtlichen Status Quo einer (Erwerbs-)Tätigkeit am Beispiel der Notarzttätigkeit, NZS 2015, 175-180

Hofmann, Ekkehard Der Begriff der Beschäftigung im Sinne des § 7 SGB IV im Bereich der Pflege, NZS 2015, 41-48

Hohmann, Olaf Gedanken zur Akzessorietät des Strafrechts, ZIS 2007, 38-48

Hombrecher, Lars Fragen des Allgemeinen Teils des Wirtschaftsstrafrechts, JA 2012, 535-543

Hoven, Elisa Zur Verfassungsmäßigkeit von Blankettstrafgesetzen – Eine Betrachtung der aktuellen Rechtsprechung zur § 52 Abs. 2 VTabakG und § 10 RiFlEtikettG, NStZ 2016, 377-440

Hoyer, Andreas Die Bindung des Strafrechts an das zivilistische Denken, Festschrift für Peter Kreutz zum 70. Geburtstag, 2010, S. 691-701 (zitiert: Hoyer, FS Kreutz)

ders. Strafbares Vorenthalten von Arbeitnehmerbeiträgen in der Unternehmenskrise, Festschrift für Dieter Reuter zum 70. Geburtstag am 16. Oktober 2010, 2010, S. 541-554 (zitiert: Hoyer, FS Reuter)

Hoyningen-Huene, Gerrick von Das Rechtsverhältnis zur stufenweisen Wiedereingliederung arbeitsunfähiger Arbeitnehmer (§ 74 SGB V), NZA 1992, 49-55

Hromadka, Wolfgang Zur Begriffsbestimmung des Arbeitnehmers – Unter besonderer Berücksichtigung der neueren Gesetzentwürfe, DB 1998, 195-201

Hüls, Silke Bestimmtheitsgrundsatz, § 266 StGB und § 370 Abs. 1 Nr. 1 AO, NZWiSt 2012, 12-18

dies. / Reichling, Tilman Der Verjährungsbeginn beim Vorenthalten von Sozialversicherungsbeiträgen gemäß § 266a Abs. 1 StGB, StraFo 2011, 305-308

dies. Heidelberger Kommentar Steuerstrafrecht, 1. Auflage 2016 (zitiert: HK-SteuerStR/Bearbeiter)

Igl, Gerhard / Welti, Felix Sozialrecht, 8. Auflage 2007 (zitiert: Igl/Welti, Sozialrecht)

Ignor, Alexander / Mosbacher, Andreas Handbuch Arbeitsstrafrecht, 3. Auflage 2016 (zitiert: Ignor/Mosbacher/abw. Bearbeiter, Arbeitsstrafrecht[3])

Ignor, Alexander / Rixen, Stephan Handbuch Arbeitsstrafrecht, 2. Auflage 2008 (zitiert: Ignor/Rixen/abw. Bearbeiter, Arbeitsstrafrecht[2])

dies. Grundprobleme und gegenwärtige Tendenzen des Arbeitsstrafrechts – Das Gesetz zur Erleichterung der Bekämpfung illegaler Beschäftigung und Schwarzarbeit und die Sanktionsregeln des neuen Arbeitsvermittlungsrechts, NStZ 2002, 510-517

dies. Europarechtliche Grenzen des § 266a Abs. 1 StGB, wistra 2001, 201-204

Ignor, Alexander / Sättele, Alexander Pflichtwidrigkeit und Vorsatz bei der Untreue (§ 266 StGB) am Beispiel der sog. Kredituntreue – Zugleich ein Beitrag zum Bestimmtheitsgebot des Art. 103 Abs. 2 GG –, Festschrift für Rainer Hamm zum 65. Geburtstag am 24. Februar 2008, S. 211-225

Ischebeck, Lars Vorenthalten von Sozialversicherungsbeiträgen i.S.v. § 266a StGB während der materiellen Insolvenz der GmbH, 2008 (zitiert: Ischebeck)

Jacobi, Jessica / Reufels, Martin J. Die strafrechtliche Haftung des Arbeitgebers für den Arbeitnehmeranteil an den Sozialversicherungsbeiträgen, BB 2000, 771-773

Jahn, Matthias Untreue bei Sonderzahlung für die Vorstandsmitglieder einer Aktiengesellschaft (Fall Mannesmann), JuS 2006, 379-381

ders. Entscheidungsbesprechung zu BVerfG, Beschluss v. 10.3.2009 – 2 BvR 1980/07 – Verfassungsmäßigkeit des § 266 StGB, JuS 2009, 859-861

ders. Entscheidungsbesprechung zu BGH, Beschluss v. 13.9.2010 – 1 StR 220/09 – Pflichtverletzung bei der Untreue, JuS 2011, 183-185

ders. Moralunternehmergewinne und Gewissheitsverluste, JZ 2011, 340-347

ders. Übernahme von Mietgarantien für Immobilienfonds – „Berliner Bankkonsortium", JuS 2014, 82-84

ders. Strafprozessrecht: Recht auf ein faires Verfahren – Zur Frage eines Verstoßes gegen den Fair-trial-Grundsatz bei Nichtwahrung des Konfrontationsrechts, JuS 2014, 948-950

ders. Schluss mit straflustig, FAZ vom 07.01.2016, S. 6

ders. / Brodowski, Dominik Krise und Neuaufbau eines strafverfassungsrechtlichen Ultima Ratio-Prinzips, JZ 2016, 969-980

ders. / Schmitt-Leonardy, Charlotte / Schoop, Christian Das Unternehmensstrafrecht und seine Alternativen, 2016 (zitiert: Jahn/Schmitt-Leonardy/Schoop/Bearbeiter, Das Unternehmensstrafrecht und seine Alternativen)

Joecks, Wolfgang Bekämpfung der Schwarzarbeit und damit zusammenhängender Steuerhinterziehung, wistra 2004, 441-447

Jofer, Robert / Weiß, Harald Risiken und Grenzen der Strafbarkeit beim Einsatz ausländischer Arbeitskräfte im Rahmen von Werkverträgen mit Subunternehmern – Aktuelle Fragen im Zusammenhang mit der „E 101-Rechtsprechung" des BGH –, StraFo 2007, 277-280

Jung, Thomas / Deba, Daniel Mindestlohn und Mindestlohngesetz: Verfahren und Rechtsfolgen bei Verstößen oder Verdächtigungen, NStZ 2015, 258-260

Kainer, Friedemann / Schweipert, Michael Werkverträge und verdeckte Leiharbeit nach dem neuen AÜG, NZA 2017, 13-18

Kempf, Eberhard Ultima ratio? Ultima ratio!, AnwBl. 2017, 34-36

Kirchhof, Paul Einkommensteuergesetz, 15. Auflage 2016 (zitiert: Kirchhof/Bearbeiter, EStG)

Kittner, Oliver Die Nachforderung von Sozialversicherungsbeiträgen vor dem Hintergrund (irrtümlicher) Nichtzahlung, NZS 2011, 929-934

Klein, Franz Abgabenordnung – einschließlich Steuerstrafrecht –, 13. Auflage 2016 (zitiert: Klein/Bearbeiter)

Klein, Ines Anmerkung zu BGH, Beschluss v. 12.09.2012 – 5 StR 363/12, NZWiSt 2013, 119-120

Klemme, Heike / Schubert, Dagmar § 266a StGB: Feststellung des sozialversicherungsrechtlichen Schadens ohne Buchführung – der juristische Ansatz auch aus betriebswirtschaftlicher Sicht, NStZ 2010, 606-609

Klüppelberg, Kristian Die Untreuestrafbarkeit des Vorstands bei Verstößen gegen den Deutschen Corporate Governance Kodex und § 161 AktG, 2014 (zitiert: Klüppelberg)

Knickrehm, Sabine / Kreikebohm, Ralf / Waltermann, Raimund Kommentar zum Sozialrecht, 5. Auflage 2017 (zitiert: Knickrehm/Kreikebohm/Waltermann/Bearbeiter)

Körner, Anne / Leitherer, Stephan / Mutschler, Bernd Kasseler Kommentar – Sozialversicherungsrecht 97. EL, Dezember 2017 (zitiert: KassKomm/Bearbeiter)

Kohlmann, Günter Steuerstrafrecht, Kommentar zu §§ 369-412 AO, 59. EL Dezember 2017 (zitiert: Kohlmann/Bearbeiter)

Kokemoor, Axel Sozialrecht, 7. Auflage 2016 (zitiert: Kokemoor, Sozialrecht)

Kortstock, Ulf Nipperdey Lexikon Arbeitsrecht, 30. Edition 2016 (zitiert: Kortstock, Nipperdey Lexikon Arbeitsrecht)

Kossens, Michael Das Gesetz zur Intensivierung der Bekämpfung der Schwarzarbeit und damit zusammenhängender Steuerhinterziehung, BB Beilage 12, Heft 35/2004, S. 2-9

ders. / von der Heide, Dirk / Maas, Michael SGB IX – Kommentar 4. Auflage 2015 (zitiert: Kossens/von der Heide/Maaß/Bearbeiter, SGB IX)

Kramer, Ernst A. Juristische Methodenlehre, 1998 (zitiert: Kramer)

Krause, Eva Sonderdelikte im Wirtschaftsstrafrecht, 2008 (zitiert: Krause)

Krehl, Christoph Praxiskommentar zu BGH, Beschluss v. 03.12.2013 – 1 StR 526/13, NStZ 2014, 159-160

Krell, Paul Das Verbot der Verschleifung strafrechtlicher Tatbestandsmerkmale, ZStW 126 (2014), 902-924

ders. Untreue durch Stellenbesetzung, 2015 (zitiert: Krell)

Krüger, Matthias Neues aus Karlsruhe zu Art. 103 II GG und § 266 StGB, NStZ 2011, 369-375

Krug, Björn / Skoupil, Christoph Die faktische Unverjährbarkeit echter Unterlassungsdelikte im Wirtschaftsstrafrecht, wistra 2016, 137-142

Krumm, Carsten Zehn Schritte zur revisionsrechtlichen Prüfung des § 266a StGB, wistra 2012, 211-216

ders. Schwieriges Merkmal: Wer ist eigentlich Arbeitgeber im Sinne des § 266a StGB?, NZWiSt 2015, 102-104

Kreikebohm, Ralf SGB IV Sozialgesetzbuch – Gemeinsame Vorschriften für die Sozialversicherung, 2. Auflage 2014 (zitiert: Kreikebohm/Bearbeiter, SGB IV)

Kubiciel, Michael Gesellschaftsrechtliche Pflichtwidrigkeit und Untreuestrafbarkeit, NStZ 2005, 353-361

Kudlich, Hans (Schein-)Selbstständigkeit von „Busfahrern ohne eigenen Bus" und Fragen des § 266a Abs. 1 StGB, ZIS 2011, 482-490

ders. Anmerkung zu BGH, Beschluss v. 11.08.2011 – 1 StR 295/11, ZWH 2012, 80

ders. / Christensen, Ralph Juristisches Argumentieren – Analyse einer höchstrichterlichen Entscheidungsbegründung, JuS 2002, 144-148

dies. Die Methodik des BGH in Strafsachen – Eine medienwissenschaftliche Inhaltsanalyse von Entscheidungen in Strafsachen, 2009 (zitiert: Kudlich/Christensen, Methodik des BGH)

Kudlich, Hans / Montiel, Juan Pablo / Schuhr, Jan C. Gesetzlichkeit und Strafrecht, 2012 (zitiert: Verfasser, Gesetzlichkeit und Strafrecht)

Kudlich, Hans / Oğlakcıoğlu, Mustafa Temmuz Wirtschaftsstrafrecht, 2. Auflage 2014 (zitiert: Kudlich/Oğlakcıoğlu)

Kuhlen, Lothar Die verfassungskonforme Auslegung von Strafgesetzen, 2006 (zitiert: Kuhlen, Auslegung von Strafgesetzen)

ders. Drohungen und Versprechen, Festschrift für Bernd Schünemann zum 70. Geburtstag am 1. November 2014, 2014, S. 611-629 (zitiert: Kuhlen, FS Schünemann)

Lackner, Karl / Dreher, Eduard Strafgesetzbuch, 19. Auflage 1991 (zitiert: Lackner/Dreher[19])

Lackner, Karl / Kühl, Kristian Strafgesetzbuch – Kommentar, 27. Auflage 2011 (zitiert: Lackner/Kühl/Bearbeiter[27])

dies. Strafgesetzbuch – Kommentar, 28. Auflage 2014 (zitiert: Lackner/Kühl/Bearbeiter)

Lahti, Raimo Das moderne Strafrecht und das ultima-ratio-Prinzip, Festschrift für Winfried Hassemer, 2010 (zitiert: Lathi, FS Hassemer)

Laitenberger, Angelika Beitragsvorenthaltung, Minijobs und Schwarzarbeitsbekämpfung – Zu den Änderungen des § 266a StGB durch das Gesetz zur Intensivierung der Bekämpfung der Schwarzarbeit und damit zusammenhängender Steuerhinterziehung, NJW 2004, 2703-2706

Lange, Moritz Die Strafbarkeit des Arbeitgebers nach § 266a StGB bei mit Scheinwerkverträgen und im Rahmen des „Contractings" beschäftigten Fachkräften, NZWiSt 2015, 248-254

Lange, Richard Der Strafgesetzgeber und die Schuldlehre, JZ 1956, 73-79

Langer, Winrich Die Sonderstraftat, 2. Auflage 2007 (zitiert: Langer)

Lanzinner, Denis Scheinselbstständigkeit als Straftat, 2014 (zitiert: Lanzinner)

ders. / Nath, Raffael Beitragsrechtliche Folgen der verdeckten Überlassung von Scheinselbständigen – Teil 1, NZS 2015, 210-214

Larenz, Karl / Canaris, Claus-Wilhelm Methodenlehre der Rechtswissenschaft, 3. Auflage 1995 (zitiert: Larenz/Canaris, Methodenlehre)

Lauer, Eva Der Irrtum über Blankettstrafgesetze am Beispiel des § 106 UrhG, 1997 (zitiert: Lauer)

Leipold, Klaus / Tsambikakis, Michael / Zöller, Mark AnwaltKommentar StGB, 2. Auflage 2015 (zitiert: Leipold/Tsambikakis/Zöller/Bearbeiter)

Leipziger Kommentar Band 1 Strafgesetzbuch Band 1: Einleitung; §§ 1 bis 31, 12. Auflage 2007 (zitiert: LK/Bearbeiter)

Leipziger Kommentar Band 9/1 Strafgesetzbuch Band 9/1: §§ 263 bis 266b, 12. Auflage 2012 (zitiert: LK/Bearbeiter)

Leipziger Kommentar 27. Lieferung Strafgesetzbuch 27. Lieferung: §§ 263a; 266, 266a, b; 284-287, 11. Auflage 1998 (zitiert: LK^{11}/Bearbeiter)

Leitner, Werner / Rosenau, Henning Wirtschafts- und Steuerstrafrecht, 2017 (zitiert: NK-WSS/Bearbeiter)

Lembke, Mark AÜG-Reform 2017 – Eine Reformatio in Peius, NZA 2017, 1-12

Lenckner, Theodor Anmerkung zu OLG Stuttgart, Urteil v. 04.04.1973 – 1 Ss 724/72, JZ 1973, 794-798

ders. Privatisierung der Verwaltung und „Abwahl des Strafrechts"?, ZStW 106 (1994), 502-546

Liver, Peter Zivilrechtliche Begriffe im Strafrecht – Bemerkungen eines Zivilisten, Festgabe für Hans Schultz, 1977, S. 108-133 (zitiert: Liver, FG Schultz)

Lobe, Adolf Der Einflußdes bürgerlichen Rechts auf das Strafrecht, Festgabe für Reinhard von Frank zum 70. Geburtstag 16.08.1930, Band I (Neudruck der Ausgabe v. 1930), 1989, S. 33-61 (zitiert: Lobe, FS Frank)

Löwe, Ewald / Rosenberg, Werner Löwe-Rosenberg, StPO, Band 6 Teil 2 §§ 256-295, 26. Auflage 2016 (zitiert: Löwe/Rosenberg/Bearbeiter, StPO)

Loos, Alexander Die asymmetrische Akzessorietät der Untreue, Festschrift für Jürgen Wessing zum 65. Geburtstag, 2015, S. 275-282 (zitiert: Loos, FS Wessing)

Loose, Marcus Das Vorenthalten von Arbeitgeberbeiträgen zur Sozialversicherung gemäß § 266a Abs. 2 StGB – Eine Untersuchung zu den Anwendungsproblemen aufgrund der strukturellen Anlehnung an § 370 Abs. 1 AO und der Übernahme des „Vorenthaltens" von Beiträgen aus § 266a Abs. 1 StGB, 2016 (zitiert: Loose)

ders. Anmerkung zu OLG Saarbrücken, Urteil v. 27.05.2015 – 1 U 89/14, wistra 2016, 204-205

ders. Anmerkung zu BGH, Urteil v. 07.04.2016 – 5 StR 332/15, StV 2017, 76-79

Lübbersmann, Sascha Strafbares Vorenthalten von Sozialversicherungsbeiträgen – Neuralgische Probleme des § 266a StGB in der Verteidigungspraxis, StRR 2010, 14-16

ders. Beitragsvorenthaltung und Tariflohnunterschreitung, StRR 2011, 114-115

ders. § 266a StGB: Erstaunliches zur Unterlassungsdogmatik, PStR 2011, 291-293

ders. Anmerkung zu BGH, Beschluss v. 03.12.2013 – 1 StR 526/13, StRR 2014, 188-190

ders. § 266a StGB: Arbeitgebereigenschaft in „Strohmann"- Fällen, Anmerkung zu OLG Braunschweig, Beschluss v. 27.05.2015 – 1 Ss 14/15, PStR 2016, 4

Lüdemann, Jörn Die verfassungskonforme Auslegung von Gesetzen, JuS 2004, 27-30

Lüderssen, Klaus Die Krise des öffentlichen Strafanspruchs, 1989 (zitiert: Lüderssen, Krise des öffentlichen Strafanspruchs)

ders. Die Wiederkehr der „Befreiung des Strafrechts vom zivilistischen Denken" – eine Warnung, Festschrift für Ernst-Walter Hanack, 1999, S. 487-499 (zitiert: Lüderssen, FS Hanack)

ders. Gesellschaftsrechtliche Grenzen der strafrechtlichen Haftung des Aufsichtsrats, Festschrift für Ernst-Joachim Lampe zum 70. Geburtstag, 2003, S. 727-742 (zitiert: Lüderssen, FS Lampe)

ders. Primäre oder sekundäre Zuständigkeit des Strafrechts?, Festschrift für Albin Eser zum 70. Geburtstag, 2005, S. 163-180 (zitiert: Lüderssen, FS Eser)

ders. Finanzmarktkrise, Risikomanagement und Strafrecht, StV 2009, 486-494

Madauß, Norbert Der steuernde Hintermann als Mittäter oder Teilnehmer einer Steuerhinterziehung des „Strohmannes" iSd § 370 Abs. 1 Nr. 2 AO, NZWiSt 2016, 268-271

Marburger, Horst Zum Arbeitgeberbegriff im Bereich der Sozialversicherung, BB 1977, 449-452

Martens, Hans-Hermann Strafrecht in der Sozialversicherung, 1954 (zitiert: Martens, Strafrecht in der Sozialversicherung)

ders. Zur Neuordnung des Strafrechts der Krankenversicherung, DOK 1960, 537-543

ders. Über Unordnung und Neuordnung des Strafrechts in der Sozialversicherung, DOK 1971, 261-265

ders. Strafrecht und Ordnungsrecht in der Sozialversicherung, 3. Auflage 1975 (zitiert: Martens, Strafrecht und Ordnungsrecht in der Sozialversicherung[3])

ders. Einbehalten von Sozialversicherungsbeiträgen (§ 529 RVO), DB 1984, 773-774

ders. Zur Neuordnung des Beitragsstrafrechts, KrV 1984, 37-41

ders. Zur Reform des Beitragsstrafrechts in der Sozialversicherung, wistra 1985, 51-54

ders. Das neue Beitragsstrafrecht der Sozialversicherung (§ 266a StGB), wistra 1986, 154-158

ders. / Wilde, Klaus Strafrecht und Ordnungsrecht in der Sozialversicherung, 4. Auflage 1987 (zitiert: Martens/Wilde, Strafrecht und Ordnungsrecht in der Sozialversicherung[4])

Matt, Holger Missverständnisse zur Untreue – Eine Betrachtung auch zum Verhältnis von (Straf-)Recht und Moral, NJW 2005, 389-392

ders. / Renzikowski, Joachim Strafgesetzbuch Kommentar, 2013 (zitiert: Matt/Renzikowski/Bearbeiter)

Maurach, Reinhart / Schroeder, Friedrich-Christian / Maiwald, Manfred Strafrecht, Besonderer Teil, Teilband 1, 10. Auflage 2009 (zitiert: Maurach/Schröder/Maiwald/Bearbeiter, Strafrecht BT 1)

Mayer, Marco Zur inneren Tatseite bei § 266a StGB, NZWiSt 2015, 169-173

Maydell, Bernd von Zum Verhältnis von Arbeitsrecht und Sozialrecht, Arbeitsrecht in der Bewährung, Festschrift für Otto Rudolf Kissel zum 65. Geburtstag, 1994, S. 761-772 (zitiert: Maydell, FS Kissel)

Melot de Beauregard, Paul Der Referentenentwurf zur Reform der Arbeitnehmerüberlassung und des Werkvertragsrechts, DB 2015, 2881

Mette, Elisabeth Brennpunkt Scheinselbständigkeit, NZS 2015, 721-727

Metz, Jochen Strafbarkeit bei untertariflicher Bezahlung, NZA 2011, 782-786

ders. Aktuelle Rechtsprechung zum Vorenthalten von Arbeitsentgelt – 2. Teil, NStZ-RR 2013, 333-337

Meyer, Kirsten Führt § 330d II StGB zur endgültigen Europarechtsakzessorietät des deutschen Umweltstrafrechts?, wistra 2012, 371-376

Mezger, Edmund Strafrecht, 1931 (zitiert: Mezger)

Mitsch, Wolfgang Rechtsprechung zum Wirtschaftsstrafrecht nach dem 2. WiKG, JZ 1994, 877-889

Möhrenschlager, Manfred Der Regierungsentwurf eines Zweiten Gesetzes zur Bekämpfung der Wirtschaftskriminalität, wistra 1982, 201-208

ders. Das Zweite Gesetz zur Bekämpfung der Wirtschaftskriminalität (2. WiKG), wistra 1986, 123-127

ders. Bericht aus der Gesetzgebung – AÜG-Änderungsgesetz; Entwurf eines Zweiten Finanzmarktnovellierungsgestzes, wistra 4/2017, IX-XII

Momsen, Carsten / Grützner, Thomas Wirtschaftsstrafrecht – Handbuch für die Unternehmens- und Anwaltspraxis, 2013 (zitiert: Momsen/Grützner/Bearbeiter)

Müller, Stefan Der Arbeitnehmerbegriff im Steuerrecht, SteuK 2013, 140-143

Müller-Dietz, Heinz Zur Befreiung des Strafrechts vom zivilistischen Denken – am Beispiel der Schadenswiedergutmachung (§ 56b II Nr. 1 StGB), Gedächtnisschrift für Dietrich Schultz, 1987, S. 253-269 (zitiert: Müller-Dietz, GS Schultz)

Müller-Glöge, Rudi / Preis, Ulrich / Schmidt, Ingrid Erfurter Kommentar zum Arbeitsrecht, 18. Auflage 2018 (zitiert: ErfK/Bearbeiter)

dies. Erfurter Kommentar zum Arbeitsrecht, 17. Auflage 2017 (zitiert: ErfK[17]/Bearbeiter)

Müller-Gugenberger, Christian Wirtschaftsstrafrecht, 6. Auflage 2015 (zitiert: Müller-Gugenberger/Bearbeiter)

Müller-Magdeburg, Cornelia Die Abgrenzung von Tatbestandsirrtum und Verbotsirrtum bei Blankettnormen, 1998 (zitiert: Müller-Magdeburg)

Münchener Kommentar zum Bürgerlichen Gesetzbuch Münchener Kommentar zum Bürgerlichen Gesetzbuch, Band 6, 7. Auflage 2017 (zitiert: MüKo-BGB/Bearbeiter)

Münchener Kommentar zum Handelsgesetzbuch Münchener Kommentar zum Handelsgesetzbuch, Band 1, 4. Auflage 2016 (zitiert: MüKo-HGB/Bearbeiter)

Münchener Kommentar zum Strafgesetzbuch Münchener Kommentar zum Strafgesetzbuch, StGB, Band 1, §§ 1-37 StGB, 2. Auflage 2011 (zitiert: MüKo-StGB[2]/Bearbeiter)

Münchener Kommentar zum Strafgesetzbuch Münchener Kommentar zum Strafgesetzbuch, StGB, Band 1, §§ 1-37 StGB, 3. Auflage 2017 (zitiert: MüKo-StGB/Bearbeiter)

Münchener Kommentar zum Strafgesetzbuch Münchener Kommentar zum Strafgesetzbuch, StGB, Band 4, §§ 263-358 StGB, §§ 1-8, 105, 106 JGG, 1. Auflage 2006 (zitiert: MüKo¹-StGB/Bearbeiter)

Münchener Kommentar zum Strafgesetzbuch Münchener Kommentar zum Strafgesetzbuch, StGB, Band 4, §§ 185-262 StGB, 3. Auflage 2017 (zitiert: MüKo-StGB/Bearbeiter)

Münchener Kommentar zum Strafgesetzbuch Münchener Kommentar zum Strafgesetzbuch, StGB, Band 5, §§ 263-358 StGB, 2. Auflage 2014 (zitiert: MüKo-StGB/Bearbeiter)

Münchener Kommentar zum Strafgesetzbuch Münchener Kommentar zum Strafgesetzbuch, StGB, Band 7, Nebenstrafrecht II, 2. Auflage 2015 (zitiert: MüKo-StGB/Bearbeiter)

Neighbour, Kerstin / Schröder, Matthes Die Reform des Arbeitnehmerüberlassungsgesetzes – Was ändert sich zum 1.4.2017?, BB 2016, 2869-2874

Neumann, Ulfrid Die Rechtsprechung im Kontext des verfassungsrechtlichen Prüfungsprogramms zu Art. 103 Abs. 2 GG (Rückwirkungsverbot, Analogieverbot, Bestimmtheitsgebot), Festschrift für Werner Beulke 2015, S. 197-211 (zitiert: Neumann, FS Beulke)

ders. / Rahlf, Joachim / von Savigny, Eike Juristische Dogmatik und Wissenschaftstheorie, 1976 (zitiert: Bearbeiter, Juristische Dogmatik und Wissenschaftstheorie)

Nomos-Großkommentar zum Strafgesetzbuch Strafgesetzbuch – Kommentar, 5. Auflage 2017 (zitiert: NK-StGB/Bearbeiter)

Obenhaus, Nils Haftungs- und Strafbarkeitsrisiken durch Ignorieren möglicher Scheinselbständigkeit, Stbg 2012, 548-557

Ossenbühl, Fritz Die verfassungsrechtliche Zulässigkeit der Verweisung als Mittel der Gesetzgebungstechnik, DVBl 1967, 401-408

Otto, Harro Die Auslegung von Blankettstraftatbeständen, Jura 2005, 538-539

Palandt Bürgerliches Gesetzbuch, 77. Auflage 2018 (zitiert: Palandt/Bearbeiter)

Pananis, Pano / Venn, Nikolai Aus der Rechtsprechung zum Arbeitsstrafrecht, ZWH 2012, 398-403

Papathanasiou, Konstantina Irrtum über normative Tatbestandsmerkmale – eine Verortung der subjektiven Zurechnung innerhalb der verfassungsrechtlichen Koordinaten des Bestimmtheitsgrundsatzes und des Schuldprinzips, 2014 (zitiert: Papathanasiou)

Papier, Hans-Jürgen Arbeitsmarkt und Verfassung, RdA 2000, 1-7

ders. / Möller, Johannes § 7 SGB IV in der Anwendung durch die Rechtsprechung und das grundgesetzliche Bestimmtheitsgebot, VSSR 1996, 243-269

Park, Tido Kapitalmarktstrafrecht, 4. Auflage 2017 (zitiert: Park/Bearbeiter)

ders. / Riederer Freifrau v. Paar, Britta / Schüren, Peter Arbeits-, sozial- und strafrechtliche Risiken bei der Verwendung von Scheintarifverträgen, NJW 2008, 3670-3677

Pauli, Gerhard Die Rechtsprechung des Reichsgerichts in Strafsachen zwischen 1933 und 1945 und ihre Fortwirkung in der Rechtsprechung des Bundesgerichtshofes, 1992 (zitiert: Pauli)

Peetz, Carsten Zur Haftung des Geschäftsführers für nicht abgeführte Beiträge zur Sozialversicherung, GmbHR 2000, 559-561

Peters-Lange, Susanne Sozialrecht in der Insolvenz: sozialrechtliche Leistungen, Sozialversicherungsbeiträge, Altersteilzeit und Insolvenz, 2005 (zitiert: Peters-Lange)

Petri, Dirk Vortrag: Arbeitgeberstrafrecht anlässlich der WisteV Neujahrstagung, WiJ 2016, 93-102

ders. Arbeitgeberstrafrecht: Risiken, Bedeutung und (un)kalkulierbare Rechtsfolgen (Teil 1), AE 2016, 185-193

Piel, Hannah Milena Eingehungsbetrug bei Erwerb von Inhaberschuldverschreibungen – Praxiskommentar, NStZ 2014, 399-400

Popp, Andreas Pflichtenakzessorietät und Irrtumslehre – Die neuere Rechtsprechung des BGH zu § 266a Abs. 1 StGB, in: Steinberg/Valerius/Popp, Das Wirtschaftsstrafrecht des StGB, 2011 (zitiert: Steinberg/Valerius/Popp, Wirtschaftsstrafrecht)

Preis, Ulrich Koordinationskonflikte zwischen Arbeits- und Sozialrecht, NZA 2000, 914-925

ders. Herzlichen Glückwunsch, BGB!, NJW-Editorial 46/2016, 3

Prittwitz, Cornelius Begrenzung des Wirtschaftsstrafrechts durch die Rechtsgutslehre, sowie die Grundsätze der ultima ratio, der Bestimmtheit der Tatbestände, des Schuldgrundsatzes, der Akzessorietät und der Subsidiarität, in: Lüderssen/Volk (Hrsg.), Die Handlungsfreiheit des Unternehmers – Wirtschaftliche Perspektiven, strafrechtliche und ethische Schranken, 2009, S. 53-60 (zitiert: Prittwitz, Handlungsfreiheit des Unternehmers)

ders. Sonderstrafrecht Wirtschaftsstrafrecht?, ZIS 2012, 216-220

Puppe, Ingeborg Vom Umgang mit Definitionen in der Jurisprudenz, Gedächtnisschrift für Armin Kaufmann, 1989, S. 15-34 (zitiert: Puppe, GS Kaufmann)

Radtke, Henning Nichtabführen von Arbeitnehmerbeiträgen (§ 266a StGB) in der Krise des Unternehmens, GmbHR 2009, 673-679

Ranft, Ottfried „Vorenthalten" von Arbeitnehmerbeiträgen – Bemerkungen zur Auslegung des § 266a Abs. 1 StGB, DStR 2001, 132-138

Ransiek, Andreas Risiko, Pflichtwidrigkeit und Vermögensnachteil bei der Untreue, ZStW 116 (2004), 634-679

ders. Vorsatz des Arbeitgebers bei Vorenthalten von Arbeitsentgelt und Lohnsteuerhinterziehung, PStR 2011, 74-77

ders. Blankettstraftatbestand und Tatumstandsirrtum, wistra 2012, 365-367

ders. / Hüls, Silke Strafrecht zur Regulierung der Wirtschaft, ZGR 2009, 157-189

Raum, Rolf Vorenthalten von Sozialversicherungsbeiträgen in der Unternehmenskrise – die sogenannte Vorrangrechtsprechung zu § 266a StGB nochmals beleuchtet, Festschrift für Klaus Tolksdorf zum 65. Geburtstag, 2014, S. 355-364 (zitiert: Raum, FS Tolksdorf)

Reichling, Tilman § 241a BGB und die Strafbarkeit aus Eigentumsdelikten, JuS 2009, 111-114

ders. Die Unmöglichkeit der Beitragsentrichtung im Rahmen des § 266a StGB, StRR 2012, 49-51

ders. Tagungsbericht WisteV-wistra Neujahrstagung 2014, wistra 2/2014, S. VIII

ders. Anmerkung zu BGH, Urteil v. 07.04.2016 – 5 StR 332/15, wistra 2016, 306-307

ders. / Lange, Moritz Der Täterkreis der Steuerhinterziehung durch Unterlassen zugleich Besprechung BGH, Urteil v. 09.04.2013 – 1 StR 586/12, NStZ 2014, 311-314

ders. / Winsel, André Die neuere (höchstrichterliche) Rechtsprechung zum Verjährungsbeginn bei ausgewählten Wirtschaftsstraftaten, JR 2014, 331-342

Reinecke, Gerhard Der Kampf um die Arbeitnehmereigenschaft – prozessuale, materielle und taktische Probleme, NZA 1999, 729-738

Reiserer, Kerstin / Bölz, Verena Werkvertrag und Selbstständigkeit, 2014 (zitiert: Reiserer/Bölz, Werkvertrag und Scheinselbstständigkeit)

Reiß, Roman Das „Treueverhältnis" des § 266 StGB, 2011 (zitiert: Reiß)

Renzikowski, Joachim Strafbarkeit nach § 266a Abs. 1 StGB bei Zahlungsunfähigkeit wegen Vorverschuldens?, Festschrift für Ulrich Weber zum 70. Geburtstag am 18. September 2004, S. 333-346 (zitiert: Renzikowski, FS Weber)

ders. Die Unterscheidung von primären Verhaltens- und sekundären Sanktionsnormen in der analytischen Rechtstheorie, Festschrift für Karl-Heinz Gössel zum 70. Geburtstag, 2002, S. 3-13 (zitiert: Renzikowski, FS Gössel)

Reuker, Ulf Die Auswirkungen des AÜG 2017 auf das Straf- und Ordnungswidrigkeitenrecht, wistra 2017, 430-434

Richardi, Reinhard Der Arbeitsvertrag im Licht des neuen § 611a BGB, NZA 2017, 36-39

Richter, Thomas Arbeitsstrafrecht (Aufsätze in Zeitschriften und Festschriften), wistra 2014, 470-471

Richter, Ronald Blick ins Sozialversicherungsrecht, DStR 2012, 467-468

Rieble, Volker / Junker, Abbo / Giesen, Richard Arbeitsstrafrecht im Umbruch – Tagungsband zum 5. Ludwigsburger Rechtsgespräch, 2009 (zitiert: Bearbeiter, Arbeitsstrafrecht im Umbruch)

Rittweger, Stephan Beitragsrechtliche Arbeitgeberprüfung – strukturelle Anachronismen und Regelungsbedarf, NZA 2016, 338-341

Rönnau, Thomas Untreue als Wirtschaftsdelikt, ZStW 119 (2007), 887-926

ders. / Kirch-Helm, Claudio Das Vorenthalten von Arbeitgeberbeiträgen zur Sozialversicherung gem. § 266a Abs. 2 StGB n.F. – eine geglückte Regelung?, wistra 2005, 321-327

Rolfs, Christian / Giesen, Richard / Kreikebohm, Ralf / Udsching, Peter Beck'scher Online-Kommentar, Arbeitsrecht, Stand: Edition: 47 (zitiert: BeckOK-Arbeitsrecht/Bearbeiter)

dies. Beck'scher Online-Kommentar, Arbeitsrecht, Stand: Edition: 42 (zitiert: BeckOK-Arbeitsrecht^{42}/Bearbeiter)

dies. Beck'scher Online-Kommentar, Sozialrecht, Stand: Edition: 47 (zitiert: BeckOK-Sozialrecht/Bearbeiter)

Rose, Frank Die strafrechtliche Relevanz von Risikogeschäften – zugleich Anmerkung zum Urteil des BGH v. 04.02.2004 – 2 StR 355/03 –, wistra 2005, 281-289

Roxin, Claus Strafrecht – Allgemeiner Teil Band I, 4. Auflage 2006 (zitiert: Roxin, AT)

Sack, Rolf Das Auslegen von Zeitungen und Zeitschriften in Geschäftsräumen und § 27 UrhG, BB 1984, 1195-1204

Sättele, Alexander Aufsätze in Zeitschriften und Festschriften zum Arbeitsstrafrecht, wistra 2014, 378-380

Saliger, Frank Wider die Ausweitung des Untreuetatbestandes – Eine kritische Analyse der neueren Rechtsprechung zum Begriff des Vermögensnachteils in § 266 StGB, ZStW 112 (2000), 563-613

ders. Gibt es eine Untreuemode? Die neuere Untreuedebatte und Möglichkeiten einer restriktiven Auslegung, HRRS 2006, 10-23

ders. Das Untreuestrafrecht auf dem Prüfstand der Verfassung, NJW 2010, 3195-3198

ders. Auswirkungen des Untreue-Beschlusses des Bundesverfassungsgerichts vom 23.6.2010 auf die Schadensdogmatik, ZIS 2011, 902-918

Satzger, Helmut Die eigenhändigen Delikte, Jura 2011, 103-110 *ders. / Schluckebier, Wilhelm / Widmaier, Gunter* Strafgesetzbuch – Kommentar 3. Auflage 2017 (zitiert: Satzger/Schluckebier/Weidmaier/Bearbeiter, StGB)

Schäfer, Helmut Die Strafbarkeit des Arbeitgebers bei Nichtzahlung von Sozialversicherungsbeiträgen für versicherungspflichtige Arbeitnehmer, wistra 1982, 96-100

ders. Die Strafbarkeit des unerlaubt handelnden Verleihers wegen Nichtzahlung von Sozialversicherungsbeiträgen, wistra 1984, 6-8

Schall, Hero Umweltschutz durch Strafrecht: Anspruch und Wirklichkeit, NJW 1990, 1263-1273

Schaub, Günther Arbeitsrechts-Handbuch, 17. Auflage 2017 (zitiert: Schaub/Bearbeiter, Arbeitsrechts-Handbuch)

ders. / Koch, Ulrich Arbeitsrecht von A bis Z, 22. Auflage 2018 (zitiert: Schaub/Koch, Arbeitsrecht von A-Z)

Schiefer, Bernd Gesetz zur Änderung des AÜG und anderer Gesetze, PuR 2016, 162

ders. / Köster, Hans-Wilhelm Umsetzung der arbeits- und sozialrechtlichen Vorhaben der Großen Koalition – Bestandsaufnahme 2016, DB 2016, 169-176

Schlegel, Rainer Wen soll das Sozialversicherungsrecht schützen? – Zur Zukunft des Arbeitnehmer- und Beschäftigtenbegriffs im Sozialrecht, NZS 2000, 421-429

ders. Versicherungs- und Beitragspflicht bei Freistellung von der Arbeit, NZA 2005, 972-976

ders. / Voelzke, Thomas Juris Praxiskommentar SGB IV, 2. Auflage 2011 (zitiert: Bearbeiter, jurisPK-SGB IV^2)

ders. / Voelzke, Thomas Juris Praxiskommentar SGB IV, 3. Auflage 2016 (zitiert: Bearbeiter, jurisPK-SGB IV)

Schlösser, Jan Verfassungsrechtliche Grenzen einer Subjektivierung des Schadensbegriffes, HRRS 2011, 254-264

ders. Die Betrugsdogmatik vor den Schranken des Verfassungsrechts – Anmerkung zu BverfG, Beschluss vom 07.12.2011 – 2 BvR 2500/09, 1857/10, NStZ 2012, 473-479

Schlüchter, Ellen Zweites Gesetz zur Bekämpfung der Wirtschaftskriminalität, 1987 (zitiert: Schlüchter, 2. WiKG)

Schmidt, Hans-Wolfgang Die Schutzbehauptungen bei der Vorenthaltung von Arbeitnehmeranteilen nach § 533 RVO, JR 1961, 369-371

Schmidt, Ingrid Arbeitsrecht und Sozialrecht, RdA 1999, 124-130

Schmidt, Jürgen Einkommensteuergesetz, 37. Auflage 2018 (zitiert: Schmidt/Bearbeiter, EStG)

Schmitt, Olaf H. Das Vorenthalten der Sozialversicherungsbeiträge in der Insolvenz der GmbH, 2001 (zitiert: Schmitt)

ders. Plädoyer für die Abschaffung des § 266a Abs. 1 StGB, NZI 2002, 146-149

Schmitz, Roland Unrecht und Zeit – Unrechtsqualifizierung durch zeitlich gestreckte Rechtsgutsverletzung, 2001 (zitiert: Schmitz)

Schmuck, Markus / Wiehe, Hendrik Straf- und haftungsrechtliche Konsequenzen der verkannten Arbeitnehmereigenschaft bei Sportlern, NJW 2010, 481-482

Schnapp, Friedrich E. Methodenprobleme des § 7 Abs. 1 SGB IV – Unmöglichkeit der Rechtssicherheit, NZS 2014, 41-49

Schönke, Adolf / Schröder, Horst Strafgesetzbuch – Kommentar 24. Auflage 1991 (zitiert: Schönke/Schröder/Bearbeiter, StGB[24])

dies. Strafgesetzbuch – Kommentar 29. Auflage 2014 (zitiert: Schönke/Schröder/Bearbeiter, StGB)

Schubert, Jens / Schlegel, Rainer / Voelzke, Thomas Juris PraxisKommentar SGB III – Arbeitsförderung – Soziale Pflegeversicherung – 2014 (zitiert: Bearbeiter, jurisPK-SGB III)

Schünemann, Bernd Unternehmenskriminalität und Strafrecht, 1979 (zitiert: Schünemann, Unternehmenskriminalität)

ders. Wider verbreitete Irrlehre zum Untreuetatbestand, ZIS 2012, 183-194

Schüren, Peter Illegale Arbeitnehmerüberlassung identifizieren – Kriterienkatalog als Lösung? – § 1 Abs. 1 AÜG und § 611a Abs. 2 BGB im Diskussionsentwurf des BMAS zur AÜG Reform, DB 2016, 234-236

Schulz, Lorenz Neues bei § 266a StGB – Methodendisziplin als Straf-barkeitsrisiko, ZIS 2014, 572-578

Schulz, Uwe Anmerkung zu BGH, Urteil v. 24.10.2006 – 1 StR 44/06, NJW 2007, 237

ders. Die Strafbarkeit des Arbeitgebers nach § 266a StGB bei der Beschäftigung von Scheinselbstständigen, NJW 2006, 183-186

Schuster, Frank Peter Das Verhältnis von Strafnormen und Bezugsnormen aus anderen Rechtsgebieten, 2012 (zitiert: Schuster)

Schwinge, Erich / Siebert, Wolfgang Das neue Untreuestrafrecht in strafrechtlicher und zivilrechtlicher Beleuchtung für die Praxis dargestellt, 1933 (zitiert: Schwinge/Siebert)

Seel, Henning-Alexander Neue Spielregeln für die Arbeitnehmerüberlassung – Eine Analyse des Referentenentwurf des AÜG, öAT 2016, 27-30

Seiter, Hugo Sozialversicherung und Arbeitsrecht, Sozialrechtsprechung – Verantwortung für den sozialen Rechtsstaat, Festschrift zum 25jährigen Bestehen des Bundessozialgerichts, Band 2, 1979 (zitiert: Seiter, Festschrift 25 Jahre BSG, Bd. 2)

Simon, Eric Gesetzesauslegung im Strafrecht: Eine Analyse der höchstrichterlichen Rechtsprechung, 2005 (zitiert: Simon)

Späth, Florian Jochen Rechtfertigungsgründe im Wirtschaftsstrafrecht, 2016 (zitiert: Späth)

Spitzenorganisationen der Sozialversicherung Gemeinsames Rundschreiben der Spitzenorganisationen der Sozialversicherung zum Gesetz zur Förderung der Selbstständigkeit vom 20.12.1999, NZS 2000, 184-192

Spohr, Werner Das Strafrecht in der Krankenversicherung, 1936 (zitiert: Spohr, Strafrecht in der Krankenversicherung)

Stahlschmidt, Manfred Steuerhinterziehung, Beitragsvorenthaltung und Betrug im Zusammenhang mit illegaler Beschäftigung, wistra 1984, 209-212

Stapelfeld, Ait Zum Schutzgesetzcharakter des §§ 266, 266a StGB in Bezug auf Untreuedelikte der GmbH-Geschäftsführer, BB 1991, 1501-1505

Steenfatt, Verena Der strafrechtliche Schutz des Arbeitnehmers vor einer Beschäftigung unter ungünstigen Arbeitsbedingungen, 2010 (zitiert: Steenfatt)

Steinberg, Georg Nicht intendierte strafmildernde Wirkung des § 266a StGB, wistra 2009, 55-57

Steinert, Florian Die Haushaltsuntreue nach der Schäch-Entscheidung des BVerfG, HRRS 2014, 58-67

Steinheimer, Jörg Neuerungen im Arbeitsstrafrecht, 2016 (zitiert: Steinheimer, Arbeitsstrafrecht)

Steinrötter, Björn Grau, teurer Freund, ist alle (Rechts-)Theorie? – Juristische Grabenkämpfe zwischen „Objektivisten" und „Sub-jektivisten" bei der Auslegung von Rechtsnormen, Ad Legendum (AL) 2011, 411-418

Stuckert, Alexander Schadensermittlung bei Schwarzarbeit am Bau, wistra 2014, 289-300

Systematischer Kommentar zum Strafgesetzbuch Systematischer Kommentar zum Strafgesetzbuch: SK-StGB, Band IV, 8. Auflage, 148. Lieferung Dezember 2014 (zitiert: SK-StGB/Bearbeiter)

Systematischer Kommentar zum Strafgesetzbuch Systematischer Kommentar zum Strafgesetzbuch: SK-StGB, Band II, 9. Auflage, 2016 (zitiert: SK-StGB/Bearbeiter)

Tachau, Benjamin Ist das Strafrecht strenger als das Zivilrecht? – Zur Problematik des § 241a BGB, 2005 (zitiert: Tachau)

Tag, Brigitte Das Vorenthalten von Arbeitnehmerbeiträgen zur Sozial- und Arbeitslosenversicherung sowie das Veruntreuen von Arbeitsentgelt, 1994 (zitiert: Tag)

Theile, Hans Rationale Gesetzgebung im Wirtschaftsstrafrecht, wistra 2012, 285-291

Thüsing, Gregor Fremdpersonaleinsatz: Schädliche Gesetzgebung, PuR 2015, 230-231

ders. Der „neue" Arbeitnehmerbegriff – Anker der Judikative!?, NJW-Editorial, 22/2016, III

Thum, Kai / Selzer, Dirk Die Strafbarkeit des Arbeitgebers bei illegaler Beschäftigung im Lichte der neuen Rechtsprechung des BGH, wistra 2011, 290-297

Tiedemann, Klaus Tatbestandsfunktionen im Nebenstrafrecht: Untersuchungen zu einem rechtsstaatlichen Tatbestandsbegriff, entwickelt am Problem des Wirtschaftsstrafrechts, 1969 (zitiert: Tiedemann, Tatbestandsfunktionen im Nebenstrafrecht)

ders. Entwicklung und Begriff des Wirtschaftsstrafrechts, GA 1969, 71-90

ders. Der Entwurf eines Ersten Gesetzes zur Bekämpfung der Wirtschaftskriminalität, ZStW 87 (1975), 253-296

ders. Grundfragen bei der Anwendung des Konkursstrafrechts, NJW 1977, 777-783

ders. Die Bekämpfung der Wirtschaftskriminalität durch den Gesetzgeber, JZ 1986, 865-874

ders. Strafrecht in der Marktwirtschaft, Festschrift für Walter Stree und Johannes Wessels zum 70. Geburtstag, 1993, S. 527-543 (zitiert: Tiedemann, FS Stree/Wessels)

ders. Anfängerübung im Strafrecht, 4. Auflage 1999 (zitiert: Tiedemann, Anfängerübung im Strafrecht)

ders. Der Untreuetatbestand – Ein Mittel zur Begrenzung von Managerbezügen? – Bemerkungen zum „Fall Mannesmann" – Festschrift für Ulrich Weber zum 70. Geburtstag am 18. September 2004, S. 319-331 (zitiert: Tiedemann, FS Weber)

ders. Zur Gesetzgebungstechnik im Wirtschaftsstrafrecht, Festschrift für Friedrich-Christian Schroeder zum 70. Geburtstag, 2006, S. 641-647 (zitiert: Tiedemann, FS Schroeder)

ders. Wirtschaftsstrafrecht BT, 3. Auflage 2011 (zitiert: Tiedemann, BT)

ders. Wirtschaftsstrafrecht, 5. Auflage 2017 (zitiert: Tiedemann, Wirtschaftsstrafrecht)

Trendelenburg, Cornelius Ultima ratio?: Subsidiaritätswissenschaftliche Antworten am Beispiel der Strafbarkeit von Insiderhandel und Firmenbestattungen, 2011 (zitiert: Trendelenburg)

Trüg, Gerson Praxiskommentar zu BGH, Beschluss v. 24.06.2015 - 1 StR 76/15, NStZ 2015, 650

Tsambikakis, Michael Anmerkung zu BVerfG, Beschluss v. 01.12.2012 - 2 BvR 1235/11, StRR 2013, 107-110

Tuengerthal, Hansjürgen / Andorfer, Christian Einführung von § 611a BGB, AuA 2016, 94-97

dies. Einführung von § 611a BGB, AuA 2016, 158-160

Valerius, Brian Besondere persönliche Merkmale, Jura 2013, 15-20

Vogelberg, Claus-Arnold Sozialversicherungsbeiträge - Vorenthaltung von Arbeitnehmerbeiträgen zur Sozialversicherung: Strafbarkeit nach § 266a StGB, PStR 2004, 90-96

Volk, Klaus Münchener Anwalts Handbuch - Verteidigung in Wirtschafts- und Steuerstrafsachen, 2. Auflage 2014 (zitiert: Volk/Bearbeiter, MAH Wirtschafts- und Steuerstrafsachen)

ders. Untreue und Gesellschaftsrecht - Ein Dschungelbuch, Festschrift für Rainer Hamm zum 65. Geburtstag am 24. Februar 2008, S. 803-813 (zitiert: Volk, FS Hamm)

Wabnitz, Heinz-Bernd / Janovsky, Thomas Handbuch des Wirtschafts- und Steuerstrafrechts, 4. Auflage 2014 (zitiert: Wabnitz/Bearbeiter, Handbuch des Wirtschafts- und Steuerstrafrechts)

Wahrig-Burfeind, Renate Brockhaus - Wahrig Deutsches Wörterbuch, 9. Auflage 2011 (zitiert: Brockhaus-Wahrig, Deutsches Wörterbuch)

Wagner, Markus Anmerkung zu BGH, Beschluss vom 03.12.2013 - 1 StR 526/13, ZIS 2014, 364-368

Wagner, Regine / Knittel, Stefan / Baier, Gerhard Krauskopf, Soziale Krankenversicherung, Pflegeversicherung, 97. EL 2017 (zitiert: Krauskopf/Bearbeiter)

Waltermann, Raimund Wesentliche Aussagen des Gutachtens zur Abteilung Arbeits- und Sozialrecht des 68. Deutschen Juristentages Berlin 2010, NZA 2010, 860-865

ders. Sozialrecht, 12. Auflage 2016 (zitiert: Waltermann, Sozialrecht)

Walz, Christian Das Ziel der Auslegung und die Rangfolge der Auslegungskriterien, ZJS 2010, 482-490

Wank, Rolf Grenzen richterlicher Rechtsfortbildung, 1978 (zitiert: Wank, Grenzen richterlichen Rechtsfortbildung)

ders. Das Einbehalten von Sozialversicherungsbeiträgen, DB 1982, 645-651

ders. Die juristische Begriffsbildung, 1985 (zitiert: Wank, Die juristische Begriffsbildung) *ders.* Arbeitnehmer und Selbständige, 1988 (zitiert: Wank, Arbeitnehmer und Selbständige)

ders. § 7 Abs. 1 und 4 SGB IV – Was bleibt für Sozialrecht und Arbeitsrecht (Teil 1), AuR 2001, 291-300

ders. § 7 Abs. 1 und 4 SGB IV – Was bleibt für Sozialrecht und Arbeitsrecht (Teil 2), AuR 2001, 327-336

ders. Die Auslegung von Gesetzen, 6. Auflage 2015 (zitiert: Wank, Auslegung von Gesetzen)

Waszczynski, Dominik Wirtschaftsstrafrecht als studentische Herausforderung – Zur Korrelation verschiedener Rechtsgebiete am Beispiel des § 266a StGB, ZJS 2009, 596-600

Weber, Ulrich Überlegungen zur Neugestaltung des Untreuestrafrechts, Festschrift für Eduard Dreher, 1977, S. 555-571 (zitiert: Weber, FS Dreher)

ders. Zur strafrechtsgestaltenden Kraft des Zivilrechts, Festschrift für Fritz Baur, 1981, S. 133-145 (zitiert: Weber, FS Baur)

ders. Das Zweite Gesetz zur Bekämpfung der Wirtschaftskriminalität (2. WiKG) Teil 1: Vermögens- und Fälschungsdelikte (außer Computerkriminalität), NStZ 1986, 481-488

Wegener, Bernhard Verwaltungsakzessorietät im Umweltstrafrecht – Zur Auslegung von § 330d Nr. 5 StGB –, NStZ 1998, 608-610

Wegner, Carsten Neue Fragen bei § 266a StGB – eine systematische Übersicht, wistra 1998, 283-291

ders. Bindungswirkung ausländischer Entsendebescheinigungen (E 101), PStR 2007, 28-29

ders. Aufsätze in Zeitschriften und Festschriften zum Arbeitsstrafrecht, wistra 2014, 14-16

Weidemann, Jürgen Vorsatz und Irrtum bei Lohnsteuerhinterziehung und Beitragsvorenthaltung, wistra 2010, 463-465

Wessels, Johannes / Beulke, Werner / Satzger, Helmut Strafrecht Allgemeiner Teil, 47. Auflage 2017 (zitiert: Wessels/Beulke/Satzger, AT)

Wessing, Jürgen / Krawczyk, Lucian Der Untreueparagraf auf dem verfassungsrechtlichen Prüfstand, NZG 2010, 1121-1124

Wickel, Tobias Vorenthalten und Veruntreuen von Arbeitsentgelt – ein unbekannter Straftatbestand, ZJS 2016, 189-199

Wietfeld, Malte Tatherrschaft im Rahmen der Steuerhinterziehung, 2016 (zitiert: Wietfeld)

Wilke, Frank Markus Das Verhältnis des sozialversicherungsrechtlichen Beschäftigungsverhältnisses zum zivilrechtlichen Arbeitsverhältnis, 2008 (zitiert: Wilke)

Winkler, Jürgen Sozialgesetzbuch IV – Gemeinsame Vorschriften für die Sozialversicherung – Lehr- und Praxiskommentar, 2. Auflage 2016 (zitiert: LPK-SGB IV/Bearbeiter)

Wittig, Petra Die Rechtsprechung zur Steuerhinterziehung durch Erlangen eines unrichtigen Feststellungsbescheides vor dem Hintergrund des Beschlusses des BVerfG vom 23.6.2010 (2 BvR 2559/08), ZIS 2011, 660-668

dies. Zu den verfassungsrechtlichen Anforderungen an die Steuerhinterziehung durch Erlangen eines unrichtigen Feststellungsbescheides, HRRS 2013, 393-397

Wlotzke, Otfried / Richardi, Reinhard / Wißmann, Hellmut / Oetker, Hartmut Münchener Handbuch zum Arbeitsrecht, 3. Auflage 2009 (zitiert: MünchArb-Bearbeiter)

Wolf, Gerhard Befreiung des Strafrechts vom nationalsozialistischen Denken, JuS 1996, 189-195

Wohlers, Wolfgang / Kudlich, Hans Literaturbericht: Wirtschaftsstrafrecht, ZStW 122 (2010), 627-671

Wüchner, Patrick Die Vorenthaltung von Sozialversicherungsbeiträgen des Arbeitnehmers, 2010 (zitiert: Wüchner)

Zieglmeier, Christian Rechtswegzersplitterung bei der Nichtabführung von Sozialversicherungsbeiträgen, NZA 2015, 651-657

ders. Neue Beitragsrisiken für (Sport-)Vereine in der Sozialversicherung durch das MiLoG – Bausteine für ein Risikomanagement –, NZS 2015, 890-896

ders. Die sozialversicherungsrechtliche Statusbeurteilung – ein unterschätztes Comliancerisiko, NJW 2015, 1914-1919

ders. Unternehmensgeldbuße bei Nichtabführung von Sozialversicherungsbeiträgen, NJW 2016, 2163-2165

ders. Werkverträge und Arbeitnehmerüberlassung im Lichte des AÜG 2017, DStR 2016, 2858-2869

Ziehm, Hanno § 266a StGB, eine Vorschrift zur Bekämpfung der Scheinselbstständigkeit?, NZWiSt 2016, 387-392

Zimmermann, André Folgen illegaler grenzüberschreitender Arbeitnehmerüberlassung aus Sicht des Entleihers, 2009 (zitiert: Zimmermann)

ders. Der Referentenentwurf zur AÜG-Reform 2017, BB 2016, 53-57

Zimmermann, Gernot / Smok, Robin Strafrechtliche Risiken arbeitsvertraglicher Gestaltungen, ArbRAktuell 2015, 394-397

Zundel, Frank Die Entwicklung des Arbeitsrechts im Jahr 2016, NJW 2017, 132-137

Abkürzungsverzeichnis

a. A.	andere Ansicht
Abb.	Abbildung
abger.	abgerufen
Abs.	Absatz
abw.	abweichend
a. E.	am Ende
AE	Arbeitsrechtliche Entscheidungen
AEntG	Arbeitnehmer-Entsendegesetz
a. F.	alte Fassung
AFG	Arbeitsförderungsgesetz
AG	Amtsgericht – Arbeitgeber
AiB	Arbeitsrecht im Betrieb
AL	Ad Legendum
Alt.	Alternative
AN	Arbeitnehmer
Anm.	Anmerkung
AnwBl.	Anwaltsblatt
AO	Abgabenordnung
ArbRAktuell	Arbeitsrecht Aktuell
ArbZG	Arbeitszeitgesetz
Art.	Artikel
AT	Allgemeiner Teil
AuA	Arbeit und Arbeitsrecht
Aufl.	Auflage
ArNVG	Angestelltenversicherungs-Neuregelungsgesetz
ARSP	Archiv für Rechts- und Sozialphilosophie
ASR	Anwalt/Anwältin im Sozialrecht
AsylVfG	Asylgesetz
AVG	Angestelltenversicherungsgesetz
AVAVG	Gesetz über die Arbeitsvermittlung und Arbeitslosenversicherung
Az.	Aktenzeichen
BayObIG	Bayerisches Oberstes Landesgericht
BB	Betriebs-Berater
Bd.	Band

BeckOK	Beck'scher Online Kommentar
BeckRS	Beck-Rechtsprechung
Beil.	Beilage
Beschl.	Beschluss
BGB	Bürgerliches Gesetzbuch
BGB-E	Bürgerliches Gesetzbuch-Entwurf
BGBl.	Bundesgesetzblatt
BGH	Bundesgerichtshof
BGHSt	Entscheidungen des Bundesgerichtshofs in Strafsachen
BKA	Bundeskriminalamt
BR	Bundesrat
BRAK	Bundesrechtsanwaltskammer
BR-Drucks.	Bundesrats-Drucksache
BSG	Bundessozialgericht
bspw.	beispielsweise
BT	Besonderer Teil
BT-Drucks.	Bundestags-Drucksache
BtMG	Betäubungsmittelgesetz
BVerfG	Bundesverfassungsgericht
BVerfGE	Entscheidungen des Bundesverfassungsgerichts
BVerfGG	Bundesverfassungsgerichtsgesetz
bzw.	beziehungsweise
ca.	circa
DAngVers	Deutsche Angestelltenversicherung
DB	Der Betrieb
ders.	derselbe
d.h.	das heißt
Die Beiträge	Die Beiträge zur Sozial- und Arbeitslosenversicherung
dies.	dieselbe
diff.	differenzierend
Diss.	Dissertation
div.	diverse
DNotZ	Deutsche Notar-Zeitschrift
DÖD	Der Öffentliche Dienst
DOK	Die Ortskrankenkasse
DRV	Deutsche Rentenversicherung
DRWiss	Deutsche Rechtswissenschaft
DStR	Deutsches Steuerrecht
DVBl.	Deutsches Verwaltungsblatt

EL	Ergänzungslieferung
EuZW	Europäische Zeitschrift für Wirtschaftsrecht
f.	folgende
FD-SozVR	Fachdienst Sozialversicherungsrecht
ff.	fortfolgende
FG	Festgabe
Fn.	Fußnote(n)
FS	Festschrift
GA	Goltdammer's Archiv für Strafrecht
GewO	Gewerbeordnung
GG	Grundgesetz
ggf.	gegebenenfalls
ggü.	Gegenüber
GmbHR	GmbH-Rundschau
grds.	grundsätzlich
GS	Gedächtnisschrift
GWB	Gesetz gegen Wettbewerbsbeschränkungen
HGB	Handelsgesetzbuch
HRRS	Onlinezeitschrift für Höchstrichterliche Rechtsprechung zum Strafrecht
Hs.	Halbsatz
i.H.v.	in Höhe von
InsO	Insolvenzordnung
i. V. m.	in Verbindung mit
JA	Juristische Arbeitsblätter
JArbSchG	Jugendarbeitsschutzgesetz
JR	Juristische Rundschau
Jura	Juristische Ausbildung
jurisPR	juris Praxis Report
JuS	Juristische Schulung
k. A.	keine Angabe
Kap.	Kapitel
KG	Kammergericht
KassKomm	Kassler Kommentar
krit.	kritisch
KrV	Die Krankenversicherung
KrWaffKontrG	Gesetz über die Kontrolle von Kriegswaffen
KVG	Krankenversicherungsgesetz der Arbeiter
LG	Landgericht

Lit.	Literatur
LK	Leipziger Kommentar zum StGB
LPK	Lehr- und Praxiskommentar
LSG	Landessozialgericht
MAH	Münchener Anwaltshandbuch
Mio.	Million
MüKo	Münchener Kommentar
MuSchG	Mutterschutzgesetz
m. w. N.	mit weiteren Nachweisen
n. F.	neue Fassung
NJOZ	Neue Juristische Online Zeitschrift
NJW	Neue Juristische Wochenschrift
NJW-RR	NJW-Rechtsprechungs-Report Zivilrecht
NJW-Spezial	Neue Juristische Wochenschrift-Spezial
Nr.	Nummer
NStZ	Neue Zeitschrift für Strafrecht
NStZ-RR	NStZ-Rechtsprechungs-Report
n. v.	nicht veröffentlicht
NVwZ	Neue Zeitschrift für Verwaltungsrecht
NZA	Neue Zeitschrift für Arbeitsrecht
NZI	Neue Zeitschrift für Insolvenz- und Sanierungsrecht
NZS	Neuen Zeitschrift für Sozialrecht
NZWiSt	Neue Zeitschrift für Wirtschafts-, Steuer- und Unternehmensstrafrecht
o. Ä.	oder Ähnliches
öAT	Zeitschrift für das öffentliche Arbeits- und Tarifrecht
OWiG	Ordnungswidrigkeitengesetz
OLG	Oberlandesgericht
PKS	Polizeiliche Kriminalstatistik
PStR	Praxis Steuerstrafrecht
PuR	Personal und Recht
RdA	Recht der Arbeit
RG	Reichsgericht
RGBl.	Reichsgesetzblatt
RGSt	Entscheidungen des Reichsgerichts in Strafsachen
RKG	Reichsknappschaftsgesetz
Rn.	Randnummer
RV	Die Rentenversicherung
RVO	Reichsversicherungsordnung

S.	– Satz – Seite – siehe
SGb	Die Sozialgerichtsbarkeit
SGB I	Erstes Buch Sozialgesetzbuch
SGB III	Drittes Buch Sozialgesetzbuch
SGB IV	Viertes Buch Sozialgesetzbuch
SGB V	Fünftes Buch Sozialgesetzbuch
SGB VI	Sechstes Buch Sozialgesetzbuch
SGB VII	Siebtes Buch Sozialgesetzbuch
SGB IX	Neuntes Buch Sozialgesetzbuch
SK-StGB	Systematischer Kommentar zum Strafgesetzbuch
sog.	sogenannt(e)
SozVers.	Die Sozialversicherung
SRa	Sozialrecht aktuell
Stbg	Die Steuerberatung
SteuK	Steuerrecht kurzgefasst
StGB	Strafgesetzbuch
StPO	Strafprozessordnung
str.	strittig
StraFo	Strafverteidiger Forum
st. Rspr.	ständige Rechtsprechung
StRR	StrafRechtsReport
StV	Strafverteidiger
u.a.	unter anderem
UrhG	Urhebergesetz
Urt.	Urteil
v.	von – vom
vgl.	vergleiche
Vorbem.	Vorbemerkung
VSSR	Vierteljahresschrift für Sozialrecht
WeinG	Weingesetz
WiJ	WisteV-Journal
wistra	Zeitschrift für Wirtschafts- und Steuerstrafrecht
WM	Wertpapier-Mitteilungen
WStG	Wehrstrafgesetz
WzS	Wege zur Sozialversicherung
z.B.	zum Beispiel
ZinsO	Zeitschrift für das gesamte Insolvenzrecht
ZIS	Zeitschrift für Internationale Strafrechtsdogmatik
zit.	zitiert

ZFSH	Zeitschrift für sozialrechtliche Praxis
ZfS	Zeitschrift für Schadensrecht
ZGR	Zeitschrift für Unternehmens- und Gesellschaftsrecht
ZIP	Zeitschrift für Wirtschaftsrecht
ZIS	Zeitschrift für internationale Strafrechtsdogmatik
ZJS	Zeitschrift für das juristische Studium
ZSR	Zeitschrift für Sozialreform
ZStW	Zeitschrift für die gesamte Strafrechtswissenschaft
ZWH	Zeitschrift für Wirtschaftsstrafrecht und Haftung im Unternehmen

www.ingramcontent.com/pod-product-compliance
Ingram Content Group UK Ltd.
Pitfield, Milton Keynes, MK11 3LW, UK
UKHW021126041026
8980IPUK00026B/629

9 783631 760116